Elder Art Therapy

실제 적용 중심의

노인미술치료 2판

| 정현희 · 이은지 공저 |

학지사

2판 서문

인구의 고령화가 빠르게 진행되면서 노인기가 개인적·사회적·국가적으로 중요한 관점이 되고 있고, 노인미술치료의 필요성이 높아지고 있다. 노인미술치료는 노인병리 문제뿐만 아니라 노화과정에서 나타나는 신체적·심리적·사회적 적응 및 생활의 의미부여와 평화로운 삶의 마무리에도 긍정적인 영향을 줄 수 있다.

그리고 노인미술치료에 대한 요구와 더불어 과학적 연구결과의 중요성과 활용에 대한 인식이 높아지게 되었다. 이러한 사회적 흐름에 따라 2007년 출간된 『노인미술치료』를 개정하게 되었다. 노인미술치료는 노년기 특성, 환경 및 심리치료의 연구결과에 근거를 두고 노인미술치료 현상을 과학적으로 연구하여, 그 결과를 노인미술치료 현장에 적용한다.

노인미술치료의 현장적용에는 미술치료사의 과학적 연구에 대한 이해와 과학적 태도가 중요하다. 이는 실제 현장에서 미술치료사가 과학적으로 대처할 수 있는 힘을 키워 주며, 과학적 연구가 이루어질 수 있는 단서를 노인미술치료 연구자에게 제공해 줄 수 있게 된다. 그리고 연구결과가 다시 현장에 적용되는 순환적 관계가 형성되어, 실제적이고 이론적인 측면에서 노인에게 기여할 수 있다.

이번 개정판에서는 과학적 연구의 목적과 필요성, 과학적 방법을 제시하여 미술치료연구에서 요구되는 과학적 연구를 위한 기본 개념의 이해에 중점을 두었다. 또한 과학적인 자료수집 방법, 과학적 연구의 유형을 제시하여 노인미술치료 연구결과의 현장적용에 대한 이해를 높이고자 하였다.

앞으로도 이 책이 미술치료를 전공하는 대학생 및 대학원생과 미술치료사, 그리고 미술치료에 관한 지식을 얻고자 하는 상담사, 교사, 사회복지사, 임상심리사 및 인간의 정신건강이나 상담에 관심을 가지고 있는 일반인에게도 널리 활용이 되었으면 한다.

2017년 8월
정현희

1판 서문

노년기는 인생의 마지막 단계다. 이 단계를 어떻게 보내는가는 한 노인의 삶에서뿐만 아니라, 노인을 바라보는 후세들에게도 인생에 대해 생각해 보게 한다. 그리고 후세에게 노년기 준비를 어떻게 해야 하는가의 목표설정에도 영향을 준다. 특히, 인간 생애 마지막 단계의 아름다운 마무리는 인간에 대한 존엄성과 존경과도 연결된다.

노인의 수명이 연장되고, 주위에 노인의 수가 많아지면서 노인의 삶이 개인적·사회적·국가적 관심이 되고 있다. 그러나 노년기에 나타나는 다양한 신체적·심리적·사회적 변화에 대해서 긍정적이기보다는 다소 부정적인 시각이 많다. 이러한 점을 개선하기 위해 노인에 대해 사회적·정책적으로 개입해야 할 부분이 많이 있으며, 그 한 부분이 노인상담이고, 노인상담의 한 분야가 이 책에서 다루고 있는 노인미술치료다.

미술치료가 지니고 있는 심상의 시각화, 방어나 통제가 약화된 상징적 표현, 구체적 자료의 형성, 작품의 객관적 관찰 가능성 등은 언어적 표현의 부담이나 적절한 표현의 어려움을 지닌 노인에게 미술치료가 상당히 유용한 심리치료 방법임을 의미한다. 또한 미술치료에서의 미술활동은 노인이 활동을 주도할 수 있고, 스스로 조절 가능하며, 새로운 힘을 발견할 수 있게 해 준다.

노인에 대한 미술치료의 진정한 도움은 미술치료사의 노인에 대한 신체적·심리적·사회적 이해와 미술치료에 대한 과학적·임상적 지식이 통합될 때 이루어진다. 노인의 생리적·신체적 기능의 퇴화에 따른 부정적인 심리적 변화를 예견하고, 실제로 이런 현상이 나타났을 때 대처할 수 있는 힘을 키워 주는 일이 미술치료사가 노인에게 기여할 수 있는 한 부분이다. 또한 노년기 삶에 의미를 부여하는 일, 노년기를 평화로이 맞이하고 수용하는 일을 도와주는 것도 노인미술치료사가 담당해야 할 부분이다.

이 책은 미술치료가 병리적 문제에서의 노인 부양과 잔존능력 유지뿐만 아니라, 일상적 노화과정에서의 심리적 적응과 정신건강을 위해 어떻게 시행되어야 하는가를 중심으로 저술하였다. 더 나아가 미술치료가 노년기의 성숙, 몰두, 사랑, 자원봉사, 여가에 기여함으로써 노인의 건강, 우아한 삶, 새로운 능력 계발, 생활에 의미부여 등 실제로 어떻게 적용될 수 있는가도 제시하였다.

이 책은 모두 11개 장으로 구성되어 있다. 제1장에서는 노인미술치료를 하기 위한 노인에 대한 이해로 노인미술치료의 가치, 노인의 정의, 노인의 삶의 유형과 성공적인 노화를 중심으로 다루었다. 노인의 본질에 대한 충분한 이해와 분석이 노인미술치료의 방향, 노인미술치료의 수준, 노인미술치료의 결과에 직접적인 영향을 주기 때문이다. 제2장에서는 노인미술치료에 대한 사회적 요구를 노인인구의 증가, 노년기 발달과업과 욕구, 사회구조와 가치관의 변화, 은퇴에 따라 살펴보았다. 노인미술치료 목표의 한 부분은 노년기의 적응과 정신건강에 기여하는 것이며, 노년기의 신체적·사회적·심리적 변화는 노년기의 적응과 정신건강에 중요한 변수다. 제3장에서는 노년기의 신체적·사회적·심리적 변화에 대해 제시하였다. 제4장에서는 노인을 대상으로 미술치료적 개입이 유용한가를 미술활동의 치료적 요인을 통해 살펴보면서, 노인미술치료 과정, 고려점 등에 대해 다루었다.

미술치료는 미술활동을 통해 이루어지는데 노인들 중에는 미술표현에 익숙한 노인이 있고, 그렇지 못한 노인도 있다. 또한 미술매체 활용에 익숙하지 못한 노인도 있다. 제5장에서는 노인들의 미술활동 적응을 위한 매체표현기법, 표현 가능성을 제시하고, 실제적으로 미술활동을 통한 노인의 자아개방, 자아탐색, 정서 다루기, 문제해결에 대해 정리하였다. 제6장에서는 노년기의 우울, 무력감, 상실, 자아존중감, 생활만족도, 분노에 대한 미술치료 개입에 대해 다루었고, 제7장에서는 뇌졸중이나 치매와 같은 노인병리에 대한 미술치료적 접근과 노인의 병리에서 회상의 효과를 살펴보았다.

노인은 집단미술치료를 통하여 고독과 소외 등에 대한 심리적 위안처를 찾을 수 있다. 해결이 안 된 갈등적 문제를 볼 수 있고, 새로운 각도에서 해결을 위한 시도를 해 볼 수 있다. 제8장에서는 노인집단미술치료의 의미, 특성, 치료과정, 유의점 등을 정리하였다. 제9장에서는 노년기 가족관계와 사회적 관계에 대한 미술치료 개입을 다루었다.

제10장은 노인에게 삶의 의미를 부여하기 위한 창의적 미술치료 개입에 대해 정리하였다. 노인 자신의 능력 새롭게 발견하기, 자신을 표현하는 다양하고 독특한 방법 배우기, 긍정적 자세 갖기에 있어 미술치료 개입을 살펴보았다. 또한 노인과의 실제적 체험을 중심으로 노년기 삶의 보람인 성숙, 사랑, 몰두, 자원봉사, 여가에서의 미술치료에 대해 다루었다. 제11장은 노년기 평화로이 맞이하기, 죽음을 잘 맞이하기 등의 자아성장 미술치료에 대해 정리하였다.

이 책이 미술치료를 전공하는 대학생 및 대학원생, 일선에서 미술치료를 실시하고 있는 미술치료사를 위한 교재로서뿐만 아니라, 상담사, 교사, 사회복지사, 임상심리사 및 인간의 정신건강이나 상담에 관심을 가지고 있는 일반인에게도 도움이 되었으면 한다.

끝으로 인생의 의미에 대해 많은 시간 함께 이야기하며, 격려와 지지를 보내 준 남편에게 이 책을 바친다. 그리고 이 책의 출간을 가능하도록 배려해 주신 학지사 김진환 사장님과 편집부 여러분의 노고에 감사드린다.

2007.
정현희

차례

Chapter 3 **노인미술치료와 과학적 연구** —— 73

Chapter **1**

노인의 이해

1. 노인과 미술치료
2. 노인의 정의
3. 노 화

노인이란 누구인가? 인간의 삶이란 무엇인가? 어떤 삶이 바람직한 삶인가? 노인의 수명이 연장되고, 주위에 노인의 수가 많아지면서 노인의 삶이 개인적 · 사회적 · 국가적 관심이 되고 있다.

노년기는 인생주기의 마지막 단계다. 이 단계의 아름다운 마무리는 인간에 대한 존엄성과 존경과 연결된다. 이 장에서는 노인과 미술치료, 노인의 정의, 노화에 대해 살펴보고자 한다.

저녁 노을이 왜 이렇게 아름답죠?
이 세상에서 가장 아름다운 것은 헤어질 때의 인사란다.

-알프스의 소녀 하이디에서-

"우리 인생의 마지막도 이처럼 아름다웠으면……."

1. 노인과 미술치료

미술치료는 미술활동을 통해 심리치료를 하는 것이다. 미술활동이 지니고 있는 치료적 속성이 언어를 중심으로 한 심리치료와 결합함으로써 노인을 치료하는 데 매우 효과적이다. 이 절에서는 노인미술치료의 가치와 특성으로 나누어 살펴보겠다.

1) 노인미술치료의 가치

미술작품은 인간의 심상을 시각화해 놓은 것이며, 인간의 심상은 경험을 통해 형성된다. 노인은 자신의 갈등, 감정, 욕구, 생각 등을 명확하게 언어로 표현하지 않는 경우가 많은데, 미술활동과 미술작품에서 노인은 자신이 의도하지 않더라도 자신을 드러내게 되며, 자신의 작품을 보면서 내면을 알게 되거나, 자신을 객관화할 수 있게 된다. 심상이 시각화된다는 미술의 특수성에 의해서 미술치료사는 노인의 정신세계

그림 1-1   나의 마음 a

설명: 마음의 응어리가 떨쳐지지 않음을 표현하였다.

그림 1-2   나의 마음 b

◐◐ 미술치료는 자신의 경험을 이야기하기를 꺼리거나, 감정을 드러내기를 주저하는 노인에게 유용한 치료방법이라고 할 수 있다. 언어로서 표현하기 힘든 감정이나 경험이 미술활동을 통해서는 자연스럽게 표출될 수 있기 때문이다.

를 좀 더 정확하게 파악할 수 있다. 구체적으로 보면 다음과 같다.

노인은 자신에 대해 언어로 표현하는 데 부담을 느껴 말을 하지 않으려고 하거나, 또 한다고 하더라도 표현을 잘 못할 수 있다. 하지만 미술작업은 방어나 통제를 줄이

그림 1-3   살고 싶은 곳(시골 집)

설명: 현재 아들 가족과 살고 있다. 자녀들로부터 멀리 떨어져 시골집에서 살고 싶다.

그림 1-4   나의 내면을 보게 된다

설명: 언뜻 보기에는 나비, 꽃, 노래가 있는 즐거운 풍경이다.
◐◐ 악어가 있네요?'치료사의 가벼운 지적은 노인으로 하여금 한 번 생각해 볼 기회를 준다.
겉으로 보기에는 밝게 살고 있지만 나의 내부에는 아주 강한 미움이 있다. 치료과정에서 과거에 형성된 미움이 지금 다시 생각하면 아무것도 아님을 알게 된다.

고 상징적인 시각적 이미지에 의해 감정이나 사고를 표현하는 것을 가능하게 한다. 시각적 이미지에 의한 표현은 의식의 깊숙한 부분을 자극하여 부담을 느끼지 않으면서 자기개방을 더 풍부하게 하도록 해 준다(권기덕 외, 1993).

노인은 집단미술치료를 통하여 노년기의 고독과 소외 등에 대한 심리적 위안처를 찾을 수 있다. 동시에 해결되지 않은 갈등 문제를 찾을 수 있고, 문제의 해결을 위해 새로운 각도에서 색다른 방법을 시도해 볼 수 있으며, 집단원과 함께 작업하면서 나의 의견 조절, 타인의 의견 수용을 배울 수 있다.

노인은 자신이 드러날 수 있는 작품이라는 구체적 유형물을 통해 가까운 과거로부터 시작하여 어린 시절까지 거슬러 올라가 자신의 전 생애를 되돌아 볼 수 있다. 또한 이 과정은 노인의 숨은 욕구, 깨닫지 못한 욕구, 이루지 못한 욕구, 잠재성에 대한 탐색을 가능하게 한다. 욕구와 가능성에 대한 실제적·구체적 탐색은 노인의 문제를 예방하고 치료하는 유용한 방법이 될 수 있다.

또한 미술작품은 노인 스스로 객관적으로 자신을 관찰할 기회를 주며, 자신에 대한 이해를 높여 주고, 과거의 경험을 재구성하는 기회도 갖게 해 준다. 그리하여 자신을 통찰하도록 해 준다.

그림 1-5 함께하는 미술활동(과일 만들기)

✎ 가위를 사용하지 않고 작품을 만들어 봅시다. 함께 작품을 만드는 것입니다.
👀 함께 '어떻게 무엇으로 꾸미나?'를 생각하게 되고 이때 의사소통, 나의 의견 조절, 다른 사람 의견 수용하기가 이루어질 수 있다.

그림 1-6 연상 과정에서 숨은 욕구 찾기

설명: 할아버지는 난화에서 신발, 배를 보았고, 현재는 친구를 찾아보고 싶다고 하셨다.
👀 난화를 통한 연상활동은 노인의 관심과 욕구를 파악하는데 도움이 될 수 있다.

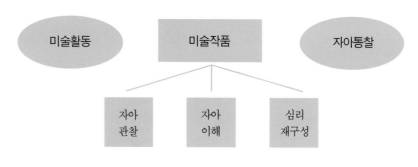

그림 1-7   미술치료과정

미술활동은 손근육, 대근육, 시지각활동 등을 필요로 한다. 그리기, 칠하기, 만들기, 붙이기, 오리기 등의 미술활동은 재활의 효과를 가져올 수 있다.

다양한 미술매체는 다양하고 복잡한 자기표현을 가능하게 한다. 만든 작품을 보면서 나누는 이야기는 심리적 건강을 촉진시킬 수 있다.

미술활동의 특성인 시각적 이미지에 의한 표현은 노인의 내면 깊숙한 부분을 자극

그림 1-8   손근육

◑◐ 손놀림이 어눌한 노인에게 오려 놓은 색종이를 제시하고 색종이 조각을 선택하도록 하였다. 치료사와 함께 붙여 나가는 방법을 취하였다.

그림 1-9   수수깡으로 만든 집

설명: '아, 재미있다.'로 미술활동 소감을 표현하였고, 집을 만든 후 자신에 대한 이야기를 하였다.

◑◐ 치료 초기에 만든 작품이다. 미술활동에 익숙하지 않은 노인에게 미술활동에 대한 적응 및 미술작품을 통해 자신을 표현할 수 있음을 보여 주기 위한 활동이었다. 부담없이 할 수 있고, 결과도 잘 나오는 매체를 선택함으로써 앞으로 미술치료에 참여하는 동기를 부여할 수 있다.

◑◐ 준비물: 수수깡, 크레파스, 색지

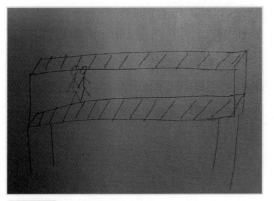

그림 1-10   **죽음 불안 다루기**

🖊 지금과 내일을 그려보세요.
설명: 다리를 그리시고는 '다리를 건너면 이 세상은 끝이지. 그리고 이것이 인생이야.' 라고 죽음에 대한 언급을 하셨다.
👁👁 죽음에 대한 불안으로 죽음에 대한 언급을 회피하는 노인에게 죽음 불안을 감소시키기 위해 실시한 활동이다.

그림 1-11   **나의 이해**

설명: 내가 내 생각만 하고 있네. 모든 관심이 나를 위한 음식뿐이네.
👁👁 객관적으로 자신이 만든 작품을 바라볼 수 있다. 스스로, 또는 치료사의 도움으로 그림의 의미를 깨달을 수 있다.

한다. 노인은 내면세계에 간직한 감정을 자유롭게 표출함으로써, 카타르시스를 경험하게 된다.

미술활동을 통해 자신의 표현, 자신과의 의사소통이 가능하며, 타인과의 의사소통도 이루어진다. 노인미술치료에서의 미술활동은 노인의 자아표현, 자기이해, 자아조절, 자아발견, 대인관계에 중요한 역할을 한다.

2) 노인미술치료의 특성

노인에게 미술치료를 적용함은 위에서 보았듯이 여러 가지 가치가 있음을 알 수 있다. 노인에게 적용할 수 있는 미술치료의 특성은 다음과 같이 요약할 수 있다.

미술치료의 특성

- 시각적 이미지
- 구체적 유형물
- 흥미로움
- 비의도적 표현 가능
- 시지각, 손근육 활용
- 신체, 인지, 정서, 경험 표현
- 비언어적 의사소통
- 자기주도, 자기조절 가능
- 언어적 표현 유도

미술치료는 미술치료사와 노인과의 상호관계에서 이루어지는 것이다. 미술치료사는 자신이 지니고 있는 노인에 대한 이미지와 노인의 미술활동에 대한 인식, 태도, 느낌이 치료에 어떤 영향을 줄 수 있는지 자각하는 것이 매우 중요하다. 그리고 노년기에 대한 노인의 도전, 노화의 생물학적 측면의 이해, 노인의 심리적 고통에 대한 민감, 노인 병리의 이해, 노인의 감정에 다가가기 등이 필요하다.

2. 노인의 정의

노인을 어떻게 정의하는가는 노인미술치료 방향, 수준, 결과에 직접적인 영향을 주게 된다. 이 절에서는 노인에 대한 정의를 지각적 정의, 학술적 정의, 연령에 의한 정의로 나누어 살펴보고자 한다.

1) 지각적 정의

그림 1-12 **노인이란**

설명: 힘이 없는 나무로 자신을 표현하였다. 자신의 작품을 봄으로써 자신이 스스로를 어떻게 보고 있는지 깨닫게 된다.

인간은 지적이고, 정의적인 존재다. 구체적이고, 객관적인 사실에 영향을 받으면서 동시에 주관적 지각에도 영향을 받는다.

주관적 지각은 개인의 고유한 심리적 체계다. 개인은 객관적인 물리적 환경에 살면서, 동시에 자신이 구축한 주관적·심리적 환경에서 살아가고 있다. 또한 개인은 사회라는 큰 틀 안에서 사회의 영향을 받아가며 생활한다. 과거로부터 내려오는 노인에 대한 사회적 지각이 있고, 그러한 사회의 공통적 지각이 개인 노인의 삶에 영향을 준다.

사회의 공통된 지각은 노인이 처해 있는 그 시대의 정치, 경제, 사회, 문화, 과거로부터 내

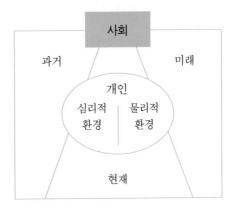

그림 1-13 **개인과 사회와의 관계**

려오는 전통, 현재 노인의 위치, 노인에 대한 기대, 노인의 미래상과 관련시켜 생각
해야 한다. 노인에 대한 속담은 그 사회의 전통적인 노인에 대한 지각이라고 볼 수
있다.

노인관련 속담

1. 어른의 뒤를 따라 천천히 가는 것은 공경스러움이라고 하고, 어른보다 앞서 빨리 가는 것
   은 공경스럽지 못하다고 한다. -맹자
2. 내리사랑은 있어도 치사랑은 없다.
3. 어른의 그림자도 밟지 않는다.
4. 어른께서 부르시면 먹던 밥도 뱉고 대답한다.
5. 찬물도 위아래가 있다.
6. 나라님도 어른은 공경한다.
7. 집안에 노인이 안 계시면 다른 집 노인이라도 모셔라.
8. 노인의 말은 맞지 않는 것이 별로 없다.
9. 어른을 공경하고 덕망이 있는 사람을 받들어라.
10. 노인의 머리, 청년의 손.
11. 젊은이는 노인의 가벼운 짐은 혼자지고 무거운 짐은 나누어 져서, 노인이 짐을 들지 않게
    해야 한다.

앞의 속담에서 볼 수 있듯이 노인에 관련된 속담은 존경의 의미를 담고 있다. 옛 사상가들은 노년기를 맞이하기 위해 갖추어야 할 노인의 자세에 대해 언급하였고, 이는 노인에 대한 사회적 지각에 영향을 준다. 송나라 학자 주신중은 오계론을 제시하고 인생에서 다섯 가지 계획을 세워야 할 것을 제안하였다.

표 1-1   오계론

- 생계(生計): 참되게 살아가기 위한 계획
- 신계(身計): 병마나 부정으로부터 몸을 보전하는 계획
- 가계(家計): 집안을 편안하게 꾸려가는 계획
- 노계(老計): 멋지고 보람있게 늙을 수 있는 계획
- 사계(死計): 아름다운 죽음을 맞을 수 있는 계획

표 1-2   노자의 노년기 명언

- 생이불유(生而不有): 자신이 이룩한 것을 가지려고 애쓰지 말 것
- 위이불사(爲而不恃): 이루어 놓은 일에 기대지 말 것
- 공성이불거(功成而不去): 성공한 근처에서 살지 말것

노자의 명구는 노년기에 꼭 '하지 말아야 할 것'을 제안하고 있다. 이것도 노인에 대한 지각에 영향을 준다. 그러나 시대의 변화는 가치관, 생활관에 많은 변화를 가져오며, 특히 현대 사회의 변화는 노인에 대한 지각에 급속한 변화를 가져오고 있다.

노인은 시대 흐름의 변화에 민감하게 대처하는 것이 젊은 사람에 비해 뒤처진다. 더욱이 경쟁사회, 능력사회는 노인에 대한 존경을 위협하는 요소를 내포하고 있다. 현재 노인이 보는 노인, 다른 세대가 보는 노인의 지각은 어떠한가(삽화, [그림 1-14] [그림 1-15] 참조)?

노인미술치료사가 노인의 지각에 대한 시대적 변화를 충분히 이해하고 있을 때 현재를 사는 노인의 심리상태를 좀 더 잘 이해할 수 있다. 노인에 대한 진정한 도움은 노인에 대한 충분한 사회적 · 심리적 이해와 미술치료에 대한 과학적 · 임상적 지식이 통합될 때 이루어진다.

그림 1-14	노인이 스스로 지각하는 노인

설명: 위안받고 싶다.

그림 1-15	청소년이 지각하는 노인

설명: 노인의 도움을 받고 싶다.

◑ ◑ 노인에 대한 지각은 노인 자신, 사회, 세대에 각각 차이가 있다.
지각의 차이가 있음을 서로 인식하면서 상호이해로 나아감이 필요하다.

2) 학술적 정의

노인에 대한 학술적 정의는 부정적 의미가 부각되는 정의와 긍정적 측면을 내세우는 정의로 나누어볼 수 있다.

(1) 부정적 의미

그림 1-16 신체적 변화가 눈에 띈다

의학적인 견지에서 1951년 미국에서 열린 제2회 국제노년학회(International Association of Gerontology)에서는 노인이란 인간의 노화과정에서 나타나는 생리적 · 심리적 · 환경적 행동의 변화가 상호작용하는 복합형태의 과정에 있는 사람이라 하였다.

Newgarten(1974)은 사회적 건강을 기준으로 생물학적 연령에 따라 노인을 구분하였다(〈표 1-3〉 참조).

이와 같은 정의는 인간발달의 단계에서 노년기를 쇠퇴로 보는 것이다. 그러나 노년기를 쇠퇴로 본다면 인생이 초라하지 않겠는가? 인생의 마지막 단계가 그런 대로 의미 있게 보여질 때 인생은 그런 대로 가치가 있다고 이야기할 수 있는 것이 아닐까? ([그림 1-17], [그림 1-18] 참조)

그렇게 되기 위해서는 생리적 · 신체적 기능의 퇴화에 따른 부정적인 심리적 변화를 예견하고, 실제로 심리적 현상이 나타났을 때 대처할 수 있는 힘을 키워야 하는데 이것이 미술치료가 노인에게 기여할 수 있는 한 부분이다. 노년기 삶에 의미를 부여

노인이란

① 환경 변화에 적절히 적응할 수 있는 능력에 결손이 있는 사람
② 자신을 통합하려는 능력이 감퇴되어 가는 시기에 있는 사람
③ 신체기관, 조직, 기능에 쇠퇴현상이 일어나는 시기에 있는 사람
④ 생활 적응성이 정신적으로 결손되어 가고 있는 사람
⑤ 신체 조직 및 기능의 소모로 적응감퇴 현상을 겪고 있는 사람

– 국제노년학회 –

하는 일, 노년기를 평화로이 맞이하고, 수용하는 일을 도와주는 것이 노인미술치료의 한 분야이다.

표 1-3	Newgarten의 연령별 노인의 구분 −생물학적 연령과 사회적 건강에 기초하여−	
① 초령 노인(the young-old)	55~64세	사회적으로 일을 하고 있으며, 능력도 절정에 달한 사람들. 사회의 중요한 자원으로 인식되고, 정치, 사회, 경제적 요구가 활발하다.
② 중고령 노인(the old-old)	65~74세	퇴직자들이 대부분으로 신체적 · 정신적 · 사회적 상실을 경험한 사람들. 사회적 지지와 건강에 대한 서비스가 절실하다.
③ 고령 노인(the oldest-old)	75세 이상	일을 하기가 어려운 사람들. 신체적으로 노쇠하고 질병에 걸린 경우가 많으며, 경제적으로 곤란한 경우가 대부분으로 가정적 · 사회적으로 고립되어 있다.

그림 1-17 내가 걸어온 길

설명: 젊었을 때 참 힘들었어. 그저 무조건 모르고 살았지. 오히려 지금이 마음 편한 것도 있어.

그림 1-18 사랑하는 나에게

설명: 스스로에게 주는 선물을 만들었다.
◐ ◑ 자신에게 선물을 줌으로써 자부심을 갖게 하며, 손근육 활동에도 도움을 주고자 하였다. 색노끈과 모루를 매체로 활용함으로써 부드러운 감촉을 느낄 수 있다.

(2) 긍정적 측면 부각

공자는 『논어』에서 60세는 이순이라 하여 거스름 없이 자기를 버리고 다른 사람의 의견을 존중한다고 하였으며, 또 '종심소욕(從心所欲) 불유구(不踰矩)'라 하여 마음이 하는 바를 따라도 법도를 어기지 않을 만큼 해탈한다고 하였다. 이러한 정의는 노년기가 인생에서 의미가 있음을 부여해 주는 정의다. 이런 자세가 인생에 의미를 부여하는 부분이며, 실제로 이를 실천해 옮긴 노인도 존재한다.

그러나 대부분의 노인은 스스로의 힘으로 이곳에 도달하는 데 어려움을 느끼고 있다. 노인미술치료가 이러한 면에 도움을 줄 수 있을 것이다.

한편, 60세는 회갑이라 하여 회갑을 맞는 노인을 대접하고 장수를 축하하는 것이 한국의 전통이었으나, 요즘은 수명의 연장과 더불어 나타난 현상으로 70세에 축하연이 이루어지기도 한다. 이러한 축하연은 노인에게 의미를 부여하는 행사가 될 수 있다. 전통사회에서 노인은 노화에 따라 신체적·심리적 노쇠와 사회적 역할의 감소에도 불구하고, 경로효친사상을 근간으로 그 지위가 보장되어, 연장자로서 권위를 갖

그림 1-19   **지난날의 내 모습**

설명: 전에는 건강하고 아름다웠는데 지금은 거울을 보기가 싫어. 사는 것이 재미가 없어, 기운도 없고.
◐◑ 충분히 현재의 불만을 표현하게 한다.

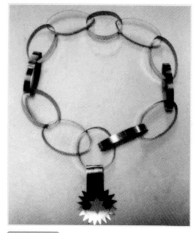

그림 1-20   **메달 수여**

✎ 누군가가 나에게 메달을 수여한다고 합니다. 나에게 수여되는 메달을 만들어 봅시다. 왜 이 메달이 나에게 수여되었나요? 요즈음 나의 생활에서 그 이유를 생각해 봅시다.
◐◑ 나를 수용하고 인생에 대한 통찰을 얻는 데 도움이 될 수 있다. 집단으로 하면 다른 사람의 이야기에서도 나에게 해당되는 면이 있음을 알게 된다.

그림 1-21   **생일상 차리는 아이들**(협동작품)

○ ○ 자녀의 입장에 서 보는 기회를 제공하며, 이는 노인 자신과 자녀관계에 도움이 된다.

는 사람(서병숙, 이현, 1995)으로 대우되었다. 그러나 한편으로 축하연이 자녀세대와 갈등을 빚기도 하는데, 미술치료에서는 이때 노인의 심리적 갈등에 대한 개입을 할 수 있다.

지금까지 노인에 대한 지각적 · 학술적 정의를 살펴보았다. 그리고 각 정의에서 긍정적 측면, 부정적 측면이 있을 수 있음을 보았다. 그런데 이 정의는 보편적인 상황을 보여 준 것이므로 한 개인 노인에게 적용할 때는 개인차가 상당히 있을 수 있다는 점을 미술치료사는 유의해야 한다.

3) 연령에 의한 정의

일반적으로 인생 주기에 관한 많은 견해가 신체적 연령을 기준으로 하여 그 단계를 나누고 있다. 달력상의 나이인 역연령에 따른 노인의 개념이 가장 많이 사용되고

표 1-4   **역연령의 불충분성**

• 개인의 신체적 · 정신적 발달 수준에 있어 개인차가 있다.
• 연령은 상대적인 경우에 의미가 있다.
• 연령은 사회 · 문화적 맥락에서 고려되어야 한다.

그림 1-22   **나의 마음**

설명: 항상 마음을 밝게 가지려고 노력하고 있어.
◑◑ 긍정적 마음이 노인을 좀 더 젊고, 건강하게 만들 수 있다. 실제의 긍정적 행동에 영향을 준다. 이러한 마음을 갖도록 도움을 주는 것이 미술치료의 한 방향이다.

있는데, 60세 혹은 65세 이상을 노인이라고 규정하는 방식이다. 그러나 실제생활에서 노령선을 설정하는 데 있어 역연령을 활용하는 것은 노인의 개인차가 커서 바람직하지 않다.

인간의 발달과 쇠퇴는 단순히 시간 경과에 의해서만 결정되는 것이 아니다. 시간 경과와는 큰 관련이 없이 이루어지는 측면도 있다.

노인을 이야기할 때는 신체적 연령뿐만 아니라, 인생의 주기와 관련된 여러 나이를 함께 고려해야 한다. 내용과 기준에 따라 나이 종류를 분류한다면 〈표 1-5〉와 같은 다섯 분야가 제시될 수 있다(윤진, 1985).

표 1-5   **나이의 분류**

분류	내용	기준
신체적 나이	• 모든 사람에게 똑같이 적용되는 나이로 개인의 능력이나 의지와 무관 - 법률, 관습, 행정절차가 중요한 기준	• 달력에 의한 것 • 지구가 태양을 한 바퀴 돌 때마다 1년씩 늘어남.
생물학적 나이	• 개인의 생물학적·생리적 발달 정도, 성숙 정도, 신체적 건강수준을 나타내는 나이 - 어느 정도 신체적 활력을 갖고 있는가	• 폐활량, 혈압, 신진대사, 근육의 유연성
심리적 나이	• 신체적 나이의 증가에 따른 심리적 성숙과 적응 - 발달단계에 맞는 성숙과 적응	• 자아정체감의 형성 • 결혼, 가정형성, 출산, 자녀양육에 대한 준비, 시민으로서의 권리와 의무
사회적 나이	• 살고 있는 사회에서 규범으로 정한 나이 - 사회적 나이에 따라 지위가 결정되고 기대감이 각각 다르게 형성	• 교육 받을 시기, 결혼 및 출산의 적령기, 취업-승진-은퇴의 시기
자각적 나이	• 자기 스스로 느끼는 주관적인 나이 - 신체적 나이가 70이라도 스스로 50세 장년이라고 느끼고 그 수준에서 활동한다면 자각연령은 50세	• 자기 자신

신체적 나이가 같다고 하더라도 생물학적 나이가 젊으면 대뇌세포의 퇴화나 동맥경화증, 관절염, 소화기질환, 노인성 정신질환 등이 적을 수 있다. 신체적 나이는 많아도 심리적으로는 덜 성숙한 노인이 있는가 하면, 그 반대로 신체적 연령에 비해 성숙한 노인도 있을 수 있다. 심리적 나이는 사회적 성숙, 기억, 학습, 지능, 신체적 동작, 동기, 정서, 성격, 적응특성 등 여러 심리학적 측면에서의 성숙 수준이다. 사회적 나이에 따라 지위가 결정되고 기대감이 다르게 형성된다.

그림 1-23　**손자를 돌보고 있는 할머니**

설명: 같은 연령이라도 어떤 행동이나 활동을 하고 있느냐에 따라 스스로 생각하는 연령, 다른 사람이 보는 연령에 차이가 나타난다.

한 노인의 연령을 논의하기 위해서는 이와 같은 다섯 분야가 종합적으로 평가되어야 한다. 역연령이 같다고 하더라도, 신체적 · 심리적 · 사회적 영역에서는 상당한 차이가 있을 수 있고, 이러한 개인차를 미술치료사는 항상 염두에 두고 미술치료 접근을 해야 한다.

그림 1-24　**손자와 나**

설명: 손자와 함께한 가장 최근의 경험 표현하기에서 70대 할머니가 눈사람을 만들었다. 실제로 눈사람을 만든 것은 5~6년 전 일이고, 요즈음은 중학교에 다니는 손자의 간식을 만드는 일이 즐겁다고 했다.
👀 즐거운 생각은 마음을 젊게 한다.

그림 1-25　**손자가 커서 할머니 곁을 떠나면……**

설명: 꽃을 만들었고 그 꽃은 손자를 뜻한다고 했다. 그게 인생이지. 손자는 활짝 피고, 나는 시들고…….
👀 미리 예상하고 대비하기 위한 활동이다.

그림 1-26 열매가 있는 나무

그림 1-27 고목

설명: 같은 연령의 노인이 표현한 나의 모습으로 한 노인은 열매를 맺은 나무, 다른 노인은 고목으로 표현하였다.

그림 1-28 은퇴 직후의 나의 마음

◐◐ 역연령에 대한 적응도 노인미술치료에서 다루어야 한다.

역연령으로 개인 노인을 판단하는 것은 많은 논란이 있을 수 있다. 그러나 역연령이 실제적으로 노인연령을 규정하는 데 사용되고 있다.

노인에 대한 사회적 인식은 60세 정도에서 점점 높아지고 있다. 그런데 법적인 퇴직연령이 55~60세 정도로 되어 있고, 국민연금법상 연금수혜 연령, 노인복지법에서의 노인 연령, 생활보호법에서의 보호노인 연령

 노인 연령에서 생물학적 연령의 중요점

생물학적 연령은 행정학적으로 중요한 의미를 갖는다. 퇴직연령, 복지법 등의 중요 요소가 되며, 개인생활에서 중요한 변수가 된다.

이 모두 역연령 기준으로 규정되어 있다. 그러므로 노인생활에 중요한 영향을 주는 사회적·법적 연령체계에 대해 미술치료사는 이해하고 있어야 한다.

3. 노화

앞에서 살펴보았듯이 노인에 대한 정의가 다양한 것은 노화의 과정에 개인차가 있기 때문이다. 그러므로 노화과정에 대한 이해는 노년기 적응을 위해 어떻게 노인미술치료가 개입할 것인가에 대한 이론적 틀을 제공하므로 미술치료사의 충분한 이해가 필요하다. 노화의 개념과 지표, 노화에 관한 이론, 노인의 삶의 유형과 성공적인 노화로 나누어 살펴보고자 한다.

1) 노화의 개념과 지표

시간이 지남에 따라서 인간을 비롯한 모든 생물에는 변화가 일어난다. 노인학에서는 노화를 시간이 경과함에 따라 생체 내의 세포, 조직, 장기 등 생체 전반에서 끊임없이 진보적인 변화를 일으키는 현상이라 정의한다(Bromley, 1985). 이러한 노화현상은 인간이 출생하면서부터 성장기를 거치는 동안 서서히 진행된다.

노화란 용어는 Stanly Hall이 처음으로 만들어 낸 개념으로 "normal aging(정상적 노화과정)"과 "Senescence(노화쇠퇴)"의 의미를 포함한다. 정상적 노화는 유기체가 정

그림 1-29 성장과정

상적인 환경조건 속에서 살아가면서 시간의 흐름에 따라 자연히 일어나게 되는 변화를 뜻한다. 노화쇠퇴는 생물학적 측면에서 말하는 노화로 전 생애 가운데 퇴화과정이 재생적 생물학적 과정을 능가하여 결국 유기체의 파괴가 일어나게 되는 것이다. 따라서 노화쇠퇴는 정상적인 노화의 부수적 과정이라 할 수 있다(윤진, 1985).

- Normal aging(정상적 노화과정): 시간의 흐름에 따라 자연히 일어나게 되는 변화
- Senescence(노화쇠퇴): 퇴화과정이 재생적 생물학적 과정을 능가하여 결국 유기체의 파괴가 일어나게 되는 것

노화는 질병이 아니며 질병과 동일시 될 수 없는 개념이다. 생리적 혹은 정신적 질병이 없는 가운데 순수하게 연령의 증가로 진행되는 노화는 정상적 노화라 한다. 일반적으로 성인에게서 진행되는 노화는 대부분이 이러한 정상적 노화에 속한다(Baltes & Baltes, 1990).

정상적 노화는 점진적으로 진행되어 본인도 모르게 변화가 일어나고 있는 경우가

그림 1-30   **점점 눈이 작아진다**

◑ ◐ 노화의 수용을 위해 시도되었다.

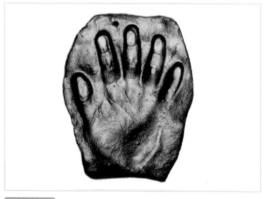

그림 1-31   **손 본뜨기**(석고)

설명: "내가 칠순 때는 별 어려움 없이 구경도 잘 다녔지. 요즈음은 잘 안 보이고, 허리와 관절 통증 때문에 가까운 곳만 다녀. 교회도 가까운 곳으로 옮기고, 어디 놀러 가자고 해도 몸 때문에 거의 따라 나서질 못해." 고생한 자신의 손을 대견스럽게 생각하면서 정성껏 만들었다.

◑ ◐ 자신의 과거를 인정하고, 자신의 변화를 수용하게 하기 위한 시도로 활용할 수 있다. 석고를 뭉치고 밀고 하는 과정이 심리적 이완과 자아에 대한 집중으로 이끌 수 있다.

많다. 그리고 대개 갑작스러운 부적응이나 불편이 초래되지는 않으며, 이는 인간발달에 있어 지극히 자연스러운 과정이라 할 수 있다(Hayslip & Panek, 1989).

또한 유전적 결함이 있거나 특이한 형질을 갖추지 않은 유기체가 정상적인 환경조건 속에서 살아가면서 시간이 흐름에 따라 자연히 겪게 되는 변화이기도 하다. 이러한 정상적 노화는 다음 네 가지 특징을 갖고 있다.

표 1-6   정상적 노화의 특성

- 노화는 보편적인 과정으로 늙어갈수록 면역성이 약해진다.
- 노화는 서서히 일어난다.
- 노화는 내부적 요인에 의한 변화다. 외부적 요인에 의해 노화과정이 촉진되기도 하나 유전적으로 계획된 변화다.
- 노화는 해부학적 · 생리학적 · 생화학적 · 심리학적 · 행동적 측면에서 나타나며, 결국에는 죽음에 이르게 된다.

노화는 일반적으로 생물학적인 변화나 감퇴의 측면이 먼저 언급된다. 생리학적 · 생화학적 변화(이호선, 2005)를 제시하면 〈표 1-7〉과 같다.

표 1-7   노화지표

체지방 체중	지방을 제외한 나머지 체중은 성장기 이후 10년에 3kg꼴로 근육 상실
체력	운동신경의 퇴화로 체력 저하
기초대사율	20세 이후부터 10년에 2%씩 저하
지방질	근육에 비해 지방질 비율이 평균 두 배 증가
산소이용효율	65세까지 신체 산소이용효율은 30~40% 감소
혈압	나이가 들수록 꾸준히 상승
혈당내성	혈중 포도당을 이용하는 능력이 점차 떨어져 제2형 당뇨병에 걸릴 위험성 높아짐
콜레스테롤치 /HDL 함유	50세까지 전체 콜레스테롤 양 증가
뼈의 밀도	뼈의 밀도가 낮아지며 골다공증 유발
체온조절 능력	체온을 안정되게 유지하는 능력 저하

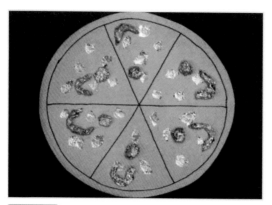

그림 1-32 지금 나의 마음은

설명: 공허, 우울, 두려움, 화가 남이라고 설명하였다. 왜 이런 마음이 드는가에 대한 질문에서는 관절이 아프고, 잘 안 보이고, 안 들리고, 서운하고, 특별히 할 일이 없고 등으로 설명하였다.
ᐤᐤ 재료: 호일

그러나 노화에 대해서 보다 잘 이해하기 위해서는 신체기능의 저하, 감각기능의 저하, 이에 따른 심리적 변화, 행동 변화 그리고 은퇴와 배우자 사별 등으로 인한 사회적 변화 과정까지도 이해되어야 한다.

2) 노화에 관한 이론

노화의 이론은 상당히 많이 제시되고 있다. 많은 노화이론이 존재한다는 것은 노화의 기전이 아직 밝혀지지 않았음을 의미하며, 어느 이론도 노화의 원인을 설명하는 데 충분하지 않음을 의미하는 것이다. 노화의 이론은 크게 생물학적 차원과 사회·심리학적 차원의 두 측면에서 제시되고 있다.

표 1-8 노화이론

생물학적 차원	사회·심리학적 차원
유전설	분리이론
비유전설	활동이론

(1) 생물학적 차원

생물학적 차원은 유전설과 비유전설의 두 범주로 분류되며, 유전설은 노화의 결정요소를 특정 유전자 자체로 보는 입장이고, 비유전설은 유전프로그램 발현의 영향 여부에 따라 인간의 노화가 결정된다고 보는 입장이다.

① 유전설

유전설은 예정계획이론과 유전자이론으로 설명된다.

• 예정계획이론(프로그램 이론)

노화는 미리 짜여 있는 유전적 계획에 따라 일어나는 것으로, 유기체의 유전인자 속에는 노화의 속성이 미리 프로그램 되어 있어 시간이 경과함에 따라 그 속성이 나타나 키가 줄고 몸무게가 늘고 반응 속도가 감퇴하며 여성에게는 폐경 등이 나타나는 것이다. 이는 유전적 근거에 따라 피할 수 없는 과정이다.

그림 1-33   **나의 존재**

설명: '내 키가 줄었어. 그래도 멋진 여생을 살아야지.' 하면서 한지로 예쁘게 인형을 만들었다. 웃고 있는 얼굴, 파마 머리, 개량 한복으로 자신을 표현하였다. 치료사의 제안으로 수채화 물감을 칠한 후 기분이 좋아졌다고 하였다.

• 유전자이론

유전자이론은 살아서 활동하는 유기체 내에 있는 해로운 유전자가 노년에 이르러 활성화되면서 유기체의 생존이 불가능하다는 이론이다(Busse, 1971). 이는 인간에게 젊음과 생산, 성장과 성숙을 촉진하는 유전자와 이런 구조를 파괴하는 유전자가 존재한다는 주장과 하나의 유전자가 서로 다른 두 개의 측면을 지니고 있다는 주장이 서로 대립되어 있다. 후자의 주장에 의하면 하나의 유전자가 초기에 생산과 활동의 측면에서 작용하고, 중년기 이후에는 노쇠의 측면으로 활성화되는 이중적인 역할을 한다는 것이다. 예를 들면, 에스트로겐은 여성의 생산기에는 정상적인 생산주기를 촉진하지만 폐경기에는 그 수준이 감퇴되어 혈압을 증가시킨다(이호선, 2005).

② 비유전설

비유전설에는 소모이론, 축적이론, 교차결합이론이 있다.

그림 1-34   **받침 만들기**

◊ ◊ '어떤 모형으로 어떻게 꾸밀까' 등으로 소근육활동과 뇌의 활동을 자극한다.

• 소모이론(마모이론)

소모이론은 인간의 신체 기관도 기계처럼 닳게 되며, 노화를 이런 퇴화의 산물로 보는 입장이다. 그러나 유기체는 기계와 달리 손상을 복구하는 특징이 있으며, 운동과 같은 단련을 통해 기능을 향상시킬 수 있다(이호선, 2005)는 반론이 있다.

• 축적이론

연령이 증가함에 따라 리포푸신(Lipofuscin)이라는 지방색소가 세포에 축적된다. 축적이론은 이러한 물질이 축적되어 세포의 정상적인 기능을 방해함으로써 노화현상이 생긴다는 것이다. 대뇌 속의 백질과 회백질이 연령이 증가하면 황색으로 변하는 것은 리포푸신이 세포 내부에 점진적으로 축적되어 가기 때문으로 상당한 양의 리포푸신이 축적되면 세포핵의 구조를 변경시킨다.

• 교차결합이론

세포의 내·외부에 정상적으로 분리되어야 하는 두 개의 분자가 서로 부착되어 노화가 진행된다는 것이다. 나이가 들수록 세포 내 구조에서 노화된 단백질인 콜라겐들의 교차연결이 증가하게 되고, 결국에는 신체 각 부분이 화학작용을 일으켜 신체를 변화시킨다(이호선, 2005).

(2) 사회·심리학적 차원

노화에 대한 사회·심리학적 차원에서는 분리이론, 활동이론이 있다.

① 분리이론

분리이론은 사람들은 연령이 높아질수록 자신들의 활동을 줄이고 좀 더 수동적인 역할을 추구한다는 것이다. 이 이론은 노인들이 왜 사회의 중심에서 이탈하는가를 설명하기 위해 개발되었다(Cumming & Henry, 1961). 이 이론은 노인이 되면 타인과의 상호작용이 감소하고, 자신의 내적 삶에 더욱 열중하여 사회와 분리되는 과정을 자연스러운 것으로 본다. 은퇴는 노인들로 하여금 어느 정도 사회적 역할에서 이탈하도록 해 주는 대표적인 사건이라 할 수 있다.

그림 1-35　**은퇴 후 다른 생활**(나의 요즈음 모습)

설명: 오히려 마음이 편해.

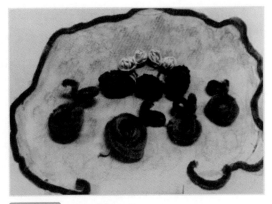

그림 1-36　**나의 마음**(은퇴)

설명: 화가 나고 꼬여 있다. 나는 아직 활동할 수 있는 능력이 있는데……

그러나 은퇴의 적절한 시기는 사회의 문화와 개인에 따라 다르며, 오히려 노인을 버리고 싶어 하는 문화가 노인의 이탈을 합리화한 것이라는 비판이 있다. 노인들 자신들이 이탈하고자 한다고 결정지어 놓고 사회는 노인들의 요구에 대해 주의를 기울이지 않는 것을 정당화한다(정옥분, 2000).

② **활동이론**

활동이론은 사회의 모든 연령층에 있는 사람들에게 있어 자신들의 사회적 활동이 자신들의 생활에 중요한 영향을 미친다는 이론으로, 노년은 중년의 연장일 뿐이라고 보는 입장이다. 사회적 상호작용의 감소가 노인에 의해서 시작되는 것이 아니라 사회 외적인 환경에 의해서 강요된다고 보고 정상적인 노화과정은 중년기의 활동과 태도를 가능한 한 유지하는 것이라고 본다.

그림 1-37　**은퇴**

◊ ◊ 은퇴의 무력감에서 벗어나서 새로운 마음을 갖게 하기 위해 시도되었다. '무엇이 보이세요?'라는 질문에 '새가 보여.' '이제 새롭게 시작해야지.'라고 하셨다.

따라서 노화과정에서 발생하는 개인적 활동과 역할의 감소가 새로운 활동과 역할로 대체될 때 생활에 대해 만족감이 높아지고, 사회적으로 활동을 유지하려는 사람이 훨씬 긍정적인 자아 이미지와 사회적 통합 그리고 생활에 있어서 만족을 성취하고 또한 성공적인 노화를 맞이한다는 것이다. 그러나 이러한 활동이론은 서구 중심적이고 젊은 사람 중심이라는 비판을 받기도 한다(김기태 외, 2002).

3) 노인의 삶의 유형과 성공적인 노화

노화의 원인이 무엇이든 간에 노년기의 신체적·사회적·심리적 변화는 노년기의 적응과 정신건강에 중요한 변수가 된다.

노년기의 적응과 정신건강에 관련하여 최근 노년학의 관심이 '노년기에 무엇이 문제인가?' 라는 문제 중심적 시각에서 '어떻게 잘 늙을 것인가?' 라는 적응에 초점을 두는 시각으로 변화하면서 '성공적 노화' 가 노년학의 중요한 화두가 되고 있다. 성공적인 노화는 과거와 현재를 수용하고 죽음을 받아들이며 정신적으로 성숙해가는 심리적인 발달과정이다. 동시에 사회적인 관계를 잘 유지하며 사는 것이라 할 수 있다(곽만석, 2005).

노인미술치료는 노년기 적응과 정신건강에 도움이 되는 여러 방법 중 하나이다. 성공적 노화에 영향을 미치는 변인을 이해함은 노인미술치료의 방향설정에 도움이

그림 1-38 **나의 인생회고**

설명: 좋았던 일, 나빴던 일 모두 그런 대로 보람 있는 일이었지.
◎ ◎ 노화의 수용을 목적으로 시도되었다.

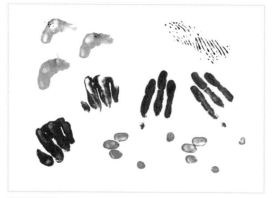

그림 1-39 **감사해야 할 사람 생각하여 꾸며 보기**

설명: 다정하고 친절한 나의 이웃

된다. 성공적 노화가 삶의 질로 평가
된다면, 건강에 문제나 장애를 갖고
있더라도 삶에 대한 객관적 태도, 가
족 및 친구들과의 상호작용, 개인의
성격특성, 복지적 측면이 건강문제나
장애를 극복하게 할 수 있다(Guse &
Masesan, 1999).

그림 1-40　과거와 현재

👁️👁️ 무엇이 요즈음 나의 생활에 도움이 되는가를 느끼게 함을 목
적으로 시도되었다.

　　성공적 노화는 생의 만족으로도 평
가된다. 과거 삶의 조건이 신체적 건
강, 사회경제적 지위, 경제적 조건,
물리적 환경, 사회적 관계망이었다면
노년기는 인지적 · 반사적 · 정서적 요소들로 결합된 지혜에 의해 생의 만족이 결정
된다(Ardelt, 1995).

　　성공적인 노화의 개념은 삶의 질, 생활만족도 등과 같은 개념과 맥을 같이 한다고
볼 수 있다. 그러나 사회적 환경, 신체적 건강은 개인의 힘으로 바꿀 수 있는 것이 아
니다. 또한 개인의 성격도 쉽게 변하는 것이 아니다. 그러나 이를 받아들이는 자세는
개인에 따라 차이가 있다.

표 1-9　성공적 노화개념 인식 유형별 특성(손미숙, 2001)

적극적인 사회 참여형	성공적인 노화를 위해 목적의식을 가지고 적극적으로 인생에 참여하며 여유로운 마음으로, 봉사하는 마음으로 살아가는 형
주관적 만족 및 부부관계 중시형	경제적인 준비 속에서 부부 관계를 잘 유지하고, 자식에게 집착하기보다 자기 삶에 만족하는 형
독립적인 삶 추구형	자식에게 집착하지 않고, 정신적 · 신체적으로 높은 기능상태를 유지하면서 혼자 살 수 있는 능력을 갖는 형

성공적인 노화에는 인지적 변화를 위한 심리적 노력이 필요하다. 여성 노인의 노화 경험에서 도출된 성공적인 노화는 변화 인식기, 저항기, 수용기, 조율기의 과정(엄미란, 2002)을 거친다. 정리하여 제시하면 다음과 같다.

그림 1-41 **다르게 보기**(공작새가 그려진 종이를 비늘 모양의 색종이 조각으로 꾸미기)

◑ ◑ 같은 환경도 마음가짐에 따라 다르게 느낄 수 있다. 다른 눈으로 보면 다르게 보일 수 있다는 느낌을 주기 위해 실시되었다.

여성 노인들의 노화경험과정과 그 사례(엄미란, 2002)

1단계 변화 인식기

① 체력감소 느끼기   ② 감각감소 발견하기   ③ 늙은 외모 확인하기

(경험사례)

❖ 체력감소 느끼기

"내가 젊었을 때에는 장사를 해서 해 저문 줄 모르고 날 새는 줄 몰랐는데 이젠 힘도 없고 다리도 움직이질 못해~."

❖ 감각감소 발견하기

"텔레비전을 볼 때 아들이 너무 소리가 크다고 윽박질러……."

❖ 늙은 외모 확인하기

"60대 초반에 흰머리하고 검버섯 비슷한 잡티가 나타났는데, 자주 거울을 들여다 봤어. 얼마나 늘어났나, 어떤가 보게 되더라구."

2단계 저항기

① 부정하기   ② 위안삼기   ③ 노화방지 정보찾기   ④ 노화방지법 따르기

(경험사례)

❖ 부정하기

"난 아직 젊어." "나를 할머니라 부르는 것 싫어."

❖ 위안삼기

"나랑 비슷한 동네 노인네들 중에는 나처럼 이렇게 집에서 한몫하는 노인이 없어!"

❖ 노화방지 정보찾기

"텔레비전을 보면 건강용품 선전을 많이 보고……."

❖ 노화방지법 따르기

"아직 다른 친구들보다도 젊은데 이렇게 흰머리로 있으면 마음이 더 늙는 것 같아. 그래서 오히려 젊었을 때보다 미장원이나 마사지를 더 받으러 다녀."

3단계 수용기

① 상황 재정의하기	② 받아들이기

(경험사례)

❖ 상황 재정의하기

"예전엔 며느리가 미장원에 나가면 집안일도 했었는데, 요즈음은 몸과 마음이 따라 주질 않아서……."

❖ 받아들이기

"아무리 안간힘을 다해 늙지 않으려 해도 세월을 막을 수는 없어요. 70이 넘으니까 어쩔 수 없어."

4단계 조율기

① 자식 일과 자기 일 조율하기	② 자식과의 관계 조율하기	③ 삶과 죽음에 대한 마음가짐 조율하기

(경험사례)

❖ 자식 일과 자기 일 조율하기

"손녀 방에서 같이 자는데, 안 좋아. 그래서 아침 일찍 나와 저녁까지 노인정에 있다가 집에 들어가지……."

❖ 자식과의 관계 조율하기

"속상할 때 노인정이나 밖으로 나가. 노인들과 이 얘기, 저 얘기하면 다 풀리지. 이제 참견 안 해……."

❖ 삶과 죽음에 대한 마음가짐 조율하기

"천당 가지 못하면 어쩌나 걱정이 되어 죽을 준비로 죄 안 지으려고 노력하고, 기도 많이 하고……."

(1) 변화 인식기

노인이라는 느낌은 체력 감소, 늙은 외모 등을 통해 인식된다.

① 체력 감소 느끼기

나이가 들어감에 따라 구체적으로 몸이 피곤하다, 기운이 없다, 근력이 딸린다, 힘에 부친다 등의 표현과 함께 체력 감소, 조절력 감소, 통증 등을 경험한다.

② 감각 감소 발견하기

시력, 청력, 미각 등에 문제를 느끼지 않고 생활하다가 우연한 기회에 시력, 청력, 미각의 쇠퇴를 발견한다. 작은 목소리로 이야기를 하면 제대로 듣지 못하고, 이야기에 반응을 하지 않아서 상대방이 몇 번씩 반복해 이야기하게 되는 것을 알게 된다.

③ 늙은 외모 확인하기

흰머리, 늘어난 주름, 검버섯을 발견하면서 자주 거울을 보게 되고 자신의 모습에서 이런 것들이 얼마나 더 늘었나를 확인하게 된다. 그러면서 나타나는 반응으로는 '벌써 내가 늙었는가?' 라는 놀람이나 당혹감이 나타난다.

그림 1-42 **나의 모습**

설명: '이렇게 계속 누워 있으면 더욱 나빠지겠지.'라고 스스로 느
낄 수 있는 기회를 줄 수 있다.

그림 1-43 **노인의 느낌**

설명: 마음은 젊은데 제대로 안 돼.
체력 및 감각기능이 저하됨에 따라 모든 것이 허망하고 인생이 무
상하다고 느꼈다.

(2) 저항기

인식된 변화를 부정하고, 아직 노인이 아니
라는 것을 보여 주기 위해 안간힘을 쓰는 과정
이다. 인지된 변화를 '설마, 아니겠지.'라고 부
정을 하고, 이를 입증할 수 있는 근거를 찾고
자 한다. 신체적 노화의 정도가 덜하거나 60대
초의 노인들 또는 경제적 어려움을 덜 받은 노
인들은 변화인식기를 거치면서 '난 아직 젊
어.' '할머니라 불리는 것이 싫어.' '아직 난
노인이 아니야.' 등으로 노인으로 불리는 것을
거부한다.

그림 1-44 **나의 모습**

설명: 열심히 에어로빅하는 모습으로 표현하였다. "앞으로도 계
속 하실 거예요?"라는 치료사의 질문에 "글쎄……."라고 답하셨
다. 심한 율동이 힘든 시기가 왔을 때 가능한 한 활동을 미리 예
견해 보고 그 행동도 편안히 받아들일 수 있는 자세가 필요하다.

장수노인 연구에 의하면 낙천적이며 온화
하고 쾌활한 사람들이 장수하고, 성격상 냉소
적이고 적대적인 사람들은 장수하지 못한다. 죽음에 대한 두려움, 삶의 변화에 대한
두려움을 가지고 삶을 수용하지 못하는 사람들은 장수하기 힘들다(Kaufman, 1986).

(3) 수용기

수용기는 노화로 인한 변화를 받아들이고 노인임을 수용하는 단계다. 이 단계는 변화인식기와는 다르게 자신의 '상황을 재정의' 하고 체념, 포기 등을 통해 노인임을 받아들이게 되거나, 노인임을 순리대로 받아들이는 것이다.

(4) 조율기

조율기는 자신의 능력과 상황을 잘 맞추어 삶을 조정하는 단계다. 자신이 힘들어도 자식을 보살피는 데 온 힘을 다하다가 마침내 노인이 자신을 돌아보기 시작한다. 자식 일과 자신을 위한 일을 적절히 안배하게 되면서 노인 스스로가 만족감도 느끼며, 자식을 위해 아직도 기여할 수 있는 일이 있다는 것에 행복감을 느낀다. '자식의 일과 자기 일 조율하기' '자식과의 관계 조율하기' '삶과 죽음에 대한 마음가짐 조율하기' 가 이루어진다.

노인은 죽음도 자신의 문제로 인식할 뿐만 아니라 자신의 죽음이 자식에게 미칠 영향에 대해서도 여러모로 생각하고 대비한다. 여태까지 살아온 생을 돌이켜 보며

그림 1-45 **상황 재정의하기**(새로운 인생)

설명: 아들, 며느리, 손자는 나에게서 나온 것이야. 이제 며느리에게 살림을 물려주고 손자들 돌보는 일에서 만족을 느껴야지. 노인정도 방문하고.
◑◑ 과거 현재 자신의 신체적·심리적·인지적·경제적 능력과 사회적 역할을 재검토해 보면서 상황을 재정의한다.

그림 1-46 **자식과의 관계 조율하기**(웃고 있는 나)

설명: 며느리가 외출하면 청소도 해 주고 식사준비도 해 주지. 그리고 일주일에 한 번 정도 백화점에 가서 물건 구경도 하고 쇼핑도 하고, 맛있는 것도 먹고, 동창이나 계원, 딸하고 만나기도 해.

생이란 한 조각 뜬 구름이 일어남이요,
죽음이란 한 조각 뜬 구름이 스러짐이라.
뜬 구름 자체가 본래 실체가 없는 것이니
나고 죽고 오고 감이 역시 그와 같다네.

- 서산대사 -

삶과 죽음에 대한 생각을 정리하고 죽음에 대비하는 작업이 이루어진다.

조율기는 일단 변화를 인식하고, 그 변화와 함께 갈등하다가 자신의 상황을 재정의하면서 수용하기 시작하고, 자신의 신체적 에너지에 맞게 일을 조율하는 것, 삶과 죽음에 대한 마음가짐을 조율하는 것이 이에 속한다.

이제까지 살펴본 노인의 정의와 노화를 중심으로 성공적인 노화의 기준을 제시하면 〈표 1-10〉과 같다.

그림 1-47 **종이로 꽃 만들기**

설명: 내가 미처 몰랐던 나 자신의 창의적 힘을 발견했다(치료과정에서 자신의 새로운 측면을 보게 된다.).

표 1-10	성공적 노화의 전통적인 7가지 기준		
① 수명	② 생물학적 건강	③ 정신건강	④ 인지적 효능
⑤ 사회적 능력과 생산성		⑥ 개인적 통제감	⑦ 생활만족도

성공적인 노화는 노화과정에 있어서 노인들 스스로가 자신과 사회에 대해 성공적으로 적응을 해 나가는 것이다. 적응을 위해서는 개인의 특성, 주위 환경, 신체적 건강의 세 요소가 조화를 이루어야 한다. 변화될 수 없는 환경을 받아들이는 지각과 태도는 미술치료가 개입할 수 있는 영역이다.

그림 1-48   성공적인 노화유형 – "성숙형" 노인들의 대화

출처: 2005학년도 대학수학능력시험 '직업탐구영역 문제 중에서.'

Chapter **2**

노인미술치료의 사회적 요구

1. 노인인구의 증가
2. 노년기 발달과업과 욕구
3. 사회구조와 가치관의 변화
4. 은 퇴
5. 노인의 특수성과 미술치료 개입의 필요

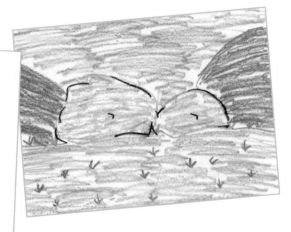

급격히 증가하고 있는 노인인구의 삶은 노인 각 개인이 인생을 어떻게 마무리하는가 뿐만 아니라, 후세들이 인생을 어떻게 보는냐와도 연결된다. 그리고 노년기 이전의 생애단계를 어떻게 보내야 하는가의 목표설정에도 영향을 준다. 노인에 대해 사회적 · 정책적으로 개입해야 할 여러 측면이 있으며, 한 측면이 노인적응이고, 노인적응의 한 분야가 미술치료다.

이 절에서는 노인미술치료의 사회적 요구를 노인인구의 증가, 노년기 발달과업과 욕구, 사회구조와 가치관의 변화, 은퇴, 노인의 특수성과 미술치료 개입의 필요성을 중심으로 하여 살펴보고자 한다.

1. 노인인구의 증가

세계의 노인인구는 꾸준히 늘어나는 추세다. 즉, 세계 인구 중 65세 이상 노인인구는 1960년에 전체 인구의 5.3%, 1992년에 6.2%로, 2020년에는 9.3%, 우리나라는 2015년 12.8%에서 2030년 28.7%, 2065년 42.5%가 될 것으로 예상하고 있다.

노인인구의 증가로 나타나는 고령화사회의 도래, 노인 평균수명의 남녀 성비에 대해 살펴보고자 한다.

1) 고령화사회의 도래

21세기는 노인들의 세기라고 할 수 있을 만큼 노인들의 수가 증가하고 있다.

각국의 15세 이상 인구 중 65세 이상의 노인인구 비율을 2000년과 2050년을 비교해서 살펴보면 [그림 2-2]와 같다.

그림 2-1   내 안의 평화

◊ ◊ 색종이를 오리고 붙이며 몰두해 본다. 꽃과 나무를 통해 나를 보고, 나를 정리해 본다.

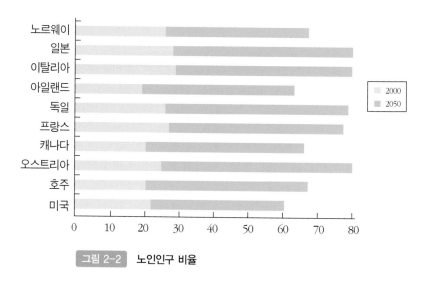

그림 2-2   노인인구 비율

　　우리나라의 경우 산업화, 도시화, 현대화되면서 노인인구가 증가하여 고령화사회로 가고 있다. 과학발달과 보건, 건강기술이 증가함에 따라 인간의 평균수명도 연장되어, 한국인의 평균수명은 1960년에 52.4세, 1970년에 63.2세, 1980년에 65.8세, 1990년에 71.6세, 2000년에 74.8세로 꾸준히 늘었고, 2020년에는 83.2세, 2050년 88.3세, 2065년 90.0세로 추정된다.

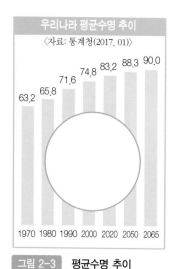

그림 2-3   평균수명 추이

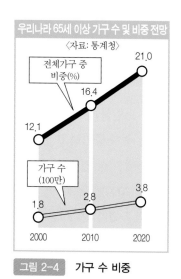

그림 2-4   가구 수 비중

우리나라 노인인구 구성을 살펴보면 전체 인구 중 65세 이상 노인인구 비율은 1960년에 2.9%, 1970년에 3.1%, 1980년에 3.8%, 1990년에 5.1%, 2000년에 7.2%로 증가하였고, 2020년에 13.2%, 2030년에는 24.1%로 급증할 것으로 예상된다. 이제 UN에서 규정하는 고령화사회(Aging Society: 전체 인구 중 65세 이상 노인인구 비율이 7~14%인 국가)를 우리 사회도 맞이하게 되었다(〈표 2-1〉). 그러면서 장수에 대한 열망은 어느 때보다 높아졌고 건강하고 당당하게 늙는 것이 현대인의 과제(주경희, 2002)라는 주장이 나오고 있다.

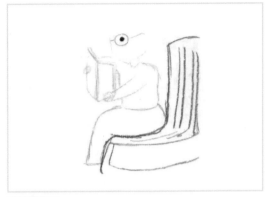

그림 2-5　내가 본 실제 할머니(청소년의 표현)

설명: 주위에 노인이 많아 젊은 세대는 특별히 힘들어 보이는 노인이 아니면 그냥 간과하게 된다.
◐◑ 노인의 청소년에 대한 이해와 청소년의 인간발달단계에 대한 교육에 적용할 수 있다.

표 2-1　우리나라 총인구와 65세 이상 노인인구

	단위	1960	1970	1980	2000	2005	2010	2030	2050
총인구	명	25,012,374	32,240,827	38,123,775	47,008,111	48,294,143	49,219,537	49,329,456	42,347,690
65세 이상	명	726,450	991,308	1,456,033	3,394,896	4,383,156	5,354,200	11,898,705	15,793,405

수명 연장은 다양한 신체적·심리적 그리고 사회적 문제를 발생시켰다. 이 때문에 다양한 분야의 개인적·집단적·사회적 개입이 필요하게 되었으며 노인의 정신건강 차원에서 미술치료 개입이 절실히 필요해졌다.

특히, 우리나라의 고령화 속도는 세계에서 유래 없이 빠르다고 할 정도로 선진국에 비해 단기간에 노인인구가 급속히 증가하고 있다. 이는 우리 사회가 노년기를 맞이하는 데 있어 충분히 준비할 수 있는 시간이 부족하여, 개입을 필요로 하는 노인의 수가 급격히 증가함을 의미한다(〈표 2-2〉 참조).

급격한 고령화는 심리적으로 노인을 맞을 준비가 안 된 채로 노년기를 맞는 노인이 많음을 뜻한다([그림 2-6] 참조). 이는 노인 개인에게는 상당한 압박이 될 수 있는

| 표 2-2 | 고령화 사회로의 진입에 소요되는 기간 | | | | | | |

국가별 고령인구비율	일본	미국	영국	프랑스	서독	스웨덴	한국
7%	1970	1945	1930	1865	1930	1890	2000
14%	1996	2020	1975	1980	1975	1975	2022
소요 연수	26	75	45	115	45	85	22

자료: Japan Aging Research Center, Aging in Japan(1996).

그림 2-6   노인이라고 느꼈을 때의 충격

설명: 할 일도 많은데 한탄스럽다.

데, 이러한 심리적 상황에 있는 노인을 도와주고자 하는 방법의 하나가 미술치료다.

인구의 평균수명은 점차 높아지고 있다. 그러면서 전체 인구에서 차지하는 고령 후기 인구의 증가도 빠르게 나타나고 있다. 평균기대 수명이 연장될수록 건강한 삶에 대한 기대수명과의 차이는 벌어지고 있다. 수명연장에 의해 건강하지 않은 노인의 삶에 대해 미술치료가 기여할 수 있는 부분이 많다.

| 표 2-3 | 국가별 평균수명 | | (단위: 세) |

순위	나라	기대수명	건강한 삶 기대수명
1	일본	83.7	74.9
2	스위스	83.4	73.1
3	싱가포르	83.1	73.9
11	한국	82.3	73.2
12	캐나다	82.2	72.2
119	네팔	69.2	61.1
183	시에라리온	50.1	44.4

자료: WHO(2017).

사람이 얼마나 오래 살 수 있는지에 대해서 여러 가지 주장이 있지만 최고 수명은 125세, 평균수명은 90세 정도가 될 것으로 예상한다. 장수에 대한 연구에서는 노인의 신체적·심리적·사회적 특성 및 여러 가지 요인과 장수와의 관계를 밝히고자 노력하고 있고 유전인자, 생활양식, 성격, 스트레스가 수명에 가장 큰 영향을 미친다는 연구결과를 보여 주고 있다(주경희, 2002).

표 2-4   노인연구 동향

The Georgia Centenarian Study (Poon, 1992)	1988년에 시작, 미국의 100세 이상 노인들에 대한 조사를 하였으며 이후 많은 연구의 기초가 됨
New England Centenarian Study (www.med.harvard.edu, 2001).	1994년 미국 하버드 대학 지원으로 시작 100세 인구분포 연구, 유전학적 연구, 가족사 연구, 100세 형제자매 연구 등 다양한 주제에 대한 지속적인 종단적 연구
The Okinawa Centenarian Study(Japan Ministry of Health & Welfare, 1996)	일본의 100세 이상 노인의 유전, 식사, 운동, 정신력 등에 대한 연구
The Swedish Centenarian Study (Samuelsson et al., 1997)	스웨덴에서 다학제간으로 장수모델을 연구
Andersen-Ranberg(2001)	덴마크 100세 이상 노인의 횡단적 연구 수행

현대사회에서 인간의 장수와 적응문제는 개인적 및 가족적 차원의 노력으로 해결될 수 있는 면도 많지만, 국가 정책으로 개입해야 할 면도 많다. 따라서 적응에 큰 효과를 볼 수 있는 노인미술치료는 개인, 가족, 사회적 차원에서의 다양한 협조가 요구된다(〈표 2-5〉 참조).

표 2-5   장수하도록 만드는 사회적 및 심리적 특성(Kaufman, 1986)

• 장수하는 성격: 낙천적·온화·쾌활
• 장수 못하는 성격: 냉소적·적대적, 죽음에 대한 두려움, 삶의 변화에 대한 두려움, 삶을 수용하지 못함

2) 노인 평균수명의 남녀 성비

평균수명에서는 남녀의 차이가 있다. 통계청의 생명표❶에 따르면 2020년 65세 이상 남자의 평균수명은 80.3세, 여자는 86.2세이며, 2040년에는 남자의 평균수명은 84.7세, 여자는 89.1세이다. 2060년에는 남자의 평균수명은 87.8세, 여자는 91.2세로 평균수명이 높아지고 있고, 남자와 여자의 평균수명 차이가 줄어들고 있다. 객관적 통계사실을 미술치료사가 정확히 알고 있어야 효율적인 치료적 개입을 할 수 있다.

우리나라의 노령화 지수는 1960년 6.9%에서 1970년 7.2%, 1975년 8.9%로 완만한 인구 노령화를 보이다가, 1980년대 이후부터 증가의 폭이 커져서 1980년 11.2%가 되었고, 2000년 34.3%, 2010년에는 66.8%, 2050년 429.3%가 될 전망이다([그림 2-9] 참조).

그림 2-7 **보고 싶은 얼굴**(따로 표현): **상실문제 다루기**

✎ 지금 이 시간 가장 보고 싶은 사람의 얼굴을 떠올려 보세요. 그리고 그 사람을 어떻게 표현할까요? 그 사람을 생각하면서 꾸며 보세요.
◔ ◔ 과거에 대해 집중하는 시간 충분히 갖기

노인인구의 증가, 평균수명의 증가, 노령화 지수 증가, 노년 부양인구의 증가, 고령화 사회의 급속한 진입은 사회적으로나 노인 개인적으로 해결해야 할 여러 문제를 갖게 된다. 생산가능인구(15~64세)가 부양해야 할 노년인구의 비율인 노인부양비는 2006년 13.2%에서 2020년 21.8% 2030년에는 37.3%, 2050년에는 69.4%까지 높아지게 된다. 현재는 생산가능인구 6명이 노인 1명을 부양하면 되지만, 2020년에는 4.6명이 1명, 2030년에는 2.7명이 1명을 부양해야 하는 어려운 상황이 벌어진다. 이는 생산인구가 노인인구를 책임져야 하는 사회적 부담을 점차 크게 갖게 된다는 것을

❶ 생명표: 현재의 사망수준이 지속된다는 가정 아래 최근 3년간의 사망자 수와 연령대별 사망률 등을 근거로 앞으로 몇 년간 더 살 수 있는지를 추정한 표.

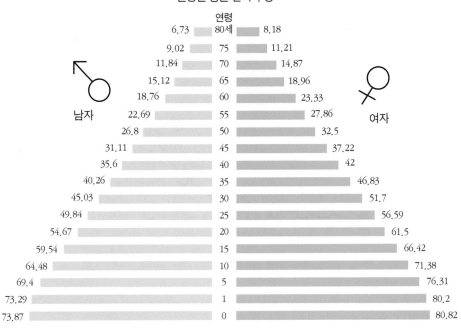

연령별 평균 잔여 수명

	연령	
6.73	80세	8.18
9.02	75	11.21
11.84	70	14.87
15.12	65	18.96
18.76	60	23.33
22.69	55	27.86
26.8	50	32.5
31.11	45	37.22
35.6	40	42
40.26	35	46.83
45.03	30	51.7
49.84	25	56.59
54.67	20	61.5
59.54	15	66.42
64.48	10	71.38
69.4	5	76.31
73.29	1	80.2
73.87	0	80.82

남자   여자

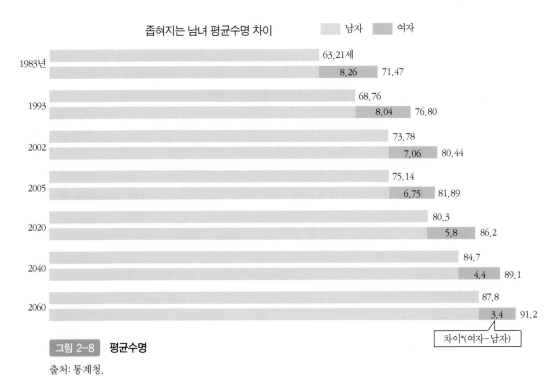

좁혀지는 남녀 평균수명 차이   남자   여자

연도	남자	차이	여자
1983년	63.21세	8.26	71.47
1993	68.76	8.04	76.80
2002	73.78	7.06	80.44
2005	75.14	6.75	81.89
2020	80.3	5.8	86.2
2040	84.7	4.4	89.1
2060	87.8	3.4	91.2

차이*(여자-남자)

그림 2-8 평균수명

출처: 통계청.

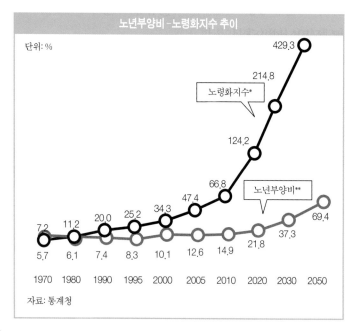

그림 2-9   **노년부양비 및 노령화지수 추이**

* 노령화지수란 유년인구(0~14세)의 비율에 대한 노년인구(65세 이상 인구)의 비율.
** 노년부양비란 65세 이상 고령인구를 15~64세의 경제활동인구로 나눈 값.

의미한다. 노령화지수도 2020년 124.2에서 2050년에는 429.3이 된다.

또한 도시화, 산업화, 부부 중심의 소수 핵가족화는 가족 내의 주체가 노인에서 부부로 옮겨 갔고, 가정 내 노인의 역할에 축소를 초래하였다. 노인은 과거 한 가족의 가장이자 책임 있는 대표에서 젊은 자녀 부부에게 종속된 피부양인으로 전락하였다. 퇴직으로 인해 사회적인 지지체계를 갑자기 상실하면서 부정적인 자아상을 형성하는 문제도 발생하고 있다(현외성 외, 1998).

그림 2-10 **생각과 느낌 나누기**(나의 요즈음)

설명: 생활의 무료함을 느끼고 있다. 또 점차로 실권이 없어짐에 따라 가정 일에 참견이나 간섭은 하지 않게 되었다. 지팡이, 용돈, 소주병, 담배 등이 주체에서 물러남을 보여 준다.

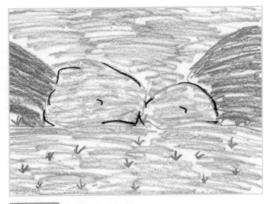

그림 2-11 **힘을 부여하기**

설명: '어떻게 늙어 가느냐는 내가 만드는 거야?' [그림 2-10]의 이야기는 자신을 돌이켜 보는 계기가 된다.

2. 노년기 발달과업과 욕구

노년기에는 이 시기에 필요한 발달과업과 욕구가 있다. 이 시기의 발달과업과 욕구의 달성이 노년기 적응의 중요 요소이므로 이에 대한 미술치료사의 이해가 필요하다.

1) 노년기의 발달과업

노년기의 신체, 심리 및 사회적 측면에서의 퇴행적 발달에 따른 위기를 극복하고 성공적인 노년기를 영위하기 위해서는 노년기에 요구되는 발달과업을 적절히 이행하여야 한다. 이 발달과업을 수행하는 데 미술치료사의 도움이 필요하다. 김종서 등(1982)은 노년기의 발달과업을 다음의 〈표 2-6〉과 같이 제시하고 있다.

표 2-6   노년기의 발달과업

발달영역	발달과업
지적 영역	① 세대차와 사회변화 이해하기 ② 은퇴생활에 필요한 지식과 생활 배우기 ③ 정치, 경제, 사회, 문화에 대한 최신 동향 알기 ④ 건강증진을 위한 폭넓은 지식 갖기
사회적 영역	① 동년배 노인들과 친교 유지하기 ② 가정과 직장에서 일과 책임을 합당하게 물려주기 ③ 가정이나 사회에서 어른 구실하기 ④ 자녀 또는 손자들과 원만한 관계 유지하기
정서적 영역	① 적극적으로 일하고 생활하려는 태도 유지하기 ② 취미를 계속 살리고 여가를 즐겁게 보내기 ③ 정년퇴직과 수입감소에 적응하기 ④ 배우자 사망 후의 생활에 적응하기 ⑤ 소외감과 허무감을 극복하고 인생의 의미 찾기 ⑥ 동료 또는 자신의 죽음에 대하여 심리적으로 준비하기
신체적 영역	① 약해지는 체력과 건강에 적응하기 ② 노년기에 알맞은 간단한 운동을 규칙적으로 하기 ③ 건강유지에 필요한 알맞은 섭생(攝生)하기 ④ 지병이나 쇠약에 대한 바른 처방하기

이러한 발달과업에 대한 미술치료 개입의 자세한 내용은 5장, 12장에서 더욱 상세히 다루도록 하겠다.

2) 노인의 욕구

노인을 위한 적응프로그램이나 서비스에서는 노년기의 발달과업 성취뿐만 아니라 노인들이 지니고 있는 욕구도 충족시킬 수 있어야 한다. 노년기 노인의 욕구는 〈표 2-7〉과 같이 크게 다섯 가지로 구분할 수 있다(윤진, 1985).

표 2-7 노인의 욕구

노인의 욕구	내용
대처능력 향상에 대한 욕구	• 노화에 따라 능력과 지식이 감퇴해 일상생활에 곤란을 경험하게 된다. • 능력쇠퇴에 대처하고 정상적인 사회적 기능을 유지하기 위하여 교육받으려는 욕구
표현적 욕구	• 자발적 운동, 사회적 활동, 새로운 경험을 통하여 만족을 얻고자 한다. • 젊은 시절에 직업 활동이나 자녀양육에 대한 책임 때문에 할 수 없었던 취미활동이나 단체 활동에 참여하고자 하는 욕구
사회에 공헌하고자 하는 욕구	• 자신뿐 아니라 타인을 위해 헌신하고 봉사함으로써 자아 통합성을 유지하고 삶의 만족을 추구하려는 욕구
영향력 행사에 대한 욕구	• 지역사회의 각종 단체, 노인단체, 종교단체, 정치 및 사회적 압력단체에 가입하여 활동하고자 한다. • 사회에서 물러나 인생을 즐기기보다는 사회 전체에 영향력을 행사하고자 하는 욕구
초월적 욕구	• 인생의 본질적 의미를 추구하게 되고, 그 과정에서 자아실현을 추구하고자 한다. • 인생을 통합적으로 정리하고 죽음에 적절히 대처하고자 하는 욕구

노인의 욕구에 대한 미술치료적 개입에 대한 자세한 내용은 5~12장을 참고하면 된다.

3. 사회구조와 가치관의 변화

사회구조의 변화와 가치관의 변화는 노인의 생활에 많은 변화를 초래하므로 미술치료사는 이와 같은 사회현상에 대한 이해도 필요하다. 이 절에서는 이러한 변화를 노인생활과 직결되는 현대 가족의 문제, 노인상담의 필요성에 초점을 맞춰 살펴보겠다.

그림 2-12 **내가 생각하는 노인**

설명: 집에 있다. 절에 다닌다. 생활의 지혜가 있다. 젊은이를 떠받쳐 준다 → 이 모든 활동을 하기 위해서는 노인 스스로의 노력이 필요하다.

1) 현대 가족의 문제

노인은 현대 가족의 구조적 변화와 개인주의적 가치관의 확대, 세대 간의 차이 심화, 자신이 겪는 상대적 박탈감과 경제적 빈곤(이호선, 2005) 등의 다양한 차원의 문제를 겪고 있다.

표 2-8　현대 가족에서 노인의 문제

핵가족화 현상	노부모의 중심역할이 약화되거나 상실
개인주의적 가치관	경로사상과 효사상 약화
수명의 연장	노인부양의 부담
직업에 따른 이동	독거 노인의 증가, 경제부담

현대 가족구조의 가장 두드러지는 특징은 핵가족화 현상이라 할 수 있다. 이는 단순히 성인자녀가 새로운 가족을 구성하면서 부모로부터 독립적으로 생활하는 것만을 의미하지 않는다. 핵가족화는 가족의 중심축이 부모-자녀의 종적인 축에서 부부중심의 횡적인 축으로 이동하였음을 보여 준다. 이러한 변화는 노부모의 역할에 중대한 변화를 가져왔다. 즉, 가정에서 노부모의 중심역할은 약화되거나 상실되었으며, 결국 노인은 가정과 사회에서 고립되었다.

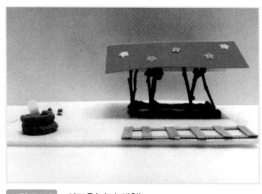

그림 2-13　외로움(나의 생활)

설명: 혼자 있다.
◐ ◑ 마음의 표현을 위해 시도하였다.

개인주의적 가치관의 증대와 세대 간 차이의 심화 그리고 현대사회의 급격한 발전도 현대 가족의 변화에 중대한 영향을 미쳤다. 젊은 세대는 더 이상 노인의 경험과 지혜에 의존하지 않는다. 노인의 연륜은 새로운 과학기술의 발달로 인해 이미 낡은 것이 되어 버렸다. 따라서 가족과 사회에서 노인의 지위는 하락하였고, 덕목으로 간주되던 경로사상과 효사상도 점차 희미해지면서 노인은 가정과 사회의 중심에서 밀려나 사회적 약자로 전락

된다. 이러한 사회현상은 노인을 고립시키고 소외시킨다.

직업 변화에 따른 지리적 이동은 노인의 물리적·정서적 지지원을 상실하게 하는 주요 요인이 되었다. 전통사회에서 노인은 지리적으로 이동거리가 가까운 가족, 친척과의 밀접한 관계망을 통해 물질적 지원과 정서적 지지를 얻었다. 그러나 현대사회는 자녀들이 교육과 직장을 위해 다른 도시로 떠나 노인 홀로 혹은 노부부만이

그림 2-14 **내가 할 수 있는 것, 나에게 힘이 되는 것 찾기**
◐ ◐ 외로움과 소외감을 이겨내기 위한 방법으로 시도하였다.

생활하는 경우가 많아졌고, 이는 노인이 정서적·사회적으로 소외되고 고립되는 원인이 된다.

경제적 문제는 특별히 노인이 호소하는 실질적이면서도 가장 절실한 문제다. 평균수명은 연장되었으나 노인을 위한 사회복지 지원은 이런 증가를 따라가지 못하고 있다. 따라서 자녀가 노인의 부양을 떠맡게 되면서 과중한 부담을 느끼게 된다. 노인이 단독 세대를 구성하는 경우가 늘고 있지만, 경제적 문제로 노인은 심각한 곤란에 처하는 경우가 많다.

이와 같은 사회적 현상은 개인이 해결할 수 없는 부분이 상당히 많이 있다. 미술치료는 이러한 상황에 개입하여 노인의 심리적 적응과 만족을 높여 주어 노인 생활에 기여해야 할 것이다.

2) 노인상담의 필요성

앞에서 살펴보았듯이 현대의 상황은 노인을 위한 다른 가족원, 친구, 친척, 이웃을 통한 지원의 양과 질이 떨어질 수밖에 없다. 따라서 미술치료사와 같은 전문 심리치료사(상담사)의 개입 필요성이 증가하게 된다. 김태현(1999)은 노인상담을 다음과 같이 정의하였다.

노인상담

도움을 필요로 하는 노인이 전문적으로 훈련을 받은 상담사와의 대면관계를 통해 개인적·가족적·경제적·신체적 문제를 해결하고 감정, 사고, 행동 측면의 인간적 성장을 가져와서 성공적인 노후생활을 영위하기 위하여 노력하는 과정이다.

4. 은 퇴

현대사회에서 직업은 개인의 사회, 경제, 심리에 상당히 많은 영향을 준다. 개인에 따라 차이가 있으나 일반적으로 50~60대에 이르면 직업적 활동에서 은퇴를 하게 된다. 법적으로 규정된 정년퇴직 연령에 의해서 또는 스스로 물러나기도 한다. 은퇴는 한 개인의 일생에 있어서 중요한 분기점이 되므로 은퇴의 의미, 은퇴 후의 적응에 대해 자세히 살펴보겠다.

1) 은퇴의 의미

은퇴는 직업이 없는 상태로 실업 상태가 아닌 비취업 상태다. 실업은 직업을 구할 의사가 있고 노력하는 상태이며, 비취업은 적극적으로 재취업을 갈망하지 않는 경우를 말하므로 은퇴는 비취업상태라 할 수 있다. 그러나 은퇴는 직업과 연관된 문제에서 더 나아가, 사회적 지위와 역할의 변화를 의미한다. 따라서 은퇴 이후의 적응이 문제가 될 수 있고, 심리적 적응 부분에서 다루어질 수 있다.

은퇴는 어떻게 지각하고 수용하는가에 따라 적응의 정도가 달라진다. 은퇴는 이제까지의 사회적 지위의 상실이나 변화를 가져오는 것으로 자아정체감의 상실로 이어질 수 있다. 비생산적인 여가시간의 증가, 대인관계의 감소, 사회적 정보의 감소는 무능력하다는 사회적 낙인 혹은 사회참여나 관심, 활동에 소극적으로 됨으로써 인생에서 커다란 위기의 시기로 볼 수 있다.

그림 2-15　**인생의 목표**

설명: 시련, 고통, 기쁨 등을 거치면서 나아가 더 큰 사람이 된다.
끝이 언제인지는 알 수 없다.
◍ 은퇴의 부정적 감정에서 벗어나 인생의 긍정적 목적을 찾게
하기 위해 시도하였다.

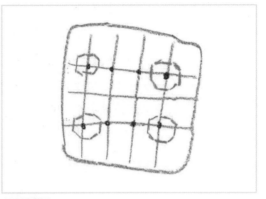

그림 2-16　**은퇴**

설명: 시간을 보내기 위해 장기를 두는 사람이 떠오른다.

그러나 은퇴도 인생주기에 있어 오래전부터 예견해 온 단계다. 그리고 노동도 어느 한 단계의 과업일 뿐이다(Atchley, 1977). 그러므로 은퇴에 대하여 지나치게 비통해 하거나 부적응상태에 빠질 필요가 없다.

은퇴도 일정한 과정을 거치게 되는데(Bischdff, 1966) 〈표 2-9〉와 같이 정리할 수 있다.

그림 2-17　**외딴 섬**(은퇴)

설명: 넓은 바다에 홀로 있는 외딴 섬 같은 느낌이다. 이런 외롭고 황량한 마음을 공감하고 살펴주는 것이 미술치료의 개입이다.

표 2-9　**은퇴의 과정**

① 장래에 대한 설계시기(퇴직금이나 연금, 적절한 주택 선정과 이사 준비, 기타 은퇴생활에 필요한 정보 수집)
② 은퇴의 순간(은퇴 직후 며칠 간의 생활 리듬 파괴, 자신에게 맞는 시간 스케줄 재조정 필요)
③ 은퇴 직후(건강이나 경제적 여유에 따라 활동에 차이가 생김)
④ 은퇴생활 안정기(여러 방면에서 활동이 감소, 은퇴생활에 적응하기, 여생을 현실 그대로 보고 받아들이기)
⑤ 마지막 단계(신체적·정신적 기능의 극도 쇠퇴, 현실 적응이 어렵고 의존적이 됨)

2) 은퇴 후의 적응

은퇴는 장년기에서 노년기로의 이행이다. 직업을 떠나 새로운 여가생활로 이행해 가는 분기점이 된다. 많은 문제가 발생하는 은퇴는 은퇴의 결정요인이 무엇이냐에 따라 적응에 차이가 있다.

표 2-10   은퇴 결정 요인과 문제
• 은퇴요인 - 자발적인 조기 또는 정년 퇴직 - 강제적 정년퇴직 - 생물학적 감퇴 또는 신체적 건강요인 • 은퇴의 문제 - 심리적 적응의 문제(자아통합 대 절망감) - 부정적 정서(무료, 소외, 분노 등) - 신체적 건강과 연관된 노인의 고독감 내지 사회적 고립의 문제

그림 2-18 다른 사람들이 보는 나

설명: 휴식이 필요한 사람으로 볼 것 같다.

은퇴 후의 생활에 대한 적응에 작용하는 요인에는 타인의 존재여부와 그로 인한 영향이 있다. 은퇴가 자아정체감에 영향을 주게 되는데 자아정체감은 어느 정도 영향력 있는 타인이 제공하는 자신에 대한 평가에 의존한다. 타인의 평가에 의존하는 정도는 연령과 더불어 증가하며 노년기에 이르면 자기평가의 많은 부분을 외부로부터 얻는다.

경쟁 능력, 생산성을 우선시하는 현대사회는 은퇴로 인해 노인의 사회 내에서의 권위가 축소된다. 심한 경우 노인의 존재를 의문시하는 사회적 경향도 생겨나고 있다. 이러한 사회의 분위기는 노인의 자존심을 약화시키고, 노인에게 부정적인 자기평가를 갖게 할 위험이 있다. 이것은 노년기의 심리 및 사회적 적응에 곤란을 가져올 수 있다.

사회적 활동을 주로 해 온 노인은 은퇴로 인해 사회적 활동력이 감소한다. 그리고 자녀의 결혼 및 독립으로 부모–자녀 사이의 접촉이 줄게 된다. 따라서 배우자가 노년기 삶에 중요한 의미를 갖게 된다. 노년기에 배우자와의 관계는 심리적 적응이나 자기평가에 상당히 많은 영향을 미친다.

남성은 은퇴 이후 역할 변화에 새롭게 적응해야 한다. 남성은 노년기의 많은 여가시간을 자신의 정체성을 탐색하면서 가정에서 보내게 된다. 이 과정에서 남성은 무력감을 느끼는 경우가 많다. 배우자와의 갈등 수준이 높거나 부부 갈등에 적절히 대처하지 못하면 심리적 복지 수준이 낮아진다.

노년기에 부부간 긍정적인 관계를 형성하게 될 경우 노년기의 생활 만족도는 높아지고 자기통합감에 다가가게 된다. 반면에 부부간에 부정적인 관계가 지속되거나 부부관계 적응에 실패하였다고 느끼게 되는 경우에는 우울증이 생기고 삶에 무기력감을 느끼게 된다.

그림 2-19   우리 부부: 함께 등산하기

◊◊ 원하는 부부의 미래상을 탐색하고 그렇게 하기 위한 방법을 그려본다.

그림 2-20   배우자에게 주는 훈장

◊◊ 부부관계 향상을 위해 시도할 수 있다.

5. 노인의 특수성과 미술치료 개입의 필요

급격한 고령화, 노인인구의 증가, 노년기 발달과업과 노인의 욕구, 사회구조와 가치관의 변화, 은퇴에 따라 심리치료적 개입의 필요성은 높아지고 있어, 사회적 · 개인적으로 노인미술치료를 요구하고 있다. 이 절에서는 앞에서 서술한 내용을 토대로 노인의 특수성과 미술치료 개입의 필요성에 대해 간단히 살펴보고자 한다.

1) 노인의 특수성

노인은 이제까지 가정을 수립하고, 사회를 이끌어 가는 가족과 사회의 중추라고 생각해 왔다. 그러다가 갑자기 노인이 되었다고 느끼게 되고, 자신이 더 이상 중심인물이 아니라 주변인이 되었음을 인지하게 된다. 이러한 사실에 자존심이 상하기도 하며, 저항을 하고 분노를 느낀다.

그림 2-21   나의 집

✎ 할머니가 미술활동하는 것을 주저하셔서 이를 도와드리기 위해 한지를 찢어서 붙이는 시범을 보여드렸다. 감정이 잘 드러났다. 작품의 완성감을 위해 집 밖을 크레파스로 칠하시기를 권해 드렸다.
설명: 손자들을 키울 때는 가정 내에서의 역할이 있어서 당당했었는데 손자들이 다 크고 집안일도 며느리가 맡아서 하니까 역할이 없어졌어. 가정에 기여하는 바도 없이 해가 갈수록 자꾸 몸이 아프니까 자식들에게 미안한 생각도 들고⋯⋯.
◑ ◑ 준비물: 색한지와 크레파스

그림 2-22   나의 성과

설명: 젊은 시절 열심히 살았다.
◑ ◑ 성과의 탐색은 자아존중감 향상에 도움이 된다.

교육을 받은 노인이라고 하더라도 급격히 변화하는 정보화 시대와 감성의 시대에 대한 적응이 젊은 세대와 비교하여 떨어질 수밖에 없다. 일반적으로 노인은 타성에 젖은 생활을 하며, 변화에 민감하지 않다.

2) 미술치료 개입의 필요성

노년기는 특별히 정신장애가 없는 경우에도 다양한 사회적 변화와 수명 연장으로 인한 개인의 신체·심리적 변화로 인해 심리치료적 개입이 요구된다. 특히, 자신의 어려움, 갈등, 고민, 욕구 등의 표현에 미숙함, 언어화의 어려움, 언어적 표현에 대한 방어와 거부, 체면 등을 지니고 있는 노인은 다른 어떤 치료방법보다도 미술치료적 접근이 심리치료에 유용하다.

노인은 드러내기 어려운 갈등, 해결되지 못한 문제, 관심, 인정, 사랑에 대한 욕구, 사회적 접촉에 대한 욕구 등 많은 문제와 소망을 지니고 있다. 그렇지만 자발적으로 자신의 문제를 해결하고자 치료사를 찾는 경우는 상당히 드물다. 그러므로 사회적 차원에서 노인의 욕구와 필요에 개입해야 할 필요가 있다.

한편, 노인은 다른 연령집단과 비교하여 신체적·사회적·심리적 능력이 저하되어 있고, 자신의 욕구를 충족할 수 있는 자원이 부족하다. 그러나 노인도 자신의 내

그림 2-23 **나의 힘듦**

설명: 정확한 표현은 안 하셨으나 힘든 마음을 드러낼 수는 있다.

그림 2-24 **스트레스 해소와 성취감**

◐◐ 신문지 찢고 말기를 통해 스트레스 해소와 작품 구성을 통한 성취감 갖기

그림 2-25   풍선사람

✎ 자화상을 그리기 → 그 상을 수정해 보기 →
예쁘게 입체적으로 표현해보기(풍선사람 만들기)
◐ ◐ 재료: 풍선, 한지

적 · 외적 현실을 탐색하고 이해하며, 수용하는 과정을 거쳐, 사고의 전환을 이룰 수 있다. 이는 노인이 현실을 수용하고 적응하는 데 도움이 된다. 변화하는 사회에 대한 태도 변화도 필요한데, 변화된 주위 상황에 잘 적응할 수 있는 기술훈련도 요구된다.

노인도 인생의 발달단계에 맞게 적절히 대처함이 필요하다. 노년기가 인생의 끝이 아니라, 삶의 중요한 부분이라는 것을 인식하도록 도와주어야 한다. 더불어 만족스러운 삶을 살 수 있도록 적절한 지지를 제공함이 중요하다.

노인도 억압된 욕구의 표현과 해결, 현실적인 욕구의 탐색과 충족이 필요하다. 이에 대한 해결방안을 스스로 탐색하여, 내적 만족을 이룸도 중요하다. 이를 위해 미술치료 개입이 필요하다.

미술치료는 미술활동을 치료에 활용하여 노인의 문제행동이나 잠재적 문제행동을

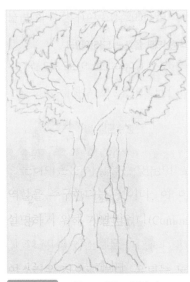

그림 2-26   나무로 나를 표현하기

설명: 힘없는 가냘픈 가지만 있는 나무를 표현하였다. 힘이 없어 잘 안 된다고 하셨다. "이것이 할머니세요?" 하니까 맞다고 하셨다. 변화시키고 싶으시면 변화시켜도 된다고 하니까 푸르른 나무로 바꾸셨다. 어떤 느낌이 드시냐고 하니까 바꾸기를 잘하셨다고 하셨다.

그림 2-27   못 이룬 꿈

설명: 과거에 하고 싶었지만, 하지 못한 일을 생각하고 못 이룬 것이 그 당시의 어쩔 수 없는 상황이었음을 이해하셨다.

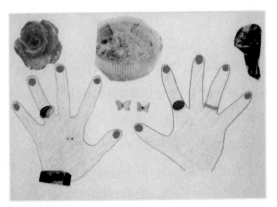

✎ 손을 서로 본뜨고, 꾸며 주기를 하였다. 서로 예쁘게 꾸며줌으로써 소외감 해소에 도움을 주고자 하였다.
꾸민 후 붙이고 싶은 것을 잡지에서 찾아 붙이기를 하였다.

그림 2-29   부정 감정의 해소와 변화

👀 화가 난 대상에 대한 분노감정의 해소를 위해 신문지를 찢고 구겼다. 이 종이 조각으로 작품이 완성되었다.

제거 또는 예방함으로써 노인의 적응과 성숙을 도와줄 수 있다. 미술활동을 통해 노인의 이제까지의 경험, 사고, 감정, 성격, 욕구, 소망, 발달 등이 은연중에 나타날 수 있기 때문이다. 미술치료에서의 미술활동은 노인의 느낌이나 사고, 문제점을 전달해 줄 뿐 아니라 정신적 문제를 이겨내고 회복하는 데도 도움을 준다. 또한 노년기의 고립과 소외감 감소를 위한 미술치료 접근도 필요하다.

노인미술치료는 노인의 심리적·신체적·정신적·사회적·경제적 어려움에 관하여 전문가 훈련을 받은 미술치료사가 노인과의 내면적 상호작용을 통해 적절한 적응을 할 수 있도록 도움을 주는 과정이다. 노인미술치료의 목표는 〈표 2-11〉과 같이 정리할 수 있다.

그러나 단순히 미술치료사가 미술활동을 소개한다고 하여 미술치료의 목표가 달

표 2-11   노인미술치료의 목표

• 내면의 느낌, 욕구, 사고의 탐색 촉진	• 부적응행동의 이해
• 정신적 문제 인식과 정서 확인	• 긴장완화, 정서이해, 갈등해결
• 자신감, 성취감, 자아통제 부여	• 자기수용, 자아성숙
• 대처기술터득	• 생활의 의미 발견

성되는 것은 아니다. 노인학에 대한 충분한 이해, 현대사회의 흐름, 미술치료학에 대한 이해와 미술치료사의 임상적 경험 등을 통해 노인을 위한 미술치료의 목표가 이루어질 수 있다.

노인미술치료는 치료목적, 치료받는 구성원의 수, 치료내용 등에 따라 여러 유형으로 구분할 수 있다. 목적에 따라 치료적 접근과 인격성장적 접근으로 구분하여 볼 수 있고, 구성원에 따라 개인치료와 집단치료로 구분할 수 있다. 노인의 성장배경, 교육, 경제, 사회적 차이, 개인의 특성, 심리적 어려움, 자신에 대한 자발적 노출의 꺼림 정도, 문제의 종류, 문제의 정도, 저항, 방어 등을 고려하여 개인치료나 집단치료가 결정된다. 노인의 정서적 특성, 행동 양상, 치료 동기, 의사전달의 가능성 등이 충분히 고려되어야 한다.

집단치료의 경우 노인은 내가 지닌 문제가 나만의 문제가 아님을 알게 되고 집단원과 친숙해질 수 있는 기회를 갖게 된다. 집단원들이 서로 이해하고 위로할 수 있다. 또한 집단 내에서 자신이 다른 사람에게 도움이 될 수 있다는 경험을 하게 된다. 이러한 경험을 통해 노인은 스스로 힘을 얻고 자신감을 갖게 된다. 자신의 행동을 집단원들의 행동과 비교함으로써 현실적이고 객관적으로 점검할 수 있다.

치료내용에 따라서는 교육중심, 치료중심으로 나누어 볼 수 있다. 교육중심은 생활의 의미 찾기, 잠재력 개발, 자기표현, 성취감, 자아통합을 향상시키기에 중점을 두고, 치료중심에서는 특정한 증상이나 문제해결에 중점을 둔다. 그러나 실제적으로 중복되는 부분이 많다.

표 2-12 노인미술치료의 유형

구분	유형	내용
미술치료의 목적	치료적 접근	문제해결, 증상 해소, 고통 감소, 현실 적응, 스트레스 감소, 갈등 해결
	인격성장적 접근	내면적 욕구충족, 자아통합, 잠재력 향상, 자아 성장
미술치료 구성원	개인치료	개인
	집단치료	여러 명의 구성원
미술치료 내용	교육중심	생활의 의미 찾기, 잠재력 개발, 자아통합
	치료중심	특정한 증상, 특정한 문제 치료, 내면 정리, 적응

노인미술치료와 과학적 연구

우리 사회는 급속한 고령화 사회를 맞고 있고, 노인에 대한 관심이 집중되고 있다. 노인미술치료는 과학적 연구결과를 노인에게 적용하는 것이다. 이 장에서는 노인미술치료에 대한 과학적 연구의 필요성, 노인미술치료 연구의 목적, 과학적 방법, 자료수집방법, 연구유형에 대해 살펴보고자 한다.

1. 노인미술치료의 과학적 연구 필요성

과학적 연구는 체계적이고 과학적인 방법을 통해 문제를 해결하고 이론을 정립해 가는 과정이다. 노인미술치료가 잘 이뤄지기 위해서는 연구가 과학적이어야 한다. 과학적이지 못한 경우에는 상식이나 권위 또는 개인의 경험과 직관에 의존하게 되어, 올바르게 노인미술치료에 접근할 수 없게 된다.

노인기는 인생의 후반기에 속하며, 인생의 앞 단계와는 양적이나 질적으로 많은 변화를 보인다. 급속한 고령화와 인간수명의 연장으로 노인기 전기나 중기의 신체, 인지, 언어, 사회, 정서 영역에 대한 기존의 이론이나 연구로 설명이 되기에는 노인기 후기에 대한 연구가 아직 충분하지 못한 실정이다. 이러한 관점에서 노인미술치료 연구의 필요성이 있다.

노인기는 일상의 책임과 의무에서 벗어나 자유로운 시간이 많아지며, 신체적 변화, 사회적 은퇴, 역할, 관계의 감소가 일어난다. 노인의 여가시간 활용과 환경에 대한 적응이라는 측면, 노인의 욕구와 필요의 충족이라는 차원에서 노인미술치료 연구가 필요하다.

노인기에 도달하기까지 노인 간의 개인차가 노인기에도 지속적으로 영향을 줄 수 있다. 노인기의 부적응 문제는 전 단계에 그 원인이 있을 수도 있고, 현재의 상황에 대한 노인의 부적응이 원인이 될 수도 있다. 과거에 대한 통찰, 수용, 미래에 대한 전망을 위해 노인미술치료 연구가 필요하다. 또한 노인 개인차에 대한 연구가 중요한 노인미술치료 연구의 영역이다.

노인미술치료 연구는 노인기에 발생하는 여러 문제에 대한 치료적 차원에서 효과가 있을 수 있다. 치료적 개입이라는 측면에서 노인미술치료 연구가 필요하다.

노인미술치료 연구는 노령화에 대해 불안을 느끼는 중장년기 세대에게 노인 정신
건강에 대한 정보를 제공해 준다. 이 정보를 통해 좀 더 나은 노년기 환경을 제공해
줄 수 있다.

노인미술치료 연구 필요성

- 과학적 방법으로 노인문제를 해결하고 노인미술치료 이론의 정립 필요
- 급속한 고령화와 인간수명의 연장에 의한 노인기 후기의 연구 부족
- 노인의 욕구와 필요의 충족이라는 차원에서 노인미술치료 연구의 필요
- 노인 개인차에 대한 노인미술치료 연구의 필요
- 중장년기 세대에게 노인 정신건강에 대한 정보 제공

2. 노인미술치료 연구의 목적

노인미술치료 연구의 목적은 노인의 특성과 문제에 대한 정확한 기술과 설명을 통
해 발생될 문제를 예측하고 통제하며, 이미 발생된 문제를 치료하는 것이다. 일반적
인 과학적 연구의 목적이 노인미술치료 연구에도 그대로 적용된다. 연구의 목적은
기술, 설명, 적용으로 나누어 볼 수 있다.

1) 기술

연구의 첫 번째 목적은 노인과 현상에 대하여 과학적으로 이해를 하기 위한 것이
다. 과학적으로 이해한다는 것은, 노인과 현상에 관련된 변인을 객관적으로 정확하
게 찾아내고, 관계정도를 있는 그대로 보고하는 것이다. 화를 잘 내는 노인을 주의 깊
게 관찰하고, 언제, 어떻게 화를 내는가를 사실적 · 객관적으로 기술한다. 어떤 미술
과제나 매체가 노인의 불안한 심리상태에 적절한가, 노인의 어떤 표현과 반응을 가
져오는가를 기술한다. 이러한 기술을 통해서 노인미술치료에 관련되는 변인, 자기표

현을 촉진하는 매체 등을 알 수 있게 된다.

노인의 현재 수준과 특성, 미술치료의 치료적 과정, 치료에 따른 심리상태의 변화과정에 대한 기술은 노인의 정상적 상태의 여부도 판단할 수 있게 해 준다. 노인미술치료의 과학적 기술이 되기 위해서는 노인과 미술치료라는 현상에 포함되는 변인들에 대해 지식이 있어야 한다. 여러 변인을 관찰하고 자세히 기술하는 데서 연구가 시작된다. 그러나 기술은 변인들의 관계에 대한 설명은 제공하지 못한다.

2) 설명

연구의 두 번째 목적은 노인의 개인차나 현상을 설명하기 위한 것이다. 왜 이러한 현상이 생기게 되었는가의 원인에 대해 설명하는 것이다. 즉, 변화가 일어나는 이유를 규명하고 설명하는 것이다. 예를 들면 매체의 어떤 특성이 우울한 노인의 자기표현 의욕을 가져오는가, 노인의 자기격려가 왜 의욕상실을 감소시킬 수 있는가 등의 이유를 설명하는 것이다. 그러나 설명을 하기 위해서는 현상에 대한 기술을 먼저 필요로 한다. 어떤 행동에 대한 기술이 없다면 그에 대한 설명을 할 수가 없다.

설명은 왜 그런가에 대한 해답이다. 현상을 유발한 결정요인이나 선행조건을 탐색하여 인과관계를 밝히는 것이다. 특정 현상의 인과관계가 발견된다면, 이 관계를 다른 현상에도 적용해 보고, 이러한 과정을 거쳐 특정 현상에 대한 설명이 더 많은 현상을 설명하는 법칙이나 이론이 된다. 그리고 앞으로 나타날 결과를 미리 예측할 수 있게 된다. 그런데 인간 행동이나 현상은 다양한 요소와 그들 간의 복잡한 상호작용에 의해 나타나기 때문에, 설명을 하는 데는 많은 과학적 증거가 누적되어야 한다. 특히 노인미술치료는 다학제적인 응용과학이다. 미술치료학에 관련되는 현상들을 제대로 이해하기 위해서는 심리학, 가정학, 인류학, 생리학, 의학 등 여러 학문에 관한 지식이 있어야 하며, 다학제적 접근이 필요하다(정현희, 2017).

3) 적용

　노인미술치료 연구는 노인의 정신건강에 기여한다. 기술하고 설명하는 것이 과학의 주요 목표이기는 하지만, 노인미술치료 연구는 실제 적용도 중요한 목표이다. 노인의 현실적인 심리문제 해결, 사회적 · 심리적 적응력 높여 주기, 잠재적 문제 예방하기, 자아성장으로 이끌기 등을 통해 노인이 행복한 삶을 영위할 수 있도록 하는 실제적 적용이 중요하다.

　적용은 예측과 통제이다. 예측은 현상이 발생되기 전에 법칙이나 이론을 활용하여 발생할 현상을 예측하는 것이다. 노인기 우울에 대한 정확한 기술과 설명은 노인기에 가족관계나 사회적 관계에서 발생할 수 있는 노인 부적응 문제에 대해 미리 예측할 수 있게 해 준다. 예측의 정확성은 법칙이나 이론이 얼마나 타당하고 신뢰적인가에 달려있다. 그림검사와 미술표현에 대한 노인임상집단 연구결과는 한 노인의 문제행동을 미리 예측하게 해 준다. 그런데 그림검사와 미술표현의 해석이 이론이나 법칙이 되기 위해서는 과학적 연구결과가 누적되어야 한다.

　통제는 예측되는 문제의 원인이나 선행조건을 문제발생 전에 조작하여, 그 현상을 감소시키거나 제거하는 것을 말한다. 공격적이고 이기적인 내용의 텔레비전 시청이 폭력성을 조장하고, 이타적이고 사려 깊은 내용의 텔레비전 시청이 친사회적 성향을 촉진할 수 있는 연구결과가 있다. 이 결과에 따라 폭력성향 텔레비전 시청을 억제하는 것을 통제라고 한다. 그림검사와 미술표현에서 문제행동이 예측되거나 문제행동의 잠재성이 보이면 미리 통제할 수 있다. 일반적으로 통제는 윤리적인 문제를 야기하는 경우가 발생한다. 과학이 가치중립적이어야 하지만, 실제 적용을 다루는 응용과학 분야에는 연구의 윤리적 측면을 간과해서는 안 된다.

노인미술치료 연구의 목적

- 기술: 노인과 노인관련 현상을 객관적으로 기술, 변인의 발견, 변인들 관련정도 파악
- 설명: 개인차나 현상의 인과관계 설명(누적 결과는 이론의 형성 가능성)
- 적용: 예측과 통제로 미술치료 현장에 활용, 실제적 측면에서의 기여

3. 과학적 방법

과학적 방법은 현상을 객관적으로 검토하고, 재검토하면서 결론을 도출하는 방법이다. 노인미술치료의 과학적 연구를 위해 과학적 방법인 객관성, 경험성, 정밀성, 검증가능성에 대해 살펴보고자 한다.

1) 객관성

객관성은 과학적 연구의 중요한 방법이다. 객관성은 어떤 사건과 현상에 대해 다른 사람도 동일하게 인정하는 것이다. 그런데 사회과학의 연구대상인 인간의 심리적 속성은 직접 관찰하여 측정하기가 어렵다. 예를 들면 자아개념, 자아탄력성, 위축, 불안, 우울 등의 측정은 연구자 간의 일치가 쉽지 않고, 이것은 직접 관찰하기가 어렵기 때문이다. 따라서 사회과학에서의 객관성은 연구방법에서의 객관성에 중점을 두게 된다. 연구방법에서의 객관성은 관찰가능성과 측정가능성이다.

관찰가능성은 한 속성이 다른 연구자에 의해서도 관찰될 수 있다는 것이다. 직접 관찰이 어려운 자아개념, 불안, 우울 같은 심리적 속성을 관찰하기 위해 사회과학에서는 심리적 속성에 조작적 정의를 내려 관찰이 가능하도록 하고 있다. 조작적 정의

객관성

- 개인 간의 사건과 현상에 대한 일치정도
- 인간의 심리적 속성은 직접 관찰과 측정이 어려움(연구방법으로 객관성)
- 연구방법에서의 객관성은 관찰가능성과 측정가능성(조작적 정의의 필요)
- 조작적 정의: 어떤 개념이나 변인을 측정하는데 필요한 구체적인 활동을 명시
  측정을 위해 그 개념이나 변인에 의미를 부여
- 측정가능성: 구체적인 활동이 명시됨으로써 객관적으로 관찰이 가능
  심리검사, 질문지, 관찰, 면접 등으로 측정

는 어떤 개념이나 변인을 측정하기 위해, 구체적인 행동을 명시하는 것이다.

측정가능성은 심리적 속성이 적절한 방법으로 측정될 수 있고, 측정결과는 기록될 수 있음을 의미한다. 앞에서 언급한 조작적 정의가 측정가능성과 직접 관련된다고 볼 수 있다. 심리적 속성에 조작적 정의가 내려지고 이에 대한 측정을 하기 위해 구체적인 활동이 명시된 질문지, 심리검사, 면접, 관찰 등을 통해 측정을 가능하도록 한다.

2) 경험성

과학적 방법의 특성은 경험성이다. 경험성은 사실적 증거에 기반을 두는 것으로 결론에 도달하는 과정, 즉 원칙이나 이론을 추론해내는 방법이 귀납법이다. 귀납법은 여러 차례의 특수 관찰을 통해 일반적인 결론에 도달하는 것이다. 연구에서 전집을 관찰하는 것은 현실적으로 어렵다. 전집을 대표하는 표본을 선정하고, 이 표본에서 얻은 자료를 기초로 하여 전집으로 일반화하는 것이다. 따라서 과학에서의 경험성은 표본의 대표성과 귀납적 추론으로 전집에 일반화하는 것이다. 그리고 이 과정에서 발생할 수 있는 오차의 양을 측정하여 확률적으로 어떤 사상이 발생할 가능성을 기술하게 된다. 따라서 경험성은 단순한 관찰과 경험을 넘어 일반화에 이르는 것이다.

경험성

- 사실적 증거에 기반
- **표본 관찰**: 전집 관찰의 현실적 불가능
  : 전집을 대표하는 표본을 선정하여 관찰
- **귀납적 추론**: 확률적으로 어떤 사상이 발생할 가능성을 기술
  : 특수 관찰에서 일반적 결론을 이끔
  : 단순관찰을 넘어 전집으로 일반화

3) 정밀성

과학적 방법의 특성은 정밀성이다. 정밀성은 연구에 사용되는 측정도구가 타당성과 신뢰성이 있고, 측정 결과가 정확하고 일관성이 있어야 하며, 자료가 어떻게 수집되는가가 정확하게 제시되어야 함을 의미한다. 또한 실험이 타당성있고, 신뢰할 수 있게 구성되었고, 타당하게 잘 통제된 절차에 의해 엄격하고 정확하게 적용되었다는 것을 의미한다. 자료가 어떻게 분석되었는지의 자료분석 방법과 자료로부터 어떠한 결과가 도출되는가의 결과 및 결론에 이르는 과정에 대한 기술 및 추론 과정에도 오류가 없어야 함을 의미한다(Stangor, 1998).

4) 검증가능성

과학적 방법의 특성은 검증가능성이다. 검증가능성은 과학적 연구결과는 공개적으로 검증되어 채택 또는 기각될 수 있어야 함을 의미한다. 과학적 방법에 의해 얻어진 결론은 절대적 진리가 아니기 때문이다. 한 연구에 의한 해답은 연구결과에 대해 새로운 의문이 나타나기 전까지의 일시적 해답이다. 따라서 연구결과가 재검증될 수 있어야 하며, 재검증될 수 있도록 정확하게 기술되어야 한다. 다른 연구가 재검증하기 어렵게 기술된 연구는 연구로써의 가치가 줄어들 수밖에 없다.

정밀성과 검증가능성

- 정밀성: 연구문제의 해답을 얻는 과정의 정밀성
    : 측정도구, 실험과정, 자료수집 및 분석과정의 신뢰성, 타당성, 정확성
    : 결과 및 결론의 기술 및 추론과정의 타당성, 신뢰성, 논리성
- 검증가능성: 연구방법, 연구절차 및 분석과정의 공개
        : 반복 검증의 가능성

연구는 과학적인 방법에 의해 이루어진다. 과학적 방법은 지식을 추구하기 위한

과정이나 절차로, 논리적인 사고와 체계적이고 객관적인 절차가 반드시 필요하다. 따라서 과학적 방법이 지식을 습득하는 가장 타당하고 신뢰할 만한 방법이라고 할 수 있다. 그런데 연구자가 과학적 방법을 알고 있어도 편견을 갖고 있다면 연구결과는 과학적이 될 수 없다.

표 3-1   **과학적 방법의 특성**

영역	내용
객관성	구체적·조작적 정의에 의한 관찰가능성, 측정가능성
경험성	체계적, 통제적, 귀납적 추론, 표본을 전집으로 일반화
정밀성	측정도구, 자료수집, 분석, 실험통제, 결과 제시, 결론의 정확성
검증가능성	연구절차 및 분석과정의 공개, 재검증의 가능성 제시

과학적 연구가 되기 위해서는 과학적 방법을 잘 알고 있어야 한다. 과학적 방법은 지식의 근거나 문제해결의 방법이 권위주의적 지식이나 개인적인 경험, 직관을 넘어, 객관성, 경험성, 정밀성, 검증가능성, 합리적 사고, 종합적 통찰력에 두는 것이다. 또한 과학적 방법은 계속적인 자기수정의 과정을 거쳐 반증되고, 수정되며, 보완하게 된다. 현재의 법칙은 다른 새로운 결론이 형성될 때까지 일시적으로 잠정적인 법칙이다.

4. 자료수집 방법

노인미술치료는 노인과 미술치료과정이 파악되어야 하며, 이를 위해 자료가 수집되어야 한다. 자료수집 방법은 관찰법, 질문지법, 면접법, 검사법, 자기보고법, 실험법 등이 있다.

1) 관찰법

관찰법은 개인의 행동을 직접 관찰하여 객관적으로 기록하는 방법이다. 노인의 행동과 동시에 환경의 상황도 기술될 수 있다. 관찰법은 연구자의 질문이나 연구대상자의 대답이 없어도 관찰을 통해 자료수집이 가능하기 때문에 노인의 언어능력이나 정신능력에 제한을 받지 않아도 되는 장점이 있다.

　관찰법은 노인의 현재 수준과 특성을 이해하는데 도움이 되며, 환경적 상황이 기술될 수 있어 상황에 의한 자료도 얻을 수 있다. 관찰이 과학적으로 되기 위해서는 누구를, 언제, 어디서, 어떤 방법으로 관찰하고, 어떻게 기록할 것인가를 사전에 결정하여야 한다. 체계적으로 관찰과 기록이 이루어져야 과학적 자료로 인정받을 수 있게 된다. 관찰과 기록은 대개 6단계로 진행된다.

관찰과 기록의 과정

- 관찰대상자의 선정 ↘
  - 관찰내용에 대한 구체적 정의 ↘
    - 관찰방법의 결정 ↘
      - 관찰 일시와 장소의 결정 ↘
        - 관찰 및 기록 ↘
          - 기록내용의 분석 및 해석

　관찰법의 유형은 관찰환경과 관찰자의 참여여부에 따라 분류한다. 관찰환경에 의한 분류에는 자연관찰과 실험실관찰이 있다. 자연관찰은 실제의 현장에서 연구자가 자연적으로 발생하는 현상과 행동을 직접 관찰하는 방법으로 통제를 가하지 않고, 있는 그대로 관찰하는 방법이다. 실험실관찰은 가외변인을 통제하고, 독립변인을 조작하여 관찰하는 방법이다. 관찰자 참여여부에 의한 분류에는 참여관찰과 비참여관찰이 있다. 참여관찰은 관찰자가 현장에서 집단구성원이 되어 구성원의 역할을 하면서 관찰하는 방법이다. 비참여관찰은 관찰자가 현장에는 있으나 현장에서 발생하는 활동에는 개입하지 않고 관찰만을 하는 방법이다.

표 3-2	관찰법의 유형

유형		내용
관찰환경	자연관찰	실제 현장의 있는 그대로를 직접 관찰
	실험실관찰	가외변인을 통제하고, 독립변인을 조작하여 관찰
관찰자의 참여여부	참여관찰	관찰자가 집단구성원이 되어 구성원 역할을 하면서 관찰
	비참여관찰	관찰자가 현장에서 발생하는 활동에 개입하지 않고 관찰

관찰법은 밖으로 나타나는 외현적 행동을 관찰한다. 따라서 내면적 특성을 파악하는 데는 한계가 있으며, 자주 나타나지 않는 행동은 관찰하지 못할 수 있다. 관찰과 관찰내용의 분석이나 해석에서 관찰자의 주관이 개입될 여지가 있다. 관찰법은 관찰과 분석에 대한 체계적인 훈련이 요구된다(정현희, 2017).

2) 질문지법

질문지법은 질문용지에 인쇄된 일련의 질문을 연구대상자가 읽고 대답을 하는 방법이다. 노인이나 노인집단의 특성, 성격, 사고, 신념, 느낌, 행동, 태도, 가치 등에 대한 자료를 수집하기 위해 사용한다. 질문지법은 동시에 많은 자료를 얻을 수 있어, 다른 자료수집 방법에 비해 시간, 비용, 에너지 면에서 실용적이다. 연구자와 연구대상자가 직접 접촉하지 않고 자료가 수집될 수 있다. 또한 연구자의 태도에 따라 대답이 달라지는, 연구자에 의한 오차가 발생하지 않는다. 그리고 연구대상자의 신분이 노출되지 않고 비밀이 보장되며, 개인적인 내용이나 대답이 꺼려지는 질문에도 연구대상자가 솔직하게 대답할 수 있다.

반면에 질문지법은 대부분이 언어로 구성되기 때문에 연구대상자의 언어이해 수준에 제약을 받게 된다. 연구대상자의 개별적인 반응을 얻을 수 없고, 대답의 진위를 확인하기 어려우며, 연구대상자가 자신의 생각이나 느낌을 정확하게 알고 있어도, 솔직하게 대답하지 않을 수 있다. 또한 연구대상자가 사회적으로 바람직하다고 생각하는 쪽으로 반응할 경향성이 있다.

질문지법

- 질문용지의 질문을 연구대상자가 읽고 대답
- 노인이나 노인집단의 특성, 성격, 사고, 신념, 느낌, 행동, 태도, 가치 파악
- 동시에 많은 자료수집(시간, 비용, 에너지 면에서의 실용성)
- 연구자에 의한 오차 감소
- 연구대상자의 비밀이 보장
- 연구대상자 언어이해 수준에 의한 제약
- 개별적 반응을 얻을 수 없고, 대답의 진위 확인하기 어려움

질문지법의 유형은 구조적 질문지와 비구조적 질문지로 분류할 수 있다. 구조적 질문지는 미리 어떤 반응이 나올 수 있는 여러 개의 선택지를 제시하고 그중에서 선택을 하게 하거나 서열을 매기도록 하는 폐쇄형 질문지이다. 비구조적 질문지는 개방형 또는 자유기술형 질문지로 응답자가 주어진 질문에 대하여 자유롭게 응답할 수 있도록 만든 질문지이다. 응답자의 표현능력이 높고 성실하게 반응할 것이라는 확신이 있을 때에 주로 실시하며 대체로 흥미, 태도, 가치관 등의 질적 연구를 할 경우에 사용한다.

표 3-3   **질문지법의 유형**

유형	내용
구조적 질문지	폐쇄형으로 여러 개의 선택지를 제시하고 그 중에서 선택
비구조적 질문지	개방형으로 주어진 질문에 대하여 자유롭게 응답

3) 면접법

면접법은 연구자(면접자)가 연구대상자(피면접자)로부터 알고자 하는 내용이나 주제에 대하여 질문을 하고 그 대답을 자료로 수집하는 방법이다. 즉, 연구자와 연구대상자가 언어를 매개로 질문과 대답을 하는 방법이다. 면접법은 연구자가 연구대상자

와의 직접 대화를 통해 자료를 수집하기 때문에, 질문지법에 비해 훨씬 더 개인적이고, 심층적인 자료수집이 가능하며, 면접현장에서 즉시에 자료가 수집될 수 있기 때문에 무응답이 적고 회수율이 높다.

면접법은 언어능력이나 인지능력에 제한이 있는 노인에게 연구자가 면접 내용을 설명해 줄 수 있다. 행동에서 질문을 제대로 이해했는지 그렇지 못한지를 알 수 있어 재질문할 수 있고, 노인의 대답과 더불어 비언어적 행동도 부수적으로 관찰할 수 있어 풍부한 자료를 수집할 수 있다.

반면에 개인의 내면이나 사적 문제에 대해서는 노인이 대답하기를 주저할 수 있다. 질문지법에 비해 비용과 시간의 소모가 많으며, 연구자의 개인적 특성이나 면접의 시간, 장소, 면접상황 등이 노인의 대답에 영향을 미칠 가능성도 제기된다. 또한 연구자의 주관이나 편견이 개입될 소지가 있으며, 연구자의 면접기술과 역량에 따라 결과에 차이가 있다. 따라서 면접에 앞서 연구자의 훈련이 필요하다.

면접법

- 연구자의 알고자 하는 내용이나 주제에 대한 연구대상자의 대답
- 직접 대화를 통해 자료를 수집
- 질문지법에 비해 더 개인적이고, 심층적인 자료수집이 가능
- 연구대상자의 비언어적 행동도 부수적으로 관찰 가능
- 연구대상자의 개인의 내면이나 사적 문제에의 대답에 어려움
- 연구자 편견, 주관성 개입 가능성
- 연구자의 특성, 면접상황, 면접기술, 면접역량에 따른 차이

면접법은 구조화 여부에 따라 구조적 면접과 비구조적 면접이 있다. 구조적 면접은 사전에 작성한 면접조사표에 따라 면접을 진행한다. 면접조사표에 질문의 내용, 질문의 순서, 질문방식이 체계적으로 기록되어 있다. 정해진 대로 면접을 진행하기 때문에 구조적 면접은 어려움이 별로 없다. 구조적 면접에서 수집되는 자료는 주로 양적인 자료로 통계분석이 가능하다.

　비구조적 면접은 연구주제에 관한 전반적인 면접 내용은 사전에 정해지나, 세부적 면접 내용은 정해지지 않는다. 질문의 방법이나 순서, 표현 등은 연구대상자의 대답에 따라 달라질 수 있다. 연구자가 제시한 질문에 대한 연구대상자의 대답이 다음 질문의 기반이 된다. 즉, 융통성 있고 개방적인 방법이라고 할 수 있다. 연구대상자의 대답에 따라 질문을 하므로 연구자는 숙달된 면접기술이 필요하다. 수집된 자료는 대개 질적분석을 하게 된다.

표 3-4 **구조적 면접과 비구조적 면접**

구조적 면접	비구조적 면접
사전 작성된 면접조사표	큰 틀의 전반적인 면접 주제나 내용
질문의 내용, 순서, 방식의 체계화	연구대상자에 따른 질문, 순서, 표현의 변화
모든 연구대상자에게 동일한 질문	질문의 연구대상자 대답이 다음 질문의 기반
양적 자료, 통계 분석 가능	질적 자료, 질적 분석

4) 검사법

　검사법은 개인의 심리적 요인이나 특성을 파악하기 위하여 심리검사를 이용하는 방법이다. 측정방법에 따라 객관적 검사와 투사검사가 있고, 검사내용에 따라 지능검사, 성격검사, 성취검사, 흥미검사, 발달검사 등이 있다. 표준화 여부에 따라 표준화검사와 비표준화검사가 있다. 정답의 존재 여부에 따라 능력검사와 성향검사가 있다.

　객관적 검사는 과제가 구조화되어 있으며, 정답이 있거나 반응이 제한되어 있는 검사이다. 평가하고자 하는 내용이 일정하게 제시되고, 연구대상자는 일정한 형식에 따라 반응하게 된다. 객관적 검사는 개인의 독특성보다는 상대적으로 비교하려는 목적을 지닌, 규준에 기초한 검사라고 할 수 있다. 지능검사, 성격검사, 흥미검사 등이 있다.

　투사검사는 애매한 또는 구조화되지 않은 자극을 주고, 이에 대한 반응을 분석하는 검사이다. 개인의 내면상태, 성격상의 다양한 특성, 심리적 부적응, 정신병리 등을 측정한다. 정답이 없다. 로르샤흐 검사, TAT, BGT, SCT, 그림검사(DAP, HTP, KFD)

등이 있다.

능력검사는 기능의 수준과 양상을 파악할 수 있으며 정답이 있다. 성향검사는 성격, 태도, 정서, 동기, 요구와 압력, 정신역동, 정신병리 등을 파악하며 정답이 없다.

표준화검사는 검사 실시의 조건, 검사 실시와 진행방법, 채점기준, 결과해석에 기준을 만들어 놓은 검사를 말한다. 개인의 점수가 규준점수에 비교되어, 개인의 상대적 위치가 판단된다. 표준화검사가 유용하나 실제로 모든 심리학적 변인에 필요한 표준화검사가 제작되어 있지 않다. 표준화되지 않았으나 필요한 심리학적 변인을 측정할 수 있는 검사가 선행연구에서 발견되었고, 이 검사의 신뢰도나 타당도가 적절하다고 판단되면, 이 비표준화검사가 사용된다.

표 3-5 검사법의 분류

분류방법	내용
측정방법	객관적 검사, 투사검사
검사내용	지능검사, 성격검사, 성취검사, 흥미검사, 발달검사 등
표준화 여부	표준화검사, 비표준화검사
정답의 존재 여부	능력검사, 성향검사

5) 자기보고법

자기보고법은 개인의 주관적인 경험, 판단에 대한 반응이다. 개인이 자신의 생각, 태도, 관점 등을 스스로 평가하는 것으로, 문항에 대한 주관적인 경험, 판단을 응답지에 보고한다. 다면적 인성검사(MMPI), 간이정신진단검사(SCL-90-R), 벡 우울척도(DBI) 등이 있다. 또한 개인의 심리와 특성에 관한 자료를 수집하기 위한 일기, 편지, 그림 등의 자료와 특정 주제에 대한 질문의 응답이 있다. 제시된 질문을 개인이 읽고 응답을 표시하면 질문지법이 되고, 일대일로 대면하여 질문을 제시하고 개인이 대답하면 면접법이 된다. 자기보고법은 노인이 자신의 내적 경험이나 상태를 정확하게 지각하며, 평가하는 능력과 의도가 있을 때 검사와 해석이 가능하다.

자기보고법

- 개인이 자신의 생각, 태도, 관점 등을 스스로 평가
- 개인의 심리와 특성에 관한 검사, 개인자료와 특정 주제에 대한 질문의 응답
- 개인이 자신의 내적 경험이나 상태를 정확하게 지각하며, 평가하는 능력과 의도가 있을 때 가능

6) 실험법

실험법은 현상 간의 원인과 결과를 밝히는 방법이다. 어떤 처치나 개입, 또는 상황적인 조건(독립변인)을 의도적 조작하여, 조작의 효과에 대한 자료를 수집하는 방법이다. 종속변인은 독립변인에 따라 변화하는 변인이고, 독립변인은 종속변인에 영향을 미치는 변인으로, 독립변인과 종속변인 간의 인과관계를 알아보는 방법이다.

독립변인과 종속변인 간의 관계를 파악하기 위해 종속변인에 영향을 줄 수 있는 독립변인 이외의 변인(가외변인)들은 엄격히 통제되어야 한다. 즉, 실험법의 기본 조건은 가외변인이 통제된, 독립변인의 체계적 조작과 무선배정이다. 그러나 이 조건이 실험연구에서 완전히 가능한 것은 아니다. 실험통제의 정도에 따라 실험실 실험, 현장 실험, 자연 실험이 있다.

표 3-6　실험법의 분류

분류	내용
실험실 실험	엄격하게 통제된 상황에서 독립변인을 조작하여 어떤 효과가 나타나는가를 봄
현장 실험	실제 상황에서 연구대상자의 무선배정 하에 독립변인 조작의 효과를 봄
자연 실험	자연적으로 발생하는 조작을 자연적으로 형성되어 있는 비교집단과 비교

실험실 실험은 엄격하게 통제된 상태에서, 하나 이상의 독립변인을 조작하여 어떤 결과가 나타나는가를 보는 실험이다. 실험실 실험은 실험상황을 조작하고 연구대상

자를 실험조건에 무선배정하는 것이 가능하다. 그리고 정확한 측정과 반복측정의 가능성이 높다. 현장 실험은 실제 상황에서 실험처치의 효과를 보는 것이다. 연구대상자가 실험집단과 통제집단에 무선배정되지만, 실험실 실험과 같은 수준의 가외변인 통제는 어렵다. 가능한 정도에서 상황을 통제하고 독립변인을 조작한다. 자연 실험은 자연적으로 발생하는 조작을 바탕으로 연구하는 것이다. 이미 형성된 처치를 받은 사람들과 이들이 처치를 받기 전에 연구문제에 관해 매우 유사한 특성을 가지고 있는, 자연적으로 형성되어 있는 비교집단과 비교하는 것이다. 예를 들면, 사건을 경험한 사람들과 그렇지 않은 사람들의 외상후 스트레스 증후군, 공포, 우울, 불안 같은 심리적 증상을 비교하는 것이다(정현희, 2017).

자료수집의 방법

- **관찰법**: 개인이나 집단의 행동을 직접 관찰하여 객관적으로 기록
    : 환경적 상황에 의한 자료가 가능하나 내면 특성의 파악에는 한계
- **질문지법**: 연구대상자가 질문지의 질문을 읽고 자신의 대답을 직접 표시
    : 개인이나 집단의 특성, 성격, 사고, 신념, 행동, 태도, 가치 등을 파악
- **면접법**: 면접자가 피면접자와의 직접 대화를 통해 자료를 수집
    : 단순한 조사면접과 내면을 심층적으로 파악하는 심층면접이 가능
- **검사법**: 심리적 요인이나 특성을 파악하기 위하여 심리검사 사용
    : 측정방법, 검사내용, 표준화 여부, 정답의 존재 여부에 따라 다양한 검사
- **자기보고법**: 개인이 자신의 생각, 태도, 관점 등을 스스로 평가
    : 개인이 자신의 상태에 대한 지각능력, 평가능력, 평가의도 필요
- **실험법**: 독립변인을 조작하여 조작의 효과에 대한 자료를 수집
    : 독립변인과 종속변인 간의 인과관계 파악

5. 과학적 연구의 유형

노인의 행동에 영향을 미치는 심리적 · 환경적 요인은 다양하며, 노인은 개인차가

상당히 크다. 노인미술치료에 대한 연구는 한 가지 연구유형으로는 정확하게 연구될 수 없다. 다양한 연구유형의 제시로 노인미술치료를 연구하는데 도움이 되고자 한다.

　과학적 연구의 유형은 어떤 기준을 사용하느냐에 따라 다양하게 나눌 수 있다. 이 절에서는 연구의 목적에 따라 기초연구와 응용연구, 자료수집 방법에 따라 기술연구, 실험연구, 연구의 장소에 따라 실험실 실험연구, 현장 실험연구, 현장연구, 조사연구, 연구의 축적에 따라 확인연구, 탐색연구, 철학적 배경에 따라 양적연구, 질적연구로 나누어 살펴보고자 한다.

표 3-7　**연구의 유형**

기준	연구유형
연구의 목적	기초연구, 응용연구
자료수집 방법	기술연구, 실험연구
연구의 장소	실험실 실험연구, 현장 실험연구, 현장연구, 조사연구
연구의 축적	확인연구, 탐색연구
철학적 배경	양적연구, 질적연구

1) 연구의 목적에 따른 분류

　연구의 목적에 따라 기초연구와 응용연구로 분류할 수 있다. 기초연구는 지식의 탐구가 목적으로 이론적 체계를 발전시킨다. 노인의 정서변화는 왜 발생되는가, 노인의 정서변화가 사회적 관계의 변화를 가져오는가 등의 노인기 특성에 대한 관심에서 하는 연구로 현실적인 실용성보다는 노년기 특성의 발견이라는 이론의 발전에 비중을 두는 연구로 이론연구라고도 한다. 그럼으로써 현상을 이해할 수 있는 원리나 법칙을 제공하게 된다.

　응용연구는 실제 적용이 일차적 목적이다. 실제적인 문제해결이나 해결을 위한 정보를 얻기 위해 수행하는 연구이다. 노인미술치료는 노인의 적응과 노인기 문제행동의 치료, 노인의 재활과 교육 등을 다루는 연구이다. 순수한 이론적 목적이라기 보다는 연구결과가 실제에 적용될 것을 목적으로 하는 경우가 많다. 치매노인의 평가에 그림검사의 활용성 연구는 실제로 치매노인집단을 진단하는데 사용하기 위한 응용연구이다.

그런데 기초연구와 응용연구의 분류는 실제에서는 경계가 명확하지 않다. 기초연구의 이론이나 원리가 실제 현장의 문제를 해결하기 위한 근거를 제공해 줄 수 있다. 즉, 노인집단미술치료 프로그램을 구성하는데 노인심리, 노인의 사회적 특성에 관한 연구를 근거로 프로그램을 구성할 수 있다. 응용연구에서 발견되는 변인 간의 관계에 대한 이해가 현상에 대한 개념이나 이론에 대한 아이디어를 제공해 줄 수 있다. 즉, 노인미술치료에서 긍정적 추억의 회상이 우울감 감소에 효과적임을 보여 주는 연구는 회상과 우울의 관련성, 노년기 기억의 보존력 등에 대한 연구로 이끌 수 있다.

표 3-8   연구목적에 따른 분류

기초연구	응용연구
지식탐구	실용성
현상 이해	현상의 문제해결
개념이나 이론 구축	실제 적용
실제 문제해결의 원리 제공	기초연구의 아이디어 제공

2) 자료수집 방법에 따른 분류

자료수집 방법에 따른 분류에는 기술연구와 실험연구가 있다. 기술연구는 자연상황을 그대로 두고 개인이나 현상을 기술하거나 변인 간의 관계를 설명하는 연구이다. 예를 들면 노인의 사고, 감정, 태도에 대해 조사하는 연구로, 동적가족화에 대한 반응특성을 조사할 수 있다.

기술연구는 한 현상을 있는 사실대로 기술하며 관계를 조사하는 연구이므로 특정 상황이나 개인들의 행동특성에 대한 복잡한 내용들이 간단하게 요약될 수 있다. 또한 개인의 행동과 환경과의 관계도 알 수 있다. 그리고 관련되는 변인들이 무엇인가도 파악할 수 있게 해준다.

실험연구는 원인과 결과를 정확히 알기 위한 인과관계의 검증이 목적인 연구이다.

영향을 주리라고 예상되는 변인(독립변인)을 의도적으로 조작하고, 이 변인이 종속변인에 주는 영향을 보는 연구이다. 이때 종속변인에 영향을 줄 수 있는 가외변인은 통제한다. 예를 들면 협동미술활동이 노인의 대인관계에 영향을 미치는가를 연구하고자 한다. 미술치료 개입을 받는 노인과 미술치료 개입을 받지 않는 노인을 무선배정으로 두 집단으로 배치한다. 배정되는 두 집단은 실험집단과 통제집단이다. 무선배정은 대인관계(종속변인)에 영향에 미칠 수 있는 가외변인을 통제하는 것이다. 무선배정은 조작변인 외에 종속변인에 영향을 줄 수 있는 지능, 사회인구학적 배경, 공감능력 등과 같은 사회적·심리적 변인의 영향력 가능성을 줄이고자 하는 것이며, 이것이 가외변인 통제이다. 그런데 사회과학연구에서는 엄밀한 실험연구를 수행하는 것이 실제로 불가능하다. 실험연구에서 종속변인에 영향을 주는 모든 가외변인들을 통제할 수 없기 때문이다.

표 3-9 자료수집 방법에 따른 분류

기술연구	실험연구
자연스러운 상황의 기술	조작과 통제
개인 및 현상의 기술, 변인 간의 관계 조사	인과관계의 검증
특정 상황에서의 행동특성	실험조건과 통제조건의 체계적 변화
사회문화적 맥락과의 관계	종속변인 측정

3) 연구의 장소에 따른 분류

연구가 이루어지는 장소가 실험실인가 현장인가에 따라 실험실 실험연구, 현장 실험연구, 현장연구, 조사연구로 나눌 수 있다(Kerlinger & Lee, 2000). 실험실 실험연구는 실험실에서 연구자가 독립변인을 의도적으로 조작하고, 그 외에 종속변인에 영향을 줄 수 있는 가외변인이 최소화되도록 통제하는 연구이다. 연구자가 연구변인이나 현상을 조작하고 가외변인을 통제하여 독립변인이 종속변인에 주는 인과관계를 검증한다.

현장 실험연구는 자연스런 환경에서 가능한 통제가 이루어지고 독립변인이 조작

되는 연구이다. 일상상황에서 독립변인을 조작하여 실험하는 것으로, 노인이 실험집
단과 통제집단에 무선배정되나, 실험실 실험연구만큼 가외변인의 통제가 이루어지
기 힘들다.

현장연구는 일상적 환경에서 자료가 수집되는 연구이다. 자연스럽게 일상생활을
관찰하는 것이다. 독립변인이 이미 발생된 후에 종속변인을 관찰하는 연구이다. 독
립변인의 조작이 없다는 의미에서 비실험연구이지만, 원인과 결과에 대한 인과관계
의 추리에서 실험연구의 특성이 일부 포함된다.

조사연구는 표본을 선정하여 자료를 수집하고 분석하여, 전집으로 일반화하는 연
구이다. 많은 양의 자료가 수집된다. 질문지와 면접을 통해 자료를 수집하며 변인 간
의 관계, 분포, 비율 등을 연구한다.

표 3-10 　장소에 따른 분류

분류	내용
실험실 실험연구	연구변인이나 현상의 의도적 조작, 통제되는 실험실 연구
현장 실험연구	일상상황에서 독립변인을 조작하여 실험하는 연구
현장연구	자연스럽게 일상생활을 관찰하는 연구
조사연구	변인 간의 관계, 분포, 비율 등에 관한 연구

4) 연구의 축적에 따른 분류

연구의 축적에 따른 분류는 연구문제에 대한 선행 연구가 어느 정도 축적되어 있
는가에 따라 확인연구와 탐색연구로 분류할 수 있다. 확인연구는 변인 간의 관계에
대한 가설을 형성할 수 있을 정도로 축적된 지식이 충분한 경우에 가설을 검증하기

표 3-11 　연구의 축적에 따른 분류

분류	내용
확인연구	변인 간의 지식이 충분, 가설검증의 연구
탐색연구	변인 간의 지식이 불충분, 기초연구

위해 하는 연구이다. 탐색연구는 축적되어 있는 지식의 양이 불충분할 때 하게 된다. 변인 간의 관계에 대한 지식의 양이 불충분할 때 하는 연구로 기초연구라고 할 수 있다. 후에 충분한 결과가 축적되면 확인연구가 시행될 수 있다.

5) 철학적 배경에 따른 분류

철학적 배경에 따라 양적연구와 질적연구로 분류할 수 있다. 양적연구는 자연과학의 발전과 더불어 발달되었고, 실증주의를 철학적 근원으로 삼고 있다. 양적연구는 변인 간의 관계를 설명하고, 인과관계를 파악하여 예측하고자 한다. 그러기 위해 연구자는 변인을 측정 가능하게 하기 위해 구체적인 조작적 정의를 내리고 측정을 한다.

질적연구는 현상이 전개되는 자연적인 상황에서의 인간의 행동에 관심을 갖는다. 그리고 연구대상의 관점에서 현상을 관찰하거나 심층적인 인터뷰를 통해, 수집된 자료를 맥락과 연관지으며 분석해 나가는 연구이다. 자료의 분석과정이 인간의 내면을 심층적으로 읽고, 의미를 추론하는 것이다(신경림, 2006).

질적연구와 양적연구의 차이는 이론적 근거 또는 철학적 가정에서 근본적인 차이가 있다. 따라서 연구의 목적 및 연구방법이 다르다. 즉, 연구자 태도, 표본의 선정과 자료수집 방법, 자료분석 방법이 다르다.

노인미술치료의 연구는 미술치료과정에서의 수집된 자료의 특성으로 양적분석으로만 하기에는 자료분석이 부족한 경우가 있다. 예를 들면 노인미술치료 진행과정에서 관찰로 수집된 자료나 면접의 자료는 양적연구를 보완해야하는 경우가 있다. 또한 연구의 목적에 의해 질적연구가 더 유용한 경우도 있다.

양적연구와 질적연구의 차이

- 현상에 대한 기본가정
- 연구자 태도
- 자료수집 방법
- 연구의 목적
- 표본의 선정
- 자료분석 방법

Chapter **4**

노년기 변화와 미술치료

1. 노년기 신체적 변화
2. 노년기 심리적 변화
3. 노년기 성격의 변화

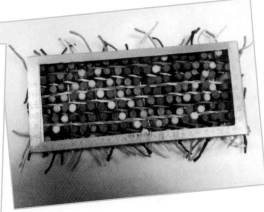

이 장에서는 노년기의 신체적 변화, 심리적 변화, 성격의 변화 등에 대해 살펴보고자 한다. 미술치료사는 노년기의 이러한 변화를 이해하고, 치료에 임하여야 한다.

1. 노년기 신체적 변화

신체는 출생 이후 계속 성장을 하다가, 20대를 전후해서 쇠퇴하기 시작한다(Cross, 1982). 이러한 과정은 누구나 겪는 것이나 그 속도는 모든 개인이 동일한 것은 아니고 개인에 따라 큰 차이를 나타낸다. 유전적 요소, 운동량, 식사, 경험한 사고의 종류와 횟수, 생활습관, 생활환경 등의 영향을 받는다(Baltes & Baltes, 1990). 즉, 노화 자체는 피할 수 없는 것이지만 노화의 속도는 개개인마다 다르게 나타난다.

1) 신체 외적 변화

"흰머리가 드문드문 나고, 모습도 주름이 갑작스레 많아지고 내가 거울을 봐도 할머니 같은 느낌이 들었지요. 얼굴이 하야니까 그래도 나았지요. 어디 가려면 젊을 때보다 열심히 화장하고 다니고 거울도 자주 본 기억이 나네요."

신체 외적 변화에서는 외모의 변화, 골격의 변화, 피부와 지방조직의 변화, 수의근의 변화, 신체연결조직의 변화, 감각기관의 변화에 대해 살펴보겠다.

(1) 외모의 변화

연령이 증가하면서 가장 먼저 노화를 감지할 수 있게 하는 것은 외모의 변화로 볼 수 있다. 피부 탄력이 저하되고, 얼굴 윤곽도 변한다. 흰머리가 늘어난다. 이러한 외모의 변화는 노화에 대한 거부감을 가장 많이 느끼게 하거나 저항하도록 한다(엄미란, 2002).

 연령에 따른 외모의 변화

(2) 골격의 변화

　골격은 신체의 모양과 견고성을 유지시켜 주고, 심장이나 폐 등과 같은 주요 기관을 보호해 준다. 신체골격은 20세 전후에 완전히 그 구조가 완성되고, 키는 20~50세까지 별다른 변화를 보이지 않으며, 신체적 힘은 25~30세 사이에 최대의 수준을 유지한다. 그러나 노년에 이르면 뼈의 화학물질이 변해 뼈 구조의 밀도가 낮아지고, 척추가 굽고 압축되어 등, 목 등이 구부러지기 시작한다(윤진, 1985).

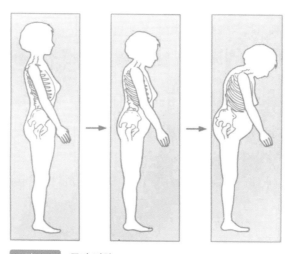

그림 4-2　골격 변화

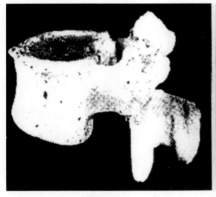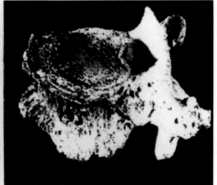

정상적인 뼈   골다공증에 걸린 뼈

그림 4-3   **정상 뼈와 골다공증**(장종호, 1995)

골다공증은 노년기에 발생하는 가장 흔한 증상이다. 뼈 안의 골량이 감소해서 발생하는 것으로 가벼운 충격에도 쉽게 골절을 일으킨다. 골다공증은 구조상으로 뼈에 아무런 이상이 없지만 뼈를 형성하는 무기질과 골기질의 양이 동일한 비율로 심하게 감소되어 발생한다. 골다공증은 만년에 있어 골절상의 원인이 되는데, 관절부분의 움직임이 더욱 굳어지고 제약을 받게 된다. 따라서 관절염같은 질환이 연령의 증가와 더불어 증가하게 된다(윤진, 1985).

(3) 피부와 지방조직의 변화

피부는 조직을 덮어 보호해 주는 역할을 한다. 연령 증가와 더불어 피하 지방층 분포의 변화로 얼굴이나 어깨 하지에서 지방층이 소실되며, 얼굴 부위의 피하 지방층이 감소하고 수분이 소실된다. 탄력 섬유의 상실과 색소가 침착되어 피부에 노화현상이 발생한다.

이러한 노화현상에 의해 얼굴에는 주름이 생기고 피부는 건조해진다. 피부가 이완되어 이중 턱이 되고 눈꺼풀도 처지게 된다. 피부색이 회색으로 변하면서 소위 저승꽃이라 불리는 노인성 반점이 생기게 되고 손톱과 발톱이 두꺼워지고 잘 부서진다.

피부의 여러 변화 중 가장 두드러진 것은 주름으로, 이는 중년기 때부터 시작된다.

그림 4-4   거울 볼 때의 느낌

설명: 짜증 → 받아들여야지 → 그래야 열매가 있지
◑ ◑ 외모의 수용을 위해 시도할 수 있다.

중년기에 이르러 음식 섭취량을 조절하지 않으면 지방질이 지나치게 많이 축적된다. 이때 사람이 점점 더 비대해지면서 피하지방이 없어지게 되므로 수축력이 좋은 피부가 접히게 되고 결국에는 주름살이 생기게 된다(medicity.com). 피하지방의 신체와 분리되어 감소된 조직이 체열의 손실을 가져온다. 피하지방의 손실은 노년의 특징으로 여윈 모습을 나타내게 한다.

(4) 수의근의 변화

나이가 들면서 근육의 힘과 크기도 감소된다. 근육의 최고 능력은 25~30세에 나타나며, 이 연령이 지나면 근육 수축의 속도나 힘이 점차 감소하여 근육의 지탱능력도 감소한다(김정휘 역, 1992). 수의근은 팔, 다리, 골격 일부분에 붙어 있는 근육으로 수의근의 수축력이 약해지면 뼈에는 더욱 많은 부담을 주게 된다. 수의근은 50세 까지는 그 양이나 크기가 증가되나 이후부터는 활동적인 근육섬유질의 수나 단백질의 양이 점차 감소하고 노인의 전형적 징후인 쇠약한 모습이 나타나기 시작한다. 그러나 근육의 효율성에는 개인차가 있으며 신체적으로 활동적인 사람이 훨씬 느리게 감소하는 경향이 있다(김태현, 1999).

표 4-1	장수노인의 연구: 활동이 중요함(주경희, 2002)
최진호(1995)	출생 순서가 빠르고, 부모가 장수했거나, 육체노동에 종사하는 사람일수록 장수
박상철(1996)	조선시대 왕들의 평균수명이 44세에 불과한 것은 세수도 손수 할 필요가 없었던 운동 부족의 결과
서유헌(1996)	손이 부지런한 사람이 건강하게 오래 산다. 손이 부지런하면 단순히 전신의 혈액순환이 원활해져서만이 아니라 두뇌 자체가 건강해져 두뇌의 질병노화 방지 기능이 강화되기 때문

(5) 신체 연결조직의 변화

신체 각 부분을 연결하는 조직은 콜라겐(collagen), 엘라스틴(elastin) 그리고 레티쿨린(reticulin)이다. 이들이 신체의 각 연결부분과 지지기관을 한데 묶어 놓고 있다. 연령이 증가함에 따라 기초물질의 양은 감소하고 신경섬유의 밀도는 증가한다. 그리하여 이러한 조직을 통하여 영양분과 다른 물질이 통과되는 것을 방해한다. 그리고 연결부분의 평평한 표면이 닳고 관절관계 질병이 흔히 일어나게 된다(윤진, 1985).

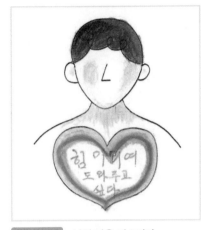

그림 4-5　나의 마음 다스리기

설명: 하고 싶은 것을 표현하였다.
◊◊ 신체변화를 극복하기 위해 시도할 수 있다.

(6) 감각기관의 변화

감각기관의 변화에서는 시각 능력의 변화, 청각 능력의 변화, 후각과 미각 능력의 변화, 촉각 능력의 변화에 대해 살펴보겠다.

① 시각 능력의 변화

사람은 늙어가면서 시각적 능력이 쇠퇴한다. 단순히 시력이 나빠져서 사물을 정확

그림 4-6　젊음과 노인

설명: 어디를 가면 주의한다고 해도, 뒤뚱거리며 잘 넘어져. 그래서 언제부터인가 계단을 올라가거나 내려갈 때는 언제나 난간을 붙잡지. 초기에는 내가 왜 이러나 하는 생각이 들었지만 나이가 들어서 그런 걸 어쩌겠어.

그림 4-7　다르게 보인다(동아일보, 2006. 5. 22.)

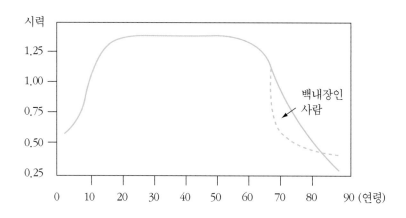

그림 4-8   시력과 연령(고송이, 2004)

히 보지 못하는 측면도 있지만 안구조절작용과 암순응 능력이 쇠퇴하고, 색채지각의
변화 등도 두드러지게 나타난다(윤진, 1985).

시력의 변화는 나이에 따라 [그림 4-8]처럼 변화한다. 태어난 직후의 시력은 불과
0.25이며, 그 후 점점 좋아져 10대에 최고가 된다. 그 뒤부터는 서서히 저하되며, 50대
이후에는 급속하게 저하된다.

시력은 밝기에 따라서도 변화하는데, 어두운 곳보다 밝은 곳에서 시력이 좋아진다.
시각은 대개 40세를 넘기면 예민성이 점차 떨어지고 시야가 좁아지는데, 이는 망막주
위의 신경세포 변화 때문이다.

50세를 넘기면서 원시로 이행되는 사람이 많아지는데, 이는 노화에 따라 수정체가 조절능력을 잃게 되면서 나타나는 현상이다.

나이가 들면 물체를 어느 정도 멀리 하지 않으면 초점이 맞지 않게 된다. 그러나 물체를 눈에서 멀리 하면 초점은 맞지만, 물

그림 4-9   시력의 변화

설명: 신문을 볼 때는 돋보기를 쓰든지, 신문을 멀리 들고 읽어야
한다.

근점의 변화: 수정체의 조절능력 감소

- 근점: 수정체가 가장 두꺼워졌을 때에 뚜렷이 물체가 보이는 점, 즉 초점이 맞는 가장 가까운 점으로 수정체가 팽창하지 않았을 때 초점이 맞는 점
- 근점의 연령변화: 10세 8cm, 20세 10cm, 30세 14cm, 40세 20cm, 60세 이상 60cm 정도
- 원점: 눈의 긴장을 풀고 우두커니 먼 곳을 보았을 때에 뚜렷하게 보이는 가장 먼 곳의 점

체와의 거리가 멀어져 망막 위의 상이 작아져 초점이 맞더라도 너무 작아서 보이지 않거나 읽기 힘들어 피곤하게 된다. 이것이 노안이다.

노안

수정체가 서서히 굳어져서 탄력을 잃고 가까운 사물에는 초점을 맞추기 힘들게 되는 것: 노령현상 중 가장 두드러진 현상

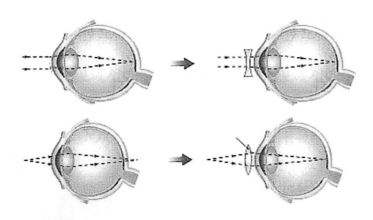

그림 4-10　노안: 가까운 것은 보기 힘들다

시각적 감수성이 둔감해지는 것은 연령이 증가할수록 임계점멸 빈도가 낮아지기 때문이다. 단절된 불빛을 단절된 것으로 정확하게 지각하지 못하고 연속된 하나의 불빛으로 보게 된다.

임계점멸 빈도

단위 시간당 불빛이 깜박이는 빈도가 많아지면 많아질수록 어느 시점에 가면 관찰자가 이들 단절된 불빛을 하나의 연속적인 불빛으로 지각하게 된다. 이 순간을 임계점멸 빈도라 한다.

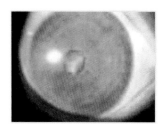

그림 4-11　백내장

또한 나이와 함께 수정체의 단백질이 산화되어 시각이 뿌옇게 흐려지는 백내장(cataract)이 나타난다. 나이가 많아지면 백내장은 발생비율이 높아지며 나이가 들수록 백탁, 황변의 정도가 심해진다.

원래의 자각증상은 시야가 희뿌옇거나 누렇게 되고, 푸른색이나 노란색을 보기 어렵다. 이는 그다지 명확한 현상은 아니고, 그 변

표 4-2　**노안과 백내장 노인의 색채지각**(고송이, 2004)

색깔	정상인의 눈에 보이는 색	노안인 사람의 눈에 보이는 색
	파란색-녹색 / 파란색-회색의 차이를 구별하기 힘들다	
	모든 색이 흐리고 어둡게 보인다.	
	정상인의 눈에 보이는 색	백내장인 사람의 눈에 보이는 색
	자주색은 오렌지색으로, 남보라는 황갈색으로 보인다.	
	동색계통의 색상 배색은 안정감이 있으며, 백내장이 되면 색을 인식함에 있어 차이가 작아진다.	

화도 나이와 함께 서서히 일어나는 것으로 자기 자신이 백내장임을 자각하지 못하고 살아가는 사람도 많다. 황화현상과 암순응장애도 나타난다.

황화현상(yellowing)

• 눈동자 렌즈의 노화로 인해 색채 지각을 못하는 현상
• 노란색 안경을 쓰고 세상을 보는 것 같은 현상

황화현상은 여러 가지 종류의 색채에 대한 감수성에 영향을 준다. 정상인은 빛의 스펙트럼에서 파장이 400나노미터부터 700나노미터 사이의 색채만 볼 수 있는데, 이 사이의 색채들은 보라, 남색, 파랑, 초록, 노랑, 주황, 빨강 등 7가지 색채다. 그러나 노인들은 스펙트럼의 하위대에서보다 상위대에서 색채를 더 잘 식별한다. 노인의 경우에 노란색 안경을 쓰고 주위의 물체를 보는 것과 같은 현상이 나타나는 것이다. 일반적으로 이와 같은 연령증가에 따른 색채지각의 변화는 본인이 느끼지 못하는 사이에 일어나게 된다.

암순응 장애

낮은 조명도에 대해 순응하는 데 시간이 오래 걸리는 것

노인의 시력은 조명이 흐린 상태에서는 더욱 낮아진다. 똑같은 정도의 시력을 갖기 위해서는 80세 노인의 경우 20세 청년에 비해 200배 이상의 밝은 빛이 필요하다 (Domey, MacFarland, & Chadwick, 1960).

② 청각 능력의 변화

다른 사람들이 작은 목소리로 이야기를 하면 노인은 제대로 듣지 못해 그에 따른 반응을 하지 않아서 상대방이 몇 번씩 반복해 이야기하는데, 그때 귀가 잘 안 들리는

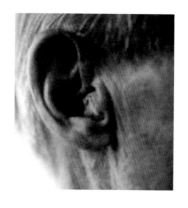 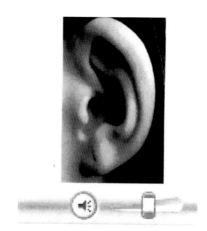

그림 4-12   보청기가 필요하다

것을 깨닫게 된다.

나이가 들수록 노인성 난청으로 청각기능 약화현상이 나타난다. 난청은 생리적인 노화과정에서 나타나는 대표적인 증상으로 청각기관의 결함으로 인해 소리를 잘 못 듣는 현상이다. 우리나라의 경우 65~75세 노인의 30% 정도, 75세 이상 노인의 50% 정도가 청력에 문제를 가지고 있는 것으로 나타났다(윤진, 1985). 난청의 주요 증상은 작은 소리를 듣지 못하고 상대방이 큰 소리로 말해야만 알아듣는 경우가 대부분이다.

그림 4-13   나에게 필요한 것

설명: 보호받고 싶다.

노인성 난청이 시작되면 처음에는 대부분 높은 음이 잘 들리지 않게 되며, 증상이 진행되면서 낮은 음도 점차 들리지 않게 된다. 노화에 따른 청각장애는 특히 주파수가 높은 음에서 더욱 크다. 25세의 청년을 기준으로 볼 때 70세의 노인은 평균적으로 1,000Hz 음에서 10db, 2,000Hz 음에서 25db, 3,000Hz 음에서 35db의 상실을 겪게 된다. 그러므로 노인은 음이 높아지면 높아질수록 소리가 더 커야만 들을 수 있게 된다(윤진, 1985).

연령 증가에 따른 청각장애를 통틀어서 노인성 난청이라고 부르는데, 소리의 주파수, 높이 판별,

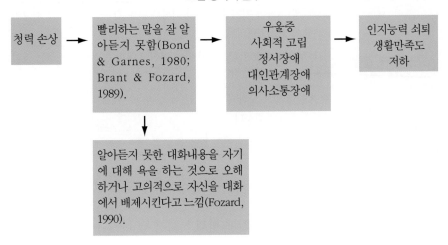

노인 청력의 연구

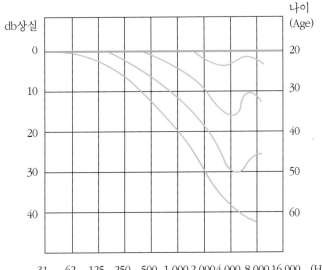

그림 4-14　**연령에 따른 청력 손실**(Hill, 2001)

목소리 구별의 감수성, 청각자극 복합성의 지각 등에 문제가 발생한다. 노화가 주로 영향을 미치는 측면은 소리의 주파수에 대한 판별 곤란, 높은 주파수의 소리에 대한 자극역의 증가 등이다.

표 4-3	노인성 난청의 종류(Schuknecht, 1974)
감각적 노인성 난청	코르티씨 기관의 기저막 부분의 쇠퇴로 인한 갑작스러운 청각 쇠퇴인데, 중년층에서부터 나타난다.
신경적 노인성 난청	청각 뉴런의 수효가 감소함에 따라 언어의 구별 능력이 감소하는 것인데, 흔히 노령층에 많이 있다.
신진대사적 노인성 난청	속 귀 안에 있는 도관의 변화 때문에 일어나는 것으로 순수음에 대한 민감성이 감소하는 경우다.
기계적 노인성 난청	기저막이 딱딱하게 굳어져 높은 음을 잘 듣지 못하게 되는 경우다.

③ 후각과 미각 능력의 변화

노년기 후각과 미각은 시각이나 청각에 비해 노화가 덜 나타나는 감각이다. 80세에 이르러서야 기본적 미각구별 능력이 감소한다. 23~92세 사이의 피험자의 염분에 대한 미각 탐지 자극역을 측정한 결과 연령 증가에 따라 미각의 정확성이 감소하는 것으로 나타났고, 50세 이후부터 혓바닥에 있는 미각세포의 맛봉오리 수효가 감소했다. 80세에 이르러 기본적 미각인 단맛, 신맛, 짠맛, 쓴맛의 구별 능력이 감소한다 (Grezegorczyk, Jones, & Mistretta, 1979).

식탁에 소금: 나이가 들수록 맛도 제대로 못 내요.
전에는 잘하던 것이 왜 그러는지 모르겠어요.

그림 4-15   미각 능력의 변화

나의 노화체험

음식 맛을 잘 내고 있다고 생각하다가 우연한 기회에 자신이 맛의 감각이 없어진 것을 발견하였다. 맛의 감각이 떨어져 음식을 만들어도 짜거나 싱거웠고, 맛이 없어 가족들에게 '솜씨가 변했다.'는 소리를 듣고서야 '이젠 내가 늙어서 맛을 제대로 내질 못하는구나.'를 체험하게 되었다.

④ 촉각능력의 변화

중년기 때부터 시작된 촉각의 기능 저하는 노년기에 더욱 심해진다. 연령 증가에 따라 낮은 빈도 진동(25Hz와 40Hz)에서는 별다른 감퇴가 나타나지 않으나, 높은 진동 빈도에서는 피부감각이 둔화된다. 이는 피부감각 신경말단덩어리의 구조적 변화로 인한 것이다(Verillo, 1980). 피부감각이 둔해지므로 인해 화상을 입기 쉬우며, 추운기온에서는 피하지방 손실, 혈관의 수축 감소, 신진 대사량의 감소로 저체온이 되기 쉽다(McKenzie, 1980).

또한 연령 증가에 따라 체온조절의 효율성이 감소되는데, 이는 신체 내부적 균형의 유지 능력이 감퇴되기 때문이다. 그리하여 노인의 체온은 정상보다 약간 낮으며, 너무 낮거나 높은 온도에서는 견디기가 어렵게 된다(McKenzie, 1980).

(7) 치아

노인에게 있어 치아의 건강은 예로부터 다섯 가지 복 중의 하나라 하였다. 이것은 노년에 이르도록 치아의 건강을 유지하기가 어려움을 의미한다. 연령 증가에 따라 구강질환이 증가하며 치아가 빠지게 되고, 45세를 경계로 이러한 경향이 현저하게 증가한다. 이가 빠지게 되면 전형적인 노인의 모습이 나타나고, 소화흡수의 저해를 가져오게 되며, 전신의 영양상태

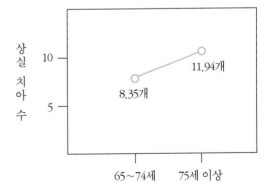

그림 4-16 **상실 치아 수**

설명: 상실영구치수는 65~74세에서 8.35세, 75세 이상에서 11.94개로 많은 노인이 치아상실을 경험하고 있다. 이로 인해 우리나라 노인 인구의 53%가 저작 시에 불편감을 느껴, 65~74세의 35.3%, 75세 이상의 66.6%가 의치를 사용해야 되는 것으로 나타났다(김지영, 2013).

를 유지하는 데 나쁜 영향을 미치게 된다.

2) 신체 내적 변화

신체 내적 변화로 소화기능, 기초대사율, 호흡, 혈액순환, 수면에 대해 살펴보고자 한다.

(1) 소화기능

그림 4-17 **음식**
설명: 부드러운 음식이 필요하다.

연령 증가에 따른 세포 수의 감소 및 조직의 퇴행성 위축에 의해 소화감각기의 식별 능력, 감수성은 일반적으로 저하된다. 또한 신경조절기능 저하 및 식이섬유 섭취량의 감소는 연동활동을 약화시키고 섭취한 음식물의 소화관 내 체류 시간이 길어져 노인들의 공통 질병인 변비가 오게 된다.

단위 시간당 노인의 소화 효소의 활성은 젊은이와 비교해 볼 때 현저히 저하되고 있으나 소화흡수 능력을 장시간 실험한 결과 전반적으로 단백질, 지방, 에너지의 소화흡수율에 있어서는 노인과 젊은이 사이에 큰 차이 없이 잘 유지되고 있다.

치아와 안면근육이 약해져서 음식물을 씹는 활동이 저하되고, 타액의 분비가 감소되어 식욕이 떨어지게 되므로 노년기에는 씹기 쉽고 부드러워 소화가 잘되는 음식물을 섭취해야 할 것이다.

(2) 기초대사율

기초대사량은 생명을 유지하기 위하여 필요한 최소한의 에너지 대사량으로 연령 증가와 더불어 감소하게 된다. 이것은 세포의 전체 수효 감소와 간, 근육 등의 신체 주요기능이 떨어지기 때문이다. 이 기초대사량이 정상 이하로 낮은 경우에는 순발력이 부족하여 기동력을 발휘하기 어렵다.

(3) 호흡

일반적으로 20대 이후부터 폐의 용적이 감소되어 호흡기능이 감퇴하기 시작한다. 노인은 폐의 기능이 젊은이와는 다르고 공기흡입량도 적어진다. 70세 노인의 폐활량은 50세와 비교해 50%도 안 된다. 노인의 허파는 공기 수용 면적이 작고 호흡 후의 잔류량은 더 많아진다. 심장 혈액 방출량도 강하지 못하다. 이는 산소의 전달과 확산을 빈약하게 하여 각 세포에 산소 부족을 가져올 수 있다. 따라서 노인에게서는 호흡기능의 저하로 흔히 기관지 질환 같은 호흡기 질환의 감염이 발생하게 된다.

(4) 혈액순환

혈액은 산소와 영양분을 신체의 각 조직에 운반하고 배설할 노폐물을 운반한다. 정상적인 젊은 성인의 경우 심장박동은 휴식상태에서 1분에 평균 72회 정도 뛴다. 혈액순환은 50세부터 둔화되고, 노년기에는 심장박동 리듬이 느려지고 불규칙해진다.

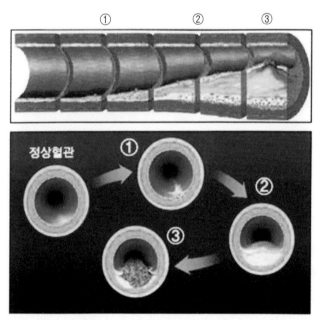

① 혈관에 지방이 쌓이면 백혈구의 일종인 대식세포가 이를 잡아 먹는다.
② 지방을 소화하지 못한 대식세포 시체(거품세포)들이 혈관 안에 쌓여 찌꺼기 층을 이룬다.
③ 찌꺼기 층이 두터워지며 죽 모양의 무덤이 생기면서 혈관을 막는다.

그림 4-18 **혈액순환**(이호선, 2005)

그림 4-19   **몸속의 잔병 표현하기**

설명: 온몸이 아프다. 짜증이 난다.

이 경우 혈관 세포 내 지방질이 축적되어 혈관벽이 두꺼워지고 딱딱하게 굳어져 혈액순환을 방해하기 되는 동맥경화증이 발생하게 된다.

동맥경화 현상이 심하면 조직의 영양보급이 불량해지고 세포기능이 떨어져 노인의 장기기능이 저하되는 큰 원인이 될 수 있다. 또한 혈압이 높아질 경우 혈관의 수축이 제대로 되지 않아 뇌출혈이 일어날 위험이 높다.

(5) 수면

수면은 우리가 활동하는 동안 깨진 신체조직과 뇌의 평형을 찾게 하고, 신체활동에 필요한 에너지를 보존하고, 체온을 조절한다. 몸 전체뿐만 아니라 마음까지도 쉬게 하는 중요한 기능을 한다. 인간의 평균 수면시간은 개인차가 있겠지만, 약 7~8시간으로 성인들에게는 비교적 일정한 편이다.

수면의 단계는 잠이 얼마나 깊이 들었나의 정도에 따라 4단계로 나누어진다. 수면의 종류에는 눈동자가 빠르게 움직이는 렘수면(Rapid Eye Movement: REM), 그렇지 않은 비렘수면(Non-Rapid Eye Movement: NREM)으로 구분된다. 잠을 자기 시작하면 비렘수면 상태가 먼저 나타나고, 비렘수면은 뇌파의 종류에 따라 4단계로 구분된다. 1단계에서 4단계로 진행될수록 점차 깊은 잠에 빠지게 된다.

표 4-4	비렘수면(NREM) 단계
1단계	• 잠이 들기 시작하는 시기 • 정상인의 경우, 보통 30초에서 7분 정도가 걸린다 • 약한 소리를 식별할 수 있고, 주어진 소리에 대해 약 절반 정도의 사람들이 반응을 보인다.
2단계	• 일반적으로 잠들었다고 하는 상태로 최초의 진짜 잠이다. • 1단계에 비해서 훨씬 깊은 수면 상태임을 보여 주지만 아직은 얕은 잠의 상태다. • 이 단계에 있는 사람들을 깨우면 대부분은 자신이 잠들지 않았고 그저 졸았거나 생각을 하고 있었다고 대답한다.
3~4단계	• 3단계는 적당히 깊은 잠이고 4단계는 매우 깊은 잠이다. • 이 단계에 있는 사람은 깨우기가 힘들며 깨워도 몇 분 동안은 제대로 정신을 차리지 못한다. • 자신이 자는 곳이 어딘지, 지금 몇 시인지 어리둥절해한다. • 방향 감각을 상실한다.

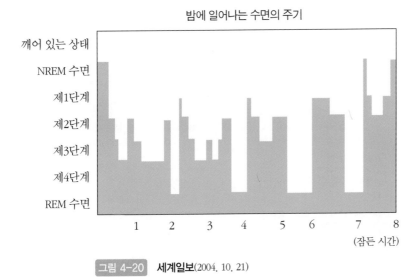

그림 4-20　세계일보(2004. 10. 21)

　꿈을 꾸는 수면단계는 REM 수면이다. 대개 꿈을 잘 기억하기 때문에 꿈 수면이라고도 한다. 밤새도록 잠을 자는 동안 NREM 수면과 REM 수면이 교대로 나타나며, 하룻밤에 5~7차례 정도의 REM 수면을 경험하게 된다.

[그림 4-21]에 전 생애에 걸쳐 잠의 양상이 어떻게 달라지는가 하는 것이 나타나 있다. 수면시간은 출생 후 하루 16시간, 40~50대에는 7시간 반 내지 7시간, 90세 이후에는 6시간까지 연령 증가에 따라 전체 수면 시간이 감소한다.

연령의 증가에 따라 수면시간이 감소한다고 하지만, 나이가 들더라도 몸에 필요한 수면시간은 대체로 일정하다. 그러나 수면의 질은 30대부터는 떨어지며, 60대에 이르면 깊은 수면이 줄어든다. 그래서 잠을 푹 자지 못하고 자주 깨게 되어, 낮에 조는 현상이 잦아진다

이러한 현상은 개인의 인지적 활동과 정서에 좋지 않은 영향을 미치게 된다. 노인

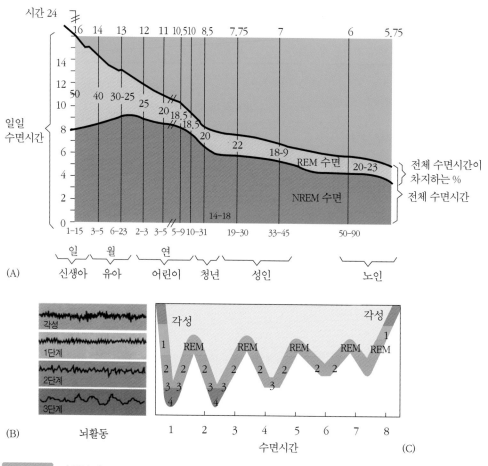

그림 4-21 **수면**(윤진, 1985)

에게서 나타나는 불면은 감정 불안정, 근심, 걱정, 가족갈등, 죽음에 대한 공포로 나타나며 또한 우울증, 정신분열증, 신경증의 증상으로 나타나기도 한다(장인협 외, 1987). 따라서 정상적인 인지기능과 건강한 정서적 수준을 유지하기 위해서는 일정한 정도의 렘 수면을 비롯한 깊은 잠을 충분히 취하는 것이 필요하다.

지금까지 신체 외적 변화에 대해 살펴보았다. 이와 같은 신체적 변화와 이 변화에 의해 초래되는 상황을 정리해 보면 〈표 4-5〉와 같다.

표 4-5　노년기의 생물학적 노화

계통	변화	초래되는 상황
청각, 시각, 미각, 촉각, 후각, 중앙신경조직	• 대체로 같은 시기에 후각과 미각이 감소한다. • 신경세포가 재생되지 않는다.	• 나이가 들수록 다섯 가지 감각 능력이 저하된다. • 나이 든 많은 사람들에게 안경이 필요하다.
심장혈관, 심장, 동맥, 혈관, 모세혈관	• 심장근육이 약해진다. • 심장판막이 약해진다. • 동맥의 유연성이 줄어든다.	• 펌프질의 효율성이 떨어져 혈액배출이 더 힘들어진다. • 판막의 유연성이 떨어진다. • 혈압이 높아진다.
내분비	• 갑상선호르몬 생성이 감소한다.	• 물질대사가 감소한다.
위장	• 소화기계통의 근육활동이 느려지고 소화액이 줄어든다. • 간 크기가 20% 정도 줄어든다.	• 소화되는 시간이 길어진다. • 간의 약물대사 능력이 떨어지기 때문에 약 복용을 신중하게 해야 한다.
신경	• 신경세포가 손상되거나 파괴되어도 복원되지 않는다. • 총 뇌세포 수가 감소한다. • 노인은 새로운 자료를 학습하기 힘들다.	• 영구적으로 손상된다. • 질환 때문이 아니라면 뇌기능에 영향을 미치지 않는다. • 단기기억 능력 감소
순환기	• 폐의 탄력과 무게가 감소한다.	• 폐활량이 감소한다.
피부, 뼈, 근육	• 머리카락이 빠지는 정도는 거의 유전 때문이다. • 머리카락의 색소가 줄어든다. • 표피세포의 재생이 느려진다. • 피부 안쪽의 지방과 수분의 함유가 줄어든다. • 뼈의 칼슘과 인이 줄어든다.	• 머리카락의 양이 줄고, 대머리가 된다. • 머리카락 색이 회색이나 흰색이 된다. • 상처회복 속도가 느려진다. • 처지고 주름이 진다. • 뼈가 부서지거나 부러지기 쉽다.
비뇨기	• 방광의 탄력이 줄어든다.	• 소변을 자주 보게 된다.

자료: 권중돈, 윤경아, 배숙경(2002). 노인복지론. 서울: 한국사회복지사협회 사이버연수원.

이와 같이 노년기에는 생물학적으로 여러 기능의 약화가 일어난다. 이러한 노화에 관련하여 사실과 신화를 제시해 볼 수 있다.

신체적 기능의 감퇴가 오더라도 마음의 건강을 유지하고, 보람된 노후생활을 할 수 있도록 노년기에 심리치료적 개입이 필요하다. 미술치료는 노인이 자신의 신체적

표 4-6 생물학적 노화와 관련된 신화와 사실

신화(myths)	사실(facts)
늙어간다는 것은 육체에 대한 불만과 질병이 가득 차게 된다는 것이다.	65세 이상 노인의 87% 정도가 적어도 하나 이상의 만성질환(관절염, 고혈압, 당뇨)을 가지고 있다. 그러나 지역사회에 살고 있는 85세 이상 노인들은 일상생활에 필요한 일들을 스스로 해 나가고 있다. 5%의 노인이 요양원에 입소하여 생활하며, 25%가 요양서비스가 필요한 것으로 추정되고 있다.
노인은 매력적이지 않다. 노인은 냄새가 나고, 치아가 없으며, 보거나 듣기가 힘들다.	노화로 인해 신체적 매력을 유지하려는 욕구까지 떨어지는 것은 아니다. 외모는 옷 입는 스타일, 경제적 능력, 개인의 신체기능과 같은 요인들의 영향을 받기 때문에 노인이라고 해서 반드시 매력적이지 않다고 말하기는 어렵다. 한편, 후기노인의 19%가 보청기를 끼며, 젊은 노인은 5.7%만이 보청기를 낀다. 후각에서는 65세~80세 노인의 25%는 완전한 후각상실을, 60%는 심각한 후각상실을 경험하지만, 나머지는 큰 문제가 없다.
노인은 힘든 활동, 즉 운동을 해서는 안 된다: 심장발작이나 낙상과 골절이 될 수 있다.	노인은 건강에 치명적인 해를 끼치지 않는 한 유산소 운동을 할 수 있고 또 그렇게 하고 있다. 그러나 노화로 인한 신체적 변화를 고려하여 운동 수준을 조절하여야 한다.
노인은 항상 잠을 잔다.	노년기에 잠을 더 많이 자는 것이 아니라 수면패턴이 변화하는 것이다. 대부분의 노인들은 연령이 높아짐에 따라 숙면하는 시간이 줄어들고 밤에 깨는 횟수가 증가한다. 또한 한낮이나 저녁 때에도 낮잠을 자기 때문에 항상 잠을 자는 듯한 인상을 줄 수 있다.
성생활은 60세가 되면 끝난다.	대부분의 노인들은 성생활을 지속하지만 연령이 높아짐에 따라 빈도와 유형이 변하게 된다. 신체적 노화의 결과라기보다 배우자가 없기 때문에 성생활을 할 수 없는 것이기도 하다. 또한 심장질환, 암, 관절염과 같은 질환도 노년기의 성생활에 영향을 준다.

출처: Schneider, R. L., Kropf, N. P., & Kisor, A. J. (2000). *Gerontological social work*. CA: Brooks/Cole.

능력을 재검토해 보면서 상황을 재정의할 기회를 제공해 줄 수 있다. 신체적 기능의 감퇴에 대해 어쩔 수 없음을 인식하여 체념적으로 생활하거나 혹은 인생의 순리로 기꺼이 받아들이는 경우가 있을 수 있다. '이젠 더 이상 희망이 없구나.' '난 이젠 가망이 없어.' 의 체념을 넘어, 자신과 인생을 수용하게 해 주기 위한 개입이 중요하다.

그림 4-22　노을

◊◊ 낮에는 드러나지 않는다. 세월의 연륜은 질 때 의미가 있다.

2. 노년기 심리적 변화

심리적 노화는 주위 환경이나 자신의 발달단계에 대한 개인의 적응으로 연령과 비교적 관련이 적은 노화라 할 수 있다. 심리적 변화로 지적 능력의 변화, 지각 능력의 변화, 주의과정의 변화, 기억 능력의 변화, 사고 및 문제해결 능력의 변화에 대해 살펴보겠다.

1) 지적 능력의 변화

지적 능력은 일반적으로 지능을 일컫는다. 지능의 정의는 학자마다 매우 다양하나 일반적으로 '새로운 것을 학습할 수 있는 능력' 이라 규정한다. 하지만 '환경에 적응할 수 있는 인지적 능력' 을 가리키기도 한다.

지능은 개체가 유목적적으로 행동하고 합리적으로 사고하며 환경을 효율적으로 처리해 나

그림 4-23　김흥수 화백

설명: 늦게까지 지적 활동에 참여하는 사람들.

가는 종합적이고 총체적인 능력으로, 18~25세 이후부터는 지능이 점진적으로 쇠퇴하는 것(Wechsler, 1981)으로 보고되고 있다. 그러나 최근 생애발달 심리학자들은 연령 증가에 따른 지능의 쇠퇴가 거의 없거나 극히 적다고 주장하고 있다. 지능 감퇴에서 연령의 설명력은 16~25%며, 나머지 75~84%는 자료수집 방법, 검사의 종류, 측정방법, 교육수준, 생활경험, 불안수준, 스트레스, 건강상태, 동기 등의 여러 가지 요인들 때문이라고 설명하고 있다(윤진, 1985). 지능에 감퇴와 관련된 변인 연구는 〈표 4-7〉과 같다.

표 4-7 노인의 지능 감퇴와 관련 변인 연구

교육수준(Green, 1969)	웩슬러 지능검사로 비교 〈결과〉 전체점수: 40세까지 전반적으로 상승하고 그 이후 일정하게 유지 • 언어성 소검사: 50세까지 증가하고 그 이후 안정 • 동작성 소검사: 40세 이후부터 조금씩 쇠퇴 시작(특히, 숫자-기호 바꾸어 쓰기 쇠퇴)
직업, 역할 (Labouvie-Vief & Gonda, 1976; Poon & Fozard, 1978)	연령이 증가해도 쇠퇴는 적게 일어남. • 문제해결 재료가 익숙하고 항상 다루고 있는 것인 경우 익숙하지 못한 재료의 경우보다 쇠퇴가 적음.
선택반응시간(Murrell, 1970)	노인 피험자들을 철저하게 훈련시키면 어느 정도까지 빠르게 만들 수 있음.
긴장상태(Schultz et al., 1979)	정상적 정서상태의 유지 경우: 지능검사 성적이 더 높게 나옴.

인간의 지능은 크게 생물학적으로 타고나는 '유동성 지능'과 교육·문화적 환경에 따라 달라지는 '결정성 지능'으로 구분된다. 유동성 지능은 공간지각, 추상적 추론, 지각속도, 기억용량, 도형지각 능력 등이 포함되고, 결정성 지능은 경험, 교육 및 훈련을 통하여 획득한 언어 능력, 일반상식, 단어 연상, 추론 능력 등이 포함된다.

유동성 지능이 노년기에 감퇴하는 것은 신경학적 손상(정옥분, 2000), 수행속도의 감소(Hertzog, 1989), 비언어적 기술사용 능력의 감소(Denny, 1982) 때문이다. 반면, 결정성 지능은 중년기를 지나 노년기까지도 증가하거나(Horn & Donaldson, 1980) 감소가 전혀 없다는 연구(Schaie & Hertzog, 1983)가 있다. 또한 지혜와 같은 새로운 능력이 출현하는데(Schaie & Baltes, 1977), 지혜는 책에서 배운 것, 전문지식, 실용적 지식 등에 의존하지만 그 이상의 것으로, 인생에 대한 깊은 통찰력과 어려운 인생문제에 대한 대처 능력을 제공해 준다(정옥분, 2000).

2) 지각 능력의 변화

지각은 단순한 감각과정에서 더 나아가 주의, 선택, 해석, 패턴 및 의미인지가 개재되는 과정을 말한다. 지각이 연령 증가에 따라서 어떻게 변화하는가에 대해서는 별다른 연구가 이루어지지 못했다. 개인이 경험하는 지각을 연속적으로 측정하는 것이 어려우며, 사물을 지각하는 것은 과거와 현재에 환경으로부터 어떠한 자극을 받았는가와 사물을 지각하는 개인의 특성이 어떠한가에 따라서도 달라질 수 있기 때문이다. 그리하여 최근에는 지각주체의 개인적 배경, 경험, 발달단계에 따른 지각 능력과 양상의 변화에 대하여 많은 관심을 기울이고 있다.

지각 능력 변화의 영역

- 기본적 감각 수준: 시각, 청각, 촉각 등의 감각수준 분석
- 지각의 선택성: 특정한 사물에 주의
- 인지, 지각, 감각 과정 간의 상호 연관성: 사고, 신념, 태도의 지각과 감각 통제 정도

지각과정과 연령 증가와의 관계는 연속적 자극의 통합과정, 비연속적 정보의 시간적 통합과정, 공간적 통합과정으로 연구가 이루어졌다.

(1) 연속적 자극의 통합과정

연속적으로 제시된 자극을 통합하는 과정에 대한 연구는 자극을 동시에 연속적으로 제시하는 경우에 연속적 자극을 어떻게 통합·지각하느냐 하는가와 두 자극을 차례로 제시할 때 두 번째 자극이 첫 번째 자극을 어떻게 차단하는가를 관찰한 것이 있다(윤진, 1985).

- Welford(1969)의 실험

  두 개의 불빛 자극을 구별하여 반응: 18~33세 집단은 두 자극 간의 시간 간격이 300m/sec
  이면 충분했으나, 58~71세에 해당되는 노인의 경우에는 적어도 시간 간격이 500m/sec 정
  도 필요하였다.
- Corso(1971)의 실험

  임계절멸결합(臨界絶滅結合)현상: 노화와 병리현상의 결과로 인하여 중추신경계의 일반
  적 효율성이 감소되어 나타난다.
- Kline & Orme-Rogers(1978)의 실험

  두 자극 제시 간격에 따른 지각(두 자극을 통합하여 한글자로 보는 능력)에서는 첫 번째
  자극의 기억흔적이 젊은이보다 노인에게 있어서 더욱 오래 남아 있다.
- 두 자극의 판별

  노인은 젊은이에 비해 자극의 흔적이 오래 지속되어 두 자극의 판별이 어려워진다.
  신경계의 과정이 이 두 자극을 분리된 자극으로 볼 수 있도록 적절하게 기능을 해야 하나
  노화되어 갈수록 신경기제가 환경자극의 정보를 빨리 처리하지 못하기 때문에 신경 흔적
  이 오래 남는다. 따라서 노인의 경우 두 번째 자극에 대한 반응이 느려진다.

(2) 비연속적 정보의 시간적 통합과정

비연속적 정보의 시간적 통합과정은 다음과 같다.

- Kline & Nester(1977)의 실험

  특정한 색채를 응시하고 있다가 시선을 다른 중립적인 색채(즉 무채색)로 이동할 경우, 색
  채잔상이 노인에게 더 오래 지속되는 것으로 나타났다.
- Eriksen, Hamlin, & Brietmeyer(1970)의 형태자극 지각실험

  나이가 많을수록 정확히 파악하는 데 있어서 젊은이보다 시간이 더 많이 걸렸다.

(3) 공간적 통합과정

공간적 통합과정은 부분-전체의 관계, 복잡한 그림에서 숨은그림찾기, 지각의 경

직 현상이 있다.

- **부분-전체의 관계**
  노인의 연령 증가에 따라 공간통합 능력❶은 점차로 감소하는데, 이는 대뇌피질의 구조가
  변하여 공간통합 능력이 줄어들기 때문이다.
- **복잡한 배경 그림 속의 '숨은 그림 찾기'**
  전체 배경그림으로부터 이 속에 숨어 있는 독특한 물건을 구분해 내려면 이들 자극들을 공
  간적으로 재배열해야만 하는데, 이러한 공간적 재배열 능력이 젊었을 때보다 감퇴한다.
- **지각의 경직현상**
  대상 도형이 애매한 경우 노인은 한 가지 그림으로 고착해서 보게 된다.

`그림 4-24` **지각의 경직 현상**

설명: 이 도형은 노인 혹은 젊은 애인, 할아버지 혹은 젊은 카우보이 등으로 변환시켜 볼 수가 있다. 그러나 노인은 변화의 융통성을 크게 보이지 않는다.

3) 주의과정의 변화

주의집중은 하나 이상의 자극에 선택적으로 주의를 기울이는 것이다. 어떤 정보를 정확하게 지각하거나 기억하려면 먼저 자극에 주의를 기울여야 한다. 자극탐지에 대한 경계태세와 선택적 주의에 대해 살펴보겠다.

❶ 여러 조각(부분)으로 분할한 후 이를 원형대로 다시 맞추어 놓는 능력.

(1) 자극탐지에 대한 경계태세

경계태세는 일상생활에서 수많은 자극이 어떻게 바뀔 것인가를 탐지하려는 마음의 자세, 즉 마음의 준비성이다. 예를 들면, 고속도로 운전 시 갑자기 사람이나 자동차가 뛰어드는 것에 대해 반응할 경계태세를 미리 갖추는 것이다(윤진, 1985).

실험

바늘이 1초에 한 칸씩 가나, 가끔 두 칸씩 건너뛰도록 장치
: 노인에게 바늘이 건너뛰는 경우를 찾아내도록 한다.
→ 60세 이하 집단과 60세 이상 집단 사이에는 수행성적에 있어서 의미 있는 차이가 없었다.
→ 잠시 후에 대답(자극정보를 단기기억에 저장하도록): 연령 증가에 따라서 수행성적이 현저히 떨어졌다.

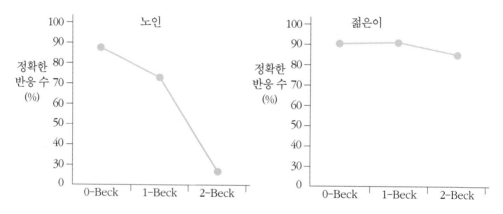

그림 4-25 **노인과 젊은이의 반응 비교**(윤진, 1985)

(2) 선택적 주의

여러 자극에서 부적절한 자극들은 여과하여 적절한 표적 자극만을 지각하는 데는 선택적 주의가 필요하다. 흔히 노인이 운전하는 자동차가 사고가 많은 것은 노인이 수많은 자극들 가운데서 적절한 것과 부적절한 것을 제대로 구분하여 주의를 기울이지 못하기 때문에 일어난다고 알려지고 있다. 이 현상은 노인이 청년에 비해서 부적절한 자극으로 인하여 주의가 산만해지는 경향이 높다는 가설로 설명할 수 있다(윤진, 1985).

스트룹(Stroop) 실험

파란색이라는 단어를 초록색 잉크로 써서 제시하고, 무슨 색깔로 쓰여 있는가를 대답하게 한다.

파 란 색   "무슨 색깔로 쓰여 있나요?"

〈실험결과〉

노인(60세 이상: 160~240m/sec 소요)이 젊은이(18~40세)보다 반응시간이 훨씬 길었다.

부적절한 자극의 수효와 반응과의 관계: A와 Y를 표적자극, 다른 글자와 함께 인쇄

→ 노인은 부적절한 자극의 수효가 증가할수록 반응시간이 더욱 증가: 젊은이의 경우 반응시간 증가의 정도가 작다.

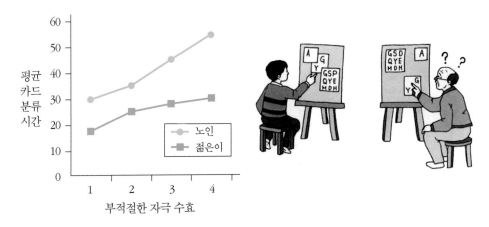

그림 4-26   부적절한 자극에 대한 반응 비교(Rabbitt, 1965)

설명: 표적자극과 부적절한 자극이 있는 카드 분류 작업: 노인들은 부적절한 자극 수효의 증가에 따라 카드 분류 소요시간이 증가하는 추세를 보인다.

4) 기억 능력의 변화

기억은 과거의 경험을 파악하는 기능이다. 기억능력은 과거에 경험한 일이 대뇌피질에 흔적으로 남아 있다가 이후 어떠한 상황에 직면했을 때 다시 의식으로 되살아나는 작용을 말한다. 일반적으로 기억능력은 유아기에서 아동기까지 급속히 증가하다

그림 4-27　**열쇠를 잊어버리지 않는 방법 찾기**

설명: 옛날엔 나도 꽤 똑똑하단 소리를 들었는데, 요즈음은 정말 정신을 놓고 다니는 것 같애. 나의 이런 모습을 받아들이기 어렵고, 한심하다고 느껴져. 늙는다는 것 정말 허망한 거야.
◊ ◊ 준비물: 종이컵, 색종이, 철끈

가 이후 증가의 속도가 차츰 줄어든다. 청년기 때 정점에 달하여 그 이후 얼마 동안 같은 수준을 유지하게 되지만, 노년기에 접어들면서 서서히 감퇴한다.

연령 증가에 따른 기억능력의 저하는 신경심리학적 수준, 생리적 수준, 인지적 수준의 측면으로 구분해 볼 수 있다.

기억능력에 대한 노인들의 자기평가

기억의 실패(Larrabee, West, & Crook, 1991), 기억능력 저하(Dixon & Hultsch, 1983), 기억전략의 부재(조상수, 1999)

표 4-8　**연령 증가에 따른 기억능력 저하**(Light & Albertson, 1989)

기억능력 저하 측면	원인
신경심리학적 수준	뉴런 손실, 뉴런의 크기 변화, 축색(axon)과정의 변화
생리적 수준	호르몬과 신경전달물질의 분비
인지적 수준	전략사용상의 실패, 의미적 절차의 결손, 언어처리에 있어서 문맥 이용상의 문제, 인지 메커니즘 저하

기억의 과정은 부호화-저장-인출의 세 가지 과정을 거치게 된다. 부호화 과정은 환경으로부터의 다양한 자극을 기억하도록 시각, 청각, 촉각의 방법으로 부호화 시키는 과정이다. 저장과정은 부호화한 자극을 감각기억, 단기기억, 장기기억 순서로 저장해 두며, 인출과정은 저장된 정보를 회상, 재인하는 과정이다. 연령 증가에 따라

기억능력이 달라지는 것은 부호화 과정, 저장과정, 인출과정 가운데 어느 과정 때문인가를 검토해 볼 필요가 있다.

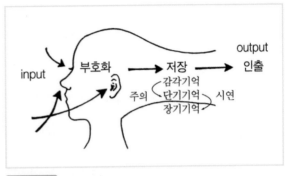

(1) 부호화 과정

정보를 부호화하는 최선의 방법은 기억 재료를 적절히 조직화하는 것이다. 그러나 연령이 증가할수록 기억 재료를 효율

그림 4-28   **기억과정**

적으로 부호화하지 못한다(Craik, 1977; Craik & Jennings, 1992). 또한 나중에 회상할 때 쓸 수 있도록 정보들은 미리 분류하고 조직화해 두는 능력이 부족하다(Craik & Masani, 1967; Denny, 1974).

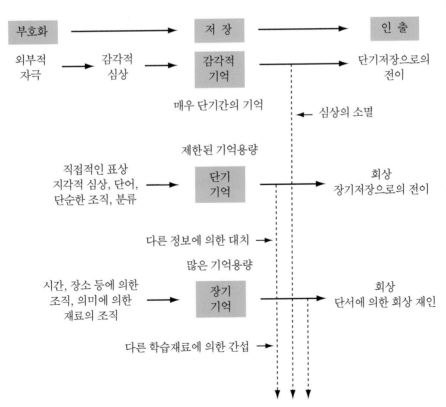

그림 4-29   **기억과정**(윤진, 1985)

(2) 저장과정

저장과정은 감각기억, 단기기억, 장기기억에서 볼 수 있다.

기억저장과정

- 감각기억: 짧은 시간(약 2~3초 이내) 동안 기억흔적이 남아 있다가 순간적으로 사라져 버리는 기억이다.
- 단기기억: 약 20초 내외로 기억되며, 장기기억으로 전이시키지 않으면 망각된다.
  기억용량은 7±2개(즉, 5~9개)의 정보로 제한되어 있다.
- 장기기억: 반복연습을 통하여 정보를 체계적으로 조직하여 저장된다.
  기억용량, 기억기간도 제한이 없으며, 크다.

노년기 초기에는 단기기억의 감소 폭이 그리 크지 않은 것으로 나타났다. 그러나 장기기억에서는 연령 차이가 큰 것으로 보고 있다(Poon, 1985). 단기기억 저장체계의 용량이 넘으면 그 정보들은 장기기억 저장으로 보내지며, 그렇지 않을 경우 곧 잊어버리게 되는데, 노인들은 이 과정에서 어려움을 겪는다(정옥분, 2000).

학습이 완전히 이루어지게 되면 젊은이와 노인의 기억은 같아진다(Craik & Jennings, 1992). 다만 일정한 수준의 학습에까지 도달하는 데 있어서 노인이 젊은이보다 더 많은 시행이 필요하다. 이는 연령이 많은 사람일수록 학습재료를 효율적으로 부호화하지 못하고, 적절하게 부호화하려면 젊은이보다 더 많은 연습이 필요하다는 것을 의미한다.

그러나 일단 학습이 되면 기억의 감퇴는 노소의 구별 없이 거의 같은 정도로 일어난다. 그리고 후에 회상을 좀 더 잘 하기 위해서는 정보를 조직화할 때, 기억보조방법의 활용이 도움이 된다.

기억에서의 조직화와 부호화 연구

- Denny(1974)의 연구
  ➡ 하나의 단어목록(list)을 젊은이부터 노인까지 여러 연령집단에게 외우도록 한다. 단어목록은 의미의 유사성(예: 대양−바다), 관계성(예: 피아노−음악) 등에 따라 여러 개의

묶음으로 구성되어 있고, 이때 조직화 지시를 하지 않는다.

〈연구결과〉

젊은이는 관계된 단어끼리 묶는 분류체계를 따르지만, 노인이 되어 갈수록 분류체계를 제대로 이용하지 못하여 기억성적이 저조한 것으로 나타났다.

- Botwinick(1978)과 Hultsch(1971)의 연구
  ➡ 단어를 기억하는 과제에 대해 미리 조직화 지시를 제시하거나 단어카드 분류화 훈련을 시킬 경우 노인의 기억력을 향상시킬 수 있는 것으로 나타났다.

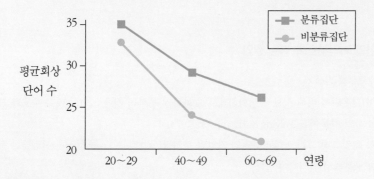

그림 4-30 　학습된 단어 수와 연령 간 관계

- 운율 혹은 시각적으로 연합시키는 방법
  : 개나리-항아리-보따리 등 "리-리-리 자(字)로 끝나는 말"의 경우 "리"자가 운율이 된다.
- 장소법
  : 익숙하게 아는 장소(현관, 부엌, 거실, 책상 위 등)에 자기가 기억해야 할 물건이름을 붙여 놓고 그 장소와 물건을 시각적으로 연결 지어 외우기
- 미술활동에 의한 시각화 방법

그림 4-31 　기억보조방법

일반적으로 노인이 젊은 사람보다 기억의 매개적 방법을 제대로 이용하지 못한다. 평균연령이 74세인 노인집단은 전체 시행의 35%에서 어떤 한 종류의 기억매개방법을 이용하지만, 평균연령이 16세인 젊은이들은 70%의 시행에서 기억매개방법을 이용하였다. 또 노인들은 비효율적인 언어적 매개방법을 잘 사용하며 효율적인 심상방법을 별로 이용하지 않는다. 그러나 매개방법 이용에 대한 지시를 미리 주면 노인의 회상성적이 상당한 수준까지 향상된다(Hulicka & Grossman, 1967).

노인의 기억부호화 결손에 대한 원인은 부호화 특수성 가설과 단서의 과잉가설로 설명할 수 있다.

노인의 기억부호화 결손 원인

• 부호화 특수성 가설

노인이 젊은이에 비해 정보를 정확하게 부호화하지 못하는 것은 노화에 따른 부호화 특수성이 감소하기 때문이다(Tulving & Thompson, 1973).

부호화를 정확히 그리고 빨리하려면 기억의 분기점(分岐點)이 되는 특정한 사건들을 우선 명확하게 구분해서 기억해야 한다.

예) 1960년의 4 · 19의거, 1988년의 서울 올림픽, 2002년의 월드컵 축구 등

• 단서의 과잉가설

노인들은 젊은이와 달리 살아온 기간이 길어 기억단서가 지나치게 많이 있다. 또 그 단서에 대한 연상이 많아, 어느 특정한 단서에 특별한 관심을 기울이지 않으면 이들 연상된 사건들을 정확히 구분할 수가 없다(Schonfield & Stones, 1979).

교직생활을 시작한 지 얼마 안 되는 교사와 비교하여 오래된 교사는 제자들의 얼굴과 이름을 기억하는 데 있어 더 어려움이 있다. 왜냐하면 짧은 경력의 교사에 비해 오랜 경력의 교사는 기억단서가 너무 많아 정확한 시기의 기억에 혼란이 오기 때문이다.

어? 우리를 못 보신 건가…

(3) 인출과정

저장된 정보는 필요할 때 언제나 꺼낼 수 있어야 하는데, 꺼내는 과정을 인출이라 한다. 저장된 정보를 얼마나 잘 인출할 수 있느냐는 여러 정보와 자극들이 얼마나 체계적으로 저장되어 있는가에 달려 있다.

주의! 망각은 인출의 문제

망각은 기억상실의 문제가 아니라 그 정보가 놓여 있는 위치를 제대로 찾지 못하여 잊어버리는 것, 즉 저장의 문제가 아니라 인출의 문제다.

인출은 회상, 재인의 두 가지 유형으로 구분되는데, 회상은 과거의 기억으로부터 다시 생각해 내는 것이고 재인은 인출단서를 바탕으로 과거 경험한 자극이나 정보를 기억해 내는 것이다. 재인과정은 단서가 제공되는 만큼 덜 복잡한 인출과정이다.

연령 증가와 기억과정과의 관련성을 살펴보면 노인이 될수록 정보의 인출이 어려워진다고 한다. 회상능력은 연령이 증가함에 따라 쇠퇴하는 반면 재인능력은 연령 증가에 따른 변화가 거의 없는 것으로 나타났다(Botwinick, 1977; Craik, 1977).

연령 증가에 따른 회상과 재인 능력

• Labouvie와 Schell(1982)의 연구

노인들에게 연속적으로 단어를 제시하고 학습하게 한 다음, 잠시 후에 어떤 특정한 단어가 그 목록에 있었는지 질문한 결과 잘 맞힌다. 반면에 목록에 있던 단어들을 가능한 한 많이 말해 보라고 하면 대답을 잘 못하는 것으로 나타났다.

• Craik과 McDowd(1987)의 연구

연령에 따른 수행의 감소가 회상에서만 나타났다. 회상에서의 반응시간이 재인에서보다 더 오래 걸렸다.

이와 같은 현상에 대해서는 여러 가지 가능성이 있을 수 있으나, 연령 증가에 따라 기억재료를 분류하고 조직하는 능력이 감퇴하기 때문으로 보인다.

Hultsch의 연구(1969)

16~19세, 30~39세, 45~54세의 세 집단을 언어 능력이 높은 집단과 낮은 집단으로 미리 구분하여 22개의 단어를 외우게 하고 자유회상을 시켰다.

그리고 단어를 기억하고 회상할 때, 다음과 같이 세 가지 각각 다른 지시를 하였다.

지시 1(표준자유회상); 순서에 관계없이 22개의 단어를 가능한 한 많이 회상하여 적어라.
지시 2(일반적 조직); 당신이 생각하는 가장 최선의 방법으로 단어들을 조직하라.
지시 3(알파벳 순서별 조직); 알파벳 순서대로 배열, 조직하고 그 순서에 따라 그 글자로 시작되는 단어를 기억하라.

• 연구결과
– 언어 능력이 낮은 집단: 표준자유회상 조건과 일반적 조직조건에서 가장 젊은 집단의 성적이 가장 우수했으나, 미리 기억재료를 알파벳 순서로 조직하도록 지시받은 조건에서는 위의 세 연령 집단 간에 아무런 차이가 없었다.
– 언어 능력이 높은 집단: 세 연령집단과 기억재료 조직의 여러 조건 사이에 아무런 관련이 없었다.
– 노화에 따른 기억재료 조직 및 분류 능력 저하는 언어 능력이 낮은 사람에게서 나타난다. 언어 능력이 높은 사람의 경우는 연령 증가에도 불구하고 기억재료 조직 및 분류와 상관이 없음을 알 수 있다.

노화에 따라 최근 기억(recent memory)의 상실이 과거기억(remote memory)의 상실보다 많이 일어나며, 기계적인 암기의 기억보다는 논리적인 것의 기억 능력이 더 크게 감퇴된다. 또한 본 것보다는 들은 것의 기억이 좋다고 한다. 대체로 노화에 따라서 기억력의 감퇴가 일어나며 단어의 회상이나 재인에 있어서도 감퇴가 일어나고 있다(김태현, 1999).

5) 사고 및 문제해결 능력의 변화

사고 능력은 이미 습득한 지식을 이용하여 여러 가지 과제를 해결하고 상황을 대처해 나가는 정신기능이다. 우리가 처한 환경에서 일어나는 문제 중에는 단순히 습관적 수단만으로는 해결이 불가능한 경우가 많다. 이 경우 새로운 수단과 탐색을 통해 문제를 해결해야 하는데, 이때 하게 되는 정보탐색 및 새로운 정보구성이 사고이며, 이는 문제해결을 통해 더욱 연마된다.

문제해결은 갈등상황에서 해결책을 찾아내는 복잡한 과정이다. 보통 연령이 증가함에 따라 문제해결 능력이나 사고 능력은 감소된다고 본다. 그러나 이러한 능력은 교육수준, 지능 및 직업 등에 영향을 받으며, 문제해결에 대한 사전 훈련을 미리 받을 경우 다시 증진될 수 있다. 노인들의 문제해결이 느리고 덜 효율적이라는 사실은 그들이 무능력하다는 것을 의미하지는 않으며, 대다수 노인은 대부분의 일상적 문제는 잘 해결하는 것으로 나타났다(Willis, 1996).

노인들의 문제해결 접근법상의 특징

- 속도보다는 정확성을 중시(Smith & Brewer, 1995)
- 위험을 감수하지 않음(Labouvie-Vief, 1985)
- 경직과 융통성이 없음(Albert, Wolfe, & Lafleche, 1990)
- 익숙한 방법으로 처리하며, 가장 효율적인 책략을 사용하지 못함(Salthouse, 1982)
- 구체적인 문제에 흥미가 있고, 자신의 경험에 더 많이 의존(Streufert, Pogash, Piasecki, & Post, 1990)

감각 능력 및 지각 능력의 변화와 그 의미에 대해서 정리해 보면 노인의 행동변화는 단순한 연령 증가에서 오는 것뿐만 아니라, 연령 증가에 따른 감각과정과 지각과정의 변화에 의해서도 많은 영향을 받는다는 것이다. 시력과 청력의 감퇴, 자극지속에 따른 시각자극과 청각자극의 정보처리 둔화 등은 노인으로 하여금 여러 행동장애를 일으키게 만든다. 노년기 성격적 변화의 여러 특성인 경직성, 조심성, 자아기능의 쇠퇴와 약화는 단순히 성격적·적응적 측면의 변화라기보다는 감각 및 지각 과정의 변화에 따른 결과로도 나타날 수 있다.

이러한 노화과정은 노인의 무력감, 자아존중감의 약화로 이어질 수 있고, 우울, 생활의 불만족을 가져올 수 있다. 노화현상을 노인이 수용하고, 다른 각도에서 삶의 의미를 찾을 수 있도록 미술치료가 노인에게 도움을 주어야 한다.

3. 노년기 성격의 변화

마음은 젊은 것 같은데, 자꾸 자신이 없어져. 벌써 내가 늙었나 하는 생각을 하면서 서글퍼져. 인생이 이런 건가 하는 생각도 들어. 자식들과 같이 살아서 어쩔 수 없이 애 봐주는 할머니로 전락한 내 동창들은 아주 폭삭 늙어 보여. 그런 것에 비하면 난 안 늙은 거지만……

노인의 성격특성이 젊을 때의 성격특성과 큰 차이 없이 그대로 유지된다는 주장이 있는 반면, 연령 증가에 따라 새로운 역할, 다양한 경험을 통해 성격에 변화가 일어나며, 연령에 따라 같은 상황에 대해 다르게 반응하게 된다는 주장도 있다.

이 절에서는 노년기 성격특성, 노년기 적응 유형, 노년기 삶의 모습에 대해 살펴보겠다.

1) 노년기 성격특성

노년기가 되어 신체적 변화, 심리적 변화, 체력 감소, 은퇴를 통한 사회관계 변화, 경제적 변화, 배우자나 친구의 사망 등의 변화를 겪으면서 노년의 성격은 변하게 된다. 노년기에 나타나는 특성을 내향성 및 수동성 증가, 조심성 및 경직성 증가, 우울 경향 증가, 과거에 대한 회상 증가, 시간 전망의 변화, 친숙한 사물에 대한 애착 증가, 성역할 지각의 변화, 의존성 증가로 나누어 요약해 볼 수 있다.

(1) 내향성 및 수동성 증가

나이가 들어감에 따라 사회적 활동이 감소하고 자신의 내면세계에 대한 관심이 증가한다. 그리하여 외부의 자극에 대한 반응보다는 자신의 사고나 감정에 의해 사물을 판단하게 된다.

노인은 중요한 결정을 내려야 할 때 자신의 오랜 경험에 비추어 판단하고 행동하게 된다. 또한 실제로 적극적으로 개입해야 하는 일이 적어지면서 문제해결 시 수동적이 되고, 새로운 일에 도전하려 하지 않는다.

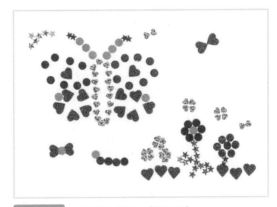

그림 4-32   스티커로 가족 표현해 보기

◊ ◊ 예시를 주어 적극적 참여를 유도한다.

(2) 조심성 및 경직성 증가

노년기가 되면 시각과 청각을 비롯한 감각능력이 감퇴되고, 신체적 · 심리적 기제들의 기능 쇠퇴를 직접 느끼게 되므로 노인은 자기 확신이 높아야 결정과 반응을 보인다. 이러한 조심성의 증가로 노인은 결정이나 선택의 상황에서 주저하게 되고 옛것을 그냥 지키려는 보수적인 경향을 보인다(윤진, 1985).

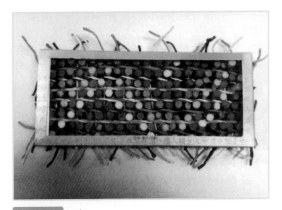

그림 4-33   나

설명: '내가 왜 이렇게 빡빡하지?' 라고 하셨다.

그림 4-34   봄동산

◊ ◊ 꽃잎 말린 재료, 나뭇가지 등 실제의 재료를 활용하여 봄동산을 꾸민다. 꽃 밑에 나뭇가지나 나뭇잎이 없어도 봄동산이 될 수 있다.

또한 노인은 타인에 대한 자기 체면을 중요시 여기는 경향이 많다. 때문에 어떤 질문에 대해 정답을 말하기보다는 오답을 말하지 않도록 더욱 세심한 주의를 기울인다 (Eisdorfer et al., 1963).

노인은 어떤 태도나 의견, 문제해결 시 그 해결 방법이나 행동이 옳지 않거나 이득이 없음에도 불구하고 옛날 방식을 고집하고 계속하는 행동 경향인 경직성을 나타낸다. 예전의 안전한 방법을 고집하고, 새로운 것의 흡수를 위해 옛것을 과감히 버리지 못하는 경향을 보인다.

(3) 우울 경향 증가

연령이 증가하면서 우울한 감정이 많이 생기는 것은 일반적인 현상이다. 노년기에 증가하는 우울증은 신체적 질병, 배우자의 죽음, 경제사정 악화, 후회, 고독감, 소외감 등에 그 원인이 있다. 우울은 노인의 적응 능력 수준에 따라 그 정도가 달라지거나 변화될 수 있다.

(4) 과거에 대한 회상 증가

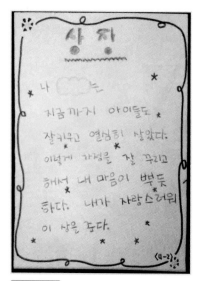

그림 4-35 **자랑스러웠던 나의 경험**

◊◊ 경험을 회상하고 그 경험에 대한 상장을 직접 만든다.

과거에 일어났던 사건이나 인물에 대해서 회상하는 것은 노년기에만 나타나는 현상이 아니다. 회상은 생애의 어느 단계에서나 나타나는 현상이지만, 현재와 미래에 대해 생각하는 정도와 과거를 회상하는 정도를 비교하면 과거를 회상하는 비율은 나이가 들어감에 따라 증가하고, 노년기에 그 비율이 제일 높게 나타난다.

노인의 과거에 대한 회상은 현재의 자존감을 높여 주고, 과거를 돌아보면서 의미 있는 한평생을 살았다는 느낌을 갖게 해주어 자아통합으로 이끌 수 있다는 점에서 긍정적인 의미를 갖는다.

(5) 시간 전망의 변화

45세를 전후하여 자기의 일생을 보는 관점이 달라지게 된다. 이 연령에 이르면 죽음에 대하여 어떤 개념을 갖기 시작한다. 더 노화가 진행되면서 노인은 자신이 언제 죽을지도 모른다는 생각 때문에 바로 지금, 여기, 그 순간의 생활에 더 중요성을 두게 된다.

노인은 인생에 대한 새로운 조망이나 인생 전반에 대하여 개인적인 의미를 부여하려는 경향으로 철학, 종교, 예술, 문학 등에 새롭게 관심을 갖는다. 인생을 자신의 관점으로 새로이 조명하려 한다. 중년 이후부터는 죽음의 순간에서 한 살씩 빼나가게 되어 나이를 거꾸로 계산하게 된다. 노인은 연령의 증가를 생애가 나날이 짧아지는 것으로 파악하게 된다.

(6) 친숙한 사물에 대한 애착 증가

노인은 나이가 들수록 오랫동안 사용해 온 물건과 대상에 대한 애착이 증가한다. 사용해 온 가재도구, 일상용품, 사진 등 친숙한 물건들에 대해 가치를 두게 된다. 이는 노인으로 하여금 지나온 과거를 회상하고 마음의 안정을 갖게 할 뿐만 아니라, 자신과 자기 주변은 변화하지 않는 것으로 보려는 경향이 있음을 나타낸다(Butler, 1975).

(7) 성역할 지각의 변화

Jung(1933)은 남녀 모두 남성성과 여성성을

그림 4-36　**색깔과 크기로 자신의 과거 현재 미래 표현하기**

설명: "기운이 없어. 자꾸 처지고…… 과거의 나는 분홍으로 중간 크기에, 현재의 나는 갈색으로 작은 크기에, 미래의 나는 청색으로 제일 큰 모양에 색칠하였어."
그림에 대해 말해 줄 수 있냐고 물어보니 "과거의 나는 행복했고 편안했기에 분홍으로 칠했으며, 크기는 중간이지만 친구들과 편하게 잘 지내서 좋았다."라고 하였다. "현재의 나는 혼란스럽고 복잡하고 너무 힘이 없는 것 같아. 복잡하고 혼란스러운 것이 깨끗해졌으면 한다."라고 하였다. "미래의 나는 편안하면서 즐겁게 살기를 바라며 제일 큰 모양에 색칠을 했다."고 하였으며 종이를 들고 기뻐하였다.

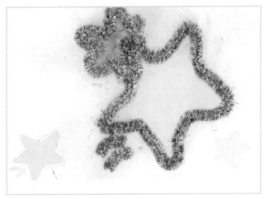

그림 4-37　**내가 바라는 부부**

설명: '다정한 모습이네요?' 라는 치료사의 언급에 '곧 떠나는데 서로 웃고 살아야. 안 그래?' 하셨다. 할아버지는 자신이 젊었을 때보다 성격이 부드러워졌다고 하셨다.

소유하고 있다고 보았다. 그리하여 평생을 통해 남성성을 많이 소모한 남자노인에게는 여성성이 많이 나타나게 되고, 여자노인의 경우는 반대가 되어 양성적으로 변해 간다고 했다. 이 현상은 육체적 영역보다는 사고, 판단, 행동과 같은 정신적 영역에서 뚜렷이 나타난다. 남자노인은 친밀성, 의존성, 관계 지향성 등이 더 증가하고, 반면에 여자노인은 공격성, 자기주장성, 권위주의 등의 성향이 나타나게 된다.

(8) 의존성 증가

노인은 의존성이 증가하게 된다. 이는 노년기가 되면 신체적·정신적 능력이 쇠퇴하고 사회적 역할을 상실하게 되며, 경제적 수입이 감소하고, 사회적 관계가 축소됨으로써 타인의 도움을 필요로 하게 되기 때문이다.

이와 같이 노년기가 되면 여러 면에서 성격의 변화가 나타난다. 미술치료사는 이를 이해하고 치료에 임해야 한다. 또한 이러한 성격 변화의 부정적 영향을 감소하는 데에 미술치료적 개입이 필요하다. 성격의 변화 외에 노인을 위한 미술치료를 하기 위해서는 노인의 욕구특성에 대해서도 미술치료사의 이해가 있어야 한다.

노인들의 욕구 특성

- 유산을 남기려는 욕구
- 영향력을 행사하려는 욕구
- 성취감에 대한 욕구

유산을 남기려는 욕구는 자손, 일, 재산, 추억, 심지어 자신의 신체 등을 통하여 자신의 흔적을 영원히 남기고 싶어하는 욕구이다. 영향력을 행사하려는 욕구는 연장자로서의 기능과 역할을 하고 싶어 하는 것이다. 즉, 자신이 그동안 쌓아 온 지식과 경험을 젊은 세대에게 나누어 줌으로써 원로로서의 책임과 역할을 하고자 하는 경향이다. 자신을 표현하고 그동안의 경험 속에서 만족을 얻기를 원하며, 자신의 가치와 역할을 찾고자 한다. 자기 자신뿐 아니라 주변을 스스로 조절하고 있다는 느낌을 가짐으로써 인생의 의미를 찾는다(엄미란, 2002).

성취감에 대한 욕구는 일반적으로 생각하는 성
공이라는 의미에서보다는 마음의 평정으로부터
오는 것이다. 자신이 최선을 다했다는 느낌, 도전
과 어려움을 극복했다는 성취감, 고난 속에서도
살아남았다는 자위 등을 일컫는다(Butler et al.,
1991).

2) 노년기 적응 유형

그림 4-38 **내가 다시 이름을 가질 수 있다면**(욕구 파악)

설명: 믿음, 사랑, 소망이라고 하셨다.

노년기의 성격 변화에 따라 적응 유형이 다르
게 나타나게 된다. Reichard, Livson, Peterson(1962)은 55~84세 사이의 은퇴한 성
인을 대상으로 성격과 적응 유형 연구를 실시하였다. 그 결과 다섯 가지 성격 유형을
확인하였는데, 성숙형, 은둔형(흔들의자형), 무장방어형, 분노형, 자학형(자아증오형)
이다(김경희, 1999). 다섯 가지 유형 중 무장방어형, 성숙형, 은둔형은 비교적 잘 적응
한 경우이고 분노, 자학형은 부적응의 유형에 해당된다. 구체적인 내용은 〈표 4-9〉
에 제시하였다.

표 4-9 **노년기 성격유형: 55~84세 대상**(Reichard, Livson, Peterson, 1962)

유형	특성
성숙형	자신의 장점뿐만 아니라 약점도 인정한다. 자신의 노화와 현실, 지나온 삶을 긍정적으로 받아들인다. 미래에 대한 두려움이 없다. 일상생활 및 사회생활에서 매우 활동적이다.
은둔형 (흔들의자형)	평생 지녔던 무거운 짐을 벗어 던지고 복잡한 대인관계와 사회생활에서 해방된다. 조용히 지내게 된 것을 다행으로 여긴다. 매우 수동적, 의존적이며 직업만족도가 낮다. 야망이 없다.
무장방어형	노화의 불안을 막아 보기 위해 사회적 활동 및 기능을 계속하여 유지하고자 한다. 노년기의 수동성과 무기력함을 그대로 받아들일 수 없어서 계속 활동하며, 신체적 능력의 저하를 막으려고 애쓴다.
분노형	젊은 시절의 인생목표를 달성하지 못한 채 늙어 버린 것에 대해 비통해한다. 자신의 좌절과 실패를 불행한 시대, 경제 사정, 부모, 형제의 탓으로 돌리고 노화되는 자기 모습을 인정하지 않는다. 젊은 세대를 부러워하면서도 동시에 비판을 한다. 죽음에 대한 두려움이 크다.
자학형 (자아증오형)	열등감이 많고 인생의 실패 원인을 자기 자신에게 돌리며, 자신을 꾸짖는다. 나이가 들수록 우울증에 걸릴 확률이 높고 자신을 보잘 것 없는 존재라 비관하며 심한 경우 자살을 시도하기도 한다.

한편, Havighurst, Neugarten, Tobin(1968)도 노년기에 있어서 성격 특성의 변화와 양식문제를 포괄적으로 다루었다. 70~79세 노인을 대상으로 하여 8가지의 성격 유형을 분류하였다. 성격 유형별 특성의 구체적 내용은 〈표 4-10〉과 같다.

표 4-10 Havighurst 등(1968)의 성격 유형: 70~79세 대상

성격 유형		특성	역할 활동	생활 만족도
통합형	재구성형	은퇴한 후에도 자기 시간과 생활양식을 재구성하여 모든 분야의 활동에 적극적이다. 일상생활에 잘 적응한다.	높음	높음
	집중형	활동적이고 생활에 잘 적응하지만 여러 분야에 관심을 분산시키지 않는다. 한두 가지 역할에 선택적으로 몰두하며 거기서 만족을 얻는다.	중간	높음
	이탈형	신체도 건강하고 생활적응 수준도 높다. 그러나 자기충족의 생활로 물러나 조용히 지낸다.	낮은	높음
무장 방어형	유지형	가능한 한 오랫동안 중년기의 생활양식을 유지한다. 활동을 중지하면 빨리 늙을까 봐 두려워하며 활동에 얽매인다.	높음 또는 중간	높음 또는 중간
	위축형	노화로부터 자신을 방어하기 위해 열심히 노력한다. 타인과의 별다른 사회적 접촉 없이 폐쇄적으로 살아간다.	낮음 또는 중간	높음 또는 중간
수동적 의존형	원조 요청형	한두 사람의 가족이나 친지에게 의존할 수 있는 한, 중간 정도의 생활만족도를 유지한다.	높음 또는 중간	높음 또는 중간
	냉담형	일생 동안 수동적인 것으로 보인다. 거의 활동을 하지 않아 무기력하고 무감각한 편이다.	낮음	중간 또는 낮음
해체형		자기감정을 통제하지 못하며, 사고과정의 퇴보 같은 심리적 기능의 문제가 있다. 생활만족도가 매우 낮다.	낮음	중간 또는 낮음

노년기 성격 특성의 변화와 적응 유형을 이해하고, 노인의 긍정적 적응을 위해 노인미술치료가 기여를 해야 한다. 이제까지 살펴본 노년기의 심리적·성격적 변화를 〈표 4-11〉과 같이 요약할 수 있다.

표 4-11   노년기의 심리적 노화

인지	반응속도	운동반응, 반응시간, 문제해결, 기억력, 정보처리과정에 대한 반응속도가 둔화된다. 환경변화에 즉각적으로 대처하기 어렵고, 안전사고를 유발하기 쉽다.
	지능	청소년기 이후로 유동적 지능(예를 들면, 수학적 계산, 그림 구별, 전화번호 암기)은 지속적으로 감소하지만, 경험을 통해 획득된 결정화된 지능(예를 들면, 철학적 의미를 이해하는 것, 속담이나 격언을 기억하는 능력)은 점차 증가한다. 따라서 전체적으로 지능에 큰 변화가 없다.
	학습 능력	일반적으로 학습 능력이 저하된다. 노인들의 학습 능력을 향상시키기 위해 충분한 시간을 갖고, 구체적이고 의미 있는 학습과제를 부여하고, 학습결과에 대한 적극적인 피드백을 주어야 한다.
성격변화	내향성과 수동성 증가	청년이나 장년기에는 가정적·사회적으로 이루어야 할 일들이 많다. 그러나 노년기에는 지위와 성취의 필요를 느끼지 않거나 덜 느끼는 시기이므로, 외부로 향하던 심리적 에너지가 내면세계로 쓰이면서 내향성이 증가하게 된다. 또 청년기에 비해 노년기에는 실제로 적극적으로 개입해야 할 일이 많지 않으므로 문제해결에 있어서 수동적이 되며, 새로운 일에 도전하려는 경향이 감소하게 된다.
	조심성과 경직성 증가	시각, 청각을 비롯한 감각 능력의 쇠퇴로 확신이 높아야만 어떤 결정이나 반응을 하게 된다. 또 어떤 태도, 의견, 문제해결에 있어서 그 방법이나 행동이 옳지 않거나 이득이 없음에도 불구하고 과거의 방법을 고집하고 계속하려는 경직성이 증가하게 된다.
	우울성향 증가	노령에 따른 스트레스(신체적 질병, 배우자의 죽음, 경제능력 약화, 고독, 소외감)로 우울성향이 증가하고, 불면증, 체중 감소, 감정적 무감각, 강박관념, 증오심 등의 구체적인 증상이 유발된다.
	생에 대한 회상 증가	회상은 자존감 향상과 자아통합에 기여한다. 노인들은 회상을 통해 지금까지 살아오면서 누적된 감정의 응어리를 풀고 자신이 지나온 삶을 수용하고 그 나름대로의 의미를 인정함으로써 현재의 삶을 긍정적으로 수용할 수 있는 자아통합을 이루게 된다.
	친근한 사물에 대한 애착 증가	지금까지 살아왔던 집, 추억이 깃든 가재도구, 사진, 기념물 등 친숙한 물건들에 대해 감정적 가치를 많이 두게 된다. 이러한 물건을 통해 삶의 줄거리를 파악한다. 자기의 주변세상과 사물들은 변했지만 자신과 자신의 주변은 변화하지 않는 것으로 보려는 경향이 있다.
	성역할 지각 변화	노인이 되면 청년기 때와 달리 자기에게 억제되어서 표현되지 않았던 행동특징들을 표현하게 된다. 남자는 여성적 성향(친밀성, 의존성, 관계지향성), 여자는 남성적 성향(공격성, 자기 주장성, 자기중심성, 권위주의)이 증가하여 양성적으로 변하게 된다.
	유산을 남기려는 성향 증가	노년기에는 죽을 때 후손이나 자손에게 예술작품이나 지식, 기술 혹은 정신적 유산을 남기려는 경향이 증가하게 된다.

출처: 권중돈, 윤경아, 배숙경(2002). 노인복지론. 서울: 한국사회복지사협회 사이버연수원.

노년기의 이러한 변화에 대해 일반적으로 잘못 인식하고 있는 신화와 사실을 〈표 4-12〉와 같이 요약할 수 있다.

표 4-12 심리적 노화와 관련된 신화와 사실

신화(myths)	사실(facts)
대부분의 노인은 자신의 방식이 정해져 있고 바꿀 수 없다.	노인의 행동방식은 변화될 수 없다는 잘못된 믿음과는 달리 노년은 지속적인 심리적 성숙과 적응의 시기다(Newman & Newman, 1987). 예를 들어, 성격적인 변화뿐 아니라 전통적인 성역할 지각도 변화된다.
노년은 비교적 평화롭고, 안정된 시기다.	노인들은 그들이 누구이고 그들이 다른 사람에게 어떻게 비춰지는지에 대해 덜 걱정한다. 또 노인들은 자존감이 높고 중년의 많은 스트레스에서 벗어나게 된다. 상실(신체 능력의 상실, 배우자나 친구의 죽음, 직업과 지위의 상실 등)과 관련된 문제/스트레스가 노년에 만연하다. 그리고 이러한 상실에 잘 적응하지 못할 경우에는 슬픔이나 우울에 빠지거나 자존감이 낮아지기도 한다.
노년에 노인성 치매는 필연적이다	미국의 경우 65세 이상 노인 중 경증치매는 15%, 자신을 돌볼 수 없는 중중치매는 5%이며, 80세 이상에서는 20%가 중증치매다. 치매의 20% 정도는 치료 가능하다(Kanplan & Sadock, 1998).
노년에 기억력 저하는 필연적이다.	나이가 기억 능력에 어떤 영향을 미치는지에 대한 명확한 답은 거의 없지만, 노인의 경우 장기기억 능력(대여섯 주 이상의 사건들을 기억)보다는 단기기억 능력(몇 초에서 대여섯 주까지의 사건을 기억)이 떨어진다. 기억과 관련된 과제가 보다 복잡해질 경우 연령에 따른 차이가 나타난다. 젊은 이와 노인들 사이에 일차기억 능력(순간적이고 즉각적)과 이차기억 능력(몇 초 이상의 정보처리과정이 필요) 간에 큰 차이가 없는 것으로 보고되고 있다.
노인은 무성적 존재로 성에 관심이 없다. 성적 존재로 기능하지 못한다.	성적 활동의 빈도가 연령이 높아짐에 따라 줄어드나, 대략 70%의 남성과 20%의 여성은 60세 이후에도 성적으로 활발하다.

출처: Harrigan, M. P., & Farmer, R. L. (2000). *Gerontological social work* (2nd ed., pp. 36-41). In R. L. Schneider, N. P. Kropf, & A. J. Kisor (Eds.). CA: Brooks/Cole.

3) 노년기 삶의 모습

이제까지 살펴본 신체적 · 심리적 · 성격적 변화에 준거하여 실제로 노인들의 삶의 모습(엄미란, 2002)을 살펴보고자 한다. 그럼으로써 미술치료사가 노인의 삶에 실제로 어떻게 접근해야 하는가의 이해를 돕고자 한다.

노년기 삶의 모습

- 조화로운 삶의 유형
- 대접받기 바라는 삶의 유형
- 힘겨운 삶의 유형
- 마지못해 사는 삶의 유형

(1) '조화로운 삶'의 유형

독립적으로 자신의 삶을 전개해 나가는 유형이다. 신체적 활동에도 큰 제약이 없다. 넉넉하든 부족하든 스스로 또는 자식으로부터 일정 금액의 생활비를 규칙적으로 받으며, 살림을 스스로 운영해 나간다. 또한 자신이 가족에게 아직 기여를 하고 있고 도움을 줄 수 있음에 만족스러워한다. 스스로 자신의 하루 일과를 조절하며, 대중교통수단을 이용하여 자유로이 사회적 교류를 할 수 있다.

> "난 지금도 손자들 안 보면 나가서 일할 수 있어. 내가 이렇게 손자들을 돌봐 주니까 애들이 직장을 다닐 수 있지."

(2) '힘겨운 삶'의 유형

자기를 위해서 하는 일은 하나도 없으며 오로지 자녀들을 위한 일만을 하는 데 많은 시간을 보냈다. 이와 같은 삶을 계속 살다가 이젠 신체적으로 너무 힘든 상황이어서 일을 조금 게을리하게 되었다. 그러나 자녀들은 이런 어머니가 생소하게 느껴질 뿐만 아니라 짜증을 내기도 하여 노인은 섭섭함과 야속함을 느끼게 되었다. 그럼에도 불구하고 이들은 자녀중심의 생활을 여전히 하고 있다.

"지금은 그래도 내가 잘하건 못하건 살림을 해 주고 있어. 수족을 못 쓰면 아휴 저것
들 불쌍해서 어떡하나 하는 생각이 들고, 무슨 죄가 많아 내가 이러나 하는 생각이 들
어."

(3) '대접받기 바라는 삶'의 유형

약한 자녀중심 자아와 강한 자기중심 자아를 가질 때 나타나는 유형이다. 자녀들
이나 남편이 주로 받들어 모시는 타입이다. 기본적인 모성역할은 수행하지만 모든
행동들이 자기중심적인 형이다. 자신과 자녀와의 조율이 이루어진 삶과 다른 점은
자기 찾기가 더 우세하고 자식을 지키려는 마음은 있으나, 자녀들이 오히려 노인을
지지해 주는 유형이다.

"내가 기차를 타거나 고속버스를 타려고 하면 항상 우리 집 양반이 동행해 주지요.
물론 은퇴 후에 많이 그래 왔어요. 젊어서 친구 좋다시며 나를 방치하시더니, 요즈음은
내가 호강을 해요. 식사 마련하는 것도 요즈음은 가만히 있으면 뭔가 뚝딱하면서 맛있
는 것을 만들어 와요."

(4) '마지못해 사는 삶'의 유형

약한 자식중심 자아와 약한 자기중심 자아를 가질 때의 유형이다. 활동력이 저하
되어 있다. 독립적 성향이 없고 사회적 교류도 없으며 해야 할 일도 없는 상태다. 신
체적·경제적·심리사회적인 여력이 없는 상태여서 자기중심적인 삶을 살고자 하는
마음조차 먹지 못한다. 자신이 자식에게도 무용지물이라고 느낀다.

노년기 삶의 모습을 4유형으로 분류하였으나, 대부분의 노인들은 자녀를 위해 자
신을 거의 돌보지 않고 헌신적으로 살아왔다. 그런데 자녀가 성장하고, 자녀가 자신
의 가정을 갖게 되면서 노인들은 서서히 노화에 따른 자신의 변화를 인식하게 된다.
그동안 잊고 살았던 자신에게 관심이 집중되고 자기의 삶을 생각하게 된다. 자녀들
이 자기의 삶을 찾아감과 동시에 그동안의 역할에서 물러남으로써 시간적 여유를 가
지게 된다. 초기에는 일시적인 편안감과 역할상실로 오는 일종의 허망감, 고독감, 소

외감을 느끼게 된다.

 또한 신체적 제약, 경제적 제약으로 사회적 관계를 맺지 못하고 살아가게 되는 경우도 있다. 그러면 자신이 자녀에게 짐이 된다고 생각하게 된다. 소외감, 외로움, 아무 의미가 없는 삶의 무의미를 느끼게 된다.

그림 4-39 **집**

설명: 무거운 짐에서 벗어나 나도 나를 위한 삶을 살겠다.

그림 4-40 **손녀에게 줄 선물**

🖊 선물을 어떻게 꾸밀까 생각하면서 작품을 완성하세요.
👓 자녀, 손자녀와의 결속은 노인들에게 삶의 의미를 줄 수 있다.
👓 준비물: 색지, 리본 끈, 반짝이는 철사, 한지, 잡지

노년기 미술치료 접근

이 장에서는 노년기 미술치료 접근을 미술활동의 치료적 요인을 통해 간단히 살펴보겠다. 그 다음 치료적 관계와 노인미술치료과정에 대해 살펴보고자 한다.

1. 미술활동의 치료적 요인

미술치료가 심리치료로서 가능한 것은 미술활동에는 치료적으로 활용될 수 있는 요인이 이미 내포되어 있기 때문이다. 이 부분에 대해 연구되어야 할 부분이 많지만, 미술치료는 심리치료의 한 방법으로서 독특한 효과를 지니고 있다. 이 절에서는 심상의 표현과 능동적 참여 요인, 에너지의 재활동과 창의적 요인, 내면 표출과 자아치료적 요인, 만남과 관계과정, 언어적 보완과정, 자아검토의 요인, 미술표현의 공간적 요인, 미술매체의 심리촉진과 통제요인에 대해 살펴보겠다.

1) 심상의 표현과 능동적 참여 요인

미술은 심상의 표현이다. 삶의 초기 경험이 중요한 심상의 요소가 되며, 그 심상이 성격 형성에 중요한 역할을 하게 된다. 미술활동 과정은 먼저 형상화 과정이다. 형상화 과정은 무에서 출발하여 심상을 구체화하는 과정이다. 색과 형태를 통해 형상화 과정은 진행된다.

형상화 과정이 진행되면서 작품을 구성하는 노인은 수동적인 사람이 아니라, 활동하는 노인이다. 이 과정은 내적 에너지가 분출되는 과정이다. 여기에서 노인은 자신의 감정과 심리적 모습을 볼 수 있게 되고, 자신의 내면과 대면할 수 있게 된다.

그림 5-1 **형성되는 작품에서 나를 보고, 점점 적극적으로 표현**

✎ 실 튕기기 작업을 하였다. 압정을 고정시킬 수 있는 단단한 판에 켄트지를 놓고 켄트지 밖으로 압정을 고정시킨다. 압정의 위치를 바꾸어 가면서 색을 낸다.

👁👁 수동적으로 행동하는 자가 아니라, 활동하는 자다. 이 과정은 내적 에너지가 분출되는 과정이다.

👁👁 유의점: 실에 충분히 물감을 묻혀야 된다.

2) 에너지의 재활동과 창의적 요인

그림 5-2   **처음 못한다고 하더니**

◔ ◔ 작품의 완성에서 자신의 의미를 느낀다.

미술활동을 시작하기 전에 신체적·심리적 에너지가 다소 떨어져 있던 노인이 미술활동을 진행하면서 적극적인 자세로 변화하게 된다. 노인의 내부에 있던 에너지가 재활동을 하게 된 것이다. 이는 내면의 힘을 유용하고 자유롭게 사용하는 것이다. 미술활동은 단순히 작품을 만드는 활동이라기보다 창조적 에너지가 발산되는 것이라 할 수 있다. 그러면서 노인은 자신의 의미를 느낄 수 있게 된다.

한편, 어느 노인도 같은 작품을 만들지 않는다. 같은 주제와 같은 매체가 주어져도 다른 유형의 작품이 형성된다. 유사하게 보이는 작품이라고 하더라도 그 내용에서는 차이가 나타난다. 이러한 경험도 자신의 의미를 깨닫게 한다.

3) 내면 표출과 자아치료적 요인

그림 5-3   **나의 내면을 상자로 꾸미기**

설명: 상자를 꾸미다가 예상하지 못했던 후회되는 일이 떠올랐다. 상자의 안이 빈 갈색으로 표현되었다.

작품을 형상화해 가면서 자아몰입, 생각지 않았던 무의식적 정서, 사고, 의식하지 못했던 자기 파괴적 분노, 우울, 증오, 욕구, 충동이 표현된다. 이로 인해 예상치 않았던 작품이 제작될 수 있는데, 가끔 노인의 의도와는 완전히 반대가 되기도 한다. 예상치 않았던 내용의 인식이 가끔 노인의 통찰, 학습, 성장으로 유도하기도 한다.

작품을 형성하는 과정은 기분이나 심신상태에 따라 다른 색, 선, 형태가 형성되는 과정이다. 그리고 욕구에 따라 기분을 보완하거나 기분을 변화시키기 위해 색, 형태, 상징이 첨가되거나 수정된다. 이 과정은 자기조절력이 관계된다. 자기조절력이 형상화의 조정, 균형, 조화, 통일성에 영향을 주고, 이로 인해 창의적 활동과 성취의 즐거움, 만족감이 싹틀 수 있다. 작품형성은 스스로 주도하고 조절하는 활동이므로 노인의 정신건강, 자신감에 영향을 주게 된다. 작품형상화를 통해 자기형상화, 개성화, 자기치료가 가능하다.

4) 만남과 관계과정

작품구성은 노인 자신뿐 아니라 다른 사람들이 볼 수 있고, 이를 통해 그들과 의사소통할 수 있는 어떤 것을 제작하는 것이다. 이 과정을 만남과 관계과정이라고 할 수 있다. 미술활동 과정에서의 만남과 관계과정은 내면과의 대면, 치료사와의 관계과정, 타인과의 의사소통으로 나누어 볼 수 있다.

(1) 내면과의 대면

작품과정은 미술매체의 선택과 조형적 과정을 통해 노인 자신과 노인의 현재 감정, 사고, 정서를 색과 형태로 표현하는 심리적 과정이다. 작품을 구성하는 과정에서 작품 안에 표현되는 정서, 고통, 이미 의식하고 있었던 문제 또는 문제의 이면과 알게 모르게 접하게 된다. 자연스럽게 접하게 되기 때문에 강한 방어나 저항이 나타나지 않을 수 있다. 내적 심상과 의식적으로 만날 수 있고, 능동적으로 대면할 수 있다.

그림 5-4　연상

✎ 지금의 기분을 선으로 표현해 보세요. 그어진 선에서 모양을 찾아보세요. 왜 이 모양을 찾았나요?

(2) 치료사와의 관계과정

미술작품은 치료적 관계를 반영하는 것이며, 동시에 치료사가 노인에게, 노인이 치료사에게 주는 메시지다. 미술치료에서 치료사와 노인 사이의 관계는 미술작품과 연결되어 있다.

| 그림 5-5a | 나의 모습 어디를 바꾸고 싶나? | 그림 5-5b | 바꾼 모습 |

🖎 나의 모습 표현하기를 한 다음에 "자신을 바꿀 수 있는 요술 부채가 생겼다면 어디를 어떻게 바꾸고 싶나요?"

치료사가 작품을 수용하고, 그것에 관심을 가지는 것만으로도 노인과 신뢰적 태도 및 긍정적인 관계를 이룰 수 있다. 노인과 치료사 사이의 관계과정에서 중요한 것은 먼저 작품을 구성할 수 있는 신뢰기반, 보호된 공간을 조성하는 것이다.

또한 치료사는 노인이 자신의 작품을 스스로 어떻게 경험하는가를 인식하는 것도 중요하다. 예를 들어, 치료사가 노인의 어떤 표현에 대해 불편해하거나, 놀라거나, 노인이 아직 완전히 받아들일 수 없는 작품에 깊이 감동하거나 하는 것이 노인에게 심리적 영향을 줄 수 있음을 알아야 한다.

미술치료 과정에서 중요한 것은 치료사는 미술작품이 생성될 수 있는 치료적 분위기를 이루어 내는 것이며, 그곳에서부터 창의적 과정이 시도될 수 있도록 하는 것이다. 치료사는 무엇보다도 노인들의 작품에 자신이 얼마나 많은 관심을 가지고 있는가를 노인에게 이해시킴으로써 치료과정을 고무시킬 수 있다.

(3) 타인과의 의사소통

미술활동은 눈으로 볼 수 있고, 만져 볼 수 있는 구체적인 유형의 자료가 노인으로부터 생산되는 과정이다. 집단치료에서 위축, 불안, 우울, 갈등의 상황에서 표현된 작품을 집단원들에게 보여 주고 치료사와 집단원들과 작품에 대해 대화하는 것은 작품에 대한 긍정적 반향을 일으킬 수 있으며, 자신의 작품에 대한 좋은 감정이 더 강화될 수 있다.

　자신이 미처 깨닫지 못했던 점을 집단원의 눈을 통해 깨달을 수 있고, 자신만의 문제인 줄 알았던 것이 다른 사람도 공통적으로 지니고 있었음을 알게 될 수도 있다. 타인과의 의사소통과정에서 문제해결 방법을 인식하게 될 수도 있다.

그림 5-6　**나의 안식처 꾸미기**

◑ ◑ 문이 너무 작다는 지적에 자신을 드러냄을 상당히 절제하고 있음을 깨닫게 되었다.

5) 언어적 보완과정

　작품에 묘사된 정서, 문제점, 콤플렉스에 대한 완전한 의식화는 작품에 대한 명명과 설명을 통하여 이루어진다. 작품을 설명함으로써 의미가 보다 선명하게 된다.

　대화를 통하여 상징과 자아와의 대면이 실제로 의식될 수 있으며, 형상화된 상징들을 의식에 연결할 수 있다. 이러한 대화에서는 주지된 내용뿐만 아니라, 색과 형태를 관찰하고 그러한 구성에 대하여 작품을 만든 노인에게 질문하여 대화 내용을 해석에 연결하는 것도 도움이 된다. '이것은 당신에게 무엇을 의미합니까?' '당신에게 어떤 의미를 가집니까?' '이런 것에 대해 어떠한 느낌이 듭니까?' '작품을 구성할 때 무엇이 특히 중요했습니까?' '어떤 면이 가장 강한 감정을 불러일으켰습니까?'와 같은 질문을 하여 작품에서 중요한 면을 찾을 수 있다.

　그러나 작품을 실제로 구성하는 노인이 작품에서 스스로 자신의 무의식을 볼 수 있고 인식할 수 있기 때문에 대화의 과정에서 작품을 만든 노인이 상처받는 느낌이 들 수 있는 직면이나 해석은 사용하지 않는 것이 좋다. 주관적 해석은 노인이 그것을 수용할 수 있을 때에만

그림 5-7　**질문으로 작품의 중요한 면 찾기**

✎ 과거에 좋아했던 동물 또는 재미있던 일을 표현하세요.
◑ ◑ 준비물: 색종이, 골판지, 도화지, 파스텔, 풀, 가위

의미가 있다.

작품에 대해 효율적인 대화를 나누기 위해서는 작품이 훼손되어서도 안 되며, 모든 형태, 색, 선마다 의미를 부여하여 언급할 필요도 없다. 오히려 중요한 표현에 대해 의견을 좁히거나, 가능하면 작품을 만든 노인이 중요하게 여기는 것에 의견일치를 보거나 접촉을 갖는 것이 중요하다.

또한 작품을 만든 노인이 작품의 이모저모에 대해 말하기를 꺼려하며 자신을 분명하게 방어하고 회피하는 것에 주의를 기울여야 한다. 그렇지 않으면 작품에 대한 대화가 중단되거나 작품을 만드는 기쁨을 방해할 수 있다. 작품을 만드는 노인이 그 순간에 받아들일 수 있고 수용할 수 있는 것에 대해서만 언급해야 한다. 공감적 대화란 작품의 내용을 조심스럽게 심리적 요소로 보완하거나, 이해하고자 하는 것이며, 심리화로 확대 해석하지 않는 것이다.

6) 자아검토의 요인

미술작품은 보관이 가능하기 때문에 노인이 만든 작품을 필요한 시기에 재검토하여 치료 효과를 높일 수 있다. 노인 자신이 이전에 만든 작품을 보면서 새로운 통찰이 일어나기도 하고, 그 당시 자신의 감정을 회상하기도 한다. 작품이 주관적인 기억의 왜곡을 방지할 수 있다.

또한 노인도 자신의 작품 변화를 통해서 치료의 과정을 한눈으로 이해할 수 있다. 치료팀의 회의, 전문가들의 토론에서도 작품을 통해 노인의 생생한 목소리를 들을 수 있다.

그림 5-8 **나의 관심**

🖌 버리고 싶은 것을 생각하며 가위로 종이를 오리세요.
　그린 쓰레기통에 오린 것을 붙이세요.
👓 색종이, 가위, 풀

7) 미술표현의 공간적 요인

언어는 일차원적인 의사소통 방식이다. 대체로 한 번에 하나의 내용을 순서를 두고 이야기한다. 그러나 미술표현은 본질적으로 공간적인 것이며, 시간적인 요소가 아니다. 미술에서는 공간 속에서의 연관성들이 발생한다. 이를테면 우리가 가족을 소개할 때 먼저 아버지, 어머니를 소개하고 두 분의 관계를 얘기한다. 그리고 형제들과 그들의 관계, 그다음 이 모든 가족들과 나와의 관계를 말할 것이다.

그림 5-9   **행복했던 장소**(동시적 표현 가능)

✎ 종이의 반쪽에는 과거의 행복했던 추억의 장소를 그리고, 종이의 나머지 반쪽에는 다양한 천으로 그때의 감정을 표현한다. 감정을 표현한 천에 연상되는 특징이나 사물을 표현한다.

◐◑ 준비물: 다양한 헝겊, 크레파스, 색연필, 사인펜, 목공풀

그러나 미술에서는 이 모든 것이 동시에 표현되고, 경험될 수 있다. 가깝고 먼 것, 응집과 분리, 유사점과 차이점, 감정, 특정한 속성, 가족의 생활환경 등이 한 공간에 동시적으로 표현됨으로써 개인과 집단의 성격을 한 눈에 이해하기가 쉽다. 과거, 현재, 미래에 관계되는 생각이나 감정의 동시적 표현도 가능하다.

8) 미술매체의 심리촉진과 통제요인

매체의 특성이 노인에게 이지적 · 정서적으로 다른 심리적 표현을 불러일으킬 수 있기 때문에 매체는 노인의 심리를 변화시킬 수 있다. 미술매체는 심상을 시각적으로 이미지화하는 중요한 도구로, 매체에 따라 노인은 다른 반응을 보이기도 한다. 그러므로 치료사는 노인 개인의 특성에 따라 적절한 매체를 제공해야 한다.

노인의 성격 특성과 문제에 따라 매체의 심리촉진과 심리통제에 대한 특성을 잘 활용해야 한다. 위축되어 자신의 감정과 상태를 표현하는 데 어려움이 있는 노인에게는 자발성을 촉진하기 위해 단순하고 비정형적인 진흙, 물감 등의 매체들이 유용하다. 그러나 비정형적인 재료가 반드시 자발성을 촉진시키지는 않는다. 어떤 노인

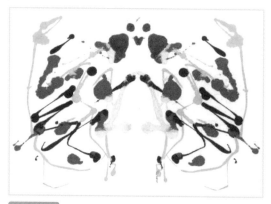

그림 5-10 | 핑거페인팅으로 나무 그리기 → 떠오르는 생각 이야기하기

◑ ◑ 위축되어 자신의 감정과 상태를 표현하는 데 어려움이 있는 노인에게는 자발성을 촉진하기 위해 시도될 수 있다.

은 자유로운 표상활동의 매체를 다루는 것이 어려워 위축된 심리가 더 가중될 수 있다.

자기 통제가 어려운 뇌졸중 노인이나 경직된 노인의 경우에 연필, 색연필, 칸을 나눈 종이에 색칠하기 등과 같이 조절력이 요구되는 매체나 행동은 심리적 불안을 갖게 할 수 있다.

반면에 감정표현을 자극하는 데에는 핑거페인팅이나 점토가 활용되기도 한다. 물감, 핑거페인팅, 물기가 많은 점토는 이완을 촉진시킬 수 있기 때문이다. 노인의 성격과 반대되는 성향의 재료를 제공할 경우 노인의 내면세계에 억압된, 외면과 반대되는 부분이 외면과 통합될 수 있는 기회를 제공할 수 있다는 이점이 있다.

미술치료사는 매체 특성에 대해 고정 관념을 갖기보다 노인의 심리 상태에 알맞은 매체의 유형을 빨리 파악하는 것이 필요하다. 또한 미술치료사는 매체의 지식과 효과적인 사용 방법을 노인에게 전달할 수 있어야 한다.

2. 치료적 관계

노인미술치료는 도움을 필요로 하는 노인을 대상으로 전문적인 훈련을 받은 미술치료사가 노인과의 대면관계를 통해 노인이 문제를 해결하는 데 도움을 주는 과정이다. 또한 노인이 만족한 노후생활을 할 수 있도록 도움을 주는 과정이다. 이 절에서는 노인치료의 특성과 노인미술치료의 고려할 점에 대해 살펴보겠다.

1) 노인치료의 특성

노인미술치료는 노인의 개인적 요구와 환경에 대한 노인의 적응을 돕는 것이다.

McDonald와 Haney(1997)는 노인이 상담을 받는 이유를 몇 가지 제시했다.

표 5-1 　노인이 상담을 받는 이유
• 개인적인 문제를 해결하기 위해서 • 중요한 결정을 하는 데 도움을 받기 위해서 • 행복하지 못하고 어디로 가야 할지 모르기 때문에 • 어려운 상황을 다루는 법을 배우기 위해서 • 위기를 겪는 동안에 도움, 위로, 지지를 받기 위해서 • 공감적이고 지지적인 누군가와 대화를 하기 위해서 • 스스로에 대해서 더 잘 알기 위해서

　노인미술치료는 다른 발달 주기에 있는 사람들의 미술치료와는 몇 가지 면에서 차이가 있다. 이 차이는 노인미술치료의 어려움과도 관계가 된다. 먼저 치료사의 연령이 노인보다 더 낮음으로 해서 치료과정에서 어려움이 있을 수 있다. 노인의 경험을 치료사가 잘 이해하지 못할 수도 있고, 노인 스스로 치료사가 이해하지 못할 것이라는 선입견을 가질 수 있다. 나이 어린 사람에게 자신을 드러내기를 주저할 수도 있다. 그러므로 초기 라포 형성과 치료에 대한 동기유발이 중요하다.

　노인은 많은 경험을 하면서 자신의 내면을 드러내지 않음이 더 좋다는 것을 많이 경험하였을 것이다. 따라서 자신을 드러내는 활동에 부담을 느낄 수 있다. 또한 노인은 같은 이야기를 반복하는 경우가 많다. 이러한 상황들은 치료사의 의욕을 상실시키고, 무력감을 초래하기도 한다. 이에 치료사는 기술적인 노련함을 갖출 필요가 있다.

그림 5-11 　**동물로 우리 가족 표현하기**

설명: 미술활동이 재미있네, 작품에 내가 보이네 등의 느낌은 미술치료를 받겠다는 동기 부여에 도움이 된다.

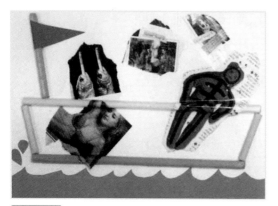

노인에 대한 신중한 관찰, 적극적인 경청, 충분한 공감능력이 노인미술치료사가 갖추어야 할 태도다. 그리고 노인의 특성을 치료사가 충분히 배려할 때 노인은 치료사에 대해 신뢰감을 갖게 된다.

그림 5-12 **배에 태워 보내고 싶은 마음 표현하기**

✎ 치료사가 배의 틀을 수수깡으로 잡는다. 배의 흐름을 강조하기 위해 물을 색으로 표현한다. 할머니께 버리고 싶은 것이나, 싫은 것을 잡지에서 찾아 배에 붙여 보기를 권한다.
👁👁 부담없이 자신을 드러낼 수 있는 활동의 제시가 중요하다.

2) 노인미술치료의 고려점

노인치료의 특성을 고려하여 미술치료의 고려해야 할 점은 〈표 5-2〉와 같다.

표 5-2 **노인미술치료의 고려점**

• 노인의 개인차를 충분히 고려한다.
• 현재의 적응에 중점을 둔다.
• 노인은 변화와 미래에 대한 기대가 비교적 약하다.
• 자아존중감 향상을 유도한다.
• 문제정의와 목표설정을 노인 스스로 결정하도록 유도한다.
• 집중을 요하는 미술활동이 도움이 될 수 있다.

노인의 내면에는 노인의 전 생애에 걸친 유전적 · 심리적 · 경험적 · 상황적 · 성격적 특성들이 간직되어 있다. 따라서 노인의 개인차는 상당하다. 어떠한 물리적 · 심리적 상황에 있는지, 적응 정도는 어떠한지, 어떤 갈등에 있는지, 문제의 정도가 어떠한지, 문제해결 능력은 있는지 등을 고려해야 한다.

노인은 오랜 경험으로 내면의 구조가 상당히 복잡하다. 또한 나름대로의 적응방법을 터득했으며, 그 방법에 자신의 의미를 부여하고 있을 수 있다. 따라서 성격의 재구성보다 현재의 삶을 더 의미 있게 보내도록 하는 데 초점을 두어야 한다. 직면보다 더 많은 공감과 지지를 필요로 한다고 할 수 있다.

그림 5-13　데칼코마니

✎ 화난 감정을 해소하고 작품 완성으로 이어간다.
◑◑ 오늘의 기분을 좋게 하고 이 기분을 연장하고자 하는 의지를 갖게 해 준다.

그림 5-14　보고 싶은 사람에게 선물하기

◑◑ 이미 형성된 관계를 잘 유지함도 중요하다.

　노인은 변화와 미래에 대한 기대가 비교적 약하다. 4장에서 보았듯이 신체적·심리적·사회적 노화는 노인으로 하여금 새로운 시도를 저해하기 때문이다. 변화를 추구하기보다는 있는 그대로 생활하려는 경향이 있다. 치료사는 이 점을 이해하고 너무 많은 변화를 강요해 부담을 주지 말아야 한다.

　노인치료 시 대화를 나누는 것 자체가 치료적 가치를 가질 수 있다. 자신의 이야기를 들어주고 이해해 주는 것만으로도 자신이 중요한 존재라고 느낄 수 있어 대화를 나누는 것 자체가 치료효과를 가져올 수 있다.

　노인이 자신의 문제를 찾고, 목표 설정도 스스로 할 수 있도록 도와준다면 치료의 동기와 효과에 긍정적으로 작용하게 된다. 또한 노인 미술치료는 노인이 삶에 의미를 갖도록 노인의 자아존중감 향상을 고려함이 필요하다.

　한편, 치료과정에서 미술치료사는 전이, 역전이를 잘 다루어야 한다. 노인치료에서

그림 5-15　장점 찾기

전이는 어린 시절의 경험, 발달단계의 경험, 현재 발달단계의 갈등에 영향을 받는 다(Nemiroff & Colarusso, 1990).

- 어린 시절의 경험: 치료사와 치료대상자의 나이와 관계없이 치료대상자는 치료사를 평생 가지고 있던 부모의 상과 연결할 수 있다.
- ➡ 젊은 치료사들은 자신보다 훨씬 나이가 많은 치료대상자가 어린 시절의 문제를 해결하려고 하는 데 대해 놀라지 말고 보다 신중하고 분석적인 자세로 임해야 한다.
- 계속된 발달단계의 경험: 인생 경험에 의해 형성된 자기와 타인에 대한 개념을 기반으로 중요한 관계들을 형성한다.
- ➡ 노인들은 젊은 치료사를 자신이 이상화하고 있는 아들이나 딸로 여길 수 있다.
- 현재 발달단계의 갈등: 현재 지니고 있는 문제이다.
- ➡ 약하고 힘든 노인은 치료사를 힘 있는 부모상과 연결할 수 있다. 또 배우자를 상실한 여성 노인의 경우 치료사를 최근에 죽은 남편이나 믿을 만한 자녀로 생각할 수 있다.

치료과정에서 치료사의 노인에 대한 역전이 반응도 나타난다. 노인들에게 역전이 반응은 나이와 관계된 문제나 경험에 영향을 미치기는 하지만 치료사에 따라 다르게 나타난다. 치료사의 자기인식 수준, 인지 수준, 역전이 이해 정도에 따라 이해와 공감이 달라지며, 치료관계가 원천적으로 봉쇄될 수도 있다.

노인치료에서 역전이는 세 가지 형태로 나타날 수 있다. 일반적 반응, 세대 집단에 나타나는 특정한 반응, 치료대상자 역동과 치료사 역동이다(Dewald, 1971).

- 일반적 반응: 모든 노인과 치료사의 상호관계에 영향을 미치지만 겉으로는 드러나지 않는다. 치료사는 무의식적으로 전지전능감을 느끼고 다른 사람들의 필요를 채워 준다고 느낀다.
- ➡ 무의식적인 내용과 기대는 치료사의 치료 방향에 영향을 미친다. 특히, 치료대상자가 나이가 많고 사회적 지위가 낮은 노인일 경우에 치료사의 역전이는 크게 일어난다.

- 세대 집단에서 나타나는 특정한 반응: 내면화된 문화적 규범들이 반영되는 것이다. 치료사가 가진 노화에 대한 인식은 노인들과의 역전이에 중요한 요소가 된다. 세대 간 역동도 중요한 그룹반응 역전이의 요소가 된다.

➡ 젊은 치료사의 경우 치료대상자를 이상적인 할아버지로 보고, 사랑받는 손자나 손녀 역할을 하고 싶어 할 수도 있다. 치료대상자를 부모의 모습으로 바라볼 수도 있다. 이때 치료사에게는 강한 감정적 반응이 일어날 수 있다.

- 치료대상자 역동과 치료사 역동으로 나타나는 역전이: 치료대상자와 치료사에게 동시적으로 나타나는 공통의 문제에서 역전이가 발생하는 경우다.

➡ 노인과 비슷한 생활경험을 치료사가 갖고 있어서 치료사의 미해결된 갈등이 자극되는 경우다.

노인들은 자연스럽게 자신의 내적인 사고와 갈등을 표현하고 통합할 수 있는 활동이 필요하다. 미술활동은 노인들에게 표현을 자극하고 작품의 완성에 대한 성취감, 작품을 통한 자신의 검토 등을 통해 노인에게 의미를 부여한다. 또한 삶의 공허감과 정신적 상실감을 극복하도록 도와줄 수 있다. 이러한 경험은 진정한 치료사와의 관계를 통해 고양된다(Malchiodi, 2002).

미술치료는 다양한 미술활동을 통해 노인들의 심리적 문제를 해결하고 나아가 생활에 잘 적응하여 긍정적인 태도로 만족스럽고 행복한 노후를 보낼 수 있는 토대를 마련해 주기 위한 것이라고 할 수 있다.

3. 노인미술치료과정

노인미술치료는 노년기의 신체, 심리, 성격 영역의 변화에 따라 정서영역, 감각 및 운동 영역, 인지영역, 사회영역으로 나누어볼 수 있다(김안젤라, 2004).

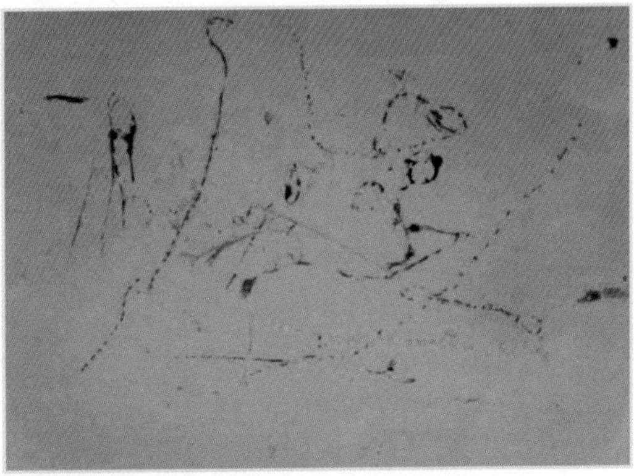

그림 5-16　**표현을 자극**

◔◔ 치료 초기 간단하게 노인의 표현을 자극하는 활동은 치료 참여의 동기를 높일 수 있다.

▶ 정서영역

- 창의성과 자기표현력이 증가한다.
- 자율성과 자기수용력을 갖는다.
- 자존감과 타인에 대한 수용력과 이해력을 가진다.
- 자연과 주변 환경에 대해 개방적이 된다.
- 심리적 긴장감을 이완하고 안정감을 얻으며 즐거운 생활을 할 수 있다.
- 자기통제력과 결정력을 향상시킨다.

▶ 인지영역

- 자기인식과 자기고찰의 기회를 갖는다.
- 미술재료의 사용 및 기법을 익힌다.
- 색 인지와 색 선택과 형태감각이 증진된다.
- 다양한 자료들을 응용하여 사용할 수 있는 능력이 확대된다.
- 새로운 아이디어가 증가되며, 작업에 대한 평가 및 비판 능력이 향상된다.
- 갈등이나 문제해결 능력이 생긴다.
- 주변 환경과 사물에 대한 민감성을 지닌다.
- 기억력 저하를 막고 회상을 통해 기억력을 자극시킨다.
- 미적 감각을 향상한다.
- 집중력을 증가시킨다.

▶ 감각 및 운동 영역

- 미술 재료와 활동을 통하여 오감 능력을 강화한다.
- 좌뇌 손상과 우뇌 손상에 따른 문제점을 회복하는 재활적 관점을 향상시킨다.
- 대근육 운동과 소근육 운동의 발달을 돕는다.
- 눈과 손, 손과 촉각의 협응을 돕는다.
- 미술도구나 재료의 사용에 대한 통제 능력을 기른다.
- 언어 능력을 개선한다.
- 이완을 통한 규칙적인 호흡의 리듬을 유지하게 된다.
- 색과 형태에 대한 구별 능력을 유지하거나 개선한다.
- 손의 근육조직을 발전시킨다.

▶ 사회영역

- 집단에서 자신을 표현할 수 있는 능력을 개발한다.
- 일상적인 생활에 적응할 수 있게 한다.
- 타인의 권리와 입장을 수용할 수 있게 된다.
- 개인적 삶의 경험을 함께 나눌 수 있는 기회를 가진다.
- 협동심과 공동체 의식을 높인다.
- 사회적 관계에 있어서 통합성을 함양한다.
- 예술활동의 내용과 형태의 의미를 결정하는 능동적 파트너가 된다.

　　이와 같은 영역의 미술치료는 과학적인 심리치료의 바탕하에 미술활동의 치료적 요인을 활용하는 것이다. 미술치료는 미술치료사가 가지고 있는 이론적 틀과 임상경험에 따라 미술치료 프로그램의 구성, 치료 프로그램의 진행전략, 미술활동과정과 작품의 해석, 개입방법에 차이가 있다. 그러나 일반적으로 활용되는 미술치료의 과정이 있다. 이 절에서는 치료목표 정하기와 치료과정에 대해 살펴보겠다.

1) 치료목표 정하기

　　치료도입기 전에 치료목표가 수립되어야 한다. 치료목표는 노인의 문제를 구체화하고 바람직한 상담 결과를 얻기 위해 구체적이고 실질적이어야 한다. 목표 설정의 주요 목적은 노인이 바람직한 변화를 시도할 수 있도록 동기를 부여하고 구체적인 실행범위를 정하는 것이다. 치료사는 노인이 치료목표를 정하는 데 있어 〈표 5-3〉과 같은 사항들을 살펴야 한다.

표 5-3　치료목표에서의 고려점
• 노인이 무엇을 변화시키기를 원하는가? • 변화하기 위하여 노인은 현재 무엇을 할 수 있는가? • 노인 스스로 문제를 어떻게 정의하는가? • 어떤 치료목표를 제안할 것인가?

　　치료목표는 초기면접, 심리검사, 행동관찰 등의 정보를 타당한 이론적 근거하에서 정리하고, 노인의 강점을 반영하여 구성한다. 또한 광범위하게 구성하되, 분명하고 구체적으로 정해야 한다. 한 번에 한 가지 목표에 초점을 둠으로써 문제해결의 가능성을 높이고, 노인이 자신의 문제에 집중하도록 해야 한다. 또한 실행 가능하고 도달 가능한 것을 정함으로써 변화 의지를 고무시키고 도달 가능성에 대한 희망으로 변화를 촉진할 수 있다.

　　치료목표는 달성했을 때 객관적으로 평가받을 수 있는 것이 좋고 치료가 종료되었을 때만 평가하는 것이 아니다. 치료의 중간과정에서도 치료가 제대로 잘 진행되고 있는가의 모니터링에도 사용한다. 또한 치료목표는 단정적인 것이 아니라, 치료의 진행에서 수정·보완될 수 있다.

2) 치료과정

미술치료과정은 치료 도입기, 치료 진행기, 강화내성 형성기, 통찰기, 정리기로 구성된다.

치료 도입기
치료사와 노인의 관계 형성 • 미술 표현 촉진 • 매체에 적응

치료 진행기
자유로운 욕구 표출 • 다양한 미술표현 • 치료적 태도

강화내성 형성기
자기인식 명확화 • 문제와 자신에 대한 탐색, 분석, 해석

통찰기
자신에 대한 이해, 수용, 통찰 • 현실 대처 • 결과, 성취요약 및 평가

정리기
변화 느끼기 • 치료 종결

(1) 치료 도입기

치료사와 노인과의 관계형성, 노인의 미술표현과 매체에의 적응이 필요하다. 치료사와 노인이 서로를 소개하고 탐색하는 시기로, 무엇보다도 중요한 것은 치료적 관계형성이다.

노인이 미술치료에 동의하였다고 하더라도 미술표현에 익숙하지 않은 노인의 경우 도입단계에서 저항하는 경우가 많다. 노인의 미술표현을 촉진하여 노인이 자신을 표현할 수 있도록 도와주는 것이 필요하다. 이때 미술표현을 촉진시키는 방법의 활용이 필요한데, 출발그림, 난화, 꿈의 활용, 색칠하기 등이 있다.

〈관계형성을 위한 미술치료활동의 예〉

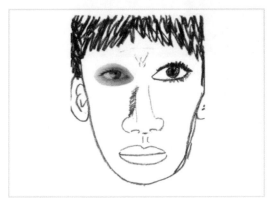

그림 5-17 **출발그림**(사물의 일부를 오려 붙여 주었다)

◑ ◑ 출발그림은 그림을 그리는 데 있어서의 저항이나 두려움, 수줍음 등을 줄여서 그림 그리기를 자극하고, 촉진하는 데 사용된다. 종이에 일부를 그려 주거나 잡지에서 필요하다고 여겨지는 사물의 일부를 오려 붙인 종이를 제시하여 그림을 완성하게 하는 방법이다.

그림 5-18 **난화**

◑ ◑ 그리기를 어려워하는 노인에게 난화를 활용할 수 있다. 난화에서 노인이 이미지를 발견하게 하고, 그 이미지를 그리도록 도와준다.

그림 5-19 **색칠하기**

◑ ◑ 칸으로 나누거나, 도형이 그려진 도화지를 제공해 주고, 칠하고 싶은 색을 칠하게 한다. 칠하는 과정에서 미술활동에 대한 에너지가 나올 수 있다.

그림 5-20 **꿈의 활용**

✏ "떠오르는 꿈을 표현해 보세요."라고 노인에게 이야기한다.

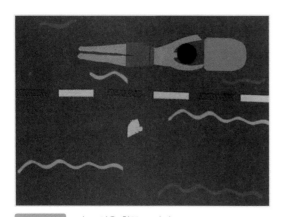

그림 5-21   하고 싶은 활동 꾸미기

◊◊ 표현을 촉진시킬 수 있다.

그림 5-22   부직포로 인형 꾸미기

◊◊ '누가 생각나는가?'와 같은 주제는 경험, 관심, 사고, 정서 등을 이해하는 실마리를 제공할 수 있다.

(2) 치료 진행기

노인의 다양한 욕구가 자유로이 표출되는 시기다. 다양한 심리의 표현을 위해 치료사의 창조성과 감수성 및 통찰의 풍부함이 요청된다. 치료 진행기에 노인의 다양한 욕구가 자유로이 표출될 수 있도록 미술치료기법, 미술표현방법, 미술활동 거부의 극복 등에 대해 치료사가 주의를 기울여야 한다.

미술치료기법인 테두리법, 난화 상호이야기 만들기법, 콜라주 기법, 협동화법, 그림완성법, 자아감각 발달법, 감정차트 만들기, 만다라 그리기 등이 활용된다. 그리고 이러한 미술치료기법을 다양한 표현방법인 두드리기 기법, 마블링, 물감 번지기 등을 활용하여 내면이 자유롭고 자발적으로 표현될 수 있도록 복돋아 주어야 한다.

미술표현을 촉진시키는 방법에도 불구하고 여러 이유로 인해 미술활동을 거부하는 노인이 있다. 왜 노인이 미술활동을 하려고 하지 않으며, 왜 이런 일이 일어나는지 치료사는 민감하게 관찰하여야 한다. 그리고 노인이 자기표현을 하도록 격려해 주어야 한다.

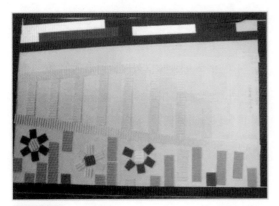

그림 5-23   **테두리법**

◊ ◊ 도화지를 제시할 때 용지에 테두리를 긋거나, 만들어서 건네주는 방법이다. 미술활동을 자극하고, 부담감을 줄여 줄 수 있다.
 – 테두리는 크레파스, 사인펜, 색지점토, 모루, 색골판지 등 다양하다.
 – 형태: 네모, 원, 마름모 등 상황에 따라 변화가 가능하다.
 – 심리적 지지 제공이 된다.
　✎ 테두리법을 변형하여, 노인께 테두리를 먼저 권하고 그 내부를 꾸미게 한다.

그림 5-24   **난화 상호이야기 만들기법**

◊ ◊ 난화 상호이야기 만들기법은 난화법과 이야기법을 종합하여 응용한 것이다. 난화에서 이끌어 낸 심상의 형성이 중요하다. 심상을 보고, 치료사와 노인이 서로 교환하며 이야기를 만들어 나가는 것이다.

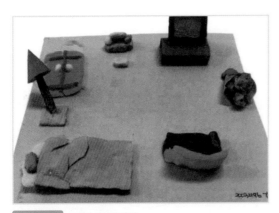

그림 5-25   **나의 방 꾸미기**

◊ ◊ 현재 노인의 상황을 이해하기 위해 시도되었다. 방 안의 장식들을 통해 노인의 하루를 엿볼 수 있다.

그림 5-26   **협동화법**(우리의 보물)

✎ 우리의 보물을 넣고 싶은 상자를 만듭시다.
◊ ◊ 공통점과 차이점을 깨달을 수 있다. 작품과정에서 집단에서 자신의 특성을 느낄 수 있다.

그림 5-27   그림완성법

〰️ 기호가 그려져 있는 용지를 제시하고 그 기호를 사용해서 그림을 완성하게 하는 방법이다. 미술활동, 자아표현에 대한 거부감이나 저항의 감소를 위해 활용할 수 있다.
설명: 병원을 그리셨다. 할머니의 관심이 표현되었다.
☼ 미술치료 초기에 사용할 수 있으며, 미술치료과정에서 저항, 방어가 나타났을 때 활용해도 좋다.

그림 5-28   자아감각 발달법

☼ 자아개념 향상, 자아능력 개발을 위해 사용할 수 있다.
〰️ 나의 발자국을 찍어 봅시다. 어떤 길을 걷고 있나요? 등의 질문이 가능하고, 대답에 따라 다음 과제가 제시될 수 있다.

그림 5-29   감정 표현하기

☼ 최근의 감정을 그리거나 색종이로 붙이기, 만들기 등을 통해 나타내게 한다. 감정 표현의 유용성, 표현방법, 더 나아가 모든 감정의 중요성 등을 이해하는 데 도움이 된다.

그림 5-30   만다라 그리기

☼ 마음의 상태를 표현하거나 주의집중, 몰두를 유도할 수 있다.

그림 5-31　**역할 교환법**

◐◑ 서로 번갈아 가며 작품을 제작하는 것으로 화면 분할법(한 장의 종이에 적당한 선을 그어 나눔)과 같이 사용되기도 한다.

그림 5-32　**그림 선택해서 보고 그리기**
　　　　　　（떠오르는 생각）

✎ 그리고 싶은 그림을 선택하세요 → 보고 그리세요 → 떠오르는 생각을 이야기해 보세요.
◐◑ 집중, 자세히 살핌, 정밀함을 되살릴 수 있다. 주변에 대한 관심을 이끌기 위해 활용할 수 있다.

그림 5-33　**생활선 그리기**

✎ 유아 시절부터 현재 그리고 미래에 대하여 색종이를 찢어 선으로 표시해 보세요.
◐◑ 연령 단계별로 높낮이, 선의 굵고 가는 정도, 색 등으로 자신의 생의 주기를 나타내도록 한다. 이것을 노인이 설명하면서 자신을 발견하고 느낄 수 있다.

그림 5-34　**나를 표현하기**

설명: 잘 보였으면, 이가 튼튼했으면……
◐◑ 자신에 대한 지각을 알 수 있다.

표 5-4	노인이 미술활동을 거부하는 원인
치료사 요인	**노인 요인**
• 치료사가 미술활동을 불편해 함	• 개인적인 걱정과 불신
• 언어를 더 즐김	• 방어적이고 억압적인 태도
• 미술이나 미술치료의 경험이 적음	• 미술활동 시작의 두려움
• 부실한 미술재료	• 미술치료의 불신

미술치료 촉진기법을 활용할 수 있고, 활동 도입에서 노인에게 작품의 주제, 내용을 정해 주거나, 치료사를 따라서 작품활동을 하도록 할 수도 있다. 노인의 생활경험, 관심, 느낌에 관련된 적절한 과제도 표현을 촉진시킬 수 있다(그림 5-35, 5-36, 5-37] 참조). 실제로 치료는 미술작품을 잘 만드는 것이 아니다. 치료사의 서툰 미술 솜씨를 노인이 지적하도록 유도해서 노인이 자신감을 가지고 미술활동을 하도록 이끌 수도 있다.

치료사는 노인의 경험을 재구성해 주

그림 5-35　**가족과 가장 재미있던 일 그리기**

설명: 손자와 함께 외식하는 장면을 그리셨다.

그림 5-36　**나를 지켜주는 것**

설명: 촛불, 기도, 성당.

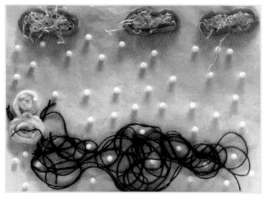

그림 5-37　**떠오르는 계절 표현**

설명: 내 마음처럼 쓸쓸하다.

는 역할을 한다. 치료사가 가지고 있는 이론적 틀은 경험의 재구성을 위한 틀이다. 치료사가 이론적 틀을 가지고 있지 못할 때, 문제해결을 위한 사고가 불분명해지고, 노인은 자신에 대한 이해를 하지 못하게 된다. 치료사의 일관된 이론과 방법이 치료 과정을 잘 이끌어 나갈 수 있다.

(3) 강화내성 형성기

이 시기는 본격적인 치료가 이루어지는 시기로, 치료가 진행되면서 노인이 자기인식을 점차로 명확화하기 시작한다. 노인미술치료에서의 자기인식은 노인의 자아존중감을 높여 주고, 숨겨진 능력을 찾는 데 주안점을 두어야 한다.

자기 탐색은 자신뿐만 아니라 자신의 관점이나 태도가 자신의 문제와 어떤 관계가 있는지에 대해서 더 잘 이해하게 된다. 과거의 사건들은 선택적으로 기억되고, 기억의 회상을 통해 현재의 상황에 대한 이해를 할 수도 있다.

미술활동을 통해 치료목표를 달성하려면 치료사는 노인의 작품이 무엇을 나타내는지 이해해야 한다. 치료사는 노인이 미술작품을 통해 암시하고자 하는 바를 정확히 이해하도록 노력해야 한다. 미술작품의 이해는 작품과정과 작품내용에 대한 이해가 모두 포함된다. 특히, 노인으로 하여금 미술활동의 목적이 우수한 미술작품 완성이 아님을 인식시키고 노인이 자발적으로 미술활동에 임할 수 있도록 해 주어야 한다.

그림 5-38　**나의 불만**

👀 건강했으면…… 불만의 감정이 자신과 타인의 마음에 어떤 영향을 주는가를 이해하여 마음의 건강을 찾는 데 중심을 둔다.

그림 5-39　**꾸미고 싶은 풍경**(단풍찍기)

👀 단풍과 관련된 기억을 생각해 본다.

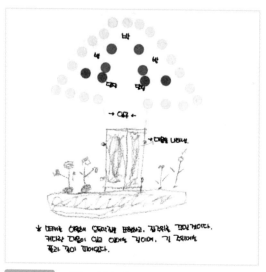

그림 5-40 머물고 싶은 집

◦◦ 과제의 지시방법에 따라 자아표출 정도에 차이가 나타난다. 긍정적인 과제 제시에서 자신의 이상을 찾다가 경우에 따라 저항 없이 옛날로 되돌아가기도 하고 부정적 상황을 표현하게 되기도 한다.
◦◦ 준비물: 다양한 스티커, 크레파스, 사인펜

그림 5-41 나의 짐

◦◦ 자신을 힘들게 하는 문제, 마음 한구석에 응고되어 있는 비능률적인 사고를 인지하고, 다시 느껴 봄으로써 성격의 재통합이 가능해진다.

그림 5-42 요즈음 감정

설명: 손가락으로 그린 것으로 분노, 화, 무료함의 복합적인 감정을 나타낸 것이라고 했다. 대우받고 싶고, 위로받고 싶은 마음의 표현이었다.

그림 5-43 일어날 때 떠오르는 생각

설명: 오늘은 무슨 일이 일어날 것인가? 오늘도 하루를 힘들게 보내겠구나.

그림 5-44　**좋은 세상 꾸며보기**(무지개 뜨는 마을)

설명: 아름다운 일곱 빛깔의 무지개를 그리다가 검은색, 회색, 살색
으로 무지개를 지웠다. 편하지 않은 마음을 엿볼 수 있다.

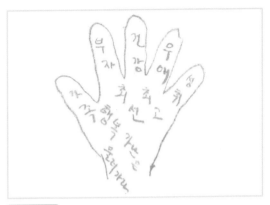

그림 5-45　**나의 보물**

👐 현재의 관심, 가치관, 소망 등을 이해할 수 있다. 노인을 현
상황의 수용과 적응으로 이끌어 나가는 데 도움이 될 수 있다.

　작품과정은 미술매체를 사용하여 작품을 만드는 과정을 말한다. 치료사는 노인이
미술매체에 어떻게 반응하고, 어떤 매체를 선택하며, 어떻게 작품활동을 하는지 관
찰해야 한다. 또한 작품과정에서 노인이 주저하는지, 즐거워하는지, 자발적인지, 억
제하는지 등의 태도도 주의 깊게 관찰하여 기록해야 한다. 이는 기질, 태도, 행동유
형, 방어기제에 대한 가설설정에 유용하다. 또한 작품 만드는 과정의 관찰은 현재 문
제의 원인과 해결의 실마리를 제공해 줄 수 있다. 심리적 변화가 어느 부분에서 나타
나는가 등을 잘 관찰할 필요가 있다([그림 5-
44] 참조).

　작품내용의 이해는 미술활동이 끝난 작품
을 분석하는 것이다. 내용 이해는 세 수준으로
구성되어 있다(Brems, 1993). 먼저 명백한 주제
나 주된 문제가 고찰되어야 한다. 둘째, 주제
내지 주인공을 관찰한다. 셋째, 가장 관심을
가지고 정성을 들여 만든 부분이 무엇이냐를
알아내는 것이다. 이 작품 속에서 노인이 무엇
을 나타내려고 했으며, 누구를 나타내려고 했
는가? 무슨 이야기를 하려고 했으며, 또 무엇

그림 5-46　**나**

설명: 다 받아들이는 마음이고 싶다.
👐 작품의 내용이 분명하지 않아 제목을 붙이게 했다.
👐 준비물: 셀로판지, 마분지

대화의 목적

- 작품의 이야기를 통해서 노인의 욕구, 갈등, 사고, 정서, 경험, 시각 등을 외현화하도록 돕기
- 노인이 경험한 인물, 사건, 환경에 대한 노인의 생각, 감정, 느낌 등을 이해해서 노인에게 최대한 이익이 되도록 하기
- 대화 자체가 치료일 수도 있다.

그림 5-47   **자유화**(인생)

설명: 노인을 잘 익어 허리가 굽은 벼에 비유하셨다.

이 마음속에 강하게 잠재하고 있는가를 파악해야 한다.

작품의 내용이 명백하지 않을 때는 작품에 관련되는 질문을 통해 작품내용을 이해해야 한다. 작품의 제목을 붙여 보도록 요구하는 것도 내용의 이해에 많은 도움이 된다.

노인에게 자신의 작품에 대해 이야기하도록 격려함으로써, 가치 있는 정보를 얻을 수 있다. 대화도 상당한 도움이 된다. 대화는 작품을 만든 노인의 내적·외적 현실에 대한 이해와 동시에 치료적 관계로 연결될 수 있다.

작품의 의미를 잘 이해하기 위해서 치료사는 노인이 미술활동을 하는 동안의 이야기를 잘 듣는 것이 중요하다. 대화를 통하여 작품의 상징성과 자아와의 대면이 실제로 의식화될 수 있기 때문이다. 대화에서는 언급된 내용뿐만 아니라 작품의 색과 형태를 관찰하고, 그 구성에 대해 노인에게 질문하는 것이 작품 이해에 도움이 될 수 있다. 단순히 무엇을 표현했는지 물어봄으로써 치료사가 작품 자체에서 느끼는 시각적인 내용 이상의 것을 노인으로부터 들을 수 있다. 그러므로 작품의 의미를 잘 이해하기 위해서는 질문도 필요하다. 그러나 모든 질문이 다 유용한 것은 아니다. 비효율적인 질문이 있을 수 있으므로 주의한다. 유용한 질문을 살펴보면 다음과 같다.

질문내용

• 이것은 당신에게 무엇을 의미합니까?
• 당신에게 어떤 의미를 지닙니까?
• 이런 것에 대해 어떠한 느낌이 듭니까?
• 작품을 구성할 때 무엇에 가장 신경을 썼습니까?
• 어떤 것이 가장 강한 감정을 불러일으켰습니까?

치료사는 미술작품에서 볼 수 있는 상황이나 사람, 사물에 대해 질문할 수 있다. 이는 노인이 작품을 통해 자신을 투사하거나 관련시킬 기회를 준다. 이러한 질문은 정서 표현과 관계도 있지만, 노인이 작품에 대한 이야기를 만들어 내는 데 도움을 주기도 한다.

그림 5-48 **돈이 있네요**

설명: 돈의 중요성을 이야기한 것인지, 유산에 대한 자녀들의 갈등을 이야기하고 있는 것인지 모호하였다. 그리하여 '돈이 있네요?' 하니까 자녀와의 갈등 이야기가 나왔다.
👀 치료사가 작품에서 눈에 띄는 것들을 간단히 이야기해 주는 것이 효과적인 경우도 있다.

그림 5-49 **상황의 질문**

설명: "계절은 언제입니까?"
     "이 사람은 무슨 생각을 하고 있을까요?"
     "이 사람은 무엇을 보고 있습니까?"
     "이 사람은 지금 어떤 느낌을 갖고 있을까요?"
     (상황에 따라 질문이 달라진다.)

질문은 치료사가 모른다는 태도를 암시하는 것이기 때문에 치료사와 노인 간의 의미있는 대화를 이끌어 낼 수 있다. 실제로 치료사가 표현의 의미를 모를 수도 있다.

표 5-5	문제시되는 질문
고통스러운 경험	자아존중감 훼손, 가족 비밀 폭로의 두려움과 관련된 문제, 특히 치료 초기 단계
질문을 격려로 오인	지나친 대화 유도: 치료에서 미술 활동 경험부족 또는 질문을 관심의 표명이나, 작품 활동 격려로 오인
이유를 묻기	특정한 요소를 왜 표현했는가 묻기: 어떤 노인은 왜 표현했는지 설명이 어려움

또한 치료사가 작품에 대해서 열심히 알고 싶어 한다는 태도를 나타내는 것이기 때문에 노인은 자신의 입장에서 작품을 설명할 기회를 갖게 된다. 노인의 감정, 사고, 욕구 등을 표현하도록 하는 것이 미술치료 목표 중 하나이기 때문에 이러한 과정은 상당히 유익하다.

그러나 치료사의 질문이 어느 단계에서의 질문인가, 어떤 질문내용인가에 따라 문제가 될 수도 있다. 예를 들어, 치료관계가 성립되려는 단계에서 질문은 부적절할 수 있거나, 혹은 대답할 수 없는 질문일 수도 있다.

작품에 대해 효율적인 대화를 나누기 위해서는 작품을 존중해야 하며, 모든 형태에 의미를 부여하여 언급할 필요는 없다. 오히려 중요한 표현으로 의견을 좁히거나, 노인이 중요하게 여기는 것에 집중하는 것이 더 나은 결과를 가져올 수 있다([그림 5-50] 참조). 노인이 작품에 대해 이야기할 때까지 기다리는 것이 필요할 때가 있다. 노인에 대한 세심한 관찰을 통해 기다림이 필요함을 느낄 수 있다. 예로 무엇인가 생각하는 표정, 이야기에 주저하는 모습 등에서이다([그림 5-51] 참조).

미술활동 과정 자체가 대화로 이어지기 위해서는 치료대상자의 작품을 개방적으로 바라보는 것이 중요하다. 작품이 어떤 과정을 거쳐서 만들어지는지, 노인이 자신이 만든 작품에 어떻게 반응하는지를 살피는 것이 필요하다. 치료사는 노인이 작품을 완성시키는 과정을

그림 5-50 가을

◑ ◑ 중요하다고 여겨지는 것에 초점을 맞춘다.
　　나무 하면 떠오르는 생각 이야기해 보기.

그림 5-51   **인생에서 후회되는 일**

설명: 예쁜 옷을 입고 싶다: 옛 시절의 그리움.
　　　음식: 형제가 많아 아쉬움 많다.
　　　약종류: 건강이 옛날 같지 않다.
◑◑ 할머니가 설명하실 때까지 기다려주는 것이 필요하다.

그림 5-52   **대화의 과정**(필요한 것과 필요 없는 것)

◑◑ 미술활동의 몰두 후에 대화가 이루어질 수 있다.
설명: 필요한 것: 자연, 휴대 전화, 편안한 공간, 시계, 옷, 액세서리,
　　　세면도구
　　　필요없는 것: 모피, 동물가죽, 해로운 음식, 신체사이즈
　　　할머니의 욕구, 생활관, 가치관을 알 수 있다.

관찰하면서 작품에서 이상한 점, 강조된 점, 중요한 점이 무엇인가를 생각해야 한다. 그리고 노인과 대화하면서 이러한 점과 연관을 지어보아야 한다.

노인도 작품 자체에서 스스로 자신의 무의식을 볼 수 있고 인식할 수 있다. 따라서 대화의 과정에서 노인이 상처받았다는 느낌이 들 수 있는 질문이나 해석을 하면 안 된다. 치료 과정 중에 이야기하고 싶어 하지 않는 노인에게는 언어적 상호작용을 하지 않아도 무방하다. 또한 작품에 몰두하고 있는 노인에게도 대화는 작품완성 후에 하는 것이 더 좋을 수 있다.

대화의 과정

- **미술활동에의 몰두**: 미술활동을 하면서 노인은 자연스럽게 긴장을 풀고 창조적이고 즐거운 활동으로 빨려 들어가게 된다.
- **치료사와 스스로 이야기 나누기**: 노인은 자신이 치료받고 있다는 긴장감이 어느 정도 감소되면, 미술활동을 할 때나 혹은 활동 후에 치료사와 자연스럽게 이야기를 나누게 된다.
- **작품 내용의 공유**: 노인이 편안함을 느끼게 되면, 감추고 싶어 했던 어떤 정보를 치료사와 공유하게 된다.

노인이 치료관계에서 신뢰감, 안전감, 지지를 느끼면, 미술활동 과정 자체가 자연스럽게 언어적인 의사소통으로 이어질 수 있다. 대화의 과정은 미술활동에 대한 몰두, 치료사와 스스로 이야기 나누기, 작품내용의 공유로 이루어진다.

(4) 통찰기

노인의 심리적 상황이나 문제, 갈등에 대한 치료적 접근이 점차 효과를 보이는 시기다. 이 단계에서는 지금까지 치료목표에 도달하기 위해서 활동해 온 결과들이 정리되고 평가된다. 이때 치료사들은 반드시 노인의 자신에 대한 이해와 수용, 자신의 문제, 문제에 대한 대처, 현실적응 등을 평가해야 한다.

치료목표에서 세운 계획들을 달성하기 위해 계획보다 치료기간을 연장할 수 있다. 또한 계획했던 목표에 도달하지 못했으면 새로운 계획을 다시 세우는데 노력해야 한다.

그리고 노인이 자신과 다른 사람에게 건설적인 방법으로 행동하는 것을 배우고 익힐 수 있도록 치료사가 도와주는 시기이다. 노인은 자신의 문제를 있는 그대로 수용할 수 있으며, 자아존중감이 향상되고 현실에 대처하고자 하는 모습을 보인다.

이 단계에서는 실행을 위한 구체적 행동 목표가 나올 수 있게 하는 것이 필요하다.

그림 5-53 어린 시절

◐ ◑ 어린 시절을 회상하고 그 당시에 좋았던 점, 힘들었던 점을 회상하면서 인생에는 힘듦과 기쁨이 공존함을 받아들일 수 있도록 했다. 자신의 인생을 수용하고 받아들일 수 있게 된다.
◐ ◑ 준비물: 색한지, 나뭇가지, 켄트지

그림 5-54 기억상자

◐ ◑ 떠오르는 기억들로 기억상자를 만든다. 각 사건을 살펴본다. 지금 다시 경험한다.
새로운 자세로 생활에 임하게 하고자 시도하였다.

그림 5-55　**마음이 편한 장소**

◐◐ 자연에서 즐거움 찾기: 현실에서 스스로 만족할 수 있는 방법을 찾는다.

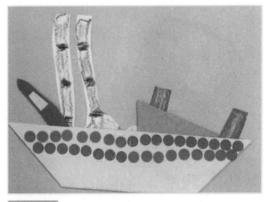

그림 5-56　**배에 실어 보내기**

◐◐ 내가 버리고 싶은 것들.

자신의 모습을 점검하고, 자신을 인정하며, 평온한 마음을 유지하도록 한다.

　누구나 잘못이 있다. 그러나 잘못을 마음속에 간직하고 있으면, 마음이 무겁고 불안에 빠지기 쉽다. 자신의 잘못을 표현하고, 인정하여 밝은 마음, 새 마음을 갖게 함이 필요하다. 또한 마음을 비우게 하여 비웠을 때에 오는 기쁨과 즐거움도 경험하게 할 수 있다.

〈마음을 비우기 위한 활동의 예〉

➡ 어떻게 살아왔습니까? 가정에서, 학교에서, 사회에서 또 마음에서

　어떻게 살아왔습니까? 나 자신을 되돌아봅시다.

　내가 잘못한 일이 있습니까?

➡ 자신의 잘못을 표현하여 보세요.

➡ 잘못을 하나씩 날려 보내세요.

➡ 잘못을 털어버린 새로운 나의 모습을 표현해 봅시다.

　배에 실어 보내기도 하고, 연에 실어 날려 보낼 수도 있다. 보내버린 후 자신의 모습을 깊이 새김으로써 생활의 적응에 도움이 될 수 있다. 또한 치료사는 노인의 강점과 장점을 찾도록 도와주어야 한다. 인간은 자신의 강점에 기초하여 자신감을 갖기 때문

그림 5-57   메달 만들기

👀 자기 자신에게 주는 메달을 만들어 본다. 자신에 대한 자부심을 키워 주고, 치료실을 떠나도 변화된 자신을 계속 유지시켜 나갈 수 있는 힘을 준다.

이다. 강점을 기반으로 하여 노인의 긍정적인 면과 강한 면을 강화시켜 줌이 필요하다([그림 5-57] 참조).

(5) 정리기

치료의 목표가 이루어지면 치료의 종결을 맞이 하게 된다. 이때는 이미지 표출보다 언어화의 비중이 높아지게 된다. 대부분의 종료는 치료목표에 도달했을 때 이루어지나, 치료 도중에 중단되는 경우도 있다. 조기 중단의 경우에는 중단 이유가 치료사에게 있으면 노인은 종결 준비가 안 된 상태다. 이러한 종료는 노인에게 인간관계의 한 실패로 여겨질 수 있다.

따라서 노인이 도중에 종료하는 이유를 이해할 수 있도록 절차가 필요하다. 치료사가 바뀌게 되는 경우에는 바뀌는 이유를 바르게 설명하고, 바뀔 치료사에 대한 정보를 준다. 바뀐 치료사에게 치료를 받을 것인지를 노인이 선택하도록 해 준다. 치료의 효과가 나타나 종료하게 되는 경우에는 자신의 작품이 얼마나 변화되었고 달라졌는지 비교해 보도록 한다. 그럼으로써 자신의 변화를 느낄 수 있다.

종결할 때는 이별을 잘 하기 위해 치료사와 노인이 서로 선물을 만들어 나누어 갖는다. 이러한 과정은 이별이 인간의 생활과 삶에 중요한 사건임을 받아들이는 데 도움이 된다([그림 5-59], [그림 5-60] 참조).

그림 5-58a   초기 그림

그림 5-58b   종결 시 그림

✏️ 두 그림을 비교해 보세요.
👀 치료의 종결을 이해시키기 위해 시도된다.

그림 5-59　치료사와 선물 주고받기

그림 5-60　마음을 나누고 싶은 사람에게 줄 선물

👀 아름다운 이별을 위해 치료사와 노인이 서로 선물을 만들어
주고받는다.

치료의 종결을 잘 하기 위해서는 끝매듭을 잘 하기, 적절한 때를 맞추기, 작별의
슬픔 다루기(McDonald & Haney, 1997)가 있다.

표 5-6　치료 종결 시 유의할 점

• 끝매듭을 잘 하기	치료사와 노인 사이에 끝내지 못한 문제가 있다면 관계가 종결되기 전에 처리하도록 한다.
• 적절한 때를 맞추기	치료관계를 끝낼 때에는 노인의 감정에 대해 민감하게 대처하고, 노인이 겪을지도 모르는 어려움에 대해 대비하도록 한다.
• 작별의 슬픔 다루기	치료종결 시 동반되는 상실감과 슬픔, 두려움 등에 대한 감정에 대해 솔직하게 이야기하도록 한다.

미술치료과정은 위와 같은 단계를 거친다. 각 회기도 일반적인 진행과정이 있다.

• 각 회기의 진행과정

각 치료 회기는 워밍업, 도입부, 활동부, 나눔의 순서로 상황에 따라 융통성 있게
진행되어야 한다(김진숙, 2005).

워밍업에서는 가볍게 스트레칭이나 손이나 얼굴을 비비거나 또는 옆 사람과 가벼
운 접촉 또는 노래를 불러 긴장을 풀 수 있도록 유도한다. 이는 근육을 이완시키고

심리적으로 유연해지게 한다.

　도입부는 워밍업에서 이완된 상태를 유지하면서 매체와 도구를 탐색하도록 한다. 재료의 재질감과 재료와 연관 지어 연상되는 것, 재료를 통해 느껴지는 정서적인 느낌 등을 말하게 한다.

　도입부에서의 간단한 질문은 편하게 치료에 임하게 할 수 있다.

도입부 질문의 예

"재료에서 느껴지는 느낌이 어떻습니까?"
"예전에 이 재료를 써 본 일이 있습니까?"
"이 재료를 보니 무슨 생각이 나세요?"
"재료를 주물러 보거나 뭉쳐 보거나, 떼어 보시겠어요?" 등

그림 5-61　선긋기

🖋 무슨 느낌이 드세요? 만든 작품에서 무엇이 보이세요?

　활동부는 도입부로부터 얻은 재료에 대한 탐색 정보를 바탕으로 자유롭게 자신의 내면을 표현하게 하는 단계다. 이때 노인이 활동 자체에 몰입하여 깊은 경험을 할 수 있도록 치료사는 불필요한 대화나 개입은 하지 않는 것이 좋다. 미술치료의 과정은 의식과 무의식을 오가며 이루어지는 것이기 때문이다.

　　그러나 재료를 사용하는 데 있어 도움을 구하거나 미술활동의 진행에 문제를 안고 있는 경우에는 치료사가 개입하여 기술적 도움을 주거나 문제해결을 도울 수 있다. 간단한 질문이 내면의 표현을 촉진시킬 수 있다.

활동부 질문의 예

"지금 생각나는 것이 있으세요?"
"구체적으로 표현하면 어떤 것인가요?"
"그 느낌을 색으로 표현하자면 어떤 색일까요?"

　　나눔은 자신을 객관적으로 바라보는 과정이다. 이 과정에서 치료사와 노인, 노인과 작품 그리고 집단치료에서는 노인과 노인 사이에 상호작용이 일어나게 된다. 집단치료에서 다른 구성원들의 작품을 보거나 이야기를 들으면서 자신의 느낌을 표현하고, 함께 이야기하면서 제목을 붙여 보기도 한다. 질문을 통해 의식하지 못했던 부분, 다른 노인의 생각과 느낌 등을 깨달을 수 있다.

그림 5-62　**지금의 느낌**

👀 작품을 보고 서로의 느낌을 주고받을 수 있다.

나눔의 질문 예

"이 작품은 무엇을 표현한 것인가요?"
"어떤 부분이 마음에 들고 이유는 무엇인가요?"
"다른 분들 작품 중에 마음에 드는 작품이 있나요" 등

Chapter 6

노인의 미술표현실습

1. 미술활동에 대한 적응
2. 미술활동에 의한 심리적 적응과정

미술치료는 미술활동을 통해 이루어진다. 그런데 노인들 중에는 미술표현에 익숙한 노인도 있고, 그렇지 못한 노인도 있다. 또한 미술활동을 자기표현으로 보기보다 작품완성으로 여기는 노인도 있고, 미술매체를 어떻게 활용하여야 하는지에 대해 막연해하는 노인도 있다.

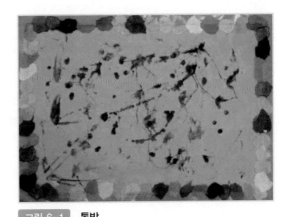

그림 6-1　톱밥

설명: 익숙하지 않은 매체는 활용방법에 대한 설명이 필요하다.

효율적인 미술치료가 되기 위해서는 미술매체를 마음대로 활용할 수 있어야 한다. 어떤 표현도 가능하며, 옳고 그름, 잘하고 못함이 없음에 대한 노인들의 이해가 우선되어야 한다. 미술활동에 대한 적응, 미술활동에 의한 심리적 적응과정에 대해 살펴보겠다.

1. 미술활동에 대한 적응

치료활동으로 들어가기 전에 미술매체를 통해 표현을 익히는 과정이 필요하다. 미술활동에 대한 적응에서는 표현기법, 미술매체와 표현 가능성에 대해 살펴보겠다.

1) 표현기법

미술매체는 노인의 경험, 문제, 특별한 욕구, 흥미 등과 맞아야 한다. 재료가 다양할수록 독특한 취미와 선호, 자신이 표현하고자 하는 형태를 찾아내어 표현하는 데 수월할 수 있다. 매체로 표현 가능한 방법을 미리 시도해 보도록 기회를 주는 것도 노인이 자신을 충분

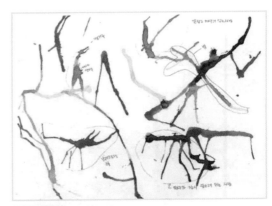

그림 6-2　물감 흘리기

◇ ◇ 물감이 흐르면서 무늬가 이루어진다. 단순한 무늬에서 복잡한 무늬로 변한다. 그리고 분화하고 확산되어 간다. 노인들이 쉽게 배울 수 있다.

히 표현하는 데 도움이 된다. 이 절에서는 매체와의 만남, 매체의 표현방법에 대해 살펴보겠다.

미술매체는 그리고, 칠하고, 만들고, 조립하는 것 등 많은 종류가 있다. 치료사가 미술매체의 특성을 알고 사용할 수 있어야 한다. 노인이 자신의 마음 표현을 충분히 할 수 있도록 새로운 매체를 제공하거나, 매체의 활용이 기술을 요구하는 경우에 미술매체에 대한 지도가 먼저 이루어져야 하기 때문이다.

(1) 매체와의 만남

어떻게 매체와 만나는가 하는 것이다. 매체와의 만남이 치료과정에 영향을 주기 때문에 치료사의 역할이 중요하다. 노인들은 미술매체를 상당히 오랜만에 접하는 경우가 대부분이다. 또는 매체의 사용방법에 대한 경험이 부족한 경우도 많다. 이런 경우 매체 대하기와 미술활동에 대해 부담이 생기게 된다. 미술이라는 매체가 친근하기보다는 심리적 압박과 위협을 줄 수 있다. 이렇게 되면 노인은 표현의 의지와 욕구가 있어도 심리적으로 위축되고 경직되어, 무엇을 어떻게 그리나, 매체를 어떻게 활용해야 하는가에 대해 심리적인 갈등을 일으킬 수 있다.

미술이 노인에게 치료적으로 다가오기에 앞서 미술활동의 부담은 노인에게 미술표현의 거부, 자기표현에의 방어, 자아의 창의적 능력 탐색에의 제한을 가져올 수 있다. 치료사는 이러한 상황들을 고려하여 노인에게 친숙한 매체와 성취욕을 높일 수 있는 매체, 표현의 욕구를 높여 주는 매체를 선택하여 노인이 미술활동에 쉽게 접근할 수 있도록 해 주어야 한다. 노인의 표현 욕구가 일어날 수 있도록 유희적 본능, 감각자극 활성도 고려해야 한다.

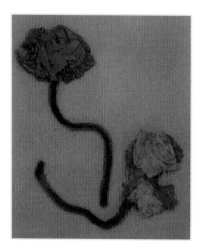

그림 6-3 어떻게 시작하지?

◑◑ 간단한 활동으로 멋있는 작품이 나오는 매체, 다양한 표현이 가능한 매체가 미술활동에 대한 심리적 압박과 위협을 줄여 줄 수 있다.
한지와 모루를 사용한 예다. 한지는 찢기, 가위로 오리기, 뭉치기, 펼치기, 찢은 것 붙이기, 평면효과, 입체효과 등이 가능하다. 작품구성이 정밀하게 되지 않아도 완성 면에서 좋은 효과를 보여 준다.

(2) 매체의 표현방법

노인이 미술매체를 가지고 표현을 제대로 하기 위해서는 매체를 충분히 탐색하고 익힐 시간과 기회를 주어야 한다. 그래야 매체의 특성을 알게 되어 자신감을 갖고 표현할 수 있다.

미술활동은 다양한 매체의 사용에 의해 즐거울 수도 있고, 시시할 수도 있다. 노인의 자유스러운 미술표현을 위해서 치료사는 적당한 매체를 잘 판단하여 제시해야 한다. 미술매체와 기법은 노인이 표현하고자 하는 의도에 도움을 주어야 하고, 노인 스스로 기법을 발달시킬 수 있도록 도와주어야 한다. 미술매체를 다루는 솜씨는 노인이 자신을 표현하고자 하는 목적의 수단이기 때문이다.

그림 6-4   **지점토**

◊◊ 사용하기 쉽고 만지는 대로 반응이 나타난다. 유희적 본능, 감각자극 활성에 도움이 되는 재료다. 묽은 점토 위에는 수채 물감과 같은 액체 물감의 색칠이 가능하다.
노인이 지점토로 용기를 만들었다. '무엇을 담을까요?'에 '금붕어.' 라고 답하였고, 색종이로 금붕어를 오려 용기에 담았다.

그림 6-5   **묵주**

설명: 색종이와 색지로 자신의 솜씨와 관심에 맞는 작품구성이 가능하였다.

2) 미술매체와 표현 가능성

모든 미술매체는 특성과 가치를 지니고 있다. 노인들의 효과적이고 흥미 있는 미술활동을 위해서는 다양한 매체 제공이 필수요소임을 인정해야 한다. 다양하게 미술활동을 할 수 있는 매체와 기법, 매체의 표현 가능성(박진이, 1998)을 살펴보면 〈표 6-1〉과 같다.

| 표 6-1 | 매체활용의 기법과 표현 가능성 |

매 체	기 법	표현 가능성
종이류	– 손으로 찢기 – 가위로 오리기 – 접기 – 구겨서 찍기 – 둥글게 구부리기 – 무늬짜기 – 구멍내기	– 종이의 종류나 색의 성질을 살린 자유로운 표현이 가능 – 반듯하고 깨끗한 느낌 구성하기 – 크기가 작아지고 튼튼해짐 – 입체적인 느낌 – 부드러우며 입체감이 생김 – 단단해지고 무늬와 색의 조화가 아름다움 – 입체적인 느낌과 공간감을 느낌
크레파스	– 녹이기 – 색칠하기	– 열에 녹는 성질을 이용해 크레파스 조각을 다림질한 후 혼색된 표현에 덧붙여 그리기 – 진하고 흐린 표현이 가능
물감	– 크레파스나 양초와 함께 – 화선지와 함께 – 찰흙과 함께	– 배수효과로 비밀 그림그리기 – 흡수 성질을 이용한 흥미로운 표현이 가능 – 찰흙 작품에 색칠하여 아름다운 느끼기
파스텔	– 문지르기 – 색칠하기	– 문질러서 표현함으로써 은은히 퍼지는 효과 – 다른 색과의 혼색 가능
은박지	– 구겨서 그리기 – 다른 재료와 함께	– 자유롭게 구긴 다음 펼쳐서, 음영이 있는 입체적인 면 위에 그리기 – 가볍고 잘 접히는 성질을 이용. 작은 공이나 종이상자를 싸서 독특한 효과를 느끼기
찰흙	– 제작 방법에 따른 기법 – 재료 성질에 따른 기법	– 쥔다 → 뭉친다 → 짓누른다 → 두들긴다 – 쥔다 → 뭉친다 → 굴리거나 비빈다 → 더 강하게 굴리거나 비빈다 – 쥔다 → 대 위에서 두들긴다 – 구부린다. 만다. 접는다. 비튼다. 떠낸다. 붙인다. 빚는다. 두들긴다. 끊는다. 뜬다. 긁어낸다. 깎아낸다. 구멍을 뚫는다. 선을 그어 넘는다. 꽂는다. 눌러 흔적을 낸다.
종이상자	– 쌓기 – 다른 재료와 함께	– 크기가 다른 상자끼리 쌓아서 구성하기 – 다른 재료를 덧붙여 표현하기
선재 (철사 모루 끈종류)	– 자르기 – 구부리기 – 말기 – 뭉치기	– 선재의 특성을 살려 자유롭게 표현하기 – 입체적으로 표현하기 – 선재의 종류에 따라 촉감에 변화주기

이와 같은 매체는 매체의 특성상 평면만 가능한 매체, 입체만 가능한 매체, 평면과
입체 표현이 모두 가능한 매체가 있다. 평면활동의 표현 방법과 종류, 입체표현 방법
과 종류(박진이, 1998)를 〈표 6-2〉, 〈표 6-3〉에서 살펴보겠다.

표 6-2   여러 가지 평면 표현의 방법 및 종류

표현 이름	표현 방법	매체
프로타지	표면이 우둘두둘한 물체에 얇은 종이를 대고 크레파스, 색연필 등으로 문지른다.	얇은 종이, 크레파스, 색연필
데칼코마니	도화지를 반으로 접어 그 사이에 물감을 짜 넣고 다시 접은 다음 펴면 양쪽이 같은 그림이 된다.	도화지, 그림물감
모자이크	그림을 그린 다음 종이, 나무, 금속, 유리 등을 비슷한 크기로 잘라 붙여서 완성한다.	각종 재료, 도화지
핑거페인팅	풀에 물감을 섞어서 넓은 도화지에 쏟은 다음 손가락으로 그린다.	도화지, 풀물감
스크래치	도화지에 이중으로 크레파스로 색을 칠한 다음 윗부분을 긁어내어 그린다.	크레파스, 도화지, 뾰족한 물건
배수 그림	크레파스 등으로 그린 다음 그 위에 그림물감으로 색칠하여 무늬나 그림을 얻는다.	크레파스, 그림물감
물방울 떨어뜨리기	여러 가지 물감을 붓이나 스포이트로 물방울을 만들어 도화지에 자유롭게 떨어뜨려 무늬나 그림을 만든다.	그림물감, 스포이트, 붓
스탬핑	연근, 동전, 고무, 나무 등 무늬 있는 물건에 물감을 묻히거나 찍어서 효과를 낸다.	무늬 있는 물체, 그림물감, 스템프
입김무늬	물감을 떨어뜨린 다음 입김으로 불어서 자유로운 무늬를 만든다.	그림물감, 잉크, 먹물
염색하기	창호지, 헝겊 등을 접거나 오려서 염색한다.	창호지, 헝겊, 염색물감
모래 그림	도화지에 풀로 그림을 그린 다음 그 위에 모래를 뿌리거나 모래를 붙인다.	풀, 모래
먹그림	먹물을 붓거나 손가락으로 찍어 그린다.	먹물, 붓
물에 번지는 그림	도화지에 물을 흠뻑 먹인 다음 여러 가지 물감이나 사인펜으로 그려서 번지게 한다.	그림물감, 대야, 붓
붓 자국 그림	물감을 되게 하여 물을 꼭 짠 붓에 살짝 묻혀 붓 자국이 나게 그린다.	붓, 그림물감
구겨서 그리기	종이를 구겼다 편 다음 그 위에 그림을 그리거나 스프레이로 그린다.	종이, 스프레이

표 6-3   여러 가지 입체 표현의 방법 및 종류

주 매체	표현 방법
찰흙	• 주무르고 뭉치는 등의 촉각적인 표현이 가능하며, 변화를 주면서 의미 있는 표현을 할 수 있다. • 성냥개비나 이쑤시개 등을 꽂아 다양한 표현이 가능하다.
종이상자	• 쌓거나 붙여서 표현하여 입체구성이 가능하고 새로운 아이디어 개발로 흥미로운 표현을 할 수 있다.
나무토막	• 구멍을 파거나 긁고 자르고 깎아서 표현할 수 있다. 음영이 있는 표현이 가능하다.
봉투	• 봉투를 이용하여 구멍을 뚫을 수 있다. • 색종이, 실 등을 붙이거나, 그림을 그려서 재미있는 표현을 할 수 있다.
철사 모루 끈종류	• 다양한 촉각경험을 할 수 있다. • 자르기, 말기, 구부리기 등의 변화로 의미 있는 표현을 할 수 있다. • 여러 가지 재료를 덧붙일 수 있다.
콜라주	• 여러 가지 재료를 덧붙일 수 있어 흥미를 주는 활동이다. • 주변의 재료를 직접 모아 보도록 하여 의욕적인 활동이 될 수 있다.

앞과 같은 매체를 노인미술치료에 활용할 때는 선택의 기준이 있다.

노인 대상 미술치료 매체(김진숙, 2005)

• 성공적으로 다룰 수 있는 매체
• 인지, 운동 능력에 맞는 매체
• 질이 좋은 매체
• 안전하고 위생적인 매체
• 쉽게 다룰 수 있는 단순하고 실용성이 있는 매체
• 쉽게 효과를 낼 수 있는 완성도가 높은 매체
• 과거를 회상할 수 있는 기회를 가지게 하는 매체
  – 매체, 도구에 대한 풍부한 지식을 가지고 다양한 매체를 제공해야 한다.
  – 적절한 매체의 선정과 거기에 따르는 기술적인 도움을 줄 수 있어야 한다.

주변에서 쉽게 구할 수 있는 매체가 노인들에게는 친밀감이 있다. 그리고 늘 보아온 매체에서 예기치 않았던 표현성으로 즐거움을 느낄 수 있다. 이는 노인의 숨은 창의성 발견에도 도움이 된다. 노인의 생각과 느낌을 자유롭게 표현할 수 있도록 돕기 위해 다양한 표현 매체 및 표현 방법의 제시가 필요하다.

매체를 통한 자아표현이 나타나면 언어적 자유연상처럼 미술표현에도 계속적인 정서적, 인지적 자극이 이루어진다. 그러면서 노인이 스스로 또는 미술치료사의 도움으로 자신의 생각과 감정을 발견하게 된다.

노인은 표현능력이 부족하거나, 더 이상의 표현을 원하지 않을 수도 있다. 애매모호하고 혼란된 상태에 계속 머물러 있을 수 있다. 치료사는 침착하고, 안정된 상태로 노인을 대하면서, 이 상황을 잘 다루어야 한다.

치료사가 다루어야 할 내용

- 노인의 표현 욕구와 좌절 다루기
- 노인이 스스로 자신의 표현을 발견하도록 격려하기
- 작품에서 자신을 바라볼 시간 주기

노인의 애매모호하고 혼란스러운 반응에서 노인이 자신을 방어하고 있음을 알게 되거나, 작품에서 노인의 내면을 알아챌 수 있다. 치료사는 노인이 자신의 불안과 우울 자체를 작품의 주제로 선정하여 표현하게 할 수도 있다. 노인은 작품에서 자신의 감정과 심리적 모습을 볼 수 있게 된다.

이제까지 다룬 내용을 중심으로 미술치료에서 미술매체의 역할을 정리하여 살펴보면 다음과 같다.

그림 6-6   **나의 모습 꾸미기**

👀 자신에 대한 태도를 파악할 수 있다.

매체의 역할

- 잠재성 발견
- 내면의 의식화
- 개인적 사고, 정서, 경험의 구체화
- 치료관계의 활성화
- 표현의 즐거움

2. 미술활동에 의한 심리적 적응과정

생리적·신체적 기능의 퇴화에 따른 부정적인 심리적 변화는 어쩔 수 없다. 그러나 미리 이러한 부정적인 심리를 예견하고, 실제로 심리적 현상이 나타났을 때 대처할 수 있는 힘을 키워 주는 일도 미술치료가 노인에게 기여할 수 있는 한 부분이다.

미술치료는 미술활동에 의한 심리적 변화를 통해 적응에 도움을 주는 과정이다. 심리적 적응과정은 자아개방, 자아탐색, 정서 다루기, 문제해결 등으로 이루어지게 된다. 이 과정을 미술활동과 연계하여 살펴보고자 한다.

1) 자아개방

인간은 자신을 표현하고자 하는 욕구와 능력을 지니고 있다. 자아개방은 자기 자신에 관한 사실, 느낌 그리고 상대방의 이야기나 행동에 대한 자기자신의 반응과 느낌을 꾸밈없이 솔직하게 표현하는 것이다. 자기자신에 대한 생각이나 느낌을 꾸밈없이 솔직하고 정확하게 털어놓는 과정에서 자기자신을 바르게 이해할 수 있다(Jourard, 1971). 자신의 감정이나 욕구를 억압시키지 않고 표출함으로써 정신건강에도 도움이 되며, 또 다른 사람이 자기를 이해하게 하는 데도 도움이 될 수 있다(Gelman & McGinley, 1978).

그림 6-7	봄날

설명: 화사한 봄날의 소풍이라고 하였으나 사람은 없다. 외로운 자신을 표현한 것이다.

그림 6-8	의도하지 않아도 나타난다.

설명: 나의 마음 표현하기에서 감정이 그대로 표현된다.

　자아개방의 개념은 1960년대 이후부터 학문적인 관심이 고조되어 정신건강 및 인간관계의 맥락에서 활발하게 연구가 이루어지고 있다. 자아개방은 자기표현, 자기노출이라는 용어로도 사용되며, 학자에 따라 개념 정의가 다르게 이루어지고 있다.

　자아개방이 심리적 안정과 정신건강, 개인의 성장과 소외감 해소 등에 중요한 요인이 됨이 밝혀졌다. 자기자신에 관한 느낌, 생각, 경험, 감정, 자신의 관심사 등을 정확히 이해하지 못하거나, 억압 또는 왜곡하는 경우에는 타인과 진정한 관계를 맺기 힘들다.

　그러나 미술치료는 자신의 작품에 대해 객관적인 해석이 가능하므로 자신의 숨겨진 의도를 발견하게 되고, 언어적 표현과 비언어적 표현이 함께 활용되어 자아개방이 용이하도록 한다. 특히, Wadeson(1980)은 미술활동은 직접성, 진실성, 영속성, 눈으로 확인할 수 있는 공간적 표현, 작업을 하면서 함께함의 기쁨이 있음을 지적하였다.

〈자아개방활동〉

　다음의 활동은 노인이 자신을 개방하도록 이끌 수 있는 활동이다. 자아개방으로 이끄는 활동을 통해 노인은 자신에 대해 이해를 하게 되며, 좀 더 자신을 생각해 보는 계기를 마련해 줄 수 있다.

그림 6-9　이루지 못한 꿈

설명: 꿈을 키우지 못한 것은 아버지의 경제 능력 때문이야.
◑◑ 이러한 과제는 노인의 못 이룬 꿈을 알 수 있고, 그 꿈이 지금의 생활에 어떻게 영향을 주는지 이해할 수 있다.

그림 6-10　버리고 싶은 것

◑◑ 받아들이고 싶지 않은 나의 모습을 색지로 뭉쳐 배에 담아 떠내려 보내기. 그리고 이것이 다른 사람과의 관계에 어떤 영향을 주는가를 생각할 기회를 제공한다.

그림 6-11　나의 모습 동물로 표현하기

◑◑ 왜 이렇게 표현했는가를 살펴본다. 그리고 가족관계에서 노인이 느끼는 자신의 모습을 파악할 수 있다.

그림 6-12　나의 장점 찾기

◑◑ 자신을 스스로 이해할 수 있다.

그 밖에 자아개방에 관련해 제시할 수 있는 과제는 다음과 같다.

- 이름과 나이 꾸미기
- 나의 생활 표현하기
- 가족 표현하기

그림 6-13 **나의 감정 표현하기**

설명: 힘이 없는 나무로 자신을 표현하였다. 자신의 작품을 봄으로써 자신이 스스로를 어떻게 보고 있는지 깨닫게 된다.

특히, 언어적으로 표현되지 못하는 감정은 정서적, 사회적 활동에서 무서운 장애요소로 작용하고 자기 주변의 사물과 사건에도 민감하지 못한 사람이 되기 쉽다(신완수, 변창진, 1980). 미술활동은 자아개방을 향상시킬 뿐 아니라 미술작품을 통해 자아개방을 하게 되므로 자기주장도 편안하게 할 수 있다. 또한 매 회기 작품을 완성함으로써 성취감을 경험하게 되며 자아존중감도 향상된다. 이러한 자아개방의 중요성을 정리하면 다음과 같다.

자아개방의 중요성

- Halverson과 Shore(1969): 꾸밈없이 솔직하고 정확하게 털어놓으면 이야기하는 중에 자기 자신을 바르게 이해할 수 있다
- Gelman과 McGinley(1978): 다른 사람이 자신을 이해하게 하는 데 도움을 줄 수 있다.
- Hood와 Back(1971): 개인의 욕구와 감정을 털어놓음으로써 심리적 정화작용을 가능하게 한다. 정신건강의 유지 및 향상에도 크게 도움을 준다.
- Jourard(1971): 건강한 성격을 보여 주는 것이며, 궁극적으로는 건강한 성격을 성취하기 위한 수단이다.
- Cozby(1973): 자아개방을 하지 않게 되면 참다운 자신을 실감하지 못하며, 상대방으로부터 제대로 이해받을 수 없다. 상대방도 나에게 자아개방을 하지 않게 되므로 진정한 인간관계가 성립될 수 없다.

앞과 같은 자아개방의 기능을 다시 정리하면 〈표 6-4〉와 같다.

표 6-4 자아개방의 기능	
• 자기자신을 바르게 이해	• 심리적 정화작용
• 다른 사람이 자신을 바르게 이해	• 의사소통과 인간관계 증진의 요인
• 정신건강	• 자아성장

2) 자아탐색

매체를 통한 표현이 수월해지고, 자아개방에 대해 저항감이 감소되면 좀 더 깊은 내면으로의 탐색이 시도될 수 있다. 자아탐색에서는 노인의 집착적인 감정 및 사고에 대한 탐색도 필요하다([그림 6-14] 참조). 노인이 자신의 인생을 전반적으로 되돌아보고 평가해 보는 기회는 인생이라는 큰 맥락에서 자신의 삶을 제대로 볼 수 있는 시각을 갖게 하는 데 도움이 될 수 있다([그림 6-15] 참조).

노인의 경우 성격의 재구조보다 생활의 적응과 만족에 초점을 둠이 중요하기 때문

그림 6-14   무슨 생각, 무슨 감정

✎ 1인, 2인, 여러 사람이 있는 사진을 고른다. 고른 후 종이에 붙인다. 붙인 사진을 보고 그 사람이 무슨 생각을 하고 있나, 어떤 감정을 가지고 있나 생각해 본다.
👌👌 감정을 투사하기에 흑백사진이 더 효과적인 경우가 있다.

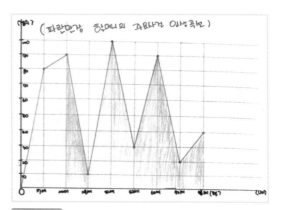

그림 6-15   나의 인생은 몇 점일까

✎ 모두 편안한 자세로 자리에 앉아 눈을 감으십시오(효과음악을 사용해도 좋다.).
내가 자라 온 과정을 생각해 봅시다. 온갖 생각을 하나씩 하나씩 더듬어 보세요(효과음악을 사용해도 좋다.).
그래프가 제시된 종이를 제시하여 시범을 보여 주고, 각 꼭지점을 이어 그래프를 완성한다.
👌👌 인생을 통합적으로 보는 데 도움이 된다.

그림 6-16	**힘들었던 경험**

설명: 힘들었던 경험은 갑자기 직장을 잃게 되었을 때의 경험이다. 사람 만나기가 싫어지고 집에 들어가기도 싫어졌다. 혼자 지냈다. 👀 다른 사람과의 의사소통이 가능해진다.

그림 6-17	**거울보고 얼굴 그려보기**

✏ 거울을 보고 자신의 표정을 자세히 살피세요. 시작점만 종이를 보고 그리고 이후에는 거울만을 보면서 자신의 얼굴을 그리세요. 그림을 다 그린 후 자신이 하는 말, 생각을 이야기하거나 적어 보세요.

에 과거의 부정적 경험을 발견하기보다 긍정적인 경험에서 시작하는 것이 유효한 경우가 많다. 긍정적 경험에서 시작해서 자연스럽게 부정적 경험으로 갈 수 있다([그림 6-16] 참조). 나의 모습을 자세히 들여다보는 활동은 나의 과거, 현재, 미래를 연결시켜 생각해 보는 데 도움이 된다([그림 6-17] 참조). 부정적 모습을 긍정적 모습으로 바꾸는 시도를 통해([그림 6-18] 참조) 자아의 수용으로 나아갈 수 있다.

오래된 기억은 현재의 문제를 보다 분석적으로 해결하기 위한 관건이 되는 경우가 많다. 잊혀지지 않은 가장 오랜 기억을 더듬어 보면 대체로 긍정적인 일보다는 부정적인 사건인 경우가 많다.

우리의 의식 속에 억압되어 있는 사건이나 어떤 경험이 오늘날 나의 사고와 감정을 왜곡시킬 수 있다. 또는 불합리한 방어 기제가 되어 본의와는 전혀 다른 형태로 나의 행동에 투사될 수가 있다. 가장 오래된 기억을 더듬어 표출해 내는 것은 이상 행동이나 성격을 보다 분석적으로 탐색하는 데 주요 의미가 있다([그림 6-19] 참조).

자아탐색에서는 노인의 내면 깊숙이 있는 부정적 생각에 대해서도 탐색할 수 있다. 과제화를 통해 탐색해 볼 수 있으며, 미술활동은 시각적인 자료를 남기기 때문에 노인 스스로 자신의 부정적 사고를 객관적으로 판단할 수 있다는 장점이 있다.

| 그림 6-18 | **나의 얼굴을 마음에 들게 꾸미기** |

◑ ◑ [그림 6-17]을 마음에 들도록 변화를·시도할 수 있다.

| 그림 6-19 | **가장 오래된 기억** |

✎ 자신이 기억하고 있는 가장 오래된 기억을 떠올려 봅시다.
설명: 어렸을 때 어머니는 항상 아프셨다. 간병하던 기억만이 생각
난다. 당시를 생각하면 후회되는 일이 많다. 그런데 지금은 자신이
자녀들의 도움을 심하게 요구하고 있다.

내면의 갈등을 좀 더 구체적으로 파악하는 데 미술활동이 중요한 역할을 할 수 있
다. 탐색하여야 할 갈등은 다음과 같다.

지시

1. 나를 고통스럽게 하는 생각을 표현해 봅시다.
2. 나를 가장 괴롭히는 감정을 표현해 봅시다.
3. 나를 가장 괴롭히는 행동을 표현해 봅시다.
   – 표현을 통해 의도하지 않은 사고와 감정이 표출될 수 있다.–

• 현재 느끼는 갈등이 무엇인지를 구체적으로 탐색한다.
• 구체적인 원인들을 탐색한다.
• 가족관계, 대인관계, 현재의 상황에 갈등이 있는지 탐색하여야 한다.
• 갈등상황에서 노인의 해결 능력을 탐색하여야 한다.
• 환경의 압력이나 스트레스에 대한 대응양식을 탐색하여야 한다.
• 현재 상황, 미래에 대한 불안감을 탐색하여야 한다.

그림 6-20   **자녀**(어린 모습으로 표현)

◊ ◊ 자녀와 갈등이 있는 할머니의 콜라주 작품이다.
설명: 자아탐색 과정에서 자신이 늙었음을 부정하고 싶은 마음이 자녀를 아이로 표현했음을 깨닫게 되었다(아이들이 어렸을 때는 자녀에게 인정을 받았다.).

그림 6-21   **누가 내 마음을 본다면**(한지에 표현)

◊ ◊ 먼저 노인에게 작품에 대해 이야기하기를 권했다. 어떻게 행동해야 될지 모르겠다고 하셨다. 이야기를 듣고 치료사의 시선이 검은 점에 머물렀다. 검은 점이 흩어졌으면 좋겠다고 하셨다.

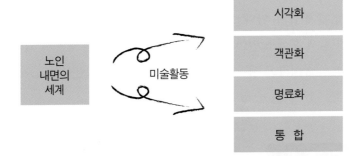

    치료사는 노인이 자아탐색을 하도록 돕고 노인 내면의 갈등 요인, 드러나지 않았던 욕구, 미해결 과제들도 함께 살펴야 한다.

    노인의 생활태도, 가치관, 인생관도 함께 탐색하여 내면의 욕구, 갈등, 미해결과제와의 상호 관련성을 파악한다([그림 6-22] 참조). 이러한 과정에서 노인은 문제해결의 길을 보게 될 수 있다.

    자아탐색의 활동은 이제까지의 경험을 표출시키면서 그 경험과 관련된 사고, 감정을 이해하는 것이다. 지금까지의 인생과정을 단계별로 떠오르게 할 수도 있다. 어느 한 발달단계로 고정하여 그 시절을 떠오리게 할 수도 있다. 그러면서 이 시기의 사건

그림 6-22   나

✎ 혼자 생각하고 혼자 결정하는 편이다. 시끄러운 것을 싫어하고 체면의식이 강하다. 화를 삭이는 편이다. 주변에 있으면서 남과 다른 고추가 자기를 닮았다고 했다. 꽃과 잎, 가지를 적당히 붙이세요. 나의 모습을 찾아보세요.

그림 6-23   인생단계

✎ 지금까지 나의 생활을 발달단계별로 묘사해 봅시다. ◊ ◊ 색종이 찢기를 통해 발달단계를 표현하였다. 색깔, 면적, 모양의 다름을 통해 각 단계를 탐색해 볼 수 있다.

이 그 이전의 단계와 어떤 관련성이 있는가, 지금과는 어떤 관련성이 있는가를 생각해 보는 시간을 갖게 할 수 있다([그림 6-23] 참조).

인생에 대한 탐색 후에 노인이 자신의 인생을 수용하는 데 도움이 되는 활동이 이루어져야 한다. 성공이라고 생각하는 경험이나 생활에서 보람이라고 여겨지는 사건이 자아탐색에서 다루어질 수 있다([그림 6-24] [그림 6-25] 참조).

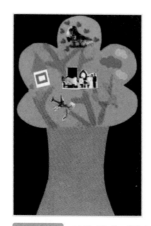

그림 6-24   나의 40대 자랑거리

◊ ◊ 좋은 일의 회상은 생활에 활력소가 된다.

그림 6-25   화해

✎ 지금 하고 있는 일 중 가장 보람된 일은 무엇입니까?
설명: 갈등관계에 있던 친척과 화해한 일.

자아탐색은 노인 스스로 자신의 특성이나 성격을 보다 객관적으로 평가할 수 있도록 도와준다. 또한 치료사가 노인이 다른 사람과의 관계에서 자신을 객관적으로 평가할 수 있도록 도움을 줄 수 있다. 이러한 과정을 통해 노인은 보다 새로운 방식으로 자신을 바라볼 수 있게 된다. 일반적으로 활용되는 객관적 평가 기준으로 〈표 6-5〉와 같은 예가 있다.

표 6-5 자아탐색

자신이 평소 느끼고 생각하고 있는 것을 나타내고 있으면 'O' 표, 비슷하면 '△' 표, 전혀 다르면 '×' 표를 하여 봅시다.	
① 나는 건강하다.	( )
② 나는 즐겁게 생활하는 편이다.	( )
③ 나는 지금의 내가 만족스럽다.	( )
④ 나는 고독과 명상을 좋아한다.	( )
⑤ 나는 친구들 사이에서나, 우리 집에서 중요한 사람이다.	( )
⑥ 나는 화목한 가정에서 살고 있다.	( )
⑦ 나는 가족에게 내가 해야 할 도리를 다하고 있다.	( )
⑧ 나의 가족은 나에게 지나친 기대를 한다.	( )
⑨ 나는 다른 사람들과 잘 어울린다.	( )
⑩ 나는 내가 보기에도 가끔 나쁜 짓을 하는 편이다.	( )
⑪ 나는 다른 친구들의 생각이나 행동을 이해하려고 노력한다.	( )
⑫ 나는 내가 하고 싶은 이야기들을 식구들과 터놓고 이야기한다.	( )

노인으로 하여금 자신이 원하는 것이 정말로 무엇인지를 탐색하게 한다. 노인은 자신이 정말로 원하는 것이 무엇인지 제대로 살피지 못하는 경우가 많다([그림 6-26] 참조). 그리고 노인이 정말로 원하는 것을 스스로 이룰 수 있는지도 살펴야 한다([그림 6-27] 참조).

그림 6-26 　**자녀가 보는 나**

설명: 내가 항상 웃으니까 아이들은 내가 기분이 좋고 건강한 줄 알아. 계속 나에게 의존해. 그렇지만 아픈 곳이 많고, 그렇게 즐거운 것도 아니야. 그렇지만 그래도 좋아. 오히려 감사하며 살아야지.

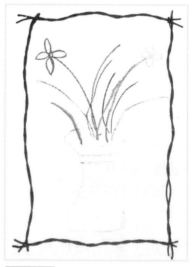

그림 6-27 　**난처럼 되고 싶다**(내가 원하는 것)

설명: 주위에 흔들리지 않고, 비난 받지 않고, 욕심을 버리고, 종교생활하며 살고 싶다.

3) 정서 다루기

자아탐색에 관련된 요소로 정서의 표현이 있다. 말이나 글로 표현할 수 없는 감정들이 간과되면 자아개방이나 자아탐색이 미흡한 경우가 많다. 그리고 정서에서 중요한 것은 지니고 있는 감정 자체가 문제가 아니라, 이를 어떻게 다루는가다.

 감정억제와 표현 효과

- 현재의 감정을 다루기 어려운 이유
  감정표현이 상대방에게 배척당할지 모른다는 위험을 느끼기 때문이다.
  감정을 표현하면 상대가 어떻게 반응할지 자신이 예측하고 통제할 수 없기 때문이다.

- 감정 억제의 결과
  해결되지 않은 감정은 편협한 판단과 행동을 초래한다.

해결되지 않은 감정은 지각에 영향을 주게 된다.
감정을 억제하면 벽이 생기고, 관계를 회피하게 된다.
자신을 드러내지 않으면 다른 사람은 당신이 어떤 사람인지 알 수 없다.

• 감정 표현의 효과
자신의 느낌을 더 분명히 인식할 수 있다.
대화로 이끌어 준다.

미술치료사는 미술치료를 통해, 노인의 내면에 숨겨진 정서를 정확히 파악하여 그 정서를 드러내고 표현하도록 도와주어야 한다.

감정 표현의 유도 예

➡ 눈을 감으세요. 그리고 천천히 눈물이 나오는 모습을 그려 보세요. 어떤 순간이 떠오르나요?
➡ 얼굴을 찡그려 보세요. 더 찡그려 보세요. 찡그린 내 옆에 무엇이 있나요?

정서와 관련하여 치료사는 노인의 감정을 이해하고 수용하여 충분히 공감해야 한다. 노인의 감정은 다른 발달시기에 있는 사람들보다 억눌려 있으며, 노인도 감정을 표현할 권리가 있다는 것을 인지해야 한다.

치료사는 노인의 부정적 정서가 타당성이 있음을 받아들여야 한다. 그럼으로써 노인의 부정적 감정에 대한 이해와 공감을 할 수 있고, 노인의 이러한 감정에 대한 구체적인 원인과 내용을 파악할 수 있다. 무엇보다 중요한 것은 노인의 부정적 정서와 별

부정적 정서 다루기의 과정

• 노인의 부정적 정서가 타당성이 있다.
• 부정적 정서에 공감한다.
• 부정적 감정을 해소한다.
• 긍정적 감정을 일깨운다.

도로 노인은 인간으로서의 존엄성이 있음을 받아들이는 것이다. 그리고 나서 부정적 감정의 해소를 다루는 것이 필요하다. 부정적 감정을 충분히 다룬 후에 긍정적 정서의 증대로 나아가야 한다.

그림 6-28　여러 표정

설명: 노인들의 표정은 젊은 사람의 표정에 비해 무덤덤하다. 다양한 표정을 찾아봄으로써 그 표정과 관련된 경험과 정서를 느껴 보고, 노인의 표정을 풀어 주기 위해 시도한다.

그림 6-29　나는 여러 얼굴

　우리들은 때에 따라 웃기도 하고, 울기도 합니다. 그때 그때의 마음에 따라 얼굴 표정도 달라지지요. 여러 가지 얼굴 표정을 오려서 붙여 보세요.

그림 6-30　즐거울 때 나의 표정

◑◑ 감정을 좀 더 강조하기 위해 시도하였다.

그림 6-31　화난 감정 풀기

설명: 화난 상황을 생각한 뒤 그때를 생각하며 낙서를 하였다. 실컷 낙서 후 검정색 크레파스를 칠하였다. 그리고 싶은 것을 그리시라고 하니 꽃, 잠자리, 달팽이 등을 그리셨다. 다양한 도형판을 보여드리고 스크래치한 화면을 그 도형에 맞추어 오릴 수 있다고 말씀드렸다. 치료사는 도형보다 좀 더 크게 색지를 오렸다. 그리고 할머니께 드리니까, 이 도형판에 오린 스크래치를 붙이셨다.

치료사가 노인의 부정적 감정 다루기에서 검토해야 할 사항에는 다음과 같은 내용이 있다.

검토해야 할 사항

- 노인이 정서를 표현할 때 어느 부분에서 저항을 하였는가?
- 노인이 정서를 표현하면서 부적절성과 혼란을 느꼈는가?
- 노인의 정서에서 치료사가 부정하고 있는 정서에는 어떤 것이 있는가?

치료사는 노인의 정서를 노인의 입장에서 느끼고 이해하며, 이것을 노인에게 전달해 주어야 한다. 치료사는 노인의 입장에서 그의 마음 깊이 들어가려는 시도를 해야 한다. 치료사는 노인의 눈, 마음 그리고 가슴으로 노인의 세계를 보아야 한다.

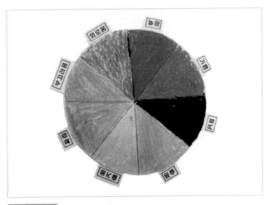

그림 6-32 **나의 감정 파이**

◐ ◐ 모든 감정이 의미 있는 감정임을 공감해 줌이 필요하다.

표 6-6 **공감적 이해의 유의점**(Alterhoff, 1994)

1. 노인의 감정에 집중한다
2. 공감적 이해를 전달할 때는 가능한 한 구체적이고, 시각적이며, 간단하고, 정확해야 한다.
3. 공감적 이해를 전달할 때 그것은 단지 가정 혹은 노인의 감정에 가까운 것일 뿐이라는 사실을 염두에 두어야 한다.
4. 치료사는 현재 경험하고 있는 노인의 감정을 전달하여야 한다.

노인이 자신의 부정적 감정과 긍정적 감정을 모두 인식하고 수용함으로써 자기이해를 하게 되고, 자아성장을 위한 틀을 마련하게 된다. 자신의 부정적 감정에 대해 방어기제를 사용할 필요도 없고, 긍정적 감정을 과대평가할 필요도 느끼지 않게 된

그림 6-33   **왜 이런 표정**

◍◍ 부정적인 감정을 적극 표현하도록 돕는다.

✎ 다음은 여러 가지 표정의 얼굴 그림입니다. 얼굴 표정을 보고 어떤 일이 있었을까를 짐작해 보세요.

다. 긍정, 부정 감정 모두 자신의 감정의 한 부분임을 인정하고 수용할 때 진정한 자기이해가 되어, 통찰로 나아가게 된다(김기석, 1978).

노인은 자신의 내면에 있는 감정을 잘 드러내려 하지 않는다. 그러므로 치료사와의 관계에서 자연스럽게 표현되어야 한다. 부정적인 감정을 한꺼번에 드러내기는 어렵다. 또 부정적인 감정을 교정하려 하거나 지시적으로 인식을 전환하려는 태도는 노인의 부정적인 감정을 강화하고 표현을 억제하게 할 수 있다. 치료사는 충분한 시간적·심리적 여유를 가지고 노인을 대해야 한다. 치료사가 노인에 대해 수용적인 자세를 취하고 노인을 존중함이 필요하다.

4) 문제해결

노인이 자신과 자신의 갈등, 문제 정서에 대해서 새로운 이해를 하게 되면 자기행동을 이해하게 되는 것이다. 같은 사실을 새로운 관점에서 보게 되며, 깨닫지 못했던 문제해결에 이르게 될 수 있다. 이 과정은 한 번에 일어나는 경우도 있으나 계속된 과정에서 일어나기도 한다.

노인은 자신의 상황, 감정, 사고, 행동, 공상과 사실, 주관과 객관, 환상과 현실을 올바르게 이해하는 것이 필요하다. 그래야만 어떻게 행동해야 할지를 알게

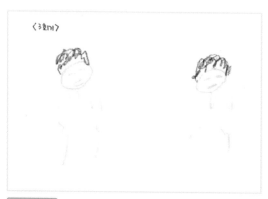

그림 6-34   **외롭고 화가 나**

✎ 우리는 화가 나면 좋지 않은 말을 사용할 때가 가끔 있습니다. 내가 자녀들이나 이웃에게 많이 사용하는 좋지 않은 말이 있나요? 자녀들이나 이웃들로부터 좋지 않은 말을 들을 때 기분이 어떤가요? 표현해 보세요.

되며, 그 알게 된 행동을 실행해 문제를 해결할 수 있다.

치료사는 노인에게 자신의 기대와 현실적인 상황을 살피는 기회를 제공한다. 이를 통해 노인은 현실에 기초하는 기대와 대처방안을 살피게 된다. 환경이 변화될 수 없을 때, 환경에 대처하는 방법으로 자기통제와 조절능력을 갖게 되는 것이 문제해결의 한 방법이다([그림 6-36], [그림 6-37], [그림 6-38] 참조).

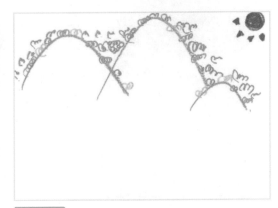

그림 6-36　계속 등산을 할 수는 없어.

설명: 나에게 맞는 의미 있는 생활을 찾고자 시도하였다.

그림 6-35　용기 있게 내가 먼저 문을 열자.

그림 6-37　나도 저 곳에 낄 수 있었으면······.

◦◦ 시각화된 작품을 통해 문제를 좀 더 구체적으로 생각하고 해결방법에 좀 더 적극적이 될 수 있다.

그림 6-38　내가 줄 수 있는 것(대처)

◦◦ 복잡하게 얽혀 해결할 수 없는 상태로 보여도, 해결하고자 하면 방법이 있을 수 있음을 깨닫게 하고자 시도하였다.

그림 6-40   잊혀지지 않는 싸움

✎ 여러 기억 속에서 가족이나 이웃들과 다툰 일이 많을 것입니다. 그중에서 가장 잊혀지지 않는 싸움(다툼)에 대해 생각해 봅시다.
설명: 먹구름과 번개다. 이 여자의 얼굴은 어둡고 머리 위에 무거운 짐이 있어 머리가 아프다.

그림 6-39   자연과 인생

✎ 낙엽의 일생을 꾸며 봅시다.
지금의 선택을 낙엽이 지는 가을에 어떤 평가를 받을까요? "왜 이 방안을 선택했나요? 이 결정은 따르기가 수월한가요?"

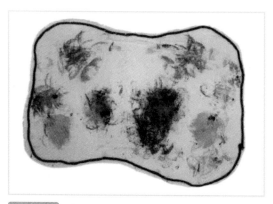

그림 6-41   옷감에 무늬찍고, 연상하기

◐◐ 친근한 매체에 의한 연상활동으로 치료 참여의 동기를 유도할 수 있다.

때로는 대처 방안에 대해 좀 더 객관적으로 보기 위한 과제를 실시할 수도 있다([그림 6-39] 참조). 또한 잠재된 갈등을 해소하고 타인을 수용하는 태도를 기르기 위한 방안도 시도해 볼 수 있다([그림 6-40] 참조).

노인이 미술활동을 통해 자신을 표현하는 데 있어 부담감을 줄여 주고, 흥미를 유발시키며 성취감을 부여할 수 있도록 매체를 선택하는 일은 치료과정에서 매우 중요한 부분이다. 정서 자극, 인지적 자극, 소근육과 감각의 발달, 자아존중감 향상을 도와주며, 쉽게 접근할 수 있는 매체의 활용이 요구된다. 미술활동에 대한 두려움과 거부감을 해소하고 친근하게 접근할 수 있는 자연물의 활용, 폐품의 적절한 활용도 치료에 도움이 된다. 표현이 쉽고 간단하면서 우연의 효과를 이용한 작업 등으로 동기 유발하는 것도 필요하다.

미술치료 개입영역과 방법

이 장에서는 노년기 변화의 내용에 대해 어떻게 미술치료가 개입할 수 있는가에 대해 살펴보고자 한다. 먼저 노년기 행동 특성에 적용되는 미술치료의 특성을 정리하면 〈표 7-1〉과 같다.

표 7-1 미술치료 개입

노인행동의 특성		미술치료의 특성
심리적 특성	우울	에너지 부여, 재미있고 친숙한 활동, 기분전환
	무력감	미술매체와 활동 선택, 작품완성을 통한 자아존중감, 성취감, 새로운 경험
	상실감	구체적 작품에 의한 획득감, 현실과 소망 구별
	고독, 소외감	협동향상, 협동작품을 통한 의사소통, 대인관계기술 향상
	분노	사회적으로 용인되는 자아표현, 치환, 승화
	죽음불안	미술의 시 · 공간제약 배제, 자아수용, 미래 희망
	무의미	창의적 표현, 잠재능력 개발
기능적 특성	손근육기능 감퇴	미술치료를 통한 유지 및 재활
	시지각 기능 감퇴	미술활동의 통합성, 모방가능, 형태, 색채 관찰
	언어결핍	심상표현, 비언어적 의사소통
임상적 특성	뇌졸중	활동 자극, 성취감, 자아존중감
	치매	인지 개념, 기억, 회상, 작품구성

노년기에 일반적으로 나타나는 우울, 무력감, 상실, 자아존중감, 생활만족도, 질환, 분노에 있어 미술치료적 개입에 대해 살펴보겠다. 치료사는 노인들에게 더 나은 삶을 영위할 수 있도록 도와주어야 한다.

그림 7-1 **멋진 여생 꾸미기**

◑ ◑ 나쁜 감정을 좋은 감정으로 변화시키는 요술상자를 만들었다.

1. 노년기 우울과 미술치료

노년기에 흔하게 나타나는 것이 우울이다. 우울은 적절한 시기에 치료적 개입을 하지 못하면 건강의 약화, 일상생활 능력의 저하를 넘어 자살 위험도 야기할 가능성이 있다.

우울의 결과

- Pfeiffer(1977)

  슬픈 감정 → 생활에 대한 흥미와 관심이 결여 → 활동성 수준 저하 → 낮은 자아존중감 → 현재와 미래에 대한 비관적 견해 → 고립과 외로움

- Lewinsohn, Biglan, & Zeiss(1976)

  ① 즐거움의 상실, ② 행동적 결핍(사회활동 감소), ③ 행동적 과다(자신에 대한 의심, 죄의식), ④ 신체적 증상(두통, 식욕부진), ⑤ 인지적 현상(자존심 하락, 자기비하, 절망감)

노년기는 신체 기능의 약화, 직업에서의 은퇴와 사회적 역할 상실, 가족 내에서의 지위와 역할 상실, 배우자나 친구의 사망 등으로 우울을 경험하는 경우가 많아진다. 노년기 우울은 다른 연령층에 비해 예후가 나쁘고 신체적 증상과 심리적 증상이 동시에 나타나며, 삶의 질을 저하시키는 중요한 문제라고 할 수 있다.

이 절에서는 노년기 우울의 원인과 진단, 우울의 치료방법에 대해 살펴보겠다.

1) 노년기 우울의 원인과 진단

노인들에게 슬픈 감정은 흔히 있는 일이다. 그러나 정상적인 우울 감정과 임상적 우울 증상과의 구별은 분명치 않다. 노년기 우울은 유전적인 요인이기보다는 개인의 기질적인 예민성, 성격 성향, 신체ㆍ생리적 변화, 가족관계 변화, 사회적 변화, 경제 능력 상실, 스트레스 등에 의해 야기되거나 악화된다.

노인의 우울에 영향을 주는 요인에 대한 연구에서 노화에 따른 신체적 상태가 우울의 매우 중요한 변인이라는 연구결과가 있다. 신체적 질병을 가진 노인들이 건강한 노인들보다 우울을 더 많이 보고한다는 것이다. 그러나 우울 자체가 건강상태에 영향을 미칠 수 있다는 연구도 있다. 우울을 경험하는 노인들이 위장병에 걸리기 더 쉽다는(Birren & Schaie, 1990) 연구결과가 있다.

그림 7-2 　우울의 시작

설명: 운동을 하다가 다리가 아파지면서 우울해지기 시작했어.

노인의 우울은 증오심이 자기자신으로 향하기 때문에 일어나는 청년기의 우울과는 달리 노화로 인한 자아존중감의 상실에서 나오는 경우가 더욱 많다(Busse, 1959). 죄의식이 노년기 우울의 원인이 되기도 한다(Butler & Lewis, 1977).

노인 우울의 생물학적 원인은 현재까지 명확하게 밝혀지지 않았다. 그러나 말초부분의 신경화학적 및 신경내분비적 측정치와 뇌 구조 및 기능 등의 측정치에서 정상 노인과 우울 증상을 보이는 노인 간에 다소 차이가 있음이 발견되었다. 즉, 뇌혈관질환 환자의 약 24%에서 우울장애가 발생하는 것으로 보고되고 있다. 또한 피질성 경색과 열공성 경색이 우울장애에 가장 높은 발생률을 보였다. 알츠하이머병이나 뇌혈관 증후군뿐만 아니라 파킨슨병 환자들도 우울장애 발생률이 50%에 이른다.

그림 7-3 　함께 작업함으로써 우울 완화

🖋 먼저 한 사람이 도화지의 적당한 위치에 찍고 싶은 것을 찍도록 한다. → 일정한 시간이 지난 후 옆의 사람에게 자신의 그림을 넘기도록 지시한다. → 일정한 시간이 지난 후 다시 옆의 사람에게 자신의 그림을 넘기도록 지시한다. → 자신의 그림이 돌아서 다시 자기에게 올 때까지 실시한다. → 어떻게 마무리를 할지 서로 의견을 나눈다.

설명: 산을 꾸미자는 데 의견이 모아졌고 크레파스로 산을 만들었다. 다음 사람이 노란색으로 꽃을 만들었다. 다음 사람은 하늘을 완성했고, 마지막 사람이 열매 달린 나무를 만들어 마무리했다.

노년기는 잘 알고 지내던 사람이나 비슷한 동년배의 죽음을 많이 경험하게 되는 시기다. 이러한 상실의 경험이 우울에 영향을 준다. 사별로 배우자와의 결혼생활이 단절되고 가족들과의 관계도 점점 소원해지면서 외로움, 소외감, 자신감의 감소가 나타난다.

배우자의 생존 여부나 성인자녀들의 지지 정도도 우울에 영향을 준다. 배우자와 긍정적인 상호의존 관계를 수립하고, 성인자녀들로부터 지지를 많이 받을수록 우울하지 않은 것으로 나타났다(Lewinsohn, Rohde, Seeley, & Fisher, 1991). 또 배우자가 있는 노인이 배우자가 없는 노인보다 더 낮은 우울감을 보이는 것으로 나타났다. 부부 노인에 비해 독신노인이 건강상 불편을 더욱 느끼며, 더욱 빈번한 우울증과 외로움에 빠지고 더욱 자녀에게 의존하고픈 심정에 있는 것으로 나타났다(주성수, 윤숙례, 1994).

경제적 어려움도 노인들의 우울에 영향을 준다. 직업의 은퇴는 소득의 단절이나 감소를 의미한다. 그러면서 노년기의 질병으로 지출이 증가한다. 경제 문제를 스스로 해결하기 어렵고, 가족이나 주위, 사회로부터 지원을 받지 못하게 될 때 우울감은 더 심해진다. 노인의 사회활동 정도에 따른 우울감 조사에서 사회활동에 대한 참여가 많을수록 노인의 우울이 감소하는 경향을 나타냈다(신효식, 1993). 사회활동 정도에 따른 우울 정도는 대부분 사회활동에 참여하는 노인들이 덜 우울하다는 결과를 보이고 있다(Lewinsohn, Rohde, Seeley, & Fisher, 1991). 그러나 사회활동 참여 유무나 사회활동의 종류가 노년기 적응을 예견하는 것이 아니라 노인 개개인이 자신이 좋아하는 활동을 하느냐 안 하느냐가 중요하다(Atchley, 1991)는 견해도 있다.

그림 7-4   **아프리카에서의 자원봉사**

설명: 아름다운 사회활동을 하는 노년기의 모습이다.

그림 7-5   **동년배와의 즐거운 활동**

설명: 즐거움은 노인의 정신건강에 좋다.

　　노년기는 다른 시기보다 여가시간이 많다. 여가를 적절히 활용하지 못할 때 우울해진다. 신체적·경제적·사회적 조건이 여의치 않아 여가활동을 적절히 활용하지 못하는 경우도 많으며, 이 경우 소외감, 무료감으로 우울이 더 심해질 수 있다.

　　미술치료는 여가활동의 기능도 가지고 있다. 미술치료가 작품 완성을 목표로 하는 것이 아니라고는 하나, 치료과정에서 새로운 미술매체와의 만남, 새로운 표현의 습득은 치료시간 외의 여가활동에 응용될 수 있다.

　　우울은 일시적인 우울과 지속적인 우울로 분류할 수 있다. 일시적인 우울이라도 미술치료적 개입이 필요하다.

우울의 분류

- **감정의 일시적인 침체현상으로서의 우울**: 사람들이 흔히 겪는 우울로 일상생활에 대해 상당히 잘 반응하며 배우자나 친지의 죽음 등으로 인하여 급히 나타나서 어느 정도 기간 동안 지속되다가 소멸한다.
- **신경증적 우울과 정신병적 우울**: 질환의 정도가 더욱 심하고 현실파악의 감각수준이 매우 낮다.

　　〈표 7-2〉와 같이 우울은 여러 증상을 지니고 있다.

표 7-2　우울의 증상

- 불안감, 절망감, 초조감
- 의욕상실, 비관적 태도, 무력감
- 기억력 장애, 집중력 장애, 문제해결력 저하
- 식욕부진, 소화불량
- 체중 변화, 만성피로
- 수면장애

우울한 노인은 별다른 이유 없이 통증, 두통, 허리통증 등의 신체적 고통을 호소하기도 한다. 그러나 의사의 진찰에서 신체적 이상이 발견되지 않는 경우가 많다.

그림 7-6   나의 마음 그릇

✎ 나의 상자를 만드세요. 자신만이 갖고 있는 소원들을 상징하는 색종이를 상자 안에 넣으세요.
◡◡ 우울 감소를 위해 시도되었다.
◡◡ 재료: 마분지 상자, 한지

그림 7-7   하루의 기분

◡◡ 자신의 하루 표정 붙이기이다. 마음의 상태는 얼굴에 나타나며, 자신의 표정에 대해 느껴보게 하기 위해 시도할 수 있다.

노년기 변화에 적응하면서 더 나아가 만족을 느끼며 생활하는 것이 적응이며 자아성장이라고 할 수 있다. 그러나 노년기의 노인이 자기 환경을 극복해 낼 수 있는 능력이나 경험을 갖추지 못하든지, 또 노인이 갖고 있는 능력이 제대로 발휘하지 못할 수도 있다. 이럴 때 미술치료 개입이 필요하다.

나 자신의 인간 가치를 결정짓는 것은
내가 얼마나 높은 사회적 지위나 명예 또는
얼마나 많은 재산을 갖고 있는가가 아니라,
나 자신의 영혼과 얼마나 일치되어 있는가이다.
                    - 법정스님의 '홀로 사는 즐거움' 에서 -

　　노년기 우울은 노인에게 쉽게 일어날 수 있는 장애이고, 노인들의 삶의 질을 저하시키는 중대한 문제이다. 원인과 증상에 따라 약물치료나 정신치료를 하게 된다(Kline, 1974). DSM-5에 의한 우울 증상 중에서 5개 혹은 그 이상의 증상이 연속 2주 동안 지속되면 우울증상으로 진단한다.

표 7-3	DSM-5에 의한 우울진단

DSM-5의 진단기준
- 하루의 대부분 그리고 거의 매일 우울한 기분의 주관적인 보고(슬프거나 공허하다고 느낀다)나 객관적인 관찰(울 것처럼 보인다)에서 드러나는 경우
- 모든 또는 거의 모든 일상 활동에 대한 흥미나 즐거움이 하루의 대부분이나 거의 매일 뚜렷하게 저하되어 있는 경우(주관적인 설명이나 타인에 의한 관찰에서 드러나는 경우)
- 체중조절을 하고 있지 않는 상태에서 의미 있는 체중 감소나 증가, 거의 매일 나타나는 식욕 감소나 증가가 있는 경우
- 거의 매일 나타나는 불면이나 과다수면의 경우
- 거의 매일 나타나는 정신운동성 초조나 지체의 경우
- 거의 매일 피로나 활력상실의 경우
- 거의 매일 무가치감 또는 과도하거나 부적절한 죄책감을 갖는 경우
- 거의 매일 나타나는 사고력이나 집중력의 감소 또는 우유부단함의 경우
- 반복되는 죽음에 대한 생각, 특정한 계획 없이 반복되는 자살생각 또는 자살수행에 대한 특정계획이나 자살기도의 경우

　　노인의 우울 정도를 파악하기 위해 〈표 7-4〉와 같은 질문지법에 의한 검사도 자주 활용되고 있다.

표 7-4	한국판 노인 우울척도(GDS-K)

• 다음을 잘 읽고 요즈음 자신에게 적합하다고 느끼는 답에 동그라미(○)를 표시하십시오.		
문 항	예	아니요
1. 당신은 평소 자신의 생활에 만족합니까?		
2. 당신은 활동과 흥미가 많이 저하되어 있습니까?		
3. 당신은 인생이 공허하다고 느낍니까?		
4. 당신은 가끔 따분합니까?		

5. 당신은 앞날에 대해서 희망적입니까?		
6. 당신은 머릿속에서 떠나지 않는 생각 때문에 괴로워합니까?		
7. 당신은 대부분의 시간을 맑은 정신으로 지냅니까?		
8. 당신은 어떤 나쁜 일이 자신에게 일어날까 봐 두렵습니까?		
9. 당신은 대부분의 시간이 행복하다고 느낍니까?		
10. 당신은 가끔 무력감을 느낍니까?		
11. 당신은 가끔 안절부절 못하고 침착하지 못합니까?		
12. 당신은 밖에 나가 새로운 일을 하는 것보다 집에 있기를 더 좋아합니까?		
13. 당신은 자주 앞날에 대해 걱정합니까?		
14. 당신은 평상시보다 기억력이 더 떨어졌다고 느낍니까?		
15. 당신은 지금 살아 있다는 것이 아름답다고 생각합니까?		
16. 당신은 가끔 낙담하고 우울하다고 느낍니까?		
17. 당신은 지금 자신의 인생이 매우 가치가 없다고 느낍니까?		
18. 당신은 지난날들에 대해서 많이 걱정합니까?		
19. 당신은 인생이 매우 흥미롭다고 느낍니까?		
20. 당신은 새로운 계획을 시작하기가 어렵습니까?		
21. 당신은 활력이 충만하다고 느낍니까?		
22. 당신은 자신이 절망적인 상황에 처했다고 느낍니까?		
23. 당신은 대부분의 사람들이 당신보다는 더 좋은 처지에 있다고 생각합니까?		
24. 당신은 자주 사소한 일에 마음의 동요를 느낍니까?		
25. 당신은 자주 울고 싶다고 느낍니까?		
26. 당신은 집중하는 데 어려움을 느낍니까?		
27. 당신은 아침에 일어나는 것이 즐겁습니까?		
28. 당신은 사회적인 모임을 가능한 한 피합니까?		
29. 당신은 결정을 내리는 것이 수월합니까?		
30. 당신의 마음은 이전처럼 편안합니까?		

출처: 박은경(2002).

2) 우울의 치료방법

우울을 치료하는 방법에는 여러 가지가 있다. 여기에는 약물치료, 전기충격치료, 정신치료 등이 있다. 미술치료사가 다양한 치료방법과 특성을 알 때 필요에 따라 전문가의 도움을 받을 수 있다.

우울증상이 심각하지 않은 경우에는 누군가에게 얘기하는 것만으로도 호전될 가능성이 높다. 따라서 치료사는 노인의 이야기를 들어주고 노인이 현재 겪고 있는 일들을 충분히 이해하려고 노력해야 한다.

그림 7-8　**길 그리기**

설명: 치료사가 "어떤 느낌이 드세요?" 하니까 "뭐, 그렇지." 하셨다. "나무에 잎이 있으면 어떨까요?" 하니까 열매를 그리셨다. "더 그리셔도 됩니다." 하니까 새와 논을 그리셨다. 마지막으로 치료사가 "그림에 테를 두르면 어떨까요?" 하였다.
치료사와 함께 테를 둘렀다. 테를 두르니 훨씬 좋다고 하셨다.

(1) 약물치료

심한 우울의 경우에는 약물치료를 하게 된다. 항우울제는 우울 약물치료의 중심이 된다. MAO억제제, 리치움(lithium salts)도 있다. 삼환계 항우울제(이 약품의 분자구조에 3개의 벤젠고리가 있다)는 대부분의 경우에 효과가 크며 부작용도 거의 없다. 이 약은 중추신경계 내에서 신경세포로 유리된 신경전달물질(예: 노어에피네프린, 세로토닌 등)이 신경세포 내로 재흡수되는 것을 차단함으로써 신경세포접합부에서 이용될 수 있는 신경전달물질량을 증가시켜 우울을 완화시키는 것으로 알려져 있다. 부작용으로는 입안이 마르는 현상 등이 나타나는 수가 있다.

항우울제를 복용하면서 다른 약물을 병행해서 복용할 때는 약물의 상호작용에 특히 주의하여야 한다. 또 우울증상의 호전 시에 너무 빨리 약물을 중단하면 우울 재발의 위험성이 높다.

MAO억제제는 신경세포 내에서 신경전달물질의 대사에 필요한 효소인 MAO를 억제시킴으로써 항우울증작용을 나타낸다. 그런데 이 치료제는 삼환계 항우울제에 비해 고혈압, 기립성 저혈압, 간독성 등의 위험한 부작용이 생길 가능성이 많으므로 항우울치료약으로 선택할 경우에는 특히 신중을 기해야 된다. 일반적으로 삼환계 항우울제가 제대로 효력이 없을 때에만 MAO 억제제를 사용하고 그렇지 않은 경우에는 MAO 억제제의 사용을 삼간다(윤진, 1985).

리치움은 조증, 조울증에 사용한다. 효과가 대단히 크지만 중독의 위험이 있기 때문에 선택적으로 사용한다.

(2) 전기충격치료

전기충격치료는 환자의 한쪽 관자놀이에서 다른 쪽 관자놀이로 70~130볼트의 전류를 약 0.1~0.5초 동안 흘려보내는 치료를 말한다. 좀 더 증상이 심하거나 약물을 복용할 수 없는 경우, 즉각적인 위험에 노출되어 있는 경우에 사용한다. 전기충격치료는 약물치료가 장기치료를 필요로 하는 것과는 달리 2~10회 정도의 치료로도 효과가 있다. 자살기도 환자를 일시적으로 치료할 때처럼 위급한 상황에서 즉각적인 치료효과가 나타난다. 그러나 전기충격치료 방법이 어떠한 기제를 통하여 우울증을 완화 혹은 제거시키는가에 대해서는 아직 명확히 밝혀진 바가 없으므로 전기충격요법을 사용할 때는 신중을 기해야 한다(윤진, 1985).

(3) 정신치료

정신치료는 심리적인 방법으로 치료하는 것이다. 역동적 정신치료, 인지행동 정신치료, 인본주의 치료, 행동주의 치료 등이 있다. 우울치료 중 정신치료 부분이 미술치료가 개입할 수 있는 영역이다.

 행동 수정법

- 기본적 가정: 우울은 일상생활에서 자신의 행동에 대해 적절한 보상을 얻지 못하는 데서 오는 결과로 본다.
- 치료의 기본원리: 바람직한 행동을 강화함으로써 바람직한 행동의 수량과 빈도를 증가하도록 한다. 활동수준, 특히 유쾌한 활동의 수준을 높여 주는 것이다.
  예 침체된 감정, 사고, 자기비하, 죄의식, 실제 혹은 상상적인 신체적 질병에 대한 불평 등은 무시한다. 반면에 미소를 짓거나 자부심을 갖는 등의 긍정적인 반응을 할 때는 주의, 인정, 선물 등으로 강화를 준다.

우울증에 쉽게 빠지는 노인은 그렇지 않은 노인
보다 어떤 활동에 참가하는 것 자체를 좋아하지 않
는다. 즉, 우울증 경향이 높은 노인은 친구와의 만
남, 영화 구경, 스포츠, 등산, 여행, 음악 등 그 어
느 것에 대해서도 그다지 흥미를 갖지 않는다. 그
러므로 행동치료법의 하나는 이들에게 인생을 즐
기는 방법을 가르쳐주는 것이다. 스포츠 교실, 미
술활동, 노래부르기와 같은 구체적인 프로그램을
제공할 수도 있고, 의사소통기술, 자기주장 훈련방
법 등을 가르칠 수도 있다.

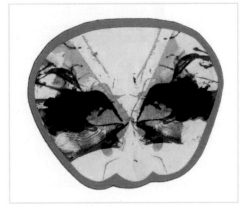

그림 7-9   **우연의 기쁨**

◐ ◐ 스텐실과 데칼코마니의 합성이 활동의 즐거움을 주었
다. 또한 가상자리에 테를 두른 것도 특별한 작품처럼 보인다.

인지행동치료

- 기본적 가정: 우울은 비합리적인 사고, 신념, 태도 등으로 인하여 생긴다.
- 치료의 기본원리: 우울을 유발한 개인적인 신념과 태도를 보다 건강하고 현실적으로 바꾼다.
- 치료방법의 하나: 비관적인 사고를 중지시키거나 수정한다.

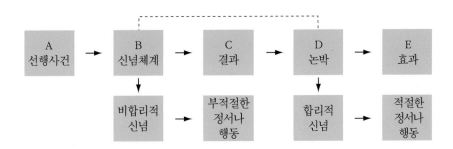

그림 7-10   **인지행동치료 과정**(Ellis, 1994)

치료사는 우울증상이 심각한 노인에게 의사의 진단을 받도록 용기를 주어야 한다.
심각한 우울을 경험하고 있는 노인에 대해서는 특별한 관심을 두어야 하며, 〈표 7-5〉
와 같은 상태를 보이는 경우 전문의에게 의뢰해야 한다.

표 7-5	의뢰의 경우(이호선, 2005)

- 수주 간의 상담에도 불구하고 지속적인 슬픔과 즐거움의 경험에 진전이 없을 경우
- 수주 간의 상담 동안에도 5kg 이상의 체중 감소나 10kg 이상의 체중 증가를 보이는 경우
- 수주 간의 상담 동안이나 그 후에도 불면이나 지나친 수면 정도를 보인 경우
- 수주 간의 상담 동안이나 그 후에도 지나친 피로감이나 움직임이 더딘 경우
- 수주 간의 상담 동안이나 그 후에도 눈에 띄게 만사를 귀찮아하거나 심하게 짜증을 내거나 심각할 정도로 부산한 경우
- 수주 간의 상담 동안이나 그 후에도 이상한 생각이나 망상을 보이는 경우
- 수주 간의 상담 동안이나 그 후에도 자살 생각이나 시도가 있는 경우

2. 노년기 무력감과 미술치료

매일매일 하루 일과를 경로당에서 시작해서 경로당에서 마무리 짓지만, 이렇게 경로당에서 보내는 시간은 할머니에게 무의미하다. 그것은 가족들과 함께하는 시간이 아니기 때문이다. 할머니는 평생을 자식들의 뒷바라지에 바쳤다. 노름을 일삼은 남편을 대신해서 네 남매를 돌보느라 허리가 휘어질 대로 휘어진 할머니를 자식들 중 누구도 모시지 않으려 하는 것에 대해 서운하다. 손자, 손녀들도 할머니를 좋아하지 않는다.

1) 노년기 무력감의 증상과 원인

성공적인 노화를 이룬 노인과 일반적인 노인의 비교에서 성공적인 노인은 젊은 사람과 비슷한 수준의 건강상태를 유지하며, 기능 면에서도 활동적인 특성을 보인다. 반면에 일반적인 노인은 건강을 상실하거나 기능적으로 약화된 사람들이었다(Rowe & Kahn, 1997). Rowe와 Kahn은 성공적 노화의 세 영역으로 노년기 질병으로 인해 무기력해지지 않기, 높은 정신적 · 신체적 · 인지적 기능 유지하기, 적극적으로 생활에 참여하기라고 했다.

신체적 노화, 정년퇴직, 역할의 변화, 가족 내에서의 위치 변화 그리고 급격한 시

그림 7-11　나의 하루

설명: 내가 할 수 있는 것이 무엇이지? 집 안에 있는 것뿐이지.
👀 충분한 감정표현이 필요하다.

그림 7-12　아침에 일어났을 때의 느낌

설명: 어떤 느낌과 생각이 듭니까?
오늘은 무엇을 하고 보내지? 계속 누워 있기도 싫고, 오늘은 안 아
팠으면……, 삶에 재미가 없네.
👀 충분한 감정표현을 위해 시도할 수 있다.

대적 변화에 대한 대처가 어렵게 되면 노인들은 점차 무기력해진다.

우리들의 일상생활은 긍정적이건 부정적이건 다양한 사건의 연속이며, 노인의 생활도 마찬가지다. 이러한 환경에서 노인이 자신의 환경 내에서 일어나는 여러 가지 사건을 마음대로 통제할 수 없다고 느끼면, 마침내 그러한 환경을 통제하려는 의지와 노력을 포기하게 되고 무력감이 형성된다.

학습된 무기력을 설명하는 이론에는 원가설과 수정가설이 있다. 원가설은 자신의 반응이 미래에 일어날 결과를 통제하지 못할 것이라는 예측에서 학습된 무력감이 발달한다고 설명한다. 수정가설은 자신이 통제할 수 없음을 경험한 후에 나타나는 자동적인 결과에 의해 무기력이 나타난다고 보기보다는, 자신이 통제할 수 없다고 여기게 된 원인이 어디에 근거하는가를 보는 이론이다.

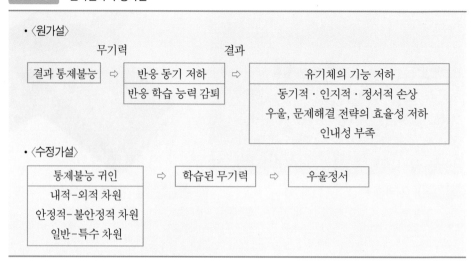

표 7-6	원가설과 수정가설

• 〈원가설〉

무기력   결과

결과 통제불능	⇨	반응 동기 저하	⇨	유기체의 기능 저하
		반응 학습 능력 감퇴		동기적·인지적·정서적 손상
				우울, 문제해결 전략의 효율성 저하
				인내성 부족

• 〈수정가설〉

통제불능 귀인	⇨	학습된 무기력	⇨	우울정서
내적-외적 차원				
안정적-불안정적 차원				
일반-특수 차원				

2) 무력감의 치료

성공적인 노화는 삶의 무의미나 무력감을 받아들이지 않고 정신적으로 성숙해 가
는 심리적인 발달과정이다. 동시에 정신이나 신체상의 질병 없이 기능을 유지하면서

그림 7-13 **나**(혼자 떨어져 있는 나)

설명: 가족이 더 이상 자신을 인정해 주지 않는다. 자신 역시 가족
에서 중요한 사람이 아니라고 생각한다. 건강도 좋지 않고 가족에
게도 더 이상 필요한 존재가 아니며, 자신이 능동적으로 목표를 세
우고, 새로운 인생을 만들어 나갈 수 없다고 체념한다. 그저 흘러
가는 시간만 보고 있게 된다.

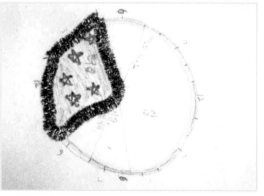

그림 7-14 **나보다 힘든 친구 생각하기, 내가 할 수 있는
일 생각하기**

설명: 나도 힘들지만 하루에 한 번씩은 외로운 친구를 방문해 주어
야지.
◐◑ 무력감을 극복하고 희망을 향상시키는 것을 목적으로 하
였다.

사회적인 관계를 유지하며 사는 것이라 할 수 있다(곽만석, 2005). 노인은 가족 관계에서 변화된 자신의 위상을 실제로 경험하면서 무력감을 느끼게 된다. 그리고 이러한 상황에 적응하기 위해 가족 이외의 삶에 눈을 돌리지만 특별히 자신이 할 수 있는 일, 자신의 가치를 발견할 수 있는 일을 찾지 못한다. 사회구성원으로서, 가족구성원으로서, 한 개인으로서 본인이 더 이상 쓸모 있는 사람이 되지 못한다는 사실에 무력감을 느끼고, 위축된다.

이러한 무기력은 우울정서를 야기한다. 그러므로 노인은 학습된 무기력과 함께 우울정서를 호소하는 경우가 많다. 자신이 무엇인가 할 수 있다는 동기의 부여가 무기력 감소에 도움이 되는 활동의 하나다.

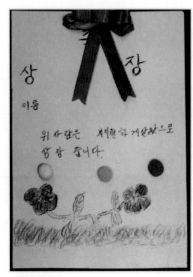

그림 7-15   나의 성과

◐ ◐ 자신에게 상장을 수여함으로써 능력이 있는 존재임을 인식시키고, 무기력에서 벗어나고자 하는 동기를 유발하기 위해 시도할 수 있다.

노인이 경험하는 스트레스도 무기력의 원인이 된다. 스트레스원은 신체적 스트레스원, 심리적 스트레스원, 사회적 스트레스원으로 나누어 볼 수 있다. 노인이 경험하는 스트레스원과 내용(서현미, 1996)을 정리하면 〈표 7-7〉과 같다.

노인은 이러한 신체적·심리적·사회적 스트레스원에 의해 무력감이 발생하게 된다. 이 무력감이 해결되지 못하고, 지속되면 무력감 → 우울 → 절망감 → 자기 파괴의 순환으로 죽음을 재촉할 수 있다(Seligman, 1991).

표 7-7   스트레스원과 내용

스트레스원	내용
신체적	신체의 구조적·기능적 상실(만성적 질환)
심리적	퇴직, 죽음 등의 갑작스러운 상실 및 감각기능 저하로 인한 의심과 위축
사회적	역할 상실, 지위 상실, 가족이나 친구 상실, 경제적 안정 상실, 익숙한 환경의 상실

3. 상실과 미술치료

노년기에 접어들면서 갖게 되는 심리적 적응의 문제로 상실이 있다. 상실은 크게 환경적·외부적 요인과 내부적 요인의 두 가지로 나눌 수 있다.

표 7-8   상실의 요인

환경적·외부적 요인	내부적 요인
① 가까운 사람의 죽음과 같은 개인적인 상실 ② 사회적 지위의 상실 ③ 정년퇴직, 경제적 곤란 ④ 사회적 관계 상실 ⑤ 노인에 대한 경시와 천대	① 신체적 질병(내과적 만성질환, 대뇌손상, 동맥경화증, 내분비계 장애) ② 연령 증가에 따른 객관적인 변화(반응시간이 느려짐, 갱년기의 행동장애, 체격과 외모의 노화) ③ 주관적 지각의 변화 ④ 심리적 변화

〈표 7-8〉과 같이 상실의 원인은 다양하다. 특히, 노년기에 두드러지게 나타나는 상실은 배우자의 죽음, 강제 퇴직, 가정 내 지위 상실에 의한 것으로 볼 수 있다.

1) 배우자의 죽음

배우자의 죽음으로 인한 상실이 대단히 크다. 사별 전에 배우자의 역할과 활동에 대한 의존도가 높을수록 배우자 사망 후의 적응은 더욱 어려워진다. 사별한 노인들은 혼자 남겨졌다는 고독감과 외로움이 가중된다. 치료과정은 다음과 같다.

 치료과정

- 충분한 슬픔의 감정 표현하기
- 죄책감 감소시키기
- 상실감, 고립감 회복하기

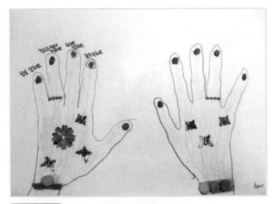

그림 7-16　**서로 꾸며주기**(집단치료)

◔◔ 서로 멋진 손을 꾸며 준다. 다른 사람과도 함께 어울릴 수 있다는 사실을 일깨우기 위해 시도할 수 있다.
사회적 관계망이 감소되고, 고립감·외로움을 겪는 노인에게 있어 집단치료는 대인 접촉을 제공하는 중요한 역할을 할 수 있다. 집단 과정에서 서로 의지하고 필요한 도움과 위로를 나눌 수 있다. 이를 통해 사별 이후 홀로 남은 노인의 적응력이 향상될 수 있다.

그림 7-17　**추억 더듬기**(충분한 슬픔 표현)

◔◔ 젊었을 때 추억들을 잡지에서 잘라내어 표현하게 한다. 어떤 내용인지 다른 집단원이 알아맞히게 한 다음 본인의 소감을 듣는다.

　사별은 노인에게 가장 스트레스를 주는 경험이며 남은 배우자에게 신체와 정신에 심각한 영향을 준다. 충분히 사별에 대한 슬픔을 표현할 기회를 주어야 한다.

　남은 배우자는 사별의 고통과 더불어 배우자 사망의 원인이 자신에게 있다는 죄책감을 갖게 된다. 죄책감이 강하면 우울 증상을 보일 수 있으며, 심한 경우 이로 인해 사망에 이르기도 한다. 미술활동을 통해 죄책감과 이에 대한 불안과 두려움을 표현하도록 도와준다. 사망의 책임이 그 자신에게 있지 않다는 점을 분명하게 인지할 수 있도록 해 주어야 한다. 고인을 보살피는 것이나 병간호에 어려움이 있었음이 당연하고, 이로 인해 가졌던 안 좋은 감정들이 자연스러운 감정이었음을 수용하여 죄책감에서 벗어나도록 도와야 한다.

　나름대로 배우자와의 관계를 정리하도록 도와주어야 한다. 배우자 상실을 슬퍼하고 애도하면서 먼저 가 버린 배우자에 대한 좋지 않은 추

그림 7-18　**현재 나의 마음 표현하기: 지워버리고 싶은 마음**

설명: 제대로 간호해 주지 못한 후회의 표현이다.

그림 7-19   오랜 병에 시달렸어

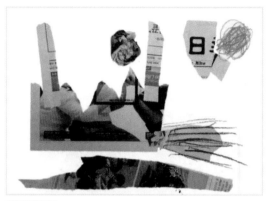

그림 7-20   부정적인 기억

억들이나 배우자로 인해 받았던 심적 고통과 괴로움을 기억하며 사별한 배우자에 대한 적개심을 충분히 표현하도록 해야 한다. 고인에 대한 추억과 아픔, 상처, 고통 등을 충분히 나누고 상실에 대한 감정을 털어 놓을 수 있도록 해야 한다. 그 후 상실의 감정을 긍정적인 기억이 되도록 유도한다.

여성노인은 남성노인에 비해 배우자와의 사별 후 가정을 유지하고 자립적으로 살아가는 데 특별한 어려움을 겪지 않는다. 반면에 남성노인은 가정생활에서의 역할 적응에 어려움을 겪는다. 그러므로 일상생활을 원만하게 유지할 수 있도록 도와야 한다([그림 7-22] 참조). 남성노인이 역할 적응에 실패할 경우 위축감과 우울감을 느끼게 되고, 사망의 가능성도 증가시킨다(Stroebe, Stroebe, & Hansson, 1993). 여성노인보다 남성노인이 고독감이나 사기 저하를 더 경험하는 것으로 나타났다.

사별 후 노인은 상실에 대한

그림 7-21   기억나는 가장 좋았던 때

👀 살아오면서 좋았던 때를 구성해 본다. 배우자와의 좋은 추억을 기억하고 되새기도록 돕는다.

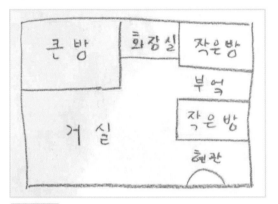

그림 7-22　나의 기술찾기

✎　우리 집의 평면도를 그린다. 내가 각 공간에서 할 수 있는 것을 찾아본다. 도움이 필요한 부분, 도움이 필요하나 내가 배워서 해야만 하는 일, 할 수 있는 일을 구체적으로 파악한다.

반응으로 변화한 삶에 대처하는 기술을 익히고자 한다. 사별 후 노인에게 이러한 도전은 활력과 자신감을 줄 수 있다. 기술 습득을 통해 노인은 배우자가 없더라도 새로운 기술을 개발할 능

그림 7-23　나에게 필요한 것

👀　필요한 것이 시각적으로 보인다. 시각화시킴으로써 무엇이 필요하며, 어떻게 할 것인가를 구체적으로 생각하게 한다.
구체적으로 할 수 있는 것을 계획함으로써 새로운 기술을 배우고자 하는 동기를 더 부여할 수 있다.

력이 있으며, 안정적으로 생활할 수 있다는 생각을 하게 되어 자아존중감을 얻을 수 있다([그림 7-23] 참조).
　여자가 남자보다 통계적으로 더 오래 사는 관계로 홀로 된 여성노인은 마음을 터놓고 의지할 사람이 없어지게 된다. 이로 인해 여러 감정적 고통을 당하게 된다. 활동적인 여성보다는 내성적인 여성이 배우자 사별 후에 사회적 접촉을 훨씬 더 줄이는 경향이 있다. 노인의 성격 특성과 개인의 상황을 고려하여 노인이 사회적 접촉을 갖고, 고립감과 외로움에서 벗어나도록 도와주어야 한다([그림 7-24], [그림 7-25] 참조).

그림 7-24   **나에게 도움을 주는 사람**(고립감 해소를 위해)

◑ ◑ 내가 이제까지 받은 고마움을 생각한다. 또 다른 사람이 있나 생각한다. 그 사람들을 생각하고 만다라의 하트를 칠한다. 혼자가 아님을 느끼게 해줌이 목적이다.

그림 7-25   **서로 선물 주기**(집단치료)

◑ ◑ 집단원에게 상대방을 정하여 그 사람에게 어떤 모습으로 새롭게 살아가라는 편지를 써서 선물과 함께 준다. 받은 사람은 소리 내어 읽어 본다. 고립감 해소에 도움이 된다.

2) 강제 퇴직

정체감이 주로 자신의 직업과 연관되어 있어 직업의 상실은 어떤 면에서는 생활의 의미를 상실하는 것이기도 하다. 현재는 사회적 직업이 여성보다 남성에게 더 많아 강제 퇴직은 여성보다 남성에게 더 중요한 의미를 갖는다. 여성은 일생 동안 가사를 중심으로 생활해 왔으므로 계속해서 자신이 해야 할 일과 역할이 남아 있으나 남성의 경우는 직업에 더 많은 의미를 두고 살아왔기 때문이다.

그림 7-26   **내 마음의 사진첩**

◑ ◑ 직업과 관련하여 객관적으로 자신의 일생을 돌아보는 시간을 갖는다.

그러나 여성 취업의 증가로 여성 취업자도 노년기의 강제 퇴직 상황에서는 남성과 유사한 문제를 가질 것을 예견해 볼 수 있다. 강제 퇴직의 문제가 이제는 남녀 모두에게 중요한 문제가 되었다고 할 수 있다.

가정으로 되돌아온 남성노인이나 취업으로 가정 내에서 좀 벗어나 있었던 여성노인은 퇴직으로 부부관계에서 새로운 전기를 맞게 된

그림 7-27　배우자의 취미

◑◑ 서로의 차이점을 살펴본다.

그림 7-28　함께하기

설명: 함께하는 생활에 대해 생각해 본다.

다. 또한 생산성 대 자아탐닉이라는 장년기의 문제를 넘어서서 자아통합 대 절망감이라는 노년기로 접어드는 시기이기 때문에 이 시기에 대한 심리적 적응도 필요하다.

3) 가정 내 지위 상실

강제 퇴직은 주로 사회적 지위 상실에 따른 문제다. 그러나 이 외에도 노인은 가정 내에서의 지위 상실을 겪게 된다. 주로 가정 내의 일을 맡아 온 여성노인에게 더 큰 문제가 될 수 있다. 더 이상 가족 내에서 여성노인의 자리, 할머니의 일이 존재하지 않음을 체험하게 된다. 그렇다고 뚜렷한 가족 밖의 일도 없다. 이에 따른 우울감과 실망감이 지배하게 된다.

그림 7-29　지위 상실

설명: 전에는 집안의 어른이고, 내가 집안에 상당히 도움이 되었는데 이제는 그렇지 않다. 이런 상황에서 몸도 마음도 불편하다.

4. 자아존중감과 미술치료

애들 모두 공부시키고, 결혼시키고 나니까 흰머리에, 주름살에, 여기저기 아픈 곳도 많고…… 이제는 정신도 없고, 내가 폭삭 늙은 것 같애. 짜증나고 서글픈 생각이 들고…….

1) 노년기의 자아존중감

자아존중감은 자기를 긍정적으로 받아들이느냐, 부정적으로 받아들이느냐 등과 같이 한 인간의 자신에 대한 자기지각과 평가로서 개인의 행동 전반에 걸쳐 영향을 미치는 변수다(김희경, 1990). 긍정적인 자아개념을 소유한 사람은 어떤 일을 처리할 때나 대인관계에서 자신감을 갖고 있다. 이러한 점은 사회적 활동에서 보다 적극적

Rosenberg 자존감 질문지(SES)

다음은 여러분이 자신에 대해서 느낄 수 있는 여러 가지 측면을 알아보기 위한 것입니다. 각 문장을 읽고 자신이 해당하는 정도의 숫자에 '○'를 해 주십시오.

	문 항	전혀 그렇지 않다	대체로 그렇지 않다	중간 이다	대체로 그렇다	전적 으로 그렇다
1	나는 내가 적어도 다른 사람만큼은 가치 있는 사람이라고 느낀다.	1	2	3	4	5
2	나는 좋은 자질들을 많이 가지고 있는 것 같다.	1	2	3	4	5
3	대체로 나는 내가 실패자라고 생각하는 경향이 있다.	1	2	3	4	5
4	나는 대부분의 다른 사람들만큼 일을 잘 할 수 있다.	1	2	3	4	5
5	나는 자랑할 만한 것이 별로 없는 것 같다.	1	2	3	4	5
6	나는 나 자신에 대해 긍정적인 태도를 가지고 있다.	1	2	3	4	5
7	대체로 나 자신에 대해 만족하고 있다.	1	2	3	4	5
8	나 자신을 좀 더 존중할 수 있었으면 좋겠다.	1	2	3	4	5
9	나는 때때로 내가 정말 쓸모없는 사람이라고 느낀다.	1	2	3	4	5
10	때때로 나에게 좋은 점이라곤 하나도 없다는 생각이 든다.	1	2	3	4	5

인 태도를 취하게 만든다.

　　노인은 신체적 능력의 감퇴, 사회적 은퇴, 경제적 의존을 경험하면서 자아존중감 저하가 나타난다. 자아존중감이 낮은 노인은 스스로를 낮게 평가하고 자신을 비난한다. 노인은 자신이 더 이상 가치 있는 존재가 아니며, 부담스러운 존재가 되었다는 생각을 할 때 자기비난이 강해진다.

그림 7-30　나

설명: '아, 이젠 완전히 무용지물이네.'라는 느낌에 서글픔, 무능감이 든다. 또 '가는 세월을 막을 수 있나? 하는 덧없음을 느낀다.

그림 7-31　나의 자랑

✎　자신이 자랑스럽게 여기는 점이 있으면 아무리 작은 것이라도 표현해 봅시다.
설명: 웃음, 입술, 김치를 잘 담금, 감자를 잘 삶음.

2) 자아존중감 향상

　　치료사는 노인이 가지고 있는 긍정적인 능력들을 스스로 발견할 수 있도록 도와주어야 한다. 노인이 자신을 긍정적으로 바라보도록 격려하고 지지해야 한다.

 나의 자랑

- 나 스스로 할 수 있는 것 중 자랑스럽게 생각하는 것은?
- 나의 성격에서 자랑스럽게 생각하는 것은?
- 나의 신체적 특성(외모) 중에서 내가 가장 자랑스럽게 생각하는 것은?
- 나의 가족에 대해서 내가 가장 자랑스럽게 생각하는 것은?

　　노인은 자아존중감이 낮으면 자신감이 부족하여 열등감을 느끼게 된다. 그러면서 다른 사람에게 거절을 하지 못하며, 자기주장을 하지 못한다. 이런 과정이 반복되면 스스로 화가 나고, 자아존중감은 더욱 약화된다. 그러면서 타인의 인정이나 평가에 지나치게 영향을 받는다. 또한 책임을 회피하고, 가능한 한 다른 사람에게 결정을 미룬다([그림 7-32] 참조).

　　자존감이 낮은 노인은 자기비난이 강한 동시에 타인의 비난을 잘 수용하지 못한다. 치료사는 노인이 다른 사람의 평가나 비평을 적절하게 수용하고 이에 대처하도록 도움을 줄 수 있어야 한다([그림 7-33] 참조).

그림 7-32　**우리 작품 꾸미기: 자기주장 연습**

✎ 두 명이 한 조가 되어 작품을 구성하여 주제를 정한다.
설명: 화사한 꽃.

그림 7-33　**비언어적 협동화**

👀 말 없이 작품을 구성하고 작품을 완성한 후 서로 힘들었던 점, 좋았던 점, 느낀 점 등을 이야기하기, 타인의 평가나 비평을 적절하게 수용하기.

5. 생활만족도와 미술치료

　　생활만족도는 자신의 인생이 얼마나 만족스러운가를 평가하는 것이다. 생활만족도에 대하여 관심을 갖기 시작한 것은 제2차 세계대전 이후 생활만족을 정신건강 및 안녕에 대한 주관적 지표로 보기 시작하면서부터다.

- "특별히 재미있는 일도 없지만 그렇다고 특별히 슬픈 일도 없어."
- "남편 때문에 고생을 많이 했어. 남편은 게으르고, 나를 얼마나 고생시켰던지 정말 어렵게 살았어. 남편이 죽었을 때 자식들 먹여 살릴 것을 생각하니까 슬펐지, 남편이 죽었다고 서운한 것은 하나도 없었어."

1) 생활만족도의 의미

생활만족도는 1949년 Cavan, Burgess, Havighurst 등의 연구 이후 관심의 초점이 되어 왔다(Lohmann, 1980). 생활만족도는 생활에 대한 기대와 현실 충족 간의 일치 정도에 대한 주관적인 만족감을 의미하며(김경애, 1998), 한 노인이 노화해 가는 과정에서 나타나는 성공적인 적응으로 파악할 수 있다(김경신, 이선미, 2003). 생활만족도가 높은 노인은 매일의 생활에서 기쁨을 느끼며, 자신의 생활에 대해 의미와 책임감을 느낀다. 또한 자아의 목적을 성취하였다고 느끼고, 자신을 가치 있다고 여기며, 낙천적인 태도와 감정을 유지한다(Neugarten et al., 1961). 생활만족도는 사기, 행복감과 혼용해서 사용되기도 한다(Horley, 1984).

행복 지수

○○님께서는 현재 어느 정도 행복하다고 느끼고 계십니까? 또 지난 한 달 동안을 종합해 볼 때 어느 정도 행복하다고 느끼고 계십니까?

그 행복의 정도를 가장 잘 나타내는 점수를 아래 7점 척도에서 골라 '✓' 표 해 주십시오. 이 척도에서는 "매우 불행하다"(1점)에서 "매우 행복하다"(7점)에 이르기까지 그 정도를 7점으로 나타내고 있습니다. 그리고 "행복하지도 불행하지도 않다"고 보는 중립적인 점수는 4점입니다.

1. 지난 한 달(30일) 동안

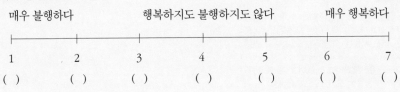

2. 현재

매우 불행하다		행복하지도 불행하지도 않다			매우 행복하다	
1	2	3	4	5	6	7
( )	( )	( )	( )	( )	( )	( )

출처: 박은경(2002).

2) 생활만족도 향상

외적으로 보아서는 만족스러운 삶을 살고 있으나, 주관적 세계는 그렇지 못할 수도 있다. 노인은 주관적으로 외로움, 소외감, 허무감을 느끼고 있으나, 자신의 객관적인 여건이 좋은 상태임을 스스로 지각하고 있기 때문에 자신이 행복하지 못하다는

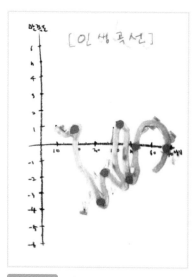

그림 7-34　**나의 행복 지수**

✎ 사람은 누구나 일상생활에서 어떤 감정을 느끼면서 살고 있습니다. 어떤 사람은 행복하게, 혹은 어떤 사람은 불행하게 느낄 수도 있을 것입니다.
"현재 어느 정도 행복하다고 느끼고 계십니까?"
"행복 점수를 원하는 모양으로 그려봅시다."

그림 7-35　**나의 하루를 색깔로 표현하기**

👀 왜 이렇게 표현하셨어요? 이렇게 표현하니까 어떤 느낌이 드세요?

말을 하지 못할 수 있다. 그러나 미술작품에는 자신이 느끼는 감정이 그대로 표현될 수 있다([그림 7-35] 참조).

> "아들집으로 들어올 때 며느리의 인도로 교회에 나간 후 지금까지 계속 다니고 있어. 교회가 특별히 좋아서가 아니라 그냥 소일 삼아 다니는데 며느리가 열심히 다니는 바람 에 덩달아 나간다는 것이 더 정확할거야."

하루를 어떻게 보내는지, 보내는 시간을 어떻게 지각하는지도 노인의 생활만족도 에 중요하다([그림 7-36] 참조).

나의 생활은	
1) 서예, 악기연주, 노래, 그림그리기 등	
2) 우표수집, 골동품 수집 등	
3) 신문이나 책 읽기	
4) TV 보기, 라디오 듣기	
5) 종교 생활	
6) 화투놀이, 장기, 바둑	
7) 친구, 친척과의 모임	
8) 운동, 등산, 낚시	
9) 뜨개질, 수예, 바느질	
10) 외식, 영화관람, 전시회나 음악회 등 참석	
11) 운동경기 관람	
12) 정원 손질(화초 재배)	
13) 집안일(가사 등)	
14) 돈벌이 일	
15) 자원봉사활동	
어떤 자원봉사활동을 하십니까? (직접 써 주세요.)	
16) 기타(무엇?)	

출처: 주경희(2002). 100세 이상 장수노인의 특성에 대한 탐색적 연구. 서울대학교 대학원 석사학위 청구논문.

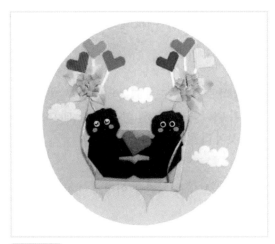

그림 7-36　**생활에 자극 주기**

🖊 똑같은 활동을 하고 있는 동물을 찾아 붙여 봅시다. 두 동물의 얼굴 표정이 서로 반대가 되게 만듭시다. 그리고 둘을 비교해 봅시다.
👀 평소 생활에 참신한 자극을 주어 생활만족도를 높이기 위해 시도해 보았다.

노인 생활만족도 질문지

지난 몇 달 간에 당신은 어떤 감정을 느껴 왔습니까?	예	그저 그렇다	아니요
1. 나는 하늘을 날 것처럼 기분이 좋다.			
2. 나는 일상생활에서 원기가 왕성하다.			
3. 나는 따분하고 지루하게 느끼고 있다.			
4. 나는 다른 사람으로부터 멀리 떨어져 있다는 거리감과 외로움을 느낀다.			
5. 내가 살아온 인생을 돌아보면, 내가 살아온 것에 대하여 일반적으로 만족하고 있다.			
6. 나는 우울하고 기분이 언짢다.			
7. 나의 삶이 이렇게 된 데 대하여 가슴 아프게 느끼고 있다.			
8. 내 일생에서 지금이 가장 행복한 시절이다.			

다음 질문들은 보다 일반적인 생활의 경험에 관한 것들입니다.	예	그저 그렇다	아니요
9. 나는 지금도 젊은 시절과 마찬가지로 행복하다.			
10. 내가 하고 있는 일들은 옛날과 마찬가지로 지금도 흥미롭고 재미있다.			
11. 금년 들어 여러 가지 자질구레한 일들이 나를 괴롭힌다.			
12. 지나 온 평생을 돌이켜 볼 때 나의 일생은 성공적인 것이었다.			
13. 내가 하고 있는 일들은 그 어느 때보다도 지금이 더욱 흥미가 있다.			
14. 나에게는 슬퍼할 일이 많이 있다.			
15. 다른 사람에 비해서, 나는 자주 우울에 빠진다.			
16. 나는 지금도 바쁘고 가치 있는 생활을 하고 있다.			
17. 나는 현재 만족한 생활을 하고 있다.			
18. 나의 일생에 있어서 지금이 가장 처량하고 울적한 때다.			
19. 내가 하고 있는 거의 모든 일들이 지루하고 단조롭다.			
20. 나이가 많아짐에 따라 여러 가지 일들이 점점 뜻대로 잘 안 되는 것 같다.			

출처: 서현미(1996). 노인의 스트레스원과 스트레스 인지정도에 관한 연구. 서울대학교 대학원 석사학위 청구논문.

6. 질환과 미술치료

노년기는 신체적 · 심리적 · 사회적 쇠퇴에 따라 여러 질환이 나타나는 시기다. 병의 초기에는 가족과 주위 사람들이 많은 관심을 보이고, 노인 자신도 병을 이기고자 하는 강한 의욕을 갖고 있다.

그러나 병이 잘 낫지 않거나, 점점 견디기 어려워지면 노인은 병을 극복하고자 하는 의욕을 상실하게 된다. 병이 만성적으로 되면서 무력감, 우울감 등이 나타나고, 병의 고통과 주위 사람의 무관심 등으로 분노도 나타난다.

그림 7-37 처음 진단받았을 때의 느낌

Hopkins 정신의학 평가척도(우울, 적대감)						
우울(Depression) 주로 기분이나 감정의 장애다. 슬프고 불쾌한 정서, 관심과 의욕의 상실, 부정적 사고(비관, 자책 및 자기비하 등), 주의집중의 장애 및 신체적 증상(식욕부진 및 변비) 등이 특징적으로 나타난다.	0 전혀 없다	1 드물게 있다 ⬇ 생활이 무미건조하고 재미가 없다는 느낌을 가끔 보고함.	2 약간 있다	3 웬만큼 있다 ⬇ 슬프고 비관적이며 일을 책임있게 해내기가 점점 어려워진다고 걱정함.	4 심하다	5 꽤 심하다 ⬇ 죄책감, 절망감, 자기비하감 때문에 대단히 괴로워함.	6 극도로 심하다
적대감(Hostility) 흥분, 분노, 공격적 행동 등을 특징으로 하는 부정적 정서상태다. 사고, 감정, 행동에서 겉으로 나타나기도 하고, 언어적·비언어적으로 표현되기도 한다.	0 전혀 없다	1 드물게 있다 ⬇ 때로 흥분, 분노, 울분 등을 호소함.	2 약간 있다	3 웬만큼 있다 ⬇ 거부적이고 비협조적임. 특히, 윗사람에 대해 그러함.	4 심하다	5 꽤 심하다 ⬇ 분노에 차 있으며, 공격적인 말을 하고 공격적인 행동을 함.	6 극도로 심하다

그림 7-38 나의 아픔

설명: 날카로운 선으로 아픔을 표시하시더니, 그래도 견뎌야지 하시며 꽃을 만드셨다. 그리고 주위에 공을 붙이셨다.

만성질환 노인들은 병의 증상 변화에 따라 감정의 표현이 수시로 변한다. 또 오랜 고통과 장애로 인해서 퇴행이 나타나기도 한다. 거칠고 난폭한 언어, 지시적인 태도, 감정의 폭발, 절망, 자포자기의 모습을 보일 수도 있다. 치료사는 노인의 이러한 행동 이면에 있는 욕구와 정서가 무엇인지 파악하고 미술치료에 임하여야 한다.

치료에서의 유의점

- 현재 가장 큰 고통은 무엇인가?
- 가족관계에 변화가 있는가?
- 분노나 증오가 있는가?
- 죄책감이 있는가?
- 우울증세를 경험하고 있는가?
- 절망감이 있는가?
- 가족 간에 대화가 원활히 이루어지고 있는가?

노인에게 예상치 못한 급성질환이 발생하기도 한다. 이때 노인은 불안감을 느낀다. 또한 자신이 병에 걸린 것에 대하여 강한 분노를 일으키기도 한다. 병의 원인을 탐색하고 특정 대상을 원망하며, 병의 책임을 그에게 돌리기도 한다. 장기간 고통과 괴로움을 겪고 있는 경우에 원망과 분노는 더욱 강해진다.

노인은 질병을 경험하게 되면서 더 이상 자신은 아무것도 할 수 없고 도움을 받아야 한다면서 무기력감이 강하게 나타나게 되고 강한 우울감이 유발되기도 한다. 자녀들에게 경제적 · 신체적 · 정신적으로 부담을 주고 있다는 것에 대해 죄책감에 사로잡히기도 한다.

미술치료사는 노인이 이러한 감정을 표현할 수 있도록 도와주고, 노인의 감정을 충분히 수용해 주어야 한다. 그리고 노인이 상황을 있는

그림 7-39 균형 잡힌 나

✎ 두 가지 색상의 반원으로 이루어진 원 안에 나의 두 면에 대해 서로 다른 색상의 종이를 오리거나 찢어 붙여 보세요.
설명: 죽음과 삶, 밝고 어두움, 사랑과 불행, 행복, 절망 희망이 있지만 사랑의 감정 안에 이 모든 감정이 녹아있다고 하며 하트 모양으로 꾸미셨다. 어두운 부분의 하트는 죽음의 세계에도 사랑이 존재하기 때문이라고 하셨다.
👀 자기통합을 위해 시도할 수 있다.

그대로 받아들일 수 있도록 도와주어야 한다. 더불어 회복에 대한 희망을 줄 필요가 있다.

7. 분노와 미술치료

분노는 일상적으로 흔히 경험하는 기본 정서다(Averill, 1983; Ekamn, Frisen, & Ellsworth, 1982). 가벼운 수준인 성가심이나 짜증으로부터 격노나 격분, 강한 흥분 상태에 이르는 강도가 다양한 감정들로 구성되어 있다(Spielberger et al., 1983; Yerkes & Dodson, 1980).

그림 7-40   내 안의 분노

◑ ◐ 마음껏 분노를 표출하게 한다. 감정 표출 후 왜 분노가 있는가 생각해 본다. 명확히 알면 분노를 다소나마 해결할 수 있다.

분노는 노인에게 자주 발생하는 정서이나, 미술치료에서는 아직 구체적으로 다루어지지 않았다. 이 절은 분노가 비교적 많이 다루어진 인지행동적 분노조절(서수균, 2004)의 내용을 분노의 특성, 유발과정, 분노조절 훈련프로그램으로 나누어 살펴보겠다. 노인의 분노 조절을 위한 미술치료 개입에 충분한 참고가 되리라고 본다.

1) 분노의 특성

분노는 외부사건뿐만 아니라 내적인 심리적 불편감이나 기억에 의해서도 유발된다. 분노를 경험하는 동안에 사람들은 흔히 생리적·신체적·인지적 반응을 경험한다(Deffenbacher & Mckay, 2000).

표 7-9	분노 경험 시의 인지적 반응(Deffenbacher & Mckay, 2000)

- 잘못되었다. 부당하다.
- 날 화나게 한 사람은 비난받아 마땅하다.
- 나의 분노가 정당하고 적절하다.
- 상대가 의도적으로 그렇게 행동했다.
- 분노를 일으켰다고 여기는 대상에게 저주나 보복을 생각한다.
- 분노와 관련된 장면을 상상 또는 관련된 생각에 몰입한다.
- 분노를 일으킨 사건에 대해 반복적으로 생각한다.

분노는 강한 흥분상태를 수반하는 감정이어서 대인관계, 일의 능률, 심리적 및 신체적 건강 등의 다양한 측면에 악영향을 미칠 수 있다. 또 분노를 유발시킨 부당한 상황에 대해서 쓸데없이 계속 생각하게 되고 이로 인해 집중력이 떨어진다. 일의 능률이나 문제해결 능력이 저하되기 쉽다(Ellis & Tafrante, 1997).

분노의 영향

- 대인관계, 심리적 건강, 신체적 건강의 훼손
- 집중력, 일의 능률, 문제해결 능력의 저하

2) 분노의 유발과정

분노의 유발과정을 설명하는 대부분의 이론은 분노유발 상황에 대한 인지적 평가와 해석과정을 강조하고 있다(Beck, 2000; Deffenbacher & Mckay, 2000). 두 과정을 Lazarus(1991)와 Deffenbacher와 Mckay(2000)는 일차평가와 이차평가, Beck(2000)은 의미부여와 이차해석이라고 언급하였다. Lazarus, Beck 그리고 Deffenbacher와 Mckay의 공통점을 추려 [그림 7-41]과 같이 도식화할 수 있다.

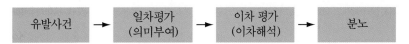

| 유발사건 | → | 일차평가
(의미부여) | → | 이차 평가
(이차해석) | → | 분노 |

그림 7-41	분노에 대한 인지 모델

분노는 사건 경험 직후에 좌절과 관련된 상황에 대한 평가가 주가 된다. 미분화된 불편감이나 상대적으로 강도가 약한 분노가 일어난다. 다음에 대처자원이나 대처행동의 결과에 대한 평가가 주가 된다. 분화되고 강도가 한층 높아진 분노가 일어난다.

표 7-10 분노 감정

첫 번째 단계	두 번째 단계
• 미분화된 분노 → 막연한 짜증, 성가심, 위축감 또는 상처 받은 느낌 • 상황에 대한 지각과 관련	• 미분화된 분노의 강화, 정교화 • 분노 강도의 강화와 분화

분노가 유발되는 과정에 특히 기여할 것으로 가정되는 인지 요인에는 부정적인 자동적 사고와 비합리적 신념이 있다.

부정적인 자동적 사고의 특성(Beck, 1995; Ingram & Kendall, 1987)

• 비합리적 신념에 의해서 생성된 일종의 인지적 산물로 상황에 따라 쉽게 변한다.
• 의식 가능하나 인지적 오류나 왜곡, 편향을 반영하는 경우가 많다.
• 몇 가지 중요한 단어나 심상들로 이루어져 짧고 구체적이다.
• 조심스럽고 진지하게 생각한 것이 아니므로 매우 빨리 일어나며 불수의적이다.
• 같은 주제가 반복적이고 습관적으로 되풀이되어 논리적인 문제 해결적 사고가 아니다.

분노가 일어나는 상황에서 자동적 사고를 탐색하기 위해서 임상가들은 치료대상자에게 다음과 같은 질문을 한다(Beck, 1995).

"화가 났던 바로 그 순간에 마음속에 어떤 생각이 떠올랐습니까?"
"그 상황이 당신에게는 어떻게 비쳐졌습니까?"

분노를 느끼고 있는 사람은 무엇이 잘못되었고 그 책임이 누구에게 있는가에 관련된 일련의 사고를 흔히 떠올린다(Beck, 2000). 이때 떠오르는 자동적 사고는 심사숙고하거나 논리적으로 따져 본 생각이 아니므로 인지적 오류나 왜곡이 있을 수 있다.

인지적 오류

- **파국화**(Catastrophizing): 상황을 극단적이고 부정적으로 보는 사고이다.
  예 "이 상황은 정말 끔찍하다." "나는 이 상황을 도저히 견딜 수 없다." "이제 나는 끝장이다."로 실제보다 과장

- **당위적 요구**(demanding, commanding, must, should): 자신의 삶에 대한 원칙이나 규칙을 다른 사람, 자신, 세상사에 경직되게 적용한다.
  예 "약속 시간은 절대 지켜야만 해." "날 우습게 여겨서는 절대 안 돼." "넌 실수하면 안 돼."

- **과잉일반화**(Overgeneralization): 다양한 사건, 경험들을 균형 있게 고려하지 않고 과장되게 일반화한다. 예외를 인정하지 않는 절대적인 의미를 담고 있다.
  예 "날 좋아하는 사람은 아무도 없다." "저 인간은 항상 자기밖에 몰라."

- **전반적 모욕주기**(Global labeling): 개인이 한 행동과 개인의 전체 인격을 같게 본다.
  예 "바보." "얼간이." "멍청이." "아무 짝에도 쓸모없는 인간."

- **잘못 귀인**(misattribution) **혹은 독심술**(mind reading): 상대방의 동기나 의도를 고의적인 것으로 보는 인지적 편향이다.
  예 "저 사람은 나를 미워하는 것이 틀림없어." "일부러 내게 인사를 안 하는 거야."

비합리적 신념 수준이 높을수록 분노 수준도 높아진다(고경희, 2000; 김인희, 2000; Douglas, 1991). 비합리적 신념에는 다음과 같은 내용이 있다.

비합리적 신념(Ellis & Tafrate, 1997)

- 성취에 대한 집착
  예 내가 중요한 일을 잘 해내지 못하면, 그것은 참담한 일이 될 것이다.

- 자기비하
  예 중요한 사람들이 나를 싫어하면, 이는 내가 호감이 가지 않는 나쁜 사람이기 때문이다.

- 불편감이나 좌절에 대한 낮은 인내력
  예 불편하고 긴장되는 불안한 것을 참을 수 없으며, 나는 그런 상태에 있을 때 너무 괴롭다.

- 무시나 부당한 대우에 대한 과민성
  예 나는 다른 사람들이 나를 배려하지 않는 것을 참을 수 없으며, 그들이 잘못 행동할 수도 있다는 것을 용납할 수 없다.

- 호감이나 인정에 대한 집착
  예 나는 다른 사람들로부터 존중받아야만 하며, 만약 내가 존중받지 못하면 나는 그것을 인정하지 못할 것이다.

비합리적 신념과 분노 사이에서 자동적 사고가 어떤 역할을 하는지를 알아보면, 분노 유발에 관여하는 자동적 사고는 일차적 분노사고와 이차적 분노사고로 세분된다. 그리고 이 두 가지 분노사고가 비합리적 신념과 역기능적 분노 사이를 순차적으로 매개하고 있다고 할 수 있다. 이를 도식화해 보면 [그림 7-42]와 같다.

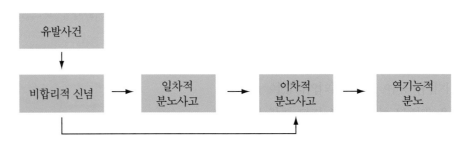

그림 7-42   **역기능적인 분노에 대한 인지모델**

역기능적 분노는 두 경로를 통해서 일어난다.
① 비합리적 신념 → 일차적 분노사고 → 이차적 분노사고 → 역기능적 분노
② 비합리적 신념 → 이차적 분노사고 → 역기능적 분노

경로 ①은 역기능적인 분노가 초기에 유발되는 경로이고, 경로 ②는 유발된 분노가 증폭되는 경로이다. 이 모형에서 역기능적인 이차적 분노사고는 경로 ①과 경로 ②에 모두 포함되어 있어서 역기능적 분노의 유발과 증폭에 모두 관여하는 자동적 분노사고로 볼 수 있다.

일차적 분노사고와 이차적 분노사고를 알아보기 위하여 최근에 타인과의 관계에서 분노를 심하게 경험했던 사건을 가능한 한 구체적으로 떠올리게 한다. 그리고 나서 당시의 생생한 사고 내용을 알아보기 위해서 다음의 세 가지 개방형 질문을 한다.

질문

질문 1. "화가 났을 당시에 당신을 흥분하게 만들었던 타인의 행동(혹은 사건 경험)을 어떻게 해석(이해)하셨나요? 혹은 타인의 행동(혹은 사건 경험)에 어떤 의미를 부여하셨나요?"

질문 2. "그 상황에서 무엇이 당신을 그토록 화가 나게 만들었나요?"

질문 3. "화가 심하게 났을 당시에 반사적으로 머릿속을 스치고 지나갔던 생각들을 떠올려 그대로 기술해 보세요."

질문 1과 질문 2는 분노 상황에 대한 개인의 해석이나 의미부여 내용을 알아보기 위한 것으로, 일차적 분노사고를 수집하기 위한 것이다. 질문 3은 분노 상황에서의 대처 행동이나 양상을 반영하는 이차적 분노사고를 수집하기 위한 것이다.

3) 분노 조절 훈련 프로그램의 예

분노에 대한 인지행동적 분노 조절 프로그램의 예를 참고로 소개하겠다. 이 프로그램(서수균, 2004)은 노인의 분노 조절을 위한 미술치료에 충분한 참고가 될 수 있기 때문이다. 치료의 목적, 이완치료, 인지 재구성 훈련 프로그램으로 나누어 살펴보겠다.

(1) 치료의 목적

인지행동적 분노 조절을 위한 치료의 목적은 비합리적 신념을 합리적 신념으로 재구성하는 것이다.

인지 재구성 치료의 목적(Beck & Fernandez, 1998)

- 비합리적이거나 왜곡된 사고양상을 확인하고 논박을 통해서 이에 도전
- 적응적인 신념체계와 왜곡되지 않은 사고양상을 새롭게 구성
- 합리적이고 기능적인 신념으로 바꿈

(2) 이완치료

인지재구성 훈련 프로그램은 이완치료를 프로그램의 일부로 활용하는 경우가 있다. 분노는 생리적 각성 상태를 수반하는데, 긴장 상태는 분노를 증폭시킬 뿐만 아니라 분노 유발 상황에서 합리적이고 적응적인 대처를 하기 어렵게 한다(Ax, 1953; Berkowitz, 1990; Novaco, 1975). 따라서 생리적 흥분이나 긴장 상태를 낮춰 주기 위해서 다양한 이완훈련 치료법이 활용된다.

이완훈련은 미술치료에서도 사용되는 경우가 많아 참고로 이 과정을 소개하겠다.

이완 연습

편안한 자세를 취합니다. 자, 눈을 감고 깊게 숨을 쉬어 봅니다.

(약 10초 후) 이제부터 이완훈련을 시작하겠습니다.

양손 주먹을 꼭 쥐어서 양손 근육을 긴장시켜 봅니다. 팔, 손, 손가락에 차츰 증가하는 긴장감을 느껴 봅니다. (약 7초 후) 이제 긴장을 풀고 손과 팔을 이완시킵니다. 손에서 느껴지는 따뜻하고 묵직해 오는 느낌에 주의를 모아 봅니다. 근육을 긴장시켰을 때와 풀어 주었을 때의 느낌을 비교해 보세요. 이완된 손의 느낌을 계속 느껴 보세요.

(약 10초 후) 양팔 근육을 긴장시켜 봅니다. 팔을 들어 굽히고(알통을 만들 듯이) 팔에 힘을 주어 보세요. 팔, 어깨, 등으로 긴장감이 차츰 증가하는 것에 주의를 기울입니다. (약 7초 후) 팔의 힘을 빼고 팔이 힘 없이 떨어지도록 내버려 두세요. 양쪽 팔 근육을 긴장시켰을 때와 풀어주었을 때의 느낌을 비교해 보세요. 팔이 묵직하고 따뜻해 오는 것을 느껴 보고 이완된 느낌에 주의를 모아 보세요.

(약 10초 후) 자, 이제 발과 다리의 근육을 긴장시킬 차례입니다. 양발을 들고 몸의 바깥쪽(혹은 몸쪽)으로 발끝을 쭉 뻗어 봅시다. 양발과 다리의 근육에 힘이 들어가고 긴장된 것을 느껴야 합니다. (약 7초 후) 자, 이제 편안하게 풀어 주시고, 긴장했을 때와 이완했을 때의 차이를 음미해 보세요.

(약 10초 후) 이번에는 양 허벅지의 근육을 긴장시켜 봅시다. 두 다리를 모아들고 허벅지를 서로 눌러주세요. 근육의 긴장을 느끼세요. (약 7초 후) 네, 이제 편안하게 풀어 주시고, 다리가 긴장되었을 때와 이완되었을 때를 비교해 보세요.

(약 10초 후) 자, 이제 아랫배의 근육을 긴장시켜 봅시다. 아랫배를 들여보낸 채 가만히 계십시오. (약 7초 후) 자, 편안하게 아랫배 근육을 이완시켜 주세요. 긴장되었을 때와 이완되었을 때를 비교해 보세요.

(약 10초 후) 이제 가슴의 근육을 긴장시켜 봅시다. 숨을 들이쉰 다음 가슴을 조금 위로 당긴 후 그대로 멈추세요.

(약 10초 후) 자, 숨을 내쉬면서 편안하게 이완시켜 봅시다. 가슴의 근육이 긴장되었을 때와 이완되었을 때 차이를 음미해 봅시다.

(약 10초 후) 이완이 점점 깊어 갑니다. 자신의 호흡을 관찰해 보세요. 아주 규칙적으로 호흡하고 계십니다. 한 번 들이쉴 때마다 이완이 깊어 갑니다. 한 번씩 내쉴 때마다 편안한 이완감이 온몸 구석구석 퍼져 갑니다.

자, 이번에는 어깨를 긴장시켜 봅시다. 어깨를 귀까지 올려 주세요. (약 7초 후) 자, 이제 어깨 근육을 편안하게 풀어 주십시오. 어깨근육이 긴장되었을 때와 이완되었을 때의 차이점을 음미해 보세요.

(약 10초 후) 자, 목의 근육을 긴장시켜 봅시다. 침대나 목 받침을 뒷목으로 지그시 누르듯 목에 힘을 줍니다. (약 7초 후) 편안하게 힘을 빼시고 목의 근육이 긴장되었을 때와 이완되었을 때를 비교해 보십시오.

(약 10초 후) 자, 눈의 근육을 긴장시켜 봅시다. 눈을 꼭 감고 계세요. (콘택트렌즈를 낀 경우는 너무 꼭 감지 않도록 주의) (약 7초 후) 자, 편안하게 눈의 근육을 풀어 주시고, 눈의 근육을 긴장시켰을 때와 이완시켰을 때를 비교해 보세요.

(약 10초 후) 이번에는 아랫 이마를 긴장시켜 봅시다. 양 눈썹을 모으고 미간을 찌푸려 주세요. (약 7초 후) 자, 이제 편안하게 이마 근육을 풀어 보세요. 아랫 이마를 긴장시켰을 때와 이완시켰을 때를 비교해 보세요.

(약 10초 후) 더욱 깊은 이완 상태로 들어가도록 도와드리겠습니다. 하나부터 다섯까지 세겠습니다. 제가 세는 동안 점점 더 깊게 그리고 편안하게 이완되고 풀어져서 아주 고요한 휴식 상태로 들어갈 것입니다. 하나, (약 5초 후) 둘, (약 5초 후) 셋, (약 5초 후) 넷, (약 5초 후) 다섯, 아주 깊고 고요한 휴식상태입니다.

편안한 이완상태를 유지하면서 이번에는 호흡에 주의를 기울여 보세요. 조용히 복식호흡을 계속하십시오.

(약 20초 후) 복식호흡을 계속하시면서 한 번 상상해 보세요. 목욕탕에 혼자 몸을 담그고 있는 자신을 그려 보세요. 물은 알맞게 따뜻하고, 수증기가 보이고, 향긋한 비누 내음이 느껴집니다. 목까지 차는 따뜻한 물에 몸을 담그고 있습니다. 팔로 물을 휘저어 보세요. 물결이 일어나면서 간지러움이 내 피부를 통해 전해집니다. 편안하고 느긋하게 그 물결을 느껴 봅니다. 계속 이 장면을 그려 봅니다.

(약 1분 후) 자, 이제 깨어날 시간입니다. 다섯에서 하나까지 세겠습니다. 지금부터 점점 정신이 들 것입니다. 둘에 눈을 떠 주세요. 하나를 셀 때는 평소의 감정 상태로 돌아갑니다. 다섯, (약 3초 후) 넷, (약 3초 후) 셋, (약 3초 후) 둘, 눈을 떠 주세요. (약 3초 후) 하나, 아주 상쾌한 느낌입니다.

출처: 서수균(2004). 분노와 관련된 인지적 요인과 그 치료적 함의. 서울대학교 대학원 박사학위 청구논문.

(3) 인지 재구성 훈련 프로그램

프로그램의 회기는 〈표 7-11〉과 같이 제시할 수 있다.

미술치료에서 참고할 수 있는 이 프로그램에 나타난 일부 회기를 제시하면 다음과 같다.

분노상황 떠올려 보기: 분노상황에서 떠오르는 사고들을 구체적으로 경험해 본다.

① 최근에 타인에게 화가 났던 상황을 하나 정한다.
② 눈을 감고 그 상황을 가능한 한 구체적으로 생생하게 떠올려 보게 한다.
③ 화가 나는 감정이 생생하게 경험되는지 손을 들게 하여 확인해 본다.
④ 화가 올라오는 상태를 유지하면서, 머릿속에 저절로 떠오르는 생각들에 주의를 모아 본다.
⑤ 생각이 웬만큼 떠올랐으면 눈을 뜨고, 떠올랐던 생각을 순서대로 적어 본다.
⑥ 그 생각에 대한 확신도를 백분위로 표시하게 한다.
⑦ 돌아가면서 자신의 경험을 얘기해 본다.

분노에 가려진 감정 확인하기

최근에 화가 났던 상황을 하나 떠올려 본다. 생생하게 심상화하고 난 뒤에 화난 감정 상태를 충분히 느껴 본다. 화난 감정과 함께 느껴지는 감정이 무엇인지 차분히 느껴본다.

그림 7-43 **나 대접하기**

◐ ◑ 내가 소중한 존재임을 느끼게 해 자신에 대한 분노 감정을 해소한다.

인지 재구성 프로그램의 사회적 기술 훈련 치료 과정에서 자기주장훈련이 포함되기도 한다. 자기주장 훈련에서는 감정, 욕구, 바람을 상황에 적절하게 표현할 수 있도록 교육시키는 데 초점을 둔다. 사회기술훈련에서는 대인관계 상황에서 적절히 활용할 수 있는 사회적으로 수용 가능한 언어 및 동작 기술을 교육시키는 데 초점을 둔다(Masters, Burish, Hollon, & Rimm, 1987).

표 7-11	프로그램의 회기

- 제1회기: 프로그램 소개 및 구조화
  - 프로그램 소개
  - 집단규칙 주지시키기
  - 집단원 소개하기
  - 집단 참여 동기 및 집단에 대한 기대 나누기
- 제2회기: 신체증상 자각, 근육 이완훈련 연습
  - 분노상황에서 경험하는 신체증상 자각하기
  - 이완훈련의 필요성과 이론적 배경 교육
  - 근육 이완훈련 실습
- 제3회기: 자동적 사고와 분노차단 행동기법 연습
  - 자동적 사고 이해하기
  - 일차적 분노사고와 이차적 분노사고 구별하기
  - 분노차단 행동기법 숙지시키기
- 제4회기: 인지적 재구조화
  자동적 사고와 인지적 오류 수정하기
  - 인지적 오류에 대한 이해
  - 비합리적 신념에 대한 이해
  - 인지적 재구조화: 일차적 분노사고와 비합리적 신념을 중심으로
- 제5회기: 분노표현 연습 1
  나 메시지 연습
  - 부적응적인 세 가지 분노표현 양식
  - 분노표현에 앞서 가져야 하는 7가지 태도
  - 분노표현 연습
- 제6회기: 인지적 재구조화 2
  적응적 대처사고 연습
  - 이차적 분노사고에 대한 이해
  - 적응적 대처사고 연습
- 제7회기: 분노표현 연습 2
  - 분노에 가려진 감정과 욕구 파악하기
  - 분노 기저의 자기 욕구나 바람을 적응적으로 표현해 보기
- 제8회기: 인지적 재구조화 및 분노표현 연습 1
  - 인지적 재구조화 작업 정리
  - 적응적 대처를 위해서 알아야 하는 4가지 요인
  - 의사표현 연습
- 제9회기: 인지적 재구조화 및 분노표현 연습 2
  - 분노표현 연습
- 제10회기: 복습 및 마무리
  - 프로그램 참여의 성과 나누기
  - 프로그램에 대한 정리 및 평가

출처: 서수균(2004). 분노와 관련된 인지적 요인과 그 치료적 함의. 서울대학교 대학원 박사학위 청구논문.

Chapter **8**

노인병리와 미술치료

1. 뇌졸중과 미술치료
2. 치매와 미술치료
3. 회상을 통한 미술치료

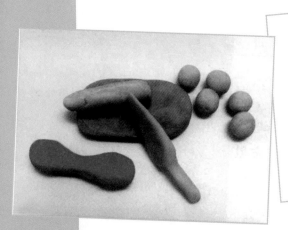

미술치료사가 노년기에 발생하는 장애에 대해 정확히 이해하고 있음으로 해서 노인에게 적절한 도움을 줄 수 있다. 노인병리에 대한 미술치료적 접근은 재활적 접근으로 볼 수 있다. 노인을 정서적으로 지지하기, 노인들이 갖고 있는 잔존 능력을 잘 보존할 수 있도록 개입하기, 자신감을 갖게 하기, 노인이 가진 특별한 재능을 발견하도록 도움을 주기 등이 미술치료가 기여할 수 있는 부분이다. 이 절에서는 뇌졸중과 치매 그리고 회상을 통한 미술치료에 대해 살펴보겠다.

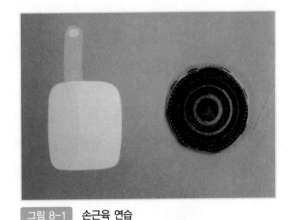

그림 8-1 손근육 연습

◐ ◑ 작품완성을 통해 자존감 향상에도 도움이 된다.

1. 뇌졸중과 미술치료

뇌졸중은 단일 질환으로는 우리나라 노인 사망의 가장 중요한 원인으로 밝혀져 있다. 뇌졸중에 걸려 사망하지 않는다 하더라도 반신마비, 언어장애 등의 후유증으로 노인은 많은 고통을 받게 된다. 뇌졸중의 증상, 뇌졸중 후의 미술치료로 나누어 살펴보겠다.

1) 뇌졸중의 증상

뇌졸중의 3/4이 65세 이상 노인에게서 일어난다. 뇌졸중은 노인의 중요한 장애요인이며, 이로 인한 개인적 · 가정적 · 사회적 부담은 엄청나다. 세계보건기구는 뇌졸중을 24시간 이상 지속되는 신경손상이나 죽음을 가져오는 뇌의 혈관장애로 정의하였다.

뇌졸중은 뇌혈관 질환과 같은 말이며 흔히 '중풍' 이라고도 불린다. 뇌졸중은 뇌에 혈액을 공급하고 있는 혈관이 막히거나 터짐으로써 그 부분의 뇌가 손상되어 나타나는 신경학적 증상이다. 뇌졸중의 증상은 손상당한 부분의 뇌가 그 기능을 못함으로써 기능 상실로 나타난다.

뇌졸중은 갑작스럽게 일어나며, 그 결과가 상당히 치명적이기 때문에 두뇌마비로 명명되기도 한다. 뇌졸중의 75%가 뇌경색에 의해 일어나며, 뇌와 지주막의 출혈에 의해 15%가 일어나고, 나머지는 원인불명 요인에 의한 것이다.

> **tips!**
>
> 영어로 'stroke'라 하며, 전에는 그리스어 'apoplexy'라는 말을 많이 사용하였다. apoplexy 는 '마치 벼락을 치듯이 갑자기 증상이 온다.'는 의미를 갖고 있다.

대부분의 뇌졸중은 뇌일혈이다. 혈액의 엉킨 덩어리나 혈관의 막힘으로 혈액이 두 뇌로 흐르는 것을 감소시켜 뇌세포가 산소 부족으로 죽게 됨으로써 일어난다. 지방질의 점진적인 축적은 뇌 폐색을 초래하고 심장이나 주요 동맥에 생긴 응혈은 뇌의 실핏줄을 느슨하게 하거나 차단한다. 뇌졸중을 일으키는 요인들은 비만, 당뇨병, 고혈압 그리고 혈관의 염증 또는 감염이다.

뇌손상의 부위는 선택적이어서 환자마다 나타나는 증세가 다르다. 뇌의 어느 부분은 황폐화되며, 온전한 부분도 있다.

표 8-1   뇌손상 부위별 환자의 증상(Birkett, 1996)

손상부위	증상
전두엽	무감동, 억제불능
왼쪽 전두엽	우울, 환각
전액골	성격 · 정서 장애
후두엽 및 중뇌	환각장애
관자놀이 부위	공격성, 발작
우 시신경	조증
우반구	행동적 정신질환

그림 8-2 **별 보고 그리기**

◐◑ 손근육의 재활을 위해 시도하였다.

그림 8-3 **팔의 움직임을 위해 시도**

◐◑ 쉽게 선이 그려지는 마카로 그리기를 하였다.

　뇌졸중 환자는 정서를 통제할 수 없게 되기도 하고, 조금만 기분이 거슬려도 쉽게 우는 정서실조 상태가 되기도 한다. 절제가 안 되고 병적 쾌감, 조증, 심지어 정신병이 일어날 수 있다. 만일 발병 전에 정신병을 앓았다면 정신병이 쉽게 일어날 수 있다. 그러므로 발병 전의 정신병은 반드시 고려되어야 한다.

　대부분의 뇌졸중은 국부마비 또는 편마비를 일으키므로, 반신마비 또는 팔이나 다리만 마비된다. 국부마비나 편마비는 뇌졸중에 의해 손상을 받은 뇌의 반대편에 나타난다.

　신체적 장애로 균형이나 협응의 문제도 나타난다. 운동실조(ataxia)는 근육협응이 되지 않는 것이며, 운동신경장애(행동불능증)는 의지에 의해 운동을 하는 것이 불가능한 것이다. 신체적 고통, 마비, 신체적으로 아둔한 느낌으로 인해 활동이나 휴식이 어려워진다.

　인지장애는 기억, 사고, 주의집중 또는 학습장애를 포함한다. 노인이 뇌졸중의 증세를 제대로 인식하지 못한다면, 미숙한 판단으로 위험한 행동을 할 수 있다. 팔 한쪽 부분의 장

그림 8-4 **반쪽만 사용**

◐◑ 표현하지 않은 반쪽을 보완해 주었다.

그림 8-5   공간 왜곡

애를 인식하지 못해 물건을 떨어뜨리거나 접시에 있는 음식을 한쪽에 있는 것만 먹을 수 있고, 종이도 반쪽만 사용할 수 있다.

언어사용에도 문제가 나타날 수 있다. 반응성 실어증이 발생하면 언어구사나 쓰기가 어렵다. 표현적 실어증은 언어를 이해할 수는 있지만 말하거나 쓰기에서 단어를 생각할 수 없다. 좌반구 손상이 실어증과 관계가 있다. 단어재인장애는 말을 분명하게 말하는 데 어려움을 준다.

손상된 감각-지각기관은 시각영역을 절단할 수 있고, 방위감각 상실, 시공간 왜곡, 잘못된 수직개념, 지면상의 형태장애를 일으킬 수 있다. 시각적 인식불능이 나타날 수 있는데, 이는 사물을 인식하지 못하는 장애다. 신체상과 도식개념이 혼란스럽게 되거나 잘못되기도 한다.

심리적 후유증은 반응성 우울증이다. 일부 노인은 심각한 우울장애를 경험하고, 발병 전에 즐겼던 일에 대해 흥미를 상실하게 된다. 위축감이나 초조감을 느끼고 무가치감, 죄책감, 불면이나 지나친 수면, 의욕상실, 불안, 비관, 절망감, 두통, 소화기능이나 성적 문제, 죽음이나 자살에 대한 생각 등과 같은 문제를 가진다.

우울의 치료가 소홀히 되면 뇌졸중으로부터의 회복은 더욱 어렵게 되기 때문에 약물과 심리치료를 해야 할 필요가 있다. 뇌졸중 후의 우울은 경색의 위치에 달려 있다. 특히, 왼쪽 앞부분의 경색과 관련이 있다는 증거가 있다. 불안, 초조와 같은 부정적인 정서도 뇌졸중의 의사우울증일 수 있다.

뇌졸중 노인이 새로운 생활양식에 적응하는 것은 어려운 일이다. 성격의 기본적인 측면은 발병 전과 차이가 없지만, 노인의 전체적인 생활양식은 한순간에 갑자기 파괴된다. 이런 격변은 노인은 물론 그 가족과 친구들에게도 희생이 따르게 된다(Gardner, 1976). 재활은 노인의 참여 동기를 요구한다. 노인이 재활에 적극적으로 참여하지 않을 때 재활은 실패한다.

재활의 장애 요인(Birkett, 1996)

- 완벽주의: 타협을 받아들이기 싫어하고, 비관한다. 남의 도움을 기대하지 않거나, 변하기를 원하지 않는다.
- 의존: 의존에서 편안함을 느낀다. 다른 뇌졸중을 두려워하고, 활동하려고 하지 않는다.

2) 뇌졸중 후의 미술치료

뇌졸중은 가벼운 증상에서부터 뇌의 상당부분이 파괴되어 바로 사망에 이르는 심각한 정도까지 다양하다. 중간 정도의 뇌졸중이라 할지라도 기능에 영구적인 영향을 끼칠 만큼 심각한 질병이다. 치료가 되었다고 해도 생업에 복귀하지 못하거나, 발병 전의 활동성을 회복하지 못하는 노인이 많다. 뇌졸중 노인의 회복에 영향을 주는 요인으로는 피로 정도, 우울 정도, 애매한 신경학적 장애, 다른 의학적 장애, 투약, 치매, 인지적 손상, 사회적 요인, 성격 등이 있다.

미술치료는 창의적인 치료방법이다. 미술치료에서의 미술활동은 인간의 정서를 쉽게 끌어낼 수 있는 강력한 힘이 있다. 약물치료를 보조하거나 나아가서는 통합치료로서 뇌졸중 증상의 여러 문제들을 극복하는 데 도움이 될 수 있다.

뇌졸중 노인도 자신을 표현하고, 타인과 상호작용하며, 행복과 좌절을 경험하고 타인과 감정을 공유할 필요가 있다(Gardner 1976). 언어손상을 가진 뇌졸중 노인은 미술활동을 통해 의사, 치료사와의 의사소통이 가능하며, 심리적 외상, 자아정체성, 신체상에 대한 감정을 시각적으로 표현할 수 있다.

미술치료사는 미술활동에서 뇌졸중 노인에게 자주 나타나는 감각-지각 장애를 알아야

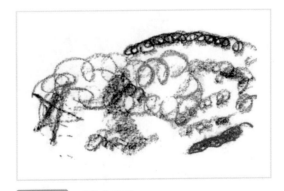

그림 8-6 **나의 충격**(화)

◊◊ 표현을 하게 함이 필요하다.

하며, 이를 보완해 주어야 한다.

 감각-지각 장애

시각영역 절단, 방위감각 상실, 시공간 왜곡, 잘못된 수직개념, 형태장애, 시각적 인식불능 등 사물을 인식하지 못하는 장애

그림을 기초로 한 평가는 재활치료를 위해 뇌졸중 노인을 평가하고, 적절한 개인 치료 목표를 개발하는 데 도움이 된다. 오른쪽 마비를 일으키는 좌반구 손상과 언어 상실은 정신적 장애를 발견하는 것을 어렵게 한다. 이럴 때 미술치료에서 미술활동의 융통성 있고, 실제적이며, 창의적인 방법과 기법들의 활용은 노인이 가진 문제를 알아낼 수 있게 한다.

특히, 언어장애 노인에게는 대안적인 의사소통도구가 될 수 있다. 미술은 손을 자유롭게 사용할 수 있는 능력을 검사하는 데 이용될 수 있다. 모방할 수 있는 능력을 평가하는 데는 결과가 분명하게 나타나는 그림그리기가 사용될 수 있다. 심각한 실어증 노인은 정확하게 그릴 수 있는 반면에 우수한 언어능력(우반구 손상)을 가진 노인은 그림과 지각운동에 장애를 나타낸다(Gardner, 1976).

그림 8-7 정확하게 표현

◐◑ 언어표현에는 지장이 있으나, 미술표현에는 장애를 보이지 않는다.

우반구 손상의 결과는 화면의 오른쪽에 사물을 배치하고 왼쪽에는 거의 작업이 없거나, 불완전한 선 또는 흐릿한 형태의 그림을 보인다. 뇌졸중 발병 후 화면의 왼쪽을 무시하는 현상이 나타난다. 지면 한쪽으로 치우쳐 그린 그림은 우반구 손상에 의해 시공간 장애가 있음을 증명한다. 왜곡된 수직 개념은 지각손상을 의미한다.

미술활동은 손상되지 않은 쪽에서 접근할 필요가 있다. 먼저 종이를 시각적 위치에 두게 한다. 점차로 머리를 돌리도록 강화시키며 더 많은 매체를 뇌졸중 영향을 받은 쪽에 배치한다.

– 좌반구 또는 우반구 어느 부분의 기능 손상인가에 따른 치료 개입은 차이가 나타난다.–

두뇌가 언어기제를 상실하면 정보는 시각, 청각, 촉각에 의존하게 된다(Dahlberg & Jaffe, 1977). 미술능력은 언제 기술이 학습되었는가, 얼마나 숙련되었는가 그리고 어느 신경 영역이 손상되었는가 등과 같은 많은 요인 등에 달려 있다. 시각적 기억이 인지기억보다 더 좋을 수 있고 사건의 시각화는 회상과 회복기에 도움이 될 수 있다. 발병 전의 성격과 활동이 미술활동을 통해 일깨워질 수 있기 때문에 점차로 성취욕구를 고취시킴이 필요하다.

뇌졸중 심리치료는 뇌졸중으로 인한 장애와 한계를 받아들일 수 있게 하고, 나아가 궁극적 목표인 인생의 새로운 목표와 즐거움을 발견하게 해 줄 수 있다. 뇌졸중뿐 아니라 모든 치료형태에 적용할 수 있는 일반적인 재활의 목표는 다음과 같다.

그림 8-8 **발병 전의 나**

설명: 열심히 일하는 적극적인 사람이었다.
◐ ◑ 손근육발달과 양손의 협응력, 우울감정 해소를 위해 시도되었다.

일반적인 재활목표(Wald, 1993)

• 환자가 최대한의 운동성과 독립성을 획득하도록 지원하는 것
• 목표들이 달성될 때 더 이상 도움을 주지 않도록 계획하는 것

뇌졸중 노인을 위한 특별한 미술치료 목표는 〈표 8-2〉와 같다.

표 8-2	뇌졸중 환자의 미술치료 목표(Wald, 2004)

1. 신체적 · 인지적 · 감각-지각적 · 심리적 · 사회적 능력을 평가하는 것
2. 개인적 문제에 대한 환자의 통찰을 향상시키는 것
3. 장애극복을 위해 대처기술을 가르치는 것
4. 기능, 조작능력을 향상시키는 것
5. 환자의 신체상의 변화를 슬퍼하고 수용하도록 하는 것
6. 상실과 한계에 대한 정서적 반응을 극복하려는 환자의 노력을 지지하는 것
7. 환자가 내적 힘과 새로운 자원 그리고 이미 가지고 있는 자원과 대처기제를 발견하도록 지지하
   는 것
8. 재활치료, 생활상황에 관하여 감정을 이완하도록 하는 것
9. 미술치료 지지집단에서 재사회화할 기회를 제공하는 것
10. 의사소통, 자기표현, 대인관계의 비언어적인 시각수단을 제공하는 것

　　미술활동을 잘 하지 못하는 노인을 위해 미술치료회기는 구조화된 활동으로 구성
할 수 있다. 그리고 타인과 함께 하는 즐겁고 이완된 시간으로 구성한다. 미술활동은
개인작업과 공동작업으로 구성할 수 있으며, 노인의 관심과 기능적 능력에 따라서
매체와 과제를 선택한다.

　　신체적 장애로 인해 정교한 행동이 부족하면 통제를 적게 요구하는 매체와 활동을
제안한다. 물감, 점토, 큰 종이 모자이크 등이 활용될 수 있다. 매체도 노인의 조작

그림 8-9	시범보이기

◐◐ 미술활동에서 형성될 수 있는 흥미와 재능은 자부심과 성취
감을 준다. 또한 상실에 대한 보상 역할을 할 수 있다.

그림 8-10	나무와 꽃

◐◐ 단순한 작업으로 완성이 쉬운 과제를 택한다. 미리 오린 다
양한 색종이를 제시하고 선택하게 했다. 치료사의 도움으로 작품이
완성되었다. 이 과정에서 독립적인 탐색과 자기표현을 권장한다.

능력에 따라 제공되어야 한다. 예로 미술치료사가 종이를 테이블에 테이프로 붙여준다.

　노인에게는 적극적인 지지와 격려가 필요하다. 지시는 단순하게, 천천히, 앞뒤가 잘 연결되게 단계적으로 한다. 일관성, 단서 제공, 반복으로 노인의 기능은 향상될 수 있다.

　미술활동을 좋아하지 않는 노인도 있을 수 있으므로 치료사는 노인에게 단지 그림이나 사물을 주시하거나 탐색하도록 하는 등 융통성을 가질 필요가 있다. 미술활동과 매체를 선택하게 하는 것이 개인적 흥미를 자극할 수도 있다.

그림 8-11　꽃 찍기

◐◑ 어느 정도 집중력 있는 노인의 집중력을 향상시키기 위해 핵심적인 것만 지시한다. 예를 들어, 꽃잎을 찍도록 한다.

　집단치료는 친밀감을 느끼게 해 주므로 사회적 상실에 집단미술치료는 효과적일 수 있다. 집단의 크기는 4~5명 정도로 할 수 있으며, 대집단의 경우에는 자원봉사자나 다른 치료자의 도움을 받는다.

　신체장애를 가진 노인은 자신의 장애 자체에 매달려 다른 사용 가능한 기능들까지 사용하지 않는 경우가 많다. 이럴 경우 나머지 건강한 신체 부분까지 기능이 약화된다. 그리하여 시간이 갈수록 의존감이 강하게 되고 그

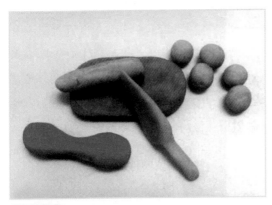

그림 8-12　흥미 있는 매체 제공(색점토)

◐◑ 흥미 있는 매체를 제공한다.

그림 8-13　의사소통

◐◑ 미술치료에서 뇌졸중 환자들은 언어적, 비언어적(특히, 언어손상을 가진)으로 의사소통할 수 있다. 심리적 외상으로 인한 자아정체성과 신체상에 대한 감정을 시각적으로 표현할 수 있다.

만큼 의지력과 자존감이 낮아진다. 치료사는 사용할 수 있는 신체 부위를 충분히 사용하여 나머지 기능들을 활성화하도록 도와주어야 한다. 또한 동기를 강화시켜 주어야 한다.

치료 전 파악 요소

- 장애를 겪기 전에는 어떠했는가?
- 어떤 활동을 좋아하는가?
- 스스로 장애를 어떻게 생각하는가?
- 인생의 의미를 어디에 두고 있는가?
- 평소에 의존적이었는가?
- 가족이나 친구들과의 긍정적인 관계는 유지되고 있는가?
- 가족이나 친구들과의 부정적인 관계의 원인은 무엇인가?

그림 8-14 **나의 마음**(모루로 꽃 만들기)

◐ ◑ 쉬운 활동이라도 반복을 통해 기능이 유지될 수 있다.

장애를 가진 노인은 자신들의 신체적인 장애와 그로 인한 불가피한 의존 때문에 자존감이 훼손되어 있는 경우가 많다. 따라서 미술치료사의 도움을 받아들이려고 하지 않기도 한다. 또한 정말로 도움이 필요한 경우에도 도움을 제공하려는 사람에게 불편한 감정을 표현하기도 한다. 다른 사람에게 도움을 받아야 함에도 불구하고 이런 도움을 거부하는 노인들의 경우 치료사는 이런 노인의 심리를 파악하고, 노인이 감정을 충실히 드러낼 수 있도록 도와야 한다.

2. 치매와 미술치료

치매는 나이가 들면서 자연스러운 지능 쇠퇴와 함께 나타난다고 믿어졌으나, 최근 세계적으로 고령인구가 급증하면서 중요한 사회적 도전의 하나로 등장하게 되었다. 이 절에서는 치매의 의미, 치매의 증상과 진단기준, 치매의 종류, 치매와 미술치료에 대해 살펴보고자 한다.

1) 치매의 의미

치매는 병의 이름이 아니라 뇌와 신경계통에 손상을 입어 나타나는 여러 증상에 붙이는 통합된 명칭으로 일반적으로 자신의 욕구를 충족시키는 능력을 상실하고 자기자신을 스스로 관리하지 못하는 것을 의미한다(민현숙, 2005). 치매란 용어는 라틴어에서 유래된 것으로 정상적인 마음에서 이탈된 것, 정신이 없어진 것이라는 의미를 갖고 있다. 과거에는 치매를 '망령' '노망'이라고 부르면서 노인이면 당연하게 겪게 되는 정상적인 부분, 즉 노화에 따르는 생리적인 현상으로 간주했으나 최근에는 중추신경계의 대표적인 질환으로 인식하게 되었다.

우리나라에서는 '노망'이라고 하여 정상적인 노화과정에서 나타나는 정상적인 과정으로 잘못 인식해 왔다. 치매노인 및 가족들에 대한 보호관리, 사회적 지지를 비롯한 치료 프로그램이 절실히 필요한 상태다.

치매는 지적수준이 정상이던 사람이 뇌의 각종 질환으로 인해 지적 능력을 상실하게 되는 경우를 말한다. 즉, 정상적으로 성숙한 뇌가 후천적인 외상이나 질병과 같은 외적요인

그림 8-15　**꽃과 벌레**

🔎 연결 능력이 없다.

에 의해 기질적으로 손상 내지는 파괴되어 전반적으로 지능, 학습, 언어 등의 인지기능과 고등정신기능이 감퇴하는 복합적인 임상 증후군을 일괄하여 지칭하는 것이다.

나이가 들어감에 따라서 뇌세포가 파괴되고 뇌위축이 진행되어 뇌의 기능이 결과적으로 쇠퇴되어 가는 것은 어쩔 수 없는 자연의 이치다. 이런 인간의 노화과정에는 지능감퇴현상이 수반되나, 이는 20대부터 서서히 시작되어 60대가 되면 가속화된다. 이런 정상 노화로 인한 현상은 진행 정도가 완만하며 인격적 통제가 상실되지 않은 건강한 것으로, 치매와는 구별되어야 한다.

치매환자의 두드러진 그림 특성

- 그림을 한쪽에 치우쳐서 그린다.
- 시각적으로 스트로크가 절단된 그림을 그린다.
- 지면의 밑부분에 그림을 그린다.
- 어두운 색깔을 사용한다.
- 삐쭉삐쭉한 세부묘사로 우울의 공격적인 요소들을 강조한다.
- 그림의 어떤 부분은 분리시켜 고립성를 나타내기도 한다.
- 사람 그림에서 신체 내부가 보이는 X-ray식 표현과 기묘한 묘사 등이 나타난다.

인간의 평균수명이 늘면서 치매노인은 점점 증가하고 있다. 연령이 약 5세 증가하면 치매 유병률은 2배씩 증가한다. 치매는 노인 본인을 넘어 가족까지도 피폐하게 하고, 인간의 존엄성까지도 훼손하게 한다. 사회경제적 비용의 증가도 상당한 문제이다.

2) 치매의 증상과 진단기준

치매는 대개 오랜 기간에 걸쳐 서서히 진행되어 나타나며, 전반적인 지적 능력의 감퇴를 가져온다. 증상은 인지장애 증상과 신경정신과적 증상으로 대별된다. 인지장애 증상으로는 아주 서서히 진행되는 기억, 언어, 시공간적 능력, 인격, 기타 인지기능의 장애가 특징이다.

치매는 정도에 따라 경증, 중등증, 중증의 세 가지로 구분되며, 내용은 〈표 8-3〉과 같다.

정도	기준
경증 (Mild)	사회생활이나 직업상의 능력이 상실되더라도 아직 독립적인 생활을 영위할 수 있다. 적절한 개인위생을 유지하며, 비교적 온전한 판단력을 보유하고 있는 상태다.
중등증 (Moderate)	독립적인 생활이 매우 위험하다. 타인에 의한 부분적인 감독과 간호가 필요한 상태다.
중증 (Severe)	일상생활 능력이 심하게 감퇴되어 있다. 지속적인 감독이 필요한 상태로 최소한의 개인위생도 유지할 수 없게 된다. 대개는 지리멸렬한 언어구사나 함구적인 생태다.

표 8-3　치매의 정도별 분류

출처: 서울대학교 지역 의료체계 시범사업단(1994). 치매환자관리사업개발.

미술은 방향성, 기억, 지각, 이해에 대한 환자의 장애를 지속적으로 평가하는 데 사용

환자가 지시를 따라 할 수 있는가? 그의 그림이 자신과 타인에게 이해되는가? 그는 자신의 오해를 이해하는가? 그는 색깔과 형태를 이해하고 구별할 수 있는가? 지난번에 그린 그림을 기억하는가?

(1) 기억력 장애

치매 초기의 첫 번째 일어나는 증상은 건망증 증세로 가장 최근의 일을 기억하지 못하게 된다. 방금 자신이 한 말을 잊어버리고, 방금 들은 이야기나 지시도 잊어버린다. 방까지 가서도 왜 왔는지, 무엇을 해야 하는지를 모른다. 치매가 진행되면서 가족들도 알아보지 못하게 된다. 기억력 장애는 장기기억에도 영향을 미치게 된다. 자기가 기억할 수 있는 과거의 시점이 본인에게는 현실이다. 따라서 노인

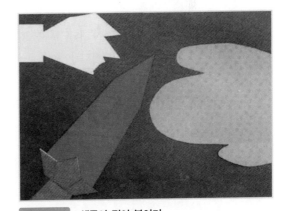

그림 8-16　색종이 접어 붙이기

설명: 무엇인지 물어보니 밥상이라고 대답했다.

은 과거에 살게 된다.

그림 8-17　바다에 사는 물고기 붙이기

◑◑ 기억력 활용 과제

그림 8-18　좋아하는 꽃 그리고 오려 붙이기, 이야기 나누기

◑◑ 보고 그리기, 이야기 나누기, 회상과 이야기를 통해 언어와 손근육을 계속 활용한다.

(2) 언어장애

단어를 사용하고 이해하는 능력의 장애다. 초기에는 단어가 잘 생각나지 않고 표현력이 둔해지며 유창했던 말솜씨가 줄어든다. 점차적으로 일상대화를 할 수 없고 같은 말을 반복한다. 후기에 가면 의미 없는 말, 단어를 반복하고 앞뒤가 맞지 않는 등 의사소통의 문제가 나타난다.

(3) 일상생활 수행능력 저하

익숙했던 사물을 인식하고 사용하는 능력이 상실된다. 가사, 옷 입기, 옷장 정리 등 매일 잘 해온 일들을 할 수 없게 된다. 후기에 가면 수저를 사용하는 가장 기본적인 능력까지 상실하게 된다.

(4) 지남력 상실

시간이나 장소를 모르게 된다. 머릿속에 환경에 대한 지도를 그리는 능력을 상실하게 됨으로써 새로운 환경에 적응하기 어렵게 된다. 또한 익숙한 환경, 장소를 모르게 된다. 현재 살고 있는 집도 낯선 곳으로 생각하게 되고, 집안에서도 방이나 화장실을 찾지 못하고 혼란스러워한다.

(5) 문제행동

치매노인은 기억력 상실과 현실에 대한 정확한 이해가 없기 때문에 예상치 못했던 행동을 하게 된다. 예를 들면, 배회, 망상, 초조행동, 소리 지르기, 공격적 행동, 낮에 자고 밤에 활동을 하는 등 여러 가지 행동장애가 나타난다.

　　이와 같이 다양한 치매의 증상을 〈표 8-4〉와 같이 정리할 수 있다.

표 8-4　치매의 증상(이호선, 2005)

지적기능	• 사물 이름을 잘 기억하지 못한다. • 물건을 자주 잃어버린다. • TV 드라마 등의 내용이 이해되지 않는다. • 간단한 계산을 빠른 시간 내에 할 수 없다. • 전철에서 내리는 역을 지나쳐 버린다. • 약속을 기억하지 못한다. • 날짜와 시간을 자주 잊어버린다. • 가족의 생일이나 이름을 잊어버린다.
생활기능	• 수돗물이나 가스 잠그는 것을 잊어버린다. • 익숙한 길을 잃어버린다. • 특이한 복장을 한다. • 씻기를 싫어한다. • 음식을 태운다. • 약을 복용하는 것을 잊어버린다. • 의자와 연필 같은 일상 생활용품을 구별하지 못한다. • 대소변을 아무 곳에나 본다. • 이해할 수 없는 행동을 한다. • 음식에 대해 강한 집착을 보인다.
감정	• 화를 잘 내거나 잘 운다. • 우울하거나 밖에 나가지 않는다. • 감정의 기복이 심하다. • 평소에 하지 않던 심한 욕설을 퍼붓는다.
의지와 관심	• 끈기가 없다. • 흥미나 관심이 없다. • 자신감이 없다. • 특정 물건에 집착하며 혼자 지낸다. • 강한 소유욕을 보인다(음식과 돈).

3) 치매의 종류

치매는 원인에 따라서 다른 질환명을 붙이게 된다. 원인에 따라 질환별로 분류하면 〈표 8-5〉와 같다.

치매의 원인	질환명
표 8-5 치매의 원인과 질환	
뇌신경 세포의 퇴행	• 알츠하이머병, 픽병, 파킨슨병, 헌팅턴병
후천성 뇌질환	• 혈관성 치매, 다발성 경화증, 뇌종양, 외상, 뇌수종, 야콥병
기타 가역 가능한 질병	• 대사질환: 갑상선 기능 저하, 신장 투석 • 독성/영양장애: 약물중독, 알코올중독, 영양결핍 • 감염: AIDS, 신경매독, 결핵성, 세균성 뇌막염, 급성 바이러스성 뇌염, 주요 우울증

여러 치매 중에서 알츠하이머병, 혈관성 치매, 알코올성 치매에 대해 설명하고자 한다.

① 알츠하이머병

알츠하이머병은 치매 중에서 가장 전형적인 치매유형으로 우리나라 치매 환자의 50% 이상이 이 유형에 속한다. 이 치매는 정상적인 기능을 수행하던 뇌세포들이 점진적으로 파괴됨으로써 개인의 인지기능이 점진적으로 감퇴하고, 성격변화, 대인관계 위축, 사회활동 제한은 물론 기본적인 일상생활조차도 어렵게 만드는 퇴행성 치매다(신현옥, 2005).

알츠하이머병은 아주 가벼운 건망증에서 시작하여 점차 언어 구사력, 이해력, 읽고 쓰기 능력 등의 장애를 가지고 오게 된다. 알츠

그림 8-19 알츠하이머병에 걸린 아이리스와 그의 남편

설명: 영화 [아이리스] 중 한 장면이다.

하이머병에 걸린 환자들은 불안해하기도 하고, 매우 공격적이 될 수도 있다. 방향 감각을 상실하여 집을 잃어버리기도 한다. 알츠하이머병의 원인은 고령 외에도 유전적인 요인이나 머리에 부상을 당했을 때, 항산화성 영양소가 결핍되었을 때 발병하기도 한다. 발병률은 여성이 남성보다 더 높다.

▶ 초기단계	▶ 중기단계	▶ 말기단계
경미한 증상을 가지고 기분의 변화가 나타난다.	자신에게 익숙한 것들을 잊어버린다.	모든 생활에서 타인의 도움이 필요하다.
• 기운이 없고, 무엇을 하고 싶은 기분이 나지 않는다. • 말을 알아듣기 힘들거나 단어를 잊어버리는 등의 증상을 보이지만 가족들은 이를 쉽게 알아차리지 못한다.	• 자신이 있는 장소, 시간, 계절 등을 잊어버린다. • 잘 알던 사람을 알아보지 못한다. • 예전과 다른 성격이 나타나고 문제행동이 눈에 띈다. • 먹는 것에 집착을 보이거나 과도하게 배고픔을 느낀다. • 2~10년 지속된다.	• 대소변을 가릴 수 없고, 방향 감각을 완전히 잃는다. • 1~3년 지속된다.

② 혈관성 치매

혈관성 치매는 뇌출혈, 뇌경색 등 뇌혈관질환에 의한 뇌손상이 누적되어 나타나는 치매유형이다. 치매 중에서 두 번째로 흔한 유형이다. 고혈압, 당뇨병, 고지혈증, 심장병, 흡연, 비만을 가진 사람들에게서 많이 나타난다. 정상적으로 혈관벽은 매우 탄력성이 있고 또한 거의 투명하다. 고혈압이나 당뇨병 등이 오래 지속되면 혈관벽의 근육층이 좁아지거나 혈관 내벽에 피딱지가 생겨 결국 혈관이 좁아지거나 막히게 된다. 큰 혈관이 막히면 반신불수, 언어장애 등 바로 눈에 보이는 장애가 나타나지만 매우 작은 혈관이 막히면 소량의 뇌세포가 손상되기 때문에 눈에 띄지 않는다. 그런데 이런 변화가 누적되어 결국 치매에 이르게 된다.

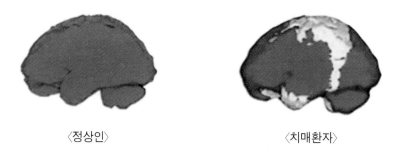

〈정상인〉   〈치매환자〉

그림 8-20a   정상인과 치매환자의 뇌(www.brainmattersinc.com/alzheimer)

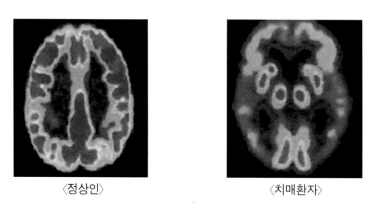

〈정상인〉   〈치매환자〉

그림 8-20b   정상인과 치매환자의 단층사진(www.pcusa.org/nationalhealth/healthinfo/alzheimers)

③ 알코올성 치매

알코올성 치매는 알코올을 지속적으로 많이 섭취할 경우 알코올이 기억의 중추인 해마와 판단기능을 담당하는 전두엽의 뇌세포를 파괴하여 발생하게 된다. 알코올 중독환자의 약 3%, 인지기능장애 환자의 약 7%가 알코올성 치매로 전이된다. 알코올성 치매 또한 원인이 명확하게 규명된 바 없으나, 현재까지는 티아민의 결핍이 가장 큰 원인으로 알려져 있다(민성길 외, 1997).

발병률이 알츠하이머병, 혈관성 치매, 알코올성 치매보다는 적으나, 현재까지 의학계에서 보고되고 있는 그 외의 치매를 분류하여 정리하면 〈표 8-6〉과 같다.

| 표 8-6 | 기타 원인에 의한 치매의 분류 |

분류	특징
파킨슨병 (Parkinson's Disease)	• 도파민 결핍으로 인한 세포의 진행성 퇴행 • 근육 경련 · 경화 · 약화, 손발 떨림 · 뻣뻣함, 느린 행동
루이소체 치매	• 신경세포 내 뭉쳐진 단백질 덩어리(루이소체)로 인한 치매 • 인지능력 장애, 의식장애, 환각 경험
헌팅톤병 (Huntington's Disease)	• 뇌측정 부위의 신경세포 파괴로 인한 진행성 퇴행성 질환 • 인격 · 지적 능력 저하, 기억 · 언어 · 판단력 감소
크루츠 펠트-야콥병 (Creutzfeldt-Jakob Disease)	• 프라이온 단백에 의한 뇌질환 • 기억력 장애, 시각장애, 행동장애, 의식장애, 불수의적 운동, 시각장애 이후 혼수상태
픽병(Pick's Disease)	• 전뇌 측두엽 손상으로 인한 뇌질환 • 인격장애, 행동장애, 기억장애, 언어장애, 이상행동

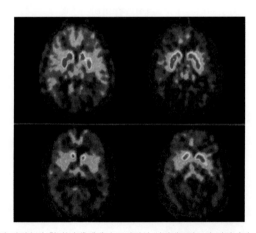

설명: 정상인(위)과 비교하여 파킨슨병 환자(아래)에게서 도파민성 신경세포감소가 나타난다.

| 그림 8-21 | 정상인과 파킨슨병 환자의 PET(양전자방출단층촬영) 검사 결과
(www.cerebromente.org.br/(Brain & Mind)) |

이와 같은 치매의 진단은 DSM-5(미국정신의학회 진단분류 편람)에 의해 할 수 있다. DSM-5에서 알츠하이머병의 진단 기준을 살펴보면 다음과 같다.

DSM-5 알츠하이머형 치매의 진단기준

A. 복합적인 인지결손이 다음의 두 가지 양상으로 나타난다.

(1) 기억장애(새로운 정보에 대한 학습장애 또는 병전에 학습한 정보의 회상 능력의 장애)

(2) 다음의 인지장애 가운데 1개(또는 그 이상): (a) 실어증(언어장애), (b) 실행증(운동기능은 정상이지만, 운동활동의 수행에 장애, (c) 실인증(감각기능은 정상이지만, 물체를 인지하거나 감별하지 못함, (d) 실행기능의 장애(즉, 계획, 조정, 유지, 추상적 사고 능력)

B. 진단기준 A(1)과 A(2)의 인지장애가 사회적 또는 직업적 기능에 있어서 심각한 장애를 일으켜야 하고, 병전의 기능 수준보다 상당히 감퇴되어 있음을 나타낸다.

C. 경과는 서서히 발병하고 지속적인 인지 감퇴를 보이는 특징이 있다.

D. 진단기준 A(1)과 A(2)의 인지 장애가 다음 가운데 어떤 경우로 인한 것도 아니어야 한다.

(1) 점진적인 기억과 인지 장애를 일으키는 다른 중추신경계 상태(예: 뇌혈관 질환, 파킨슨병, 헌팅턴병, 경막하혈종, 정성압수두증, 뇌종양)

(2) 치매를 일으키는 전신적 상태(예: 갑상선기능 저하증, 비타민12 또는 엽산 결핍, 나이아신 결핍, 과칼슘혈증, 신경매독, 인간 면역결핍 바이러스병)

E. 장애가 섬망의 경과 중에만 나타나지 않는다.

F. 장애가 다른 축 1장애(예: 주요 우울장애, 정신분열증)에 의해 잘 설명되지 않는다.

4) 치매와 미술치료

그림 8-22 의사소통

◊◊ 의사소통 매개로 내가 받은 선물이다. 우울·고립을 완화시키기 위해 활용하였다.

알츠하이머병과 같은 퇴행성 질환의 치료목표는 궁극적으로 치료가 아니라 부양이라는 것을 명심해야만 한다.

치매의 퇴행적인 특성 때문에 미술치료는 부정과 같은 심리적 방어를 깨뜨리거나 직면, 해석 같은 기법을 직접 사용하지 않는다. 치매노인들의 신체적 증상, 불안, 우울, 고립, 망상 등을 정서적으로 안정시키며 대인관계에서 의사소통의 매개체를 제공한다.

　미술치료는 환자 입장에서는 자부심을 가질 수 있는 하나의 시각적이고 구체적인 결과를 제공해 준다. 치매노인의 치료에 있어서 가장 중요한 것은 치료사가 노인이 판단, 기억, 언어, 신체적 능력의 상실로 고통받고 있음을 인식해야 하는 것이다. 미술치료사의 양육적인 관심과 미술작품이라는 노인의 개인적인 성취를 통해, 노인의 자신감을 향상시키고 능력 상실을 극복하도록 도와줄 수 있다.

〈유의점〉

• 심각한 기능적 장애는 미술치료사에게는 실제적인 부담을 준다.

　가위를 사용하지 못하거나, 종이의 엉뚱한 부분을 풀로 붙일 수 있다. 수채화 물감을 제대로 사용하지 못할 수 있다. 점토를 음식으로, 물감과 유약을 음료수로 혼동할 수 있다. 붓을 사용하는 방법을 잊어버리거나, 자신의 이름을 적을 수 없다.

그림 8-23 **동물 붙이기**
설명: 미리 오려서 제공한다.

➡ 가위사용이 불필요한 콜라주 작업을 위해 미리 오려 놓은 재료를 제공한다. 물감통에 붓을 넣어 둔다. 수채화 물감 덩어리에 물방울을 떨어뜨려 놓는다. 엉뚱한 곳에 풀을 칠하면 조용하고 부드러운 말투로 다시 고치도록 권한다.

• 치매노인은 하나의 핵심적인 것을 필요로 한다.

　정상적인 사람들은 매체와 주제를 자유로이 선택할 수 있는 반면에 치매노인은 그가 책임질 것이 많을 때 더 혼란스러워한다. 또한 불안해하기도 하며, 불편함을 더 많이 느낀다.

➡ 한 장의 도화지, 하나의 크레용, 하나의 주제를 제시한다. 타인이 그리는 것을 보게 한다.

그림 8-24   좋아하는 과일

ㅇㅇ 좋아하는 과일 누구와 먹었어요? 미술활동을 통해 현재 또는 과거의 기억을 되살리는 기회를 준다.

알츠하이머병 노인은 언어기술이 아주 제한되어 있기 때문에 언어로 의사소통하는 것은 거의 불가능하다. 따라서 미술활동은 자기표현의 대체수단이 될 뿐만 아니라, 긴장과 갈등의 배출구로서 유용할 수 있다. 아주 기능적인 노인도 아무 때나 유아기 행동으로 퇴행할 수 있기 때문에 미술치료사는 신경을 써야 한다.

치매 미술치료는 치매로 인해 인지기능이 떨어진 노인에게 현재 또는 과거의 기억을 미술활동을 통해 되살리는 기회를 준다. 본인 능력에 따라 선, 색, 형태를 스스로 표현할 수 있도록 돕는다.

미술치료는 노인이 스스로 성취감과 편안함 그리고 정서적 안정을 얻게 한다. 지적 활동과 인지적 수행 능력을 향상시키고 노인의 정신적 · 심리적 · 신체적 문제점과 병을 완화하는 데(신현옥, 2005) 도움이 된다.

치매노인을 대상으로 한 미술치료의 효과 연구는 〈표 8-7〉과 같다.

표 8-7   알츠하이머병에 대한 미술치료의 효과 연구

Kramer(1994)	• 시각적 · 촉각적 자극을 통해 음성적 배회행동 완화 • 창의력 표현 및 주의력 유지
Kathleen(1997)	• 창조적 미술활동을 통해 자기자신을 표현하고 쾌감 발견 • 미술작품을 통해 상실된 능력 자각 및 정체성 자각
Gallagher(1993)	• 회상과정을 통해 긍정적인 생활 유지
김동연 · 신현옥(1999)	• 집단미술활동을 통해 언어표현 능력 향상, 시지각 및 시공간 개념 능력 향상, 수 · 색채 · 형체 개념 향상, 주의집중력 향상
방지원(2005)	• 인지적 기능, 집중력, 인내, 자존감 향상
윤영옥(2001)	• 무기력 감소, 자신감 향상 및 사회성 증가, 문제행동 변화 • 합동작업을 통해 소외감 극복

그림 8-25 함께 찍기

◑◑ 두 명의 노인에게 한 장의 종이를 제시하고 반대 방향에서 작업하게 한다.
설명: 작업을 하며, 우호적인 대화가 계속되었다. 치매노인들 간의 실제적인 대화는 가끔 무의미하지만, 노인들은 서로 간에 따뜻한 교감을 느낀다.

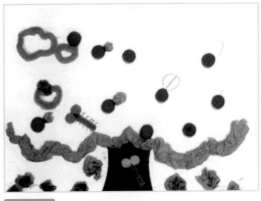

그림 8-26 돌아가며 붙이기

◑◑ 한 사람이 표시를 하고, 다음 사람에게 종이를 건네준다. 이 방법은 관심을 하나의 과제에 집중시킬 수 있다.

그림 8-27 얼굴 꾸미기

◑◑ 본뜬 종이를 제시하고 지시에 따라 하도록 한다. 이 활동은 사회적 상호작용을 촉진할 뿐만 아니라, 이목구비를 이해하는 데 도움이 된다.

그림 8-28 집단과제

◑◑ 합동작업을 하는 데 좋은 아이디어를 생각해 내도록 한다.

　　미술치료는 의사표현 능력이 감소되어 있는 노인들에게 의사소통할 수 있는 기회를 제공해 준다. 미술매체를 이용한 회상과정을 통해 자아통합을 이룰 수 있게 해 준다. 그리고 미술치료는 치매노인이 겪고 있는 불안, 긴장, 초조함, 두려움 등이 심한 상태에서 미술활동으로 신체적·정서적 에너지를 쏟게 한다. 자신의 욕구나 감정을

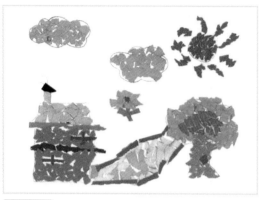

그림 8-29   **세밀하지 않아도 된다**

설명: 신체적 · 정서적 에너지를 쏟을 수 있는 활동의 제시로 충분한 자아표현을 도와준다.

미술매체를 통해 간접적으로 표현하게 함으로써 자기표현을 하도록 도와준다.

이와 같은 치료에서 미술매체가 갖는 장점은 〈표 8-8〉과 같다.

표 8-8   **치매에서의 미술매체 장점**(Kathleen, 1997)

* 매체가 지닌 감각적인 특성에서 쾌감을 느낌
* 감각적 정보의 균형에 도움
* 미술활동에 의한 개인 내부와 외부의 만남
* 성공 경험
* 상실된 능력의 자각, 자아의식 고양

그림 8-30   **회상하기**

👀 기억력 훈련은 형태와 질감이 다른 재료로 바꾸어 가며 한다. 그러나 지나치게 많은 재료나 단계가 필요한 활동은 혼란과 좌절을 줄 수 있으니 유의한다.

기억상실이 알츠하이머병의 가장 핵심이므로 기억을 불러일으키는 과제들은 특히 가치가 있다. 치매노인은 정신적으로 과거 사건과 연관될 때 생기를 갖게 된다. 지난 날의 음악을 듣는 것이 회상을 촉진시킬 수 있다. 기억은 그림이나 만들기를 통하여 확대되고 강화될 수 있다.

기능적인 치매노인에게는 구

체적인 사물이나 기능적인 사물을 만들 수 있
는 3차원(입체감) 매체를 제공해 줄 수 있는데,
점토는 우수한 3차원 재료다. 간혹 점토를 음
식으로 혼동하는 기능이 떨어진 노인도 있다.
작업과정에서 점토를 짓누르며 억압된 분노를
표출하기도 한다. 그러면서 작품이 완성되지
만 충동적인 노인은 매체를 제대로 다루지 못
한다.

그림 8-31　지점토로 만들기

　치매는 뇌의 신경세포가 계속적으로 장애
를 일으키는 상태이지만, 남아 있는 건강한
신경세포가 대신 보완을 해 줄 수 있다. 즉, 치료사는 기억력 장애의 노인에게 기억
할 수 있는 과거 이야기를 말하게 한다. 그리고 그들의 기억이야기를 들음으로써
기억력 상실을 완화할 수 있다. 이런 회상요법은 노인이 스스로 자신의 과거를 돌
아봄으로써 잊고 있던 기억을 재생하고, 남은 삶에 대한 긍정적인 평가를 내리도록
돕는다.

　치매노인은 기억이나 지능의 장애로 일상생활이 점차 힘들어진다. 그러나 감정

그림 8-32　여행

설명: 색종이를 활용하여 여행을 주제로 한 활동이다. 옛날 기차를
만드셨다.

그림 8-33　우리집

설명: 가족에 대한 할머니의 생각, 감정 등이 이야기되었다.
노끈을 지붕에 붙이시면서 어릴 때의 생활에 대해서도 많은 이야
기를 하셨다.
👀 노끈 붙이기의 요령에서 치료사의 도움이 필요하였다.

경험은 비교적 오랫동안 유지된다. 따라서 치료사는 노인에게 나타날 수 있는 다양한 감정을 이해해 주고, 심리적인 안정감과 희망을 주어야 한다. 미술활동은 비언어적인 활동이며, 감정의 정서적인 표현과 전달 그리고 다른 사람과 대화하게 해준다.

표 8-9	치매노인 미술치료의 목표

- 내재되어 있는 정신병적 요인을 표현하고 억압된 정서를 표출하도록 하기
- 시각적인 구체적 행동을 통해 자부심과 존엄성을 유지시키고 과거에 이룩한 성취를 회상하게 하기
- 말을 잘 못하는 노인에게 비언어적이며 시각적인 의사소통 수단을 제공하기
- 현실에 대한 구체적인 중요성을 제공하기
- 집단치료는 개인적인 고립으로부터 벗어나 지지집단의 구성원이 되도록 하기

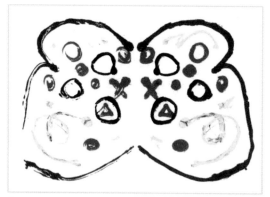

그림 8-34   **나비 안에 그리기**(집단활동)

◐ ◐ 하나의 공간 안에 함께함으로써 고립에서 벗어날 수 있다.

치매노인에게 적용되는 미술치료의 일반적 목표는 〈표 8-9〉와 같다.

미술치료에서 치매노인이 가능한 한 오랫동안 보다 높은 자아존중감과 존엄성을 유지하도록 도와줄 수 있다면, 노인의 죽음은 어느 정도 연기할 수도 있다. 미술치료는 노인이 인생의 마지막 단계까지 자신에게 남겨진 능력을 최대한 활용할 수 있도록 도와주는 중요한 역할을 한다.

이제까지 내용을 중심으로 치매 미술치료를 통해 얻을 수 있는 기대효과는 〈표 8-10〉과 같이 정리할 수 있다(신현옥, 2005).

표 8-10	기대효과와 미술활동(신현옥, 2005)

기대효과	활동
소근육 운동과 인지적 기능 향상	크레파스를 활용, 주제에 대한 구체적 표현활동
무관심한 색채와 형체에서 관심과 주의력 향상	교육을 통한 주제회상과 관찰하기
기억력 향상	주제에 대한 테스트
정서안정	주제와 관련된 기억회상과 대화, 작업집중
성취감	스스로의 기억을 통한 재생활동
신뢰와 협조적 관계를 통한 친목 도모	치료 중에 상호의사소통과 작품발표
시지각 능력 및 시공간 개념 향상	형태관찰, 색채표현 훈련

3. 회상을 통한 미술치료

과거에 대한 회상은 노년기에만 나타나는 현상이 아니고, 생애의 어느 단계에서나 나타나는 현상이지만 노년기에 제일 높게 나타난다(윤진, 1985). 그리고 사회학, 심리학, 의학, 노년학의 연구에서 회상이 노인의 긍정적인 적응에 효과가 있는 것(Butler, 1963; Havighurst & Glasser, 1972)으로 나타나고 있다. 이 절에서는 회상의 의미 및 이론, 회상의 유형과 기능, 회상의 효과와 미술치료에 대해 살펴보고자 한다.

그림 8-35　회상의 한 방법(이야기식 그림 그리기)

◊ ◊ "옛날 옛적에……."로 시작하면서 이야기를 전개한다. 이야기에 생각을 보태거나 그림을 그린다. 할머니가 이야기하시면 치료사가 밑그림을 그려드렸다. 그리고 할머니가 내부를 칠하셨다.

1) 회상의 의미 및 이론

회상은 살아오면서 겪는 의미 있는 사건이나 경험을 고찰하는 것(하양숙, 1991)으로, 회상을 활용한 심리치료는 회상이 노년기의 심리적 건강에 긍정적인 방법의 하나임을

그림 8-36   **인생곡선**

◐ ◑ 자라면서 겪은 인생의 커다란 사건을 그린다.

입증(Boylin, Gorden, & Nehrke, 1976; Fry, 1983; Hala, 1975; Hendricks, 1978; Lieberman & Falk, 1971; Parsons, 1986)하였다. 노인의 생활만족도를 높이고, 우울정도를 저하시켰으며, 일상생활의 적응수준을 높였다.

회상과정은 노인이 자신의 인생을 정리하고, 두려움 없이 죽음에 직면할 수 있도록 해 주는 긍정적 측면이 있다. 회상을 통해 지나 온 자신의 모습을 돌아보고, 과거에 겪었던 불만, 증오, 갈등, 죄의식, 적응 문제 등을 이해하고 수용하게 된다. 그럼으로써 자신의 일생을 잘 마무리 지을 수가 있다.

노인 회상의 의미

현재의 자존감을 높여 준다.
과거를 돌아보며 생이 의미 있었음을 느끼게 된다.
자아통합에 기여한다.

그러나 모든 회상이 긍정적인 것은 아니다. 과거에 자신이 최선을 다하지 못했다고 느낄 때, 인생이 억울하다고 느낄 때는 늙었다는 사실에 슬퍼하거나 한탄하게 된다. 무력감에 빠지거나 우울해지기도 한다. 회상에서 미술치료사는 노인이 자신의 인생과정을 잘 점검하면서 자아통합에 이르도록 도움을 주어야 한다. 회상은 언어, 그림, 저서, 침묵, 명상을 통하여 할 수 있다.

회상을 설명하는 이론은 크게 발달단계이론, 생애회고이론, 유리이론으로 분류할 수 있다. 발달단계이론에서는 인간의 각 발달단계에 따라 발달과업을 가진다고 본다. Erickson(1963)은 노년기를 인생을 잘 마무리하는 자아통합과 사회·심리적 위기인 절망으로 보았다.

노인은 자신의 생활에 대해 회고하고자 하는 요구를 느낀다. 과거를 회상하면서 지나온 자신의 생이 최선을 다한 의미 있는 삶이었다고 평가하면 현재의 자신을 긍정적으로 수용하게 된다. 다가올 죽음도 자연스럽게 받아들이며 마음의 준비를 할 수 있게 된다.

그림 8-37 **인생**(내 안의 평화)

설명: 혼자 가는 것. 갈매기도 만나고, 파도도 만나고 태양 빛도 쬐면서 나를 정리해 본다.

그러나 반대로 과거를 회상해 보았을 때 자신의 삶이 불만족스럽고 실패했다고 생각한다면 죽음을 앞두고 시간이 부족하다고 생각하게 되고 절망감에 부딪치게 된다.

그러나 지나온 일들이 그 당시의 어쩔 수 없었던 선택이었다는 것을 인정하게 되면 과거를 수용하고, 자신의 삶을 그런대로 가치 있는 것으로 여길 수 있게 된다. 그러면 지혜, 자기수용, 지나온 생이 적합했다는 느낌, 죽음을 위엄과 용기로 직면할 용기를 가질 수 있다(김지희, 2002).

그렇게 될 수 있는 데 도움을 주기 위해 치료사는 노인의 이전 발달 단계의 경험, 욕구, 소망 등을 잘 살펴야 한다. 이를 위한 발달단계의 회상과정은 다음과 같다.

회상의 과정

- **어린 시절 또는 유아기의 경험**: 부모와의 관계, 형제관계, 또래관계 등
- **아동기의 경험**: 학교생활, 교우관계, 가족관계 등
- **청년기의 경험**: 자아정체감, 학교생활, 교우관계, 이성관계, 진로선택 등
- **성인기의 경험**: 직업, 개인적 성취, 가족관계, 사회적 관계 등

어린 시절 또는 유아기의 경험을 떠올린다. 부모, 형제, 또래와 관련된 경험이나 사건을 떠올리고, 그 당시의 감정에 관해 탐색한다. 유아기는 부모와 밀접한 관계가

그림 8-38 **나의 어린 시절**

◑ ◐ 부모와의 경험, 형제자매와의 경험을 회상한다.

그림 8-39 **소풍**

◑ ◐ 너무 더웠다. 친구들은 없고, 토끼가 그려져 있다.

있다. 출생의 의미, 어린 시절 부모에게 가졌던 감정과 기대들을 되돌아보면서 긍정
적인 의미를 탐색하도록 도와준다([그림 8-38] 참조).

아동기의 가족관계, 또래관계, 학교적응과 성취 경험을 살핀다. 아동기의 가족관
계, 또래관계, 학교적응은 개인의 성장에 중요한 영향을 줄 수 있다. 치료사는 아동
기의 다양한 경험, 정서, 성공, 심리적 문제를 되돌아보게
할 수 있다. 아동기를 긍정적으로 평가할 수 있도록 도와준
다([그림 8-39] 참조).

그림 8-40 **청년기**

◑ ◐ 좋은 시절이었어. 꿈도 많았고……

청년기의 자아정체감, 자아존중감, 직업선택 과정, 기대,
욕구, 갈등 등을 탐색한다. 치료사는 노인이 자신의 청소년
기를 충분히 회상하는 시간을 갖도록 돕는다([그림 8-40] 참
조). 배우자와의 만남, 결혼, 직장관계, 욕구, 갈등 등도 탐색
한다. 청소년기의 다양한 경험의 의미를 살피고, 긍정적으로
평가할 수 있도록 돕는다([그림 8-41] 참조).

성인기의 개인적 성취, 직업적 성과, 가족관계, 사회적 관
계 등을 탐색한다([그림 8-42] 참조). 치료사는 노인들이 성
인기에 가졌던 소망과 갈등, 현실과 이상 간의 괴리 등을 살
피고 이 시기의 긍정적인 평가를 하도록 돕는다.

그림 8-41 문

◐◐ 크레파스로만 그리면 지루하고 힘들 수 있다. 파스텔도 함께 제시되었다.
쉽고, 잘 그린 듯한 파스텔의 느낌을 활용하였다.
설명: 나의 가족이 생겼다.

그림 8-42 나의 기쁨

설명: 그런대로 괜찮았다.

생애회고이론에서 회상은 자연발생적이며 과거 해결하지 못한 갈등을 재생시키고 생을 되돌아보는 것으로 보고(Butler, 1963) 있다. 생애회고는 체계적으로 과거를 되돌아보는 것으로 발달적 주제에 따라 체계적으로 생애를 분석하는 것이다. 따라서 특정사건에 집중하기보단 인생의 광범위한 영역을 포괄하게 된다. 억압된 죄책감과 후회감이 생애회고의 주요 동기다. 노인은 과거로 돌아가 해결하지 못한 갈등을 해결하는 등 적극적으로 과거를 분석하고 평가하는 역동적 과정을 통해 과거 경험과 갈등을 재통합할 수 있다(Butler, 1963).

한편, 다양한 형태의 위기에 처하게 되면 개인이 생을 되돌아보는 것은 일반적인 반응이다. 죽음은 이러한 위기 중 하나로 노인은 죽음이 임박했다고 인식하고 있다. 노인에게 있어 생애

그림 8-43 내가 정말 그랬을까? 죄책감과 후회감

✎ 물감을 풀어 묽게 한 후 빨대에 묻혀 떨어뜨린다. → 떨어진 물감을 이리저리 분다. → 다른 색깔을 선택하여 마음대로 분다. → 색을 자신이 겪은 일이라고 생각하고 회상해 본다.

그림 8-44 **죽음**

◐◑ 열매를 남기고 먼 길을 간다.

그림 8-45 **노후**

◐◑ 한적하게 자연을 즐긴다. 좀 쓸쓸하고 외롭지만 그래도 무지
개가 있지.

회고는 다양한 형태의 위기에 대한 반응으로
볼 수 있다.

유리이론에서는 노인의 사회적 유리에서 회
상이 이루어짐을 설명하고 있다. 성공적인 노년기는 신체적 활력 감퇴, 사회 및 심리
적 역할 상실 등을 경험하는 노인이 스스로 사회 역할에서 물러나기를 원하여 사회
와 개인과의 상호분리가 원만하게 이루어질 때 맞이할 수 있다(Cumming & Honry,
1961)고 보고 있다. 사회로부터의 적절한 역할 분리를 통해 활동에 사용된 에너지가
자신에 대한 관심으로 전환된다. 이러한 관심은 다가올 죽음을 필연적인 것으로 인
식할 수 있게 되고, 생의 의미에 대한 내적 성찰, 과거 회고 그리고 남아 있는 시간을
적절히 이용할 수 있는 방법을 생각하게 된다.

2) 회상의 유형과 기능

회상의 유형은 분위기, 형태, 방법에서 다양하다. 조용한 분위기에서 또는 여러 사
람이 있는 가운데, 아니면 혼자서도 할 수 있다. 임의적일 수도 구조화될 수도 있다.
언어, 글, 기록 또는 기록되지 않은 유형일 수도 있다(Wrye & Churilla, 1977). 자유 연
상형 또는 선택형일 수도 있다.

표 8-11	**회상의 유형**(Liton & Olstein, 1969)

회상유형	특징
자유 연상형 (free-flowing type)	통제나 목적적인 지휘를 받지 않으므로 단순한 이야기로 표현한다.
선택형 (selective type)	엄격한 지휘를 받으며, 다른 사람에게 보이고 싶은 의도대로 시도한다.

회상을 적응과 관련시켜 보면, 자신의 삶을 사회의 변화에 잘 맞추는 적응유형, 자신의 자아존중감을 보존하도록 유리한 과거 기억만을 회상하는 방어유형, 현재, 미래에 관한 생활사건만을 말하고 과거와 관련된 사건은 피하는 회피유형, 과거를 수용하지도 않고 불만족을 다루는 방어기제도 가지지 못하는 갈등유형이 있다(김지희, 2002).

이와 같은 회상은 기능에서 세 가지 관점으로 분류(Coleman, 1974)할 수 있다. 첫째, 단순히 이야기하기와 정보교환의 근원으로 기능한다고 보는 견해다. 회상은 노인들에게 중요한 정보와 사회적 교환의 근거를 마련해 주며, 회상 중의 대화는 단순히 이야기를 하는 것이다. 이러한 이야기는 노인에게 유용한 느낌을 견지할 수 있게 하는 기

그림 8-46   **감사해야 할 사람이나 용서해야 할 사람을 생각해 보기**

👀 나는 이미 자랐어.

그림 8-47   **마음에 드는 그림 고르기**

설명: 바람, 산, 우물, 나무를 붙이셨다. 썰렁한 느낌이 든다며 구름, 집, 물고기 두 마리를 그리셨다. 그리고 마지막으로 해를 그리셨다.

👀 갈등을 잠시나마 잊기 위해……

능을 한다고 볼 수 있다.

둘째, 생애회고의 한 수단으로 보는 견해다. 생애회고가 성공적인 노년기와 밀접한 관계가 있다는 가정하에 회상은 좋아서 선택하는 것이 아니라 요구되는 것이라 할 수 있다. 셋째, 현재의 자기유지 및 고양의 근원으로서 기능한다고 보는 것이다. 회상을 통한 과거는 감정적인 갈등을 해결해 주는 것이 아니라, 현재의 자기정체감을 마련해 주는 근원으로 보는 것이다. 이와 유사하게 회상의 기능을 정리할 수 있다.

회상의 기능(양희복, 2004)

(1) 정보제공과 즐거움 강화의 기능
- 추억은 즐겁고 유쾌하며 시간 보내기 좋다.
- 과거 경험을 통해 다른 사람을 가르칠 수 있다.
- 여가나 오락을 즐길 수 있다.

(2) 문제해결 기능
- 미래에 대한 계획을 세울 수 있다.
- 상실감에 대처할 수 있다.
- 현재 당면하고 있는 어려움을 다룰 수 있다.

(3) 인생회고 기능
- 자신을 괴롭히고 있는 과거의 갈등을 해결할 수 있다.
- 자신의 과거 생활과 자신에 대한 이해를 돕는다.
- 인생의 의미를 알 수 있다.

3) 회상의 효과와 미술치료

회상의 효과는 긍정적 · 부정적 결과로 구분하여 볼 수 있다(Lewis & Butler, 1974). 부정적 결과는 노인 혼자 인생을 회상할 때 더 많이 나타난다. 후회, 죄의식, 무가치감 등이 나타난다. 다른 사람에 의해 받아들여지고 지지될 때 거의 모든 사람은 자기 삶을 재고하고, 거기서 의미를 찾게 된다(Lewis & Butler, 1974).

표 8-12	회상의 효과	

긍정적 결과	부정적 결과
죄의 배상, 내적 갈등 해결, 가족관계의 화해, 지식 및 가치 전달, 정상적 발달	걱정, 후회, 슬픔, 공황, 강한 죄의식, 우울과 무가치함

노인의 기억을 토대로 한 노인의 생애에 대한 대화는 노인에게 치료적이다. 회상과 관련된 감정의 내용은 과거의 관심, 해결되지 않는 갈등, 현재의 갈등에 관한 정보를 제공할 수 있다. 재가노인을 대상으로 집단회상을 실시한 연구(하양숙, 1991)에 의하면 노인은 생의 회고 위주로 회상을 많이 하는 것으로 나타났다. 그 결과 생활만족도를 증가시키고, 우울이 감소되는 것으로 나타났다.

회상이 미술치료의 창조적 과정과 결합했을 때 노인의 언어적 회상과정이 향상된다. 심각한 질환에 직면한 노인의 의사소통을 높이고(유수옥, 2002), 우울과 불안을 감소시키는 데 효과적으로(우순애, 2002) 나타났다. 또한 그림을 통한 회상에서 자아통합을 할 수 있다(도복늠, 2005; 류정자, 2000).

노인이 자랑스럽게 느끼는 과거의 사건이

그림 8-48   선생님

설명: 국민학교 2 · 3학년 때 소풍을 갔는데, 한 아이가 넘어져서 다쳤어. 그때 선생님이 자신의 예쁜 손수건으로 아이들 머리를 싸매주시던 일이 생각나. 참 좋은 선생님이셨어. 지금도 애들에게 어른 노릇하려면 그 정도는 되어야 한다고 이야기해……."

그림 8-49   인두

설명: 어릴 때 어머니와 함께 인두에 숯불을 넣어 빨래를 다렸던 기억, 힘든 시기인데도 행복했던 시절이라고 하셨다.

나 경험을 언급할 때는 과거를 과장하거나 극화하는 경향이 있을 수 있다. 현재의 성격이나 태도를 설명하기 위해서 과거를 언급하는 경우에도 그럴 수 있다.

 회상을 위한 과제의 예

회상을 통한 집단치료는 인지기능이 정상인 사람뿐 아니라 부분적인 치매가 있는 노인에게도 사용될 수 있다.

• 봄꽃 그리기(봄에 피는 꽃 또는 나무 그리기)
• 그림책으로 전래동화를 듣거나 사진을 통하여 오래된 물건을 본 후 과거의 사건이나 물건 그리기
• 명절 이야기 나누기-그림을 통하여 명절과 관련된 과거의 사건에 대한 관심 촉진하기
• 보고 싶은 얼굴 그리기로 과거 사건에 대한 관심 촉진하기
• 지금 이 시간 가장 보고 싶은 이의 얼굴을 떠올리기-자세히 떠올린 다음 그리기

Chapter 9

노인 집단미술치료

1. 집단치료의 의미
2. 집단치료의 특성
3. 집단미술치료과정

인간은 여러 집단에 소속되어 인간관계를 맺고, 자기의 생활목표를 추구하며 살고 있다. 그러나 노인이 되면서 이제까지의 집단과 단절을 경험하게 되고, 그로 인해 소외감을 느끼게 된다. 이러한 감정은 집단미술치료를 통해 완화될 수 있다. 이 절에서는 집단치료의 의미, 집단치료의 특성, 집단미술치료과정에 대해 살펴보겠다.

1. 집단치료의 의미

인간은 기본적으로 사회적이다. 집단치료에서의 집단활동은 사회적 관계에서의 노인의 소외감, 고립감 감소에 효과가 있다. 노년기의 새로운 행동 및 기술 습득에도 효과가 있다.

1) 집단치료의 목적

집단활동에서 노인들은 자유로운 감정과 사고의 표현이 격려되고, 다른 사람에게 적극적으로 반응하는 것이 고무된다. 이러한 상호작용은 노인 개인에게 자신의 상호작용 방식을 이해하고, 집단 내에서 더 나은 새로운 행동을 배우게 한다. 그리고 일상생활에서 이 행동을 실천하게 된다.

집단치료의 목적

사회적 고립 완화, 적절한 대인관계 기술, 사회적 지지, 새로운 행동 연습

2) 집단치료의 장점

집단치료는 개인의 관심사를 집단원과 함께 나눌 수 있고, 집단 상호 간에 서로 도움을 줄 수 있다. 혼자서 치료사와 대면하여 자신을 표현할 때의 두려움이나 불안이 감소되고, 다른 노인이 가진 다양한 경험을 공유할 수도 있다. 그러면서 자신의 독특

그림 9-1   **함께 작업**

◑ ◑ 상호작용 방법을 배울 수 있다. 대화에 의한 역할 나누기를
통해 색종이 접기, 크레파스로 꽃 그리기, 구름 그리기를 하였다.

성을 발견할 수 있다. 노인이 서로의 유사성을 발견하면서 자신을 표현하는 데 불안을 갖지 않게 된다.

앞과 같은 장점이 있는 반면에 어떤 노인은 집단치료 과정에서 심리적 손상을 받을 수도 있다. 또 집단에서의 경험이 그 자체로만 끝난다면 자신의 일상생활을 개선하지 못하는 제한점을 가지고 있다.

집단치료의 장점

• 참여의 불안이 적다.
• 집단원의 다양한 경험을 공유한다.
• 서로의 유사성을 발견한다.
• 자신의 독특성을 발견한다.

2. 집단치료의 특성

노인집단치료는 초기에는 치매를 비롯한 병리를 가진 노인에 대한 집단지도 및 집단치료가 중심이었다. 그러나 점차 사회활동, 오락활동의 기회 제공 등으로 그 영역이 확대되고 있다. 이 절에서는 노인집단치료의 주제, 노인 집단미술치료의 목표에 대해 살펴보겠다.

1) 노인집단치료의 주제

노인들의 집단치료에서 다루는 주제는 노인의 관심이 중요한 부분이 된다. 노인이 주로 갖는 관심에는 나이가 들어감에 따라 나타나는 신체적 · 심리적 · 사회적 변화, 여러 상실과 그로 인한 변화, 과거와 현재에 지속되어 온 자신감의 유지에 대한 것들이다.

그림 9-2　**여가 활용으로서의 미술치료**

◑ ◑ 나타난 작품이 생활의 활력소가 된다.
◑ ◑ 종이 꽃

노인들의 관심사

중요한 관계의 상실, 신체적 · 인지적 능력의 상실, 역할의 상실, 자존심의 상실, 외로움과 고립감, 우울감과 사기 저하, 의존과 자율성의 갈등, 배우자와 가족 간의 갈등, 절망감, 우월감과 지배감의 회복에 대한 갈망

2) 노인 집단미술치료의 목표

노인 집단미술치료는 미술치료에서 미술작업의 창조적 에너지와 집단치료의 집단 응집력이 결합한 형태로 노인상담에 적용하기 용이한 치료방법 중의 하나다. 미술은 노인의 이미지가 시각화된다는 특수성에 의해서 집단 내에서 노인의 자기표현을 수월하게 한다. 집단원들 모두가 노년기의 공통된 감정과 욕구,

그림 9-3　**서로의 작품 보고 이야기 나누기**

◑ ◑ 다른 사람이 하는 자신의 작품에 대한 이야기에서 자신이 미처 못 느꼈던 점, 생각해 보아야 할 점 등을 깨달을 수 있다.

문제를 경험하고 있음을 알게 되어 고립감과 외로움이 감소되고 생활만족도가 높아진다.

노인 집단미술치료에서의 집단은 소속감과 안정감을 기반으로 노인 개인의 적응을 위한 준거집단이 될 수 있다. 집단은 노인에게 사회적 접촉과 사회적 지지를 제공하게 된다. 한 노인이 다른 노인을 도울 수 있는 유용하고 의미 있는 역할을 수행할 수 있고, 자신들의 경험과 지혜를 다른 노인에게 제공할 수 있는 기회가 된다. 이러한 역할로 자아존중감이 증가될 수 있다. 집단미술치료에서 노인은 다른 노인과 자유롭게 상호작용하는 가운데 자신이 삶 속에서 가지고 있었던 어려움과 문제들을 자연스럽게 드러내게 된다. 자신의 문제에 대한 공감, 이해를 받을 수 있고, 다른 노인의 문제에서 자신을 볼 수 있다. 이는 문제해결에도 도움이 된다.

효과적인 노인 집단미술치료를 위해 치료사는 노인의 능동적인 집단 참여의식을 높이고 분명한 목표를 설정하며, 노인이 자신을 솔직하게 표현하도록 집단을 잘 이끌어야 한다. 개인치료에서 노인은 자신보다 상대적으로 젊은 치료사에게 자신을 노

그림 9-4   나무기둥에 필요한 것 붙이기

◊◊ 동년배이므로 이해할 수 있는 부분이 있다. 이는 관심이 자녀에서 친구로 다양화될 수 있다.

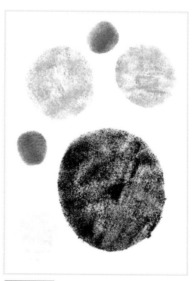

그림 9-5   나의 마음

설명: 나의 마음에는 여러 생각과 감정이 있다. 이 감정이 나만의 감정이 아니다.
◊◊ 집단토론에서 복잡한 감정의 조화에 도움을 받을 수 있다.

출하기를 꺼려할 수 있어 참여동기가 낮을 수 있으나, 집단치료는 다수의 노인과 미술치료사로 이루어지므로 노인의 참여욕구를 높일 수 있다.

노인집단치료의 목표

정서적 지지, 역할 및 기능의 재활과 회복, 퇴화의 예방, 대인관계 능력 발달, 사회적 통합 강화, 자기표현, 자아존중감, 생활의 질 향상

노인을 대상으로 하는 집단미술치료 연구들은 노인의 학습된 무기력 및 우울 정서 감소(류정자, 2000), 생활만족도 향상(우순애, 2002)에 긍정적임을 보여 주었다. 노인의 자아존중감이 향상되었고 타인을 수용하는 폭이 넓어졌으며 죽음에 대한 불안도 많이 해소되었다(김순환, 2002). 또한 뇌졸중 노인의 자기표현 및 대인관계에 긍정적인 영향(유수옥, 2002)을 주었다.

이러한 집단미술치료의 의미는 〈표 9-1〉과 같이 정리할 수 있다.

표 9-1　노인 집단미술치료의 의미

- 노인은 집단의 한 성원으로서 개인적 체험, 치료사와 노인, 노인과 노인 상호 간의 교류에서 자기통찰에 이를 수 있다.
- 자신의 이미지가 시각화된다는 미술치료의 특수성에 의해 자신의 정신세계가 좀 더 정확하게 파악될 수 있다.
- 집단미술치료는 여러 노인이 집단에 참여하게 되므로 개인치료에서 기대하기 어려운 잠재적 치료효과를 거둘 수 있다.
- 집단원들이 자신과 유사한 경험을 할 수가 있다고 생각하기 때문에 안정감을 갖게 되고, 활발한 분위기를 형성해 나갈 수 있다.
- 집단미술치료의 협동미술활동에서 대인관계 기술이 습득된다.
- 미술활동이 과거에 억눌려 왔던 감정표현을 촉진시키는 데 도움이 된다.
- 미술활동을 통한 개인적인 노출과 자기이해가 집단에서 높게 나타날 수 있다.
- 같은 시대를 살아온 동년배와의 접촉은 노인들의 고독감 완화, 소속감 증대, 여가활동의 장이 된다.

이상에서 보는 바와 같이 집단미술치료는 노인의 남은 인생을 보다 긍정적으로 변화시켜 줄 수 있다. 자기인생을 정리해 보도록 하여, 노인의 성장과 수양을 높이며, 전반적인 삶의 질을 향상시킬 수 있다.

표 9-2   집단미술치료의 장점(Wadeson, 1980)
• 미술활동을 통해 자발적인 표현을 유도할 수 있다.
• 경험을 쉽게 표현하게 된다.
• 다른 사람을 덜 의식한다.
• 언어적 표현이 어려운 노인이라도 자기표현의 기회를 제공받을 수 있다.
• 집단원 모두가 동시에 참여함으로써 개인의 경험과 집단의 경험이 함께 제공된다.
• 상호작용이 쉽게 유발될 수 있다.

이와 같은 집단미술치료는 여러 장점을 지니고 있다. 이 장점을 치료사는 잘 활용하여야 한다.

미술치료사는 사용할 미술매체에 대해 치료회기 시작 시에 매체 활용에 대한 지도를 하여, 노인 개인에게 매체에 대한 친숙함을 주는 것이 필요하다. 이는 노인의 자발적인 표현을 유도함으로써 집단원 간에 친밀한 관계가 형성되기 전에도 쉽게 자신의 경험을 표현할 수 있게 한다.

그림 9-7   경험을 쉽게 표현

◐◐ '누가 멀리 부나 불어보세요.'라는 지시로 실시되었다. 놀이적 요소를 포함시키고, 표현의 부담을 감소시켜 경험이 쉽게 표현되었다.

그림 9-6   인생의 행복

◐◐ 토론한 후 꾸미기를 한다.

그림 9-8　쉽게 자기표현의 기회가 됨

◐◐ 다른 사람의 표현을 보고, 자신도 표현을 할 수 있다.

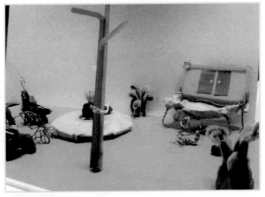

그림 9-9　함께 참여(집단의 경험)

◐◐ 공원을 주제로 하였다. 개인의 경험이 표출될 수 있고, 함께 집단으로 참여하는 과정을 경험할 수 있다.

　또한 미술치료는 자신의 감정을 미술작품으로 표현하기 때문에 작품 자체가 상징적인 의미를 줄 수 있어, 자기표현을 꺼려하고 집단을 회피하는 노인에게 유용하다. 언어적으로 표현이 어려운 노인에게 자기표현의 기회를 줄 수 있다. 다른 노인의 표현을 보고 자신을 표현하기도 한다.

　집단미술치료의 경우 집단원 모두가 동시에 참여할 수 있어 개인의 경험과 집단의 경험이 함께 제공될 수 있다.

　미술표현은 이성의 통제를 적게 받기 때문에 상호작용을 쉽게 유발시키고, 집단과정을 촉진시킨다.

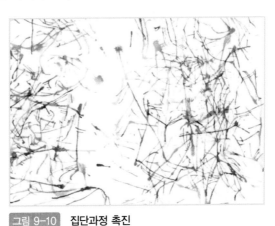

그림 9-10　집단과정 촉진

◐◐ 함께 물감 흘리기를 통해 상호작용을 쉽게 촉진시킬 수 있다.

3. 집단미술치료과정

집단미술치료과정에서는 치료과정, 집단의 구성, 집단치료과정에서의 유의점, 미술치료사의 역할에 대해 살펴보겠다.

1) 치료과정

활동

모두 둥글게 앉아 주시기를 바랍니다. 좌석은 지정된 것이 아니니까 아무 데나 앉아 주십시오. 지금부터 여러분이 다른 사람들로부터 불리고 싶은 새로운 이름을 지어 보도록 하겠습니다. 나무 이름이나 동물의 이름을 본 따도 좋고, 영화나 드라마의 주인공이라도 상관없습니다. 새로 지은 이름이 마음에 드시면 무엇이나 좋습니다. 마음에 드는 이름을 찾아보세요.

크레파스나 사인펜으로 꾸며서 다른 사람들이 확실히 볼 수 있게 보여 주시기를 바랍니다.

모두 동그랗게 앉아 주십시오. 한 사람씩 차례대로 자기 이름을 여러 사람에게 보여 주고 소개해 주시기 바랍니다([그림 9-11] 참조).

활동

내가 자랑할 만한 장점이나 좋은 점을 표현하여 주시기 바랍니다. 사소한 내용이라도 좋습니다. 깊이 생각하고 표현해 주세요.

이번에는 자기자신의 나쁜 점이나 단점이라고 생각되는 것을 표현하도록 하겠습니다. 될 수 있으면 다른 사람이 단점이라고 말하는 것보다 여러분 자신이 느끼고 있는 단점을 표현해 주십시오([그림 9-12] 참조).

그림 9-11　**뛰는 토끼**

✎ 마음에 드는 이름을 찾아보세요.
설명: 귀엽고 민첩해서 이름을 지었습니다.

그림 9-12　**장점과 단점**

설명: 꽃은 잘 가꾸지만 청소를 잘 못해.
✎ 그러면 표현한 장점과 단점을 비교해 보세요. 여러
사람들에게 발표해 주십시오.

이번에는 장점과 단점을 찾아내
서 표현하고, 이 표현을 여러 사람에
게 발표하면서 느끼신, 여러 생각이
나 느낌을 순서 없이 말씀해 주시기
바랍니다. 느낌이나 생각이 없으신
분은 현재의 기분만을 말씀하셔도
좋습니다.

그림 9-13　**느낌의 표현**

✎ 느낌이 없으신 분은 현재의 기분만을 말씀하셔도
좋습니다.
설명: 그냥 꾸미고 싶어서. 현재 느낌의 표현은 그저 그래.

유의점

• 자신의 생활 모습을 천천히 객관적으로 잘 성찰할 수 있도록 하기 위하여 2~3분간 묵상을
하는 것이 효과적이다.
• 필요시에는 예를 제시해 주는 것이 좋다.
• 자신을 긍정하고 다른 사람도 긍정하는 방향으로 이끈다.
• 발표가 노인의 자존심을 훼손하거나 속상하게 만드는 경우에는 발표를 무리하게 강요하
지 않도록 한다.
• 작품을 잘 보관하여 변화과정을 지속적으로 관찰해 나가도록 한다.

2) 집단의 구성

미술치료집단의 구성에서는 다음의 몇 가지를 고려하여 구성하는 것이 좋다.

집단 구성의 고려점(좌현숙, 1997)

- 병리적 문제를 지닌 노인은 집단을 방해할 여지가 많기 때문에 집단원을 구성하는 경우 유의하여야 한다.
- 급성 정신질환, 기질적 뇌손상이 있는 노인도 제외된다. 위급한 상황에 있는 노인이나 심한 우울증상이 있는 노인은 집단 성원들에게 과도한 부담을 지우고 불안을 야기하므로 집단원으로는 적합하지 않다.
- 정규적인 참여가 불가능하거나 지나치게 비정상적인 노인도 집단 과제를 수행할 수 없기 때문에 집단에 적합하지 않다.
- 집단원 개인의 교육수준, 언어구사력, 상황적 수준의 유사성과 이질성에 대해 세심하고 구체적으로 검토하도록 한다.

3) 집단치료과정에서의 유의점

노인을 대상으로 한 집단치료에서 미술치료사는 노인이 자신의 문제에 너무 빠져 집단의식을 잃지 않도록 적절한 개입을 해야 한다. 또한 한 주제에서 계속 맴돌지 않도록 해야 한다.

집단치료를 방해하는 분위기들, 즉 다른 노인에 대한 지나친 공격, 일방적인 독백, 자신의 미술활동이나 표현에 대한 지나친 관심, 토론에서의 회피, 불안 등은 예민하게 관찰한다. 그리고 이를 원만하게 해결할 수 있어야 한다.

미술치료사는 집단을 잘 이끌 수 있도록 하는 여러 전문적인 집단치료 기법에 익숙해야

그림 9-14 폭탄의 충격

◑◑ 자신의 경험에 너무 몰두하거나, 자신의 문제에 너무 빠지지 않도록 치료사의 개입이 필요하다.

한다. 또한 치료사는 집단원 개개인과 집단의 역동성에 민감하기 위해 다양한 집단 치료 경험을 해야 한다. 집단치료과정에서 집단원들은 집단의 중심적 관심사에서 벗어난 한 노인의 관심과 경험에 대해서도 계속 상호작용을 할 수 있다. 이러한 상호작용도 노인의 사회적 욕구에 크게 기여하기 때문에 아주 중요하다.

문제와 갈등에 대한 집단 참여 노인들 간의 상호 비교는 노인 개인이 자신의 문제와 해결방법을 과대평가하거나 과소평가하게 할 수도 있으므로 주의한다.

> "나의 배우자가 다른 사람보다 훨씬 나쁘고 앞으로 더 악화될 것이라는 얘기를 듣는 것은 정말 고통스러운 일이다. 그러나 어차피 치매에 대처하는 모든 일이 어렵기 때문에 나쁘다는 사실, 최악이라는 사실을 모르는 것보다는 아는 것이 훨씬 낫다."
> −치매 배우자를 둔 집단에 참여한 부인의 언급−

다른 노인들의 심각한 증세나 심각한 상황이 발생할 가능성에 대한 언급은 자신의 병이나 상황도 악화될 것이라는 불안과 공포를 주는 결과를 야기하기도 한다. 또한 다른 노인들과 심리적 적응을 위해 문제를 해결하는 방법이나 자아조절력에 대한 비교는 자신의 능력을 확인하거나, 평가절하하게 할 수 있다.

집단치료과정은 자신의 취약점에 대한 불안감을 줄여 주기도 하고, 더 불행한 일을 당한 노인과의 비교에서 안도감을 얻기도 한다. 자아통제가 가능한 노인은 상황이 좋은 노인들

그림 9-15 **아프고 짜증난 나**
◊◊ 병에도 불구하고 긍정적으로 살려는 다른 노인의 영향을 받을 수 있다.

로부터 더 나은 심리적 건강을 누리는 방법을 배울 수 있다.

상대적으로 안정된 다른 노인을 통해 자신도 평온을 얻을 수 있다. 문제가 심각한 노인이나 상황이 좋지 않은 노인은 불안과 두려움을 더 가질 수 있으므로 미술치료사는 이들에게 보다 세심한 주의와 더 많은 지지를 제공할 수 있어야 한다.

사회적 비교의 유익성 예(Gottlieb, 1988; Wasow, 1986)

• 관절염 환자들은 병의 심각성이 자신보다 경미한 사람들을 만나기를 원했다. 이를 통해 그 들은 자신의 적응력을 향상시키는 방법에 관한 통찰력을 얻을 수 있었다.

• 암환자는 자신과 비슷한 물리적 상태의 사람들을 만나기를 원했다. 그들과의 접촉은 병에 대한 불확실성을 감소시키기 위한 도구가 될 수 있다.

• 불안이 증가할수록 환자들은 자신보다 나은 사람을 만나기를 원한다. 집단원과의 비교와 수용의 과정을 통해 자신들의 불안을 전반적으로 감소시킨다.

4) 미술치료사의 역할

노인 집단미술치료사의 역할은 집단치료를 관리하는 관리자의 역할, 심리치료사 로서의 역할, 미술활동을 심리치료에 연결하는 역할을 함께 담당해야 한다. 먼저 집 단 역동에 대한 전문적 지식과 경험을 가진 전문가로서 집단의 전 과정에서 노인들 이 동등한 기회를 갖도록 배려해야 한다.

집단과정에서 한 노인이 희생양이 되거나, 참여 동기가 저하되면 미술치료사는

그림 9-16 **돌아가며 스펀지 찍기**

◑◑ 두 번 돌아가면서 찍기를 한 후, 보완이 필요하면 자유롭게 찍기를 더 하였다. 소극적인 노인의 참여를 유도할 수 있고, 상호 작용을 유발하기 수월하다.

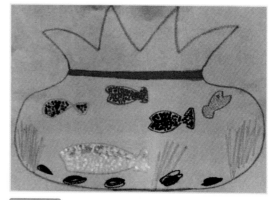

그림 9-17 **즐겁게 노는 물고기 그리기**

◑◑ 다른 노인의 경험에 의한 무거운 분위기의 변화를 위해 시도 되었다.

개입을 할 필요가 있다. 또한 한 노인이 자신의 생각, 경험, 감정에 대하여 장황한 시간을 점령하고 있으면, 다른 노인들이 심리적 거부감이나 불편감으로 스트레스를 받을 수 있으므로 이때에도 미술치료사의 개입이 필요하다.

그림 9-18 **아픈 나**

◈ 지지가 필요하다.

집단치료의 모든 과정에서 치료사는 노인들이 집단에 계속 편안함과 신뢰감을 느낄 수 있도록 해야 한다. 노인들은 치료보다 지지, 공감, 이해를 원하는 경우도 많다. 그러므로 노인들의 습관적인 방어기제, 오랜 경험에 근거한 심리적 문제나 갈등에 집중하거나 직면시키는 것은 노인의 저항이나 집단 참여 동기의 약화를 가져올 수 있음을 인지해야 한다.

노인은 그들 자신의 방식으로 자신에 대한 이야기를 하기를 더 선호한다. 그러므로 대인관계의 특성을 탐색한다거나 과거의 사건에 대해 지금-여기에서의 반응을 이끌어내려는 시도, 깊은 내면의 탐색 등의 활용은 절제하여 사용되어야 한다.

집단치료 활동이 진행됨에 따라, 집단규칙을 발달시킴으로써 노인 상호 간, 노인과 치료사 간의 신뢰를 깊게 하여야 한다. 특히, 집단치료과정이 진행되면서 노인들의 실질적인 욕구와 기대에 부합하도록 집단치료과정이 진행되어야 노인들의 참여 동기가 유지될 수 있다. 집단치료 진행과정에 따른 미술치료사의 역할은 〈표 9-3〉과 같다.

치료과정의 초기단계는 자기표현을 하는 데 불편함과 어색함을 느낄 수 있다. 이런 감정을 경감시켜 주기 위해 자기노출을 보다 편안하고, 풍부하게 하는 것이 필요하다.

노인에게 어린 시절, 결혼, 시집살이, 자녀출산, 남편의 특징, 최근의 생활 등의 일상적인 화제가 될 수 있는 과제를 제시하여 부담없이 자신을 소개하게 할 수 있다. 집단의 진행과정에 따라 미술치료사의 개입 정도가 달라지며, 노인의 내면 표현의 강

표 9-3	진행과정에 따른 미술치료사의 역할		
구분	집단미술치료 목적	프로그램	미술치료사의 역할과 기술
계획단계	• 적절한 미술매체, 심리적 조건의 마련	• 개별면접, 집단에 대한 기대 명확화	• 집단구성, 집단치료 목적 수립, 치료장소, 치료조건 준비
초기	• 라포형성 • 지지 관계의 수립 • 집단 분위기 조성 • 유대와 신뢰 형성	• 프로그램 소개 • 공통 경험 발견 • 문제의 유사성과 공통점 확인	• 신뢰확보, 편안한 분위기, 집단치료의 목적 명확화와 합의, 집단치료에의 기대 표현, 참여동기 부여, 상호작용 유도
중간	• 감정, 욕구 표현 • 심화된 갈등, 문제 표현 • 상호지지 • 자아존중감 증진 • 성취감 증진 • 소외감 감소	• 공통 관심에 관련한 토론 • 실제적 도움 방안 제안 • 긍정적 지지, 공감, 이해 • 상호 수용, 통찰	• 상호작용 활성화, 공통의 문제에 대한 프로그램과 대처방안 준비, 저항 제거, 대인관계 기술의 발휘, 노인의 현존능력 강화, 재활 격려
종료	• 문제 수용 • 자아존중감 유지, 성취감 지속, 자율성 확보	• 종료 준비 • 종료 후의 유대 유지 강화	• 치료사 역할의 축소, 노인의 집단 내 활동 일반화, 종료에 대한 감정과 생각에 대처
후속	• 집단 종료 후 교류에 대한 지원	• 성원들의 자율적인 상호교류와 활동	• 간접 지원

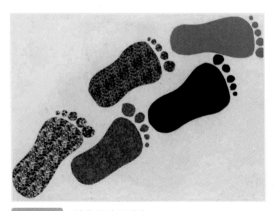

그림 9-19   인생 곡선 그리기

🖎 어린 시절부터 지금까지를 곡선을 통해 표현해 보세요.
👀 자연스럽게 자신을 드러낼 수 있는 과제의 선택으로 활용될 수 있다.

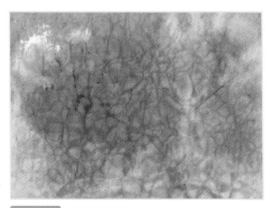

그림 9-20   지금 내 마음

설명: 가볍게 시작한다.

도와 깊이가 달라짐을 인식해야 한다. 또한 같은 주제라도 치료의 초기, 중기에 따라 표현의 강도와 깊이가 다름을 이해해야 한다.

　치료과정의 중간단계는 노인들의 공통적 관심과 문제가 드러나게 된다. 상호작용이 활발해지면서 감정과 대처방법을 서로 교환하게 되고, 이러한 과정에서 노인은 자신을 보게 되고, 자신의 행동·감정·사고의 조정을 이룰 수 있게 된다. 치료사의 전문적 기술인 상호작용 증진 기술, 초점화 기술, 집중 등이 요구된다.

　중간단계에서는 집단원 간의 원만한 상호작용이 이루어지고, 지지와 격려가 제공될 수 있다. 상호 간에 실질적인 도움이 나타나기도 한다. 치료사는 노인들이 자신의 현존 능력을 제고하고, 이 능력을 활성화하도록 격려하는 것이 필요하다.

![병](그림 9-21)

그림 9-21　**병**

설명: 자신의 개인사와 당뇨병을 앓고 있는 아들에 대한 이야기를 하셨다. '아들이 안쓰럽고, 돈은 없어 치료도 충분히 못 받고, 먹고 싶은 것도 못 먹고. 그러니 내가 죽겠어. 병은 못 나을 병이고, 먹고 사는 게 제일 걱정이야.'라고 하자 다른 노인이 '우리 아들도 당뇨병이야.'라고 하며, 서로 간에 깊은 공감이 이루어졌다. '집에 있으면 나만 그런 것 같은데 나와 보면 좀 나아요.' 등의 사회적 비교를 통해 지지하려는 노력도 나타났다.

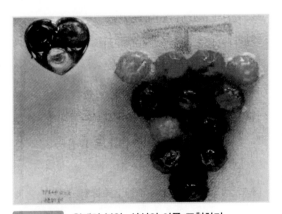

그림 9-22　**현재의 불안, 상실의 아픔 표현하기**

◊◊ 공통적 관심과 문제에 대한 상호 경험을 통해 이해, 지지를 받는다.

그림 9-23　**기막힌 심정**(아들의 집을 떠나 딸과 살게 됨)

설명: 당시의 마음을 낙서로 표현하고 검은색으로 덮었다. → 그 다음 그리고 싶은 것을 그렸다. → 딸과 사는 장점 찾기를 하였다. '더 마음 편함', '자유로움' 등 긍정적 평가가 나왔다. 다른 노인들이 공감, 격려, 지지를 해 주었다.

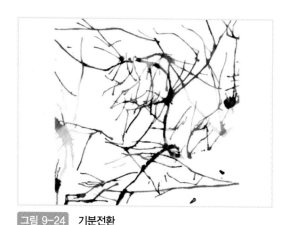

그림 9-24 기분전환

◊ ◊ 우울한 기분의 전환을 위해 물감불기 작업을 하였다.

중기의 후반으로 가면서 노인들 간에 문제와 갈등에 대처하는 태도 및 방법에 대한 조언과 지지가 나타나게 된다. 그리고 노출한 적이 없었던 감정이 노출되기도 한다.

자신의 경험, 감정, 현재의 문제 등 심각한 내용의 표현으로 집단분위기가 무겁고, 어둡게 형성되면 집단분위기를 즐겁고 편안한 것으로 전환하는 것이 필요하다. 이러한 과정은 노력과 의지를 통해 어느 정도 생활이 보다 밝아질 것이라는 가능성을 보여 주며, 서로 의지하고 격려하고 돕는 능력과 의지, 가능성을 키워줄 수 있다([그림 9-24] 참조).

노인들의 대부분은 집단치료과정에서 중요한 작품 완성 후의 이야기 나누기에 익숙하지 않으며, 자신에 대해 지나치게 장황하게 얘기하는 경향이 있다. 몇몇 노인이 대화를 주도하려고 하거나, 주제와 다른 부차적인 대화를 시작할 수도 있다. 집단의 규칙을 일깨워 주는 방법을 집단치료 초기에 합의해두는 것이 좋다.

집단치료의 전 과정에서 성원들 간의 상호작용을 증진시키기 위한 구체적인 기법으로는 다음과 같은 방법이 있다.

상호작용 증진을 위한 기법

- 성원 상호 간에 감정이입적 반응을 격려하고 인정해 준다.
- 공통의 생각, 감정, 주제 등을 지적하고 부각시킨다.
- 노인들 사이의 진술을 연결시킨다.
- 특정 주제에 대해 돌아가면서 노인들에게 질문한다.
- 치료사를 통하기보다는 노인들 상호 간에 직접 의사소통을 하도록 제안한다.

긍정적인 삶의 통합감을 증진시켜 노년기 발달과업 수행을 도와주는 것도 필요하다. 자신의 인생이 타인에게 짐만 된 것이 아니라, 도움을 준 경우도 있음을 확인하게 하여 자부심과 자아존중감을 높여 줌이 필요하다.

노인의 자아존중감을 높여 주기 위한 활동에서 미술치료사는 노인이 처해 있는 개인적 · 심리적 · 가족적 · 사회적 상황을 충분히 이해해야 한다.

종료가 다가올수록 미술치료사는 점차 자신의 역할을 축소해 나가야 한다. 종료단계는 노인들이 치료의 초기단계에서 기대하고 목표로한 것을 잘 이루었는가 점검하고, 중간단계에서 성취한 것들을 통합하고 강화하는 시기다. 집단에서 배운 것을 종료 후 일상생활에서 일반화할 수 있도록 지원해야 한다. 종료에 대한 노인들의 감정도 다룬다.

노인 대상의 집단미술치료가 여러 장점과 의의가 있음에도, 노인의 특성으로 인해 미술치료사가 유의해야 할 몇 가지 제한점이 있다. 먼저 노인들은 오랜 세월을 살아오는 동안 생활의 경험에서 자신의 생활태도, 방법, 지혜 등을 터득하였다. 그리고 이것에 상당히 익숙해져 있으며, 노인들은 변화보다 안정을 추구

그림 9-25   **남에게 준 도움**(가장 기억에 남는 일)

설명: 모내기 돕기다.
👐 자아존중감을 높여 주기 위해 시도되었다.

그림 9-26   **거북이, 토끼 모두 필요**(양면성 찾기)

👐 실제를 인정하게 하기 위해 시도되었다.

자아존중감에 관련한 유의점

- 노인들은 나이가 들수록 의존하게 되고, 많은 것을 상실하게 된다.
- 자아존중감이 낮아진다. 그리고 다른 사람을 도와주는 일에 위축된다.
- 충분한 격려와 지지를 통한 우호적인 분위기 형성이 무엇보다 중요하다.
- 치료사의 중요한 역할은 노인과 노인 간의 의사소통을 부드럽게 촉진하는 것이다.

하는 경향이 있다. 이러한 점이 새로운 정보의 수용을 어렵게 할 수 있다.

또한 노인들은 환경, 경험, 신체, 심리, 사회적 조건 등에서 개인별로 상당히 다양하다. 집단 내에서 이러한 개인의 다양성을 모두 수용하기가 어려울 수 있다. 이러한 개인의 다양성이 집단 내에서 소외감을 느끼게 하거나, 집단 참여의 동기를 약화시킬 수 있다.

집단치료는 각 노인이 가진 특정한 심리적 문제를 치료하는 것이라기보다 명백하고 공통적으로 드러나는 문제를 서로 이해하고 지지하며, 격려하는 경험이 중심이 된다. 따라서 개인치료에서의 치료 목표 달성과 같은 효과가 줄어들 수 있다. 이와 같은 제한점에도 불구하고 집단치료는 앞에서 보았듯이 여러 장점을 지니고 있다.

이제까지의 내용을 중심으로 노인 집단미술치료 프로그램의 예를 〈표 9-4〉, 〈표 9-5〉에 제시해 보겠다.

표 9-4   집단미술치료 프로그램 개요

▶ 초기	▶ 중기	▶ 종결
• 현재 겪고 있는 어려움에 대한 표현 및 이야기 • 상호이해 증진 • 초기저항과 방어 감소 • 참여동기 부여	• 기대와 욕구 표현 • 집단에의 적응 • 인생의 긍정적인 면 탐색 • 집단원 간에 도울 수 있는 구체적 방법 제안	• 이별의 감정 다루기 • 집단의 성과 일반화 • 종결 후 지속적인 유대 토의

표 9-5   집단미술치료 프로그램의 예

회기	목적	프로그램	미술치료사의 역할과 기술
면접	집단구성 참여 동기고취 집단에 대한 기대명확화	개별면접 구성원의 선발 사전검사	집단조건을 구비 노인들을 준비시킴 노인특성 이해
1회기	성원 간 낯 익히기 집단분위기 형성	자기소개	집단목적 이해 증진 상호작용의 중요성 인지

2회기	경험의 공유 정서적 안도감 편안함 얻기	갈등, 감정 스트레스 표현	문제의 공통성 집단의 친밀성 상호 간의 공감
3회기	욕구 파악 현실 이해 실질적 도움 가능성 모색	개별적 욕구 파악 실질적 도움 찾기	공통성과 차이점 이해 집단 참여 지지와 격려
4회기	자아 표현 증대 자아능력 발견 자신의 역할 명확화	개별적 욕구 파악 내가 할 수 있는 역할	긍정적 자원 찾기 상호 도움의 중요성 인식하기
5회기	긍정적 경험의 공유 상호 격려 자아존중감	즐거운 일 자랑스러운 일	긍정적 경험 제시 노인의 상호작용 증진 자아존중감 증진
6회기	상호이해 협동	협동 작품, 주제, 활동의 자율적 선택	상호작용 증진 대인관계 기술 발휘
7회기	삶의 통합감 증진 종료에 대한 준비	실질적인 적응전략에 대한 상호원조와 조언의 교환	자율성과 자신감 제공 자아통합 종결 예고와 준비
8회기	집단치료 효과에 대한 확인	전 회기 평가 초기의 목적확인 기대 확인	이별을 다룸 집단 종료 후 집단원 간 연락망 개설 이후 계획 다룸

앞의 프로그램에 따라 각 회기 활동의 예를 제시하고자 한다. 먼저 집단의 목적, 집단의 규칙, 성원 간 낯 익히기, 노인 각자 소개 등이 이루어진다. 자기소개를 하는 데서 느낄 수 있는 불편함과 어색함을 줄여 주면서 자기노출을 할 수 있도록 치료사는 잘 접근해야 한다.

노인들은 회기가 진행되는 동안 스트레스, 욕구, 불만 등을 서서히 표현하면서 유사성과 공통성을 발견하게 된다. 이러한 경험의 공유는 정서적 안도감와 편안함을 갖게 하고 상호 간에 지지, 격려를 하도록 유도한다.

노인들이 그림을 그리기를 부담스러워할 수도 있으므로 이 점을 수용하고 격려해 주어야 한다. 미술활동 촉진 기법이 도움이 될 것이다.

노인은 집단에 대한 신뢰를 바탕으로 자신의 문제를 표현하게 된다([그림 9-28]

그림 9-27 나

◊ ◊ 1회기의 예.

그림 9-28 나의 문제

◊ ◊ 2회기의 예.

그림 9-29 나에게 필요한 것

◊ ◊ 3회기의 예.

그림 9-30 내가 할 수 있는 것: 사랑

◊ ◊ 4회기의 예.

참조). 치료사는 활동이 잘 되지 않을 경우를 예상하고 이에 대해 사례를 준비하여 예시를 할 수도 있다.

노인이 되면서 외부의 도움이 필요함을 느끼게 되고, 이는 자아존중감의 약화 요인이 될 수도 있다. 인생은 사람과 사람 간에 서로 도와주고 도움을 받는 관계로 이루어진다. 나에게 필요한 것을 찾아보고, 내 스스로 할 수 있나, 도움이 필요한 것인가를 고려해 본다([그림 9-29] 참조). 그리고 자신의 인생이 타인에게 부담만 된 것이

그림 9-31　서로 상 주기(꽃)

◌ ◌ 5회기의 예.

그림 9-32　우리 보물상자 함께 꾸미기

◌ ◌ 6회기의 예.

아니라 도움이 된 경우도 있음을 확인하게 하여 자부심과 자아존중감을 높여 준다. 그리고 노인 스스로 지금 할 수 있는 일에 대해 생각해 보고, 표현으로 구체화시켜 보도록 한다([그림 9-30] 참조).

　집단에 대한 저항감과 방어가 사라지면서 노인들 간의 응집력과 유대감이 커지게 된다. 노인들 간의 상호작용이 원활하게 이루어지면서 소속감도 증대되므로 서로의 장점을 찾아주고 격려해 준다. 서로 상을 주면서 자아존중감, 상호인정을 높이고 긍정적 경험을 한다([그림 9-31] 참조).

　서로 함께함은 즐거운 일이며, 함께하는 활동에서 자신의 대인관계 특성을 인식하게 된다. 긍정적인 새로운 행동을 배울 수 있고, 이를 집단 밖에서 일반화할 수 있도록 서로 격려해 준다([그림 9-32] 참조).

　자아통합을 위한 프로그램을 시행한다(〈표 9-5〉에서 7회기 참조). 마음이 이끄는 대로 색칠하기를 한다. 그리고 나서 떠오르는 생각을 의식하며 색칠하기를 계속한다. 이러한 활동은 마음의 정돈과 수양을 위해 시도할 수 있다([그림 9-33] 참조).

그림 9-33　나의 만다라

◌ ◌ 7회기의 예.

Chapter **10**

노년기 가족관계와 미술치료

1. 노년기 부부관계와 미술치료
2. 노년기 자녀관계와 미술치료
3. 손자녀관계와 미술치료
4. 노년기 형제자매 및 사회적 관계와 미술치료

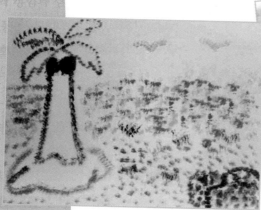

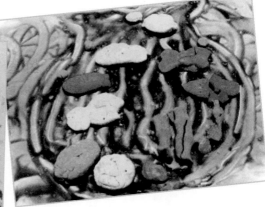

인생의 마지막 단계인 노년기가 되면 사회관계의 축소, 직업에서의 은퇴, 역할 상실 등으로 활동범위가 좁아지면서 노인의 관심과 접촉대상이 가족에게로 이동하게 된다. 따라서 가족관계는 노인에게 있어 노후의 행복도와 성공적인 노화를 좌우하는 기본 요건의 하나이며 가장 중요한 자원이고, 지원의 근원이 된다(김태현, 1999).

노년기 부부관계와 미술치료, 노년기 자녀관계와 미술치료, 손자녀관계와 미술치료, 형제자매 및 사회적 관계와 미술치료로 나누어 살펴보겠다.

그림 10-1 **가족**

✎ 우리에게는 가족과 친척이 있습니다. 할머니를 중심으로 한 친척과 가족을 동그라미로 표시하고 색칠해 보세요.
설명: 자식에게 가장 큰 투자를 했고, 다음으로 남편, 시댁식구, 마지막이 친정이라고 하셨다.
◑◑ 다양한 동그라미 모형을 준비하여 본 뜨도록 한다.

1. 노년기 부부관계와 미술치료

부부관계는 서로 다른 가정에서 자란 남녀가 결혼을 통해서 이루는 관계다. 함께 가족을 형성하고 함께 적응하면서 살아온 사람들이다. 인격적·심리적으로 적응해 나가는 과정에서 서로 잘 조화를 이룰 수도 있고, 갈등이 도출되기도 한다.

이 절에서는 노년기 부부관계 유형, 부부갈등과 미술치료로 나누어 살펴보겠다.

1) 노년기 부부관계 유형

노년기가 확장되고, 함께 생활하는 시간이

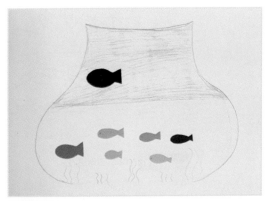

그림 10-2 **우리 가족을 어항의 물고기로 표현해 보기**

✎ 어항과 여러 색상의 물고기를 제시하였다. 물고기를 원하는 위치에 붙이도록 했다.
설명: 주황색이 할머니이고, 5마리는 자식과 손자, 손녀라고 하셨다. '할아버지는 어디에 계세요?' 라는 질문에 깜박 잊었다고 하시며, 윗부분에 할아버지를 홀로 붙이셨다. 왜 혼자 계시냐고 했더니 맨날 잔소리하고, 말도 안 들어 밉다고 하셨다.

그림 10-3   **내가 바라는 배우자 상**

설명: 실제와 이상이 서로 다를 수 있다.
◦◦ 난화에서 받고 싶었던 물건 찾기다.

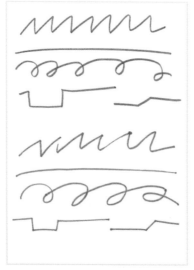

그림 10-4   **따라 그려보기**

◦◦ 부부 중 한쪽이 그림을 그려 나가면, 곧
바로 그 그림을 보며 따라 그려 나가는 것이다.
다음에는 순서를 바꾸어 따라 그리기를 한다.
뒤따라 그리는 상대방을 배려하며 그리는지 아
닌지가 분명히 드러난다.
서로 배려하는 마음을 키우기 위해 시도할 수
있다.

길어지면서 노부부 간의 인간관계가 노년기 행복에 중요한 요인이 되었다. 부부관계는 상호인격의 결합이며, 상호 간의 심리적·사회적·생리적 욕구를 충족시키는 보완적 관계다. 그러나 적응과정에서 고통스러운 관계가 될 가능성도 내포하고 있다.

전통가족에서는 부부의 지위, 역할에 사회적 합의가 있었다. 그리고 대부분의 노부부가 자녀와 함께 살았기 때문에 부부문제가 크게 부각되지 않았다. 그러나 점차 핵가족화 되고, 여성 지위 향상, 개인주의 사상, 핵가족화, 고령화 사회가 되면서, 노부부만 사는 기간이 늘어나고, 노년기 부부관계가 삶의 만족도를 결정짓는 중요한 요소가 되었다. 미술치료사는 노년기 부부관계에 대한 올바른 이해를 지니고 노년기 부부관계에 접근해야 한다.

부부관계의 유형은 권위 소유 중심으로 살펴보면 '남편 우세형' '동반자형' '아내 우세형'으로 나누어 볼 수 있다(여성한국사회연구회, 1995). 적응을 중심으로 살펴보면 부부중심형, 부모-자녀형, 동료형으로 유형화(Medly, 1976)할 수 있다. 자녀의 성장과정에서의 부부관계 유형과 자녀 성장 후 부부관계 유형은 변화될 수 있다.

| 표 10-1 | 노년기 부부 적응유형 |

유 형	특 성
부부 중심형 (the husband-wife)	친밀감을 강조한다. 관계의 특성을 공유하며 다른 역할을 배제하지는 않지만 부부의 역할에 초점을 두는 유형이다.
부모-자녀형 (the parent-child)	배우자 중 한 사람은 부모 역할을 하고, 또 한 사람은 자녀역할을 한다. 보호와 양육, 지배와 순종, 의존성을 갖는 유형이다.
동료형 (the association)	친구나 동료로서 행동한다. 부부관계의 친밀감과 부모역할의 만족감이 종합되어 부부관계의 영속성을 증진시키는 유형이다.

2) 부부갈등과 미술치료

노년기 부부의 결혼만족도 연구(모선희, 1997; 서병숙, 김수현, 2002)는 노년기를 맞이하면서 결혼에 대한 태도가 우애적으로 변화해 나갈 때 그리고 노부부가 서로 신뢰를 쌓을 수 있는 부부 대화, 부부의 공유 활동, 함께하는 시간, 상호존중이 증가할수록 결혼만족도가 높아짐을 보여 주었다.

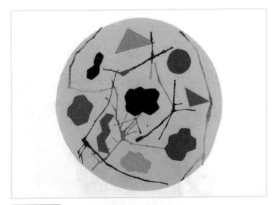

그림 10-5　서로의 장점 찾기

◊ ◊ 상호존중을 위해 시도되었다.

미술치료사는 노년기 부부갈등 요인을 이해함으로써 갈등 해결에 더 잘 접근할 수 있다. 노부부 갈등은 부부 각자의 개인적 요인 외에도 사회변화에 대한 수용, 노년기 역할 전환, 노년기 역할 적응의 과정에서도 발생한다. 가부장적 가치관을 노년기에도 상당히 많이 지니고 있는 남편에 대한 불만, 부부관계의 질 향상을 위해 변화를 원하는 부인과 마지못해 변화해 나가는 남편과의 불일치로 부부간 갈등이 유발되기도 한다(김태현, 한희선, 1995). 또한 노년기는 은퇴로 인해 부부간의 접촉이 물리적으로 증가하게 된다. 이로 인해 부부관계의 불편이 심화되어 갈등을 겪기도 한다(임선영, 2001). 이전과 다른 상황에

그림 10-6   남편 모습 찾기

설명: 오리처럼 꽥꽥.
ㅇㅇ 갈등의 원인을 찾기 위해 시도되었다.

그림 10-7   부부

처하게 되면서 노부부에게 갈등이 일어날 수 있다.

노년기는 자녀를 양육하고 교육시킬 때의 시간적 · 노동적 부담에서 벗어난 시기로, 부부 간에 갈등을 일으킬 수 있는 소지가 줄어들 수도 있는 시기이기 때문에, 신혼 초보다 노년기 부부관계 만족도가 높게 나타날 수 있다(여성한국사회연구회, 1997). 노부모의 마음에서 자녀의 비중이 약해지는 대신 부부간의 친밀감이 증대되고, 이전과는 다른 관계나 다양한 경험의 기회를 갖게 되면서 자녀 양육 때의 부부갈등을 극복하고 결혼만족도를 회복해 나갈 수 있는 시기이기도 하다.

그러나 오랜 기간 동안 결혼생활을 한 노부부들은 자녀가 집을 떠남에 따라 부부가 그 생활에 재적응하는 시도에서 갈등이 나

그림 10-8   감정이 담긴 봉투

✏️ 배우자의 단점을 신문지에 표현한다. → 화난 것 다 날려 보내자고 제안한다. → 신문지를 신나게 찢어 본다 찢은 신문지를 구겨도 보고 던져도 본다. → 찢은 신문지를 서류봉투에 넣어 속을 채우고 입구를 고무줄로 묶는다. → 자신의 기분이 어떤 표정인지 이야기해 보고 봉투에 그 표정이 담긴 얼굴을 다양한 재료로 꾸며 본다. → 작품을 감상하며, 느낌을 표현한다.
ㅇㅇ 준비물: 서류봉투, 신문지, 색종이, 골판지, 모루, 털실, 고무줄, 종이끈

타날 수 있다.

특히, 평균수명의 연장으로 과거보다 부부가 함께 보내는 시기가 길어지면서 이전에 해결되지 않은 갈등이 다시 표출되어 부부관계가 악화되기도 한다(전길양, 1998). 이 갈등이 원만히 해결되지 않으면, 심각한 갈등으로 번질 가능성이 크다.

노인들의 거주 형태 변화(〈표 10-2〉 참조)를 보면 결혼한 자녀와 동거하는 3세대 동거가 1981년에는 69.1%, 1990년에는 44.0%, 2011년에는 27.3%로 감소하고 있으며, 이에

그림 10-9 **만약 나에게 배우자가 없다면**
설명: 무인도에 있을 거야.
◐ ◑ 부부의 중요성을 인식하게 하기 위해 시도되었다.

반해 노인 혼자 또는 노부부끼리 사는 노인 단독 세대는 1981년에 19.8%, 1990년에 23.8%에서 2004년에 55.0%, 2011년에 60.1%로 급증하는 현상을 보이고 있다. 그리고 이런 현상은 계속 증가하고 있다.

표 10-2 **한국 노인 거주 형태 변화 추이**

연 도 거주형태	1981	1990	1997	2004	2011
3세대 동거	69.1	44.0	41.6	38.6	27.3
미혼 자녀와 동거	11.3	29.4	10.7		
노부부끼리	19.8	13.2	28.8	34.4	48.5
노인 혼자	–	10.6	14.0	20.6	11.6
기타	–	2.8	4.9	6.4	12.6

자료: 김익기 · 김동배 · 모선희 · 박경숙 · 원영희 · 이연숙 · 조성남(1999)과 이윤경(2014)의 연구.

따라서 노년기 부부관계의 중요성이 더욱 중요해진다. 부부간의 상호관계를 적응, 부적응에서 살펴보면 〈표 10-3〉과 같다.

표 10-3	부부간의 상호관계(이효재, 1983)		
적응 또는 부적응		발전적이며 통합적	좌절적이며 분리적
결합의 친밀성			
애정		상호 애정적	무관심, 적대감
성관계		쾌락과 만족	불만감
감정적 상호의존		상호의존	감정적 독립
기질적 상호의존		상호용납	비용납
결합의 발전			
문화적 상호작용		동화와 창의성	융통과 갈등
관심과 가치		자극과 보충	권태와 갈등
가정적인 것		가정에 대한 상호 즐김	외부활동에의 도피
상호작용 중의 결합			
결정권		상호의존	권위적이며 일방적
적응성		상호적응	쌍방 또는 일방적 부적응

　　갈등해결을 위한 조건은 성숙, 사랑, 집중(유영주, 1985)으로 요약할 수 있다. 성숙
된 성격과 사랑으로 배우자에게 관심을 기울여야 한다. 집중은 문제가 발생했을 경
우 그 문제가 해결될 때까지 거기에 관심을 쏟는 것이다. 배우자에 대한 자신의 생각
과 감정의 적절한 표현은 상호이해를 도와줄 수 있다.

그림 10-10 내가 해 주지 못한 것

◎◎ 상대방에게서 갈등 원인을 찾기보다 자신을 돌아보는 기회
를 갖기 위해 시도할 수 있다.

그림 10-11 배우자에게 하고 싶은 말

◎◎ 적절한 표현은 상호이해를 도와줄 수 있다.

2. 노년기 자녀관계와 미술치료

자녀가 성인이 되어 노부모와 별개의 가족을 이루고 살아도 성인자녀는 노부모의 생활에 직·간접으로 영향을 준다. 이 절에서는 성인자녀 관계와 미술치료, 고부관계와 미술치료에 대해 살펴보겠다.

그림 10-12   **이름 꾸며 주기**

♧♧ 상대의 존재를 인정하고 느끼기

1) 성인자녀관계와 미술치료

부모와 자녀의 관계는 특별한 경우를 제외하고 개인의 일생을 통하여 지속된다. 그리고 자녀와의 상호작용은 노부모에게 중요한 정서적 유대감을 형성한다. 한편, 자녀는 성장하여, 가족의 일원이었던 자녀의 지위에서 자신이 책임을 져야 하는 새가족을 형성하게 된다. 따라서 노부모와 성인자녀 관계의 조정이 필요하다. 그리고 부모는 이 변화에 적응해야 한다.

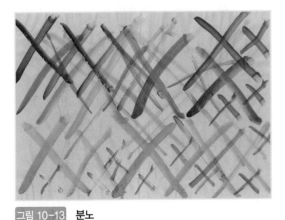

그림 10-13   **분노**

설명: 내가 어떻게 키웠는데

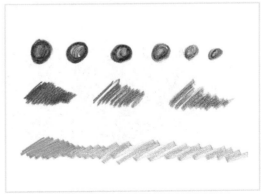

그림 10-14   **우울**

설명: 지난 날이 허무해

그림 10-15 나의 길

◐ ◐ 자녀는 떠나가는거야.
설명: 자녀에게서 독립하기

분노나 우울 등의 부정적인 감정을 표현한 것에 대해 미술치료사는 이 감정을 순화하는 작업으로 이끈다([그림 10-15] 참조).

부모는 이성적으로 성인자녀의 지위변화를 인정하고, 성인자녀의 여러 상황으로 실제 접촉을 하기가 어려움을 이해하면서도 허전함, 고독감, 심리적 고통을 겪게 된다. 자녀가 독립하기 전에 부모와 자녀관계가 밀접했었을 때 이런 감정을 더 심하게 느끼게 된다.

노부모-성인자녀의 관계는 접촉의 빈도, 거주 근접성, 상호부조 등의 객관적인 유대관계뿐만 아니라 노부모-성인자녀 간의 가까움의 정도, 애정 그리고 내재화된 규범 등의 주관적인 유대관계의 면도 포함하고 있다. 한편, 둘 또는 그 이상의 욕구가 상충하여 갈등이 발생하기도 한다.

그리고 노부모-자녀 간에 발생하는 갈등의 원인은 세대 차이, 상호 의존성의 측면에서도 기인하며 어느 정도의 갈등은 가족 간의 활력과 윤기를 불어넣어 주는 촉진

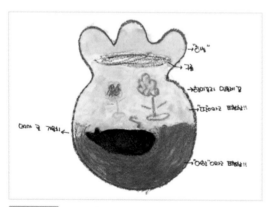

그림 10-16 금붕어들의 속삭임

✎ "어항이 있습니다. 우리가 어항 속의 금붕어를 지켜보듯 그 금붕어들도 우리들을 지켜봅니다. 그런데 이게 어찌된 일이죠? 금붕어들이 말을 하는군요. 자세히 들어보니 나에 대해 이야기를 하네요. 뭐라고 얘기하고 있을까요?"

◐ ◐ 자녀의 입장에 서 보기 위해 시도되었다.

그림 10-17 부모의 욕구

◐ ◐ 자신의 욕구를 살펴보고, 자녀의 입장에서 한 번 생각해 보기 위해 시도할 수 있다.

그림 10-18　미안했어요

✎ "내가 요즘 겪은 일 중에서 자녀에게 미안했던 일을 떠올려 보세요. 그때의 내용을 그림으로 그리거나 글로 적어 보세요."
설명: 몸이 아파 아무 일도 아닌 일에 자녀에게 짜증 낸 일.

그림 10-19　자녀와의 관계

설명: 핸드폰으로 대화.

제가 될 수 있다. 노년기의 부모는 연륜에 따른 협상과 타협으로써 성인자녀와의 갈등을 원만히 해결할 수 있다.

　성인자녀와 노인이 함께 거주하지 않으면서 접촉 방법도 변화되고 있다. 함께 살면서 노인과 성인자녀가 직접 만나는 접촉과 떨어져 살면서 직접 대면하지 않고 하는 의사소통에는 상호이해의 측면에서 차이가 있을 수 있다. 상호접촉 방법의 변화에 대한 적응도 노년기에 잘 이루어져야 하는 부분이다.

　노인들이 점점 자녀세대의 생활에서 제외되면서 노부모들은 소외감, 외로움, 우울 등의 심각한 심리적 문제를 더 많이 겪을 수 있다. 그러므로 노부모와 성인자녀 관계가 인간적·애정적 관계로 발전되도록 노력해야 한다.

그림 10-20　나의 하루

◊◊ 내가 할 일 찾기.
밝게 생활할 수 있는 나의 자원을 탐색하기 위해 시도할 수 있다.

새로운 가능성을 찾아 이런 심리적 문제를 해결하지 않으면 노년기가 불안하고 자녀와의 갈등은 더 심각해질 수 있다.

2) 고부관계와 미술치료

아들의 결혼에 의해 시작되는 고부관계는 혈연의 연결이 없는 타인들이 아들을 매개로 하여 법적ㆍ인위적 관계를 맺는 관계다. 그러면서 거의 일생 동안 접하게 되는 관계다. 고부갈등은 고부 사이에서 서로 상치되는 가정 내의 위치와 견해 및 이해의 차이로 인해 일어나는 충동을 뜻한다.

고부관계는 1960년대 초부터 본격적으로 시작된 산업화, 도시화, 사회경제의 변화와 더불어 그 양상이 달라져 왔다. 성별, 세대별로 위계질서가 엄했던 과거에는 고부관계가 일방적인 봉사, 희생, 순종을 요구당하는 며느리와 통제와 권위를 행사하는 시어머니의 지배가 인정되는 상하적 주종관계였다(윤유경, 1985). 한국의 전통사회에서의 확대가족 제도는 노인의 위치를 중요하게 여겼고, 이러한 구조 속에서 며느리는 노인으로서의 시어머니에게 절대적으로 복종할 수밖에 없는 상황이었다. 사회가 변했지만 이러한 전통사회의 의식이 아직 한국 노인의 마음속에 남아 있기 때문에 이러한 노인의 마음을 미술치료사는 인정하고 치료에 임해야 한다.

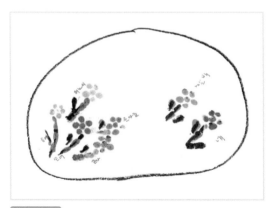

그림 10-21 가계도(가족에서의 위치 알기 위해)

◑◑ '과거의 내 자리'라는 생각이 갈등을 유도할 수 있음을 객관적으로 인지하게 하기 위해 시도되었다.
◑◑ 준비물: 연필, 크레파스, 촛불, 마분지

그림 10-22 내가 바라는 것

설명: 편안함. 의지하기.
◑◑ 욕구를 살펴보고 이 욕구를 며느리의 입장에서 바라보기 위해 시도되었다.

해결사 로봇 만들기

☞ 갈등으로 인한 괴로움을 해결하는 로봇을 만들려고 합니다.
로봇이 어떤 일을 하면 될까요? 여러분은 로봇을 만들 수 있는 박사입니다. 로봇을 그리고 로봇이 해야 할 일들을 적어 보세요.
❖ 며느리가 로봇같이 할 수 있을까요?

노인집단치료에서 해결방안을 토론하고, 환경에서 가능한 해결을 찾는 활동을 할 수 있다. 노인의 마음에 남아 있을 수 있는 전통가족 의식에 대한 미술치료사의 이해는 고부관계에 대한 미술치료 접근에 필요하다. 한국 전통사회 고부관계의 특징(김태현, 1999)을 살펴보면 다음과 같다.

첫째, 고부간의 갈등은 한국의 가족 구조에 의한 인간적 부조화다.

둘째, 시어머니는 며느리의 일방적인 복종을 요구했을 뿐만 아니라 맹목적인 복종, 즉 노예성까지 요구하였다.

셋째, 시어머니의 정신적인 학대 외에 며느리에게 가하는 시집의 과대한 노동력의 기대도 갈등의 씨앗이 되었다.

넷째, 시집식구는 며느리를 그 집에 동화시키려 하지 않을 뿐 아니라 완전히 타인시하였다.

한편, 미술치료사는 며느리가 지닐 수 있는 마음에 대해서도 이해를 갖고, 노인을 위한 미술치료 접근을 해야 한다. 한 사회의 민요는 그 사회가 지니고 있는 전통적 사고를 함축적으로 표현하고 있다.

시집살이

무남독녀 외딸아기 금지옥엽 길러내어
시집살이 보내면서 어머니의 하는 말이
시집살이 말 많단다 보고서도 못 본 체
듣고도 못 들은 체 말 없어야 잘 산단다

그 말들은 외딸아기 가마 타고 시집가서
벙어리로 삼년 살고 장님으로 삼년 살고
귀머거리 삼년 살고 석삼년을 살고 나니
미나리 꽃 만발했네
이 꼴을 본 시아버지 벙어리라 되보낼제
본가 근처 거의 와서 꿩이 나는 소리 듣고
딸아기의 하는 말이
에그 우리 앞동산에 꺼더득이 날아간다
이 말 들은 시아버지 며느리의 말소리가
너무너무 반가와서 하인 시켜 하는 말이
가마채를 어서 놓고 빨리 꿩을 잡아오라
하인들이 잡아오니 시아버지 하는 말이
어서어서 돌아가자
벙어리던 외딸아기 할 수 없이 돌아가서
잡은 꿩을 다 뜯어서 숯불 피워 구어다가
노나 주며 하는 말이
날개날개 덮던 날개 시아버지 잡수시고
입술입술 놀리던 입술 시어머니 잡수시고
요 눈구멍 저 눈구멍 휘두루던 눈구멍은
시할머니 잡수시고
호물호물 옹문통은 시하래비 잡수시고
좌우 붙은 간덩이는 시누이님 잡수시고
배알배알 곱배알은 시아주범 잡수시고
다리다리 버렸는 다리 신랑님이 잡수시고
가슴가슴 썩이던 가슴 이 내 내가 먹읍시다
못할레라 못할레라 시집살이 못할레라
열새 무명 열 폭 치마 물 받기 다 썩었네
못살레라 못살레라 시집살이 못살레라
해주 자지 반자지도 지어 입은 저고리도
눈물 받기 다 처졌네.

원만한 고부관계는 노년기 행복의 중요한 요인이다. 현대로 올수록 고부간의 형태도 많은 변화를 겪고 있지만, 아직도 두 사람 사이에는 갈등이 남아 있다. 고부갈등 해소 프로그램의 예를 제시하면 〈표 10-4〉와 같다.

표 10-4 고부갈등해소 프로그램 예

목표	회기	내용 및 기대효과	방법	매체
집단 형성	1	자기소개 참여의지	• 짝에게 좋아하는 음식, 꽃, 동물을 통해 자기소개 • 짝지가 집단에게 나를 소개하기 • 짝지가 잘 이해하고 전달했는지, 느낌 나누기	잡지, 가위, 풀
비합리적 사고 및 부정정서 탐색	2	나의 위치 (감정과 행동: 적응)	• 갈등상황의 정서를 그림 또는 도형 색으로 그리기 • 감정과 행동 탐색하고, 적응정도 파악	도화지, 색연필
	3	내 마음 (부정정서와 사고인식)	• 색종이에 며느리의 장점과 단점을 적기 • 단점에 대해 나의 표현하는 행동양식 찾아보기	색종이 색연필
	4	단지 (주로 표현하는 행동양식)	• 단지에 갈등크기를 상징적으로 표현해보기 • 수용범위를 찾아보고 긍정적인 부분 찾아보기	단지그린 종이, 색연필
합리적 사고와 행동	5	가계도 (합리적 인식 찾기)	• 가계도 그리기 • 갈등을 유도할 수 있는 생각 탐색 • 객관적으로 각자의 입장 바라보기	색연필, 색마분지, 풀
	6	내가 할 수 있는 것	• 잡지에서 내가 할 수 있는 것 찾아보기 • 내가 잃은 것과 얻을 수 있는 것 찾아보기	잡지, 가위, 풀
	7	며느리 마음 읽기	• 제시된 그림을 보고 며느리의 욕구를 탐색하기 • 수용범위와 긍정적인 행동 찾아보기	도안지, 색연필
마무리	8	내가 쉴 곳	• 쉴 수 있는 공간을 만들고, 누구와 무엇을 하고 싶은지 연상하기	잡지, 가위, 풀

근대화, 도시화, 핵가족 형태로의 변화는 며느리의 위치, 역할, 태도에 많은 변화를 가져왔다. 특히, 고부 간에 갈등이 있는 경우에 다양한 사회적 변화와 며느리의 심리적 변화는 며느리로 하여금 심리적 갈등을 억제하는 힘을 약화시켰다. 분노를 직접 그대로 표출하는 경우가 많아져 고부간의 갈등이 더욱 깊어지게 만들었다. 노년기

그림 10-23 　나의 위치

◊ ◊ 노인의 사회 변화에 대한 적응 정도를 파
악하고 적응방법을 찾기 위해 시도할 수 있다.

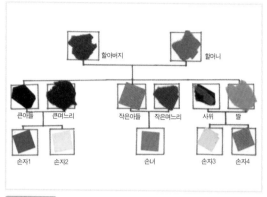

그림 10-24 　가계도

◊ ◊ 가계도를 그려봄으로써 자녀에게 각기 자신들의 가족이 있
고, 책임도 있음을 느끼게 한다.

적응을 위해 노부모는 이러한 변화도 인정해야 될 부분이다.

　고부간의 갈등은 당사자뿐만 아니라 다른 가족에게까지도 부정적인 영향을 미치
게 된다. 성인자녀의 부부관계에도 영향을 미칠 수 있다. 그러나 이 절에서는 노인
당사자에 대한 접근만을 보았다.

화해

• 태양과 비가 서로 다투고 있었습니다. 그들은 둘 다 같은 시간에 하늘에 있고 싶었습니다.
누구도 고집을 꺾으려 하지 않았으므로 비가 억수로 쏟아지면서 햇빛 또한 쨍쨍 내리쬐었
습니다.
그 덕분에 하늘에는 아름다운 무지개가 걸렸습니다. 햇빛과 프리즘 역할을 한 수정 빗방울
들이 만들어 낸 결과였던 것입니다.

－ 화해 시도의 도입 과정에 활용할 수 있다 －

그림 10-25 손자 돌보기

◐◐ 내가 할 수 있는 일(화목에 도움이 되는 일 찾기).

그림 10-26 며느리 마음 읽기

설명: 두 그림을 제시하고 며느리의 입장에 서 보게 한다.

　　노년기 고부관계에서는 노인이 며느리에 대해 객관적인 태도를 갖는 것이 중요하다. 미술치료에서 노인 스스로 자신이 할 수 있는 일, 기분이 좋은 일, 가족의 화목에 도움이 되는 일을 찾아보는 기회를 제공하는 것이 필요하다. 고부간의 상호존중이 중요한 기본이 됨을 노인이 이해할 수 있도록 도와준다.

　　또한 며느리의 입장에 서 보는 것도 중요하다. 자신을 객관적으로 보는 노력을 노인에게 시도해 보는 것이 필요하다.

3. 손자녀관계와 미술치료

　　조부모의 역할 획득은 대다수의 노인들에게 일어나는 현상이다. 조부모와 손자녀의 관계는 조부모 세대나 손자녀 세대에 상호 긍정적인 영향을 미치는 중요한 관계다(주봉관, 2001). 조부모의 역할, 미술활동을 통한 손자녀와의 관계로 나누어 살펴보겠다.

1) 조부모의 역할

조부모가 손자녀에게 주는 의미와 실제를 중심으로 조부모 역할을 5가지 유형으로 분류하면 〈표 10-5〉와 같다.

표 10-5 **조부모의 중요성과 의미에 따른 역할 유형**(Neugarten & Weinstein, 1964)	
공식적인 조부모형 (Formal style)	손자녀 양육방법 등에는 관여하지 않고, 오직 주어진 조부모 역할만 수행한다.
기쁨 추구형 (Fun Seeking Style)	여가시간에 손자녀들과 놀아 주는 것을 낙으로 삼는다.
대리 부모형 (Parent Supporting style)	부모를 대신하여 어린 손자녀의 교육을 담당한다.
지혜 원천형 (Reservoir of family widom)	가족 안의 최고 권위를 유지하고 젊은 세대의 복종을 요구한다. 가정 내에서 지혜의 원천임을 내세운다.
원거리형 (Distant style)	공식적인 가족 모임 이외에는 별로 가족관계에 관여하지 않는다.

과거의 조부모 세대들은 손자녀의 출산, 양육 등의 사회화 과정에 참여하였고, 손자녀의 정서적 안정감, 훈육, 보호 등의 역할을 담당하였다. 또한 조부모는 문화전승의 역할자로 아들 세대와 손자녀 세대를 연결하는 교량적 역할을 담당하였다. 부모의 역할을 신체적·지적·정서적으로 보완해 주면서 손자녀의 성장에 도움을 주어 왔다.

그러나 사회가 변화되고, 손자녀에 대한 조부모의 태도와 역할도 변화하게 된다. 이에 대하여 노년세대도 적응이 필요하다. 사회적 변화에 대해 노인들의 적응에도 의미가 있고, 손자녀에게도 의미가 있는 노인의

그림 10-27 **손자와의 경험**

설명: 손자를 생각하면 항상 웃음이 나온다.

묵재(默齋) 이문건(1494~1597)의 육아일기-養兒錄

16세기 사대부인 묵재 이문건은 그의 손자 출생을 자축하며 자신의 이상을 성취할 수 있는 인재로 양성하겠다는 내용의 축시를 글머리에 쓰고 있다.

「兒錄」은 默齋 이문건(1494~1567)이 자기 손자를 양육하는 과정을 시적 형식으로 쓴 기록으로, 처음에 쓴 이 7언 율시는 학수고대하던 손자가 출생하자, 그 감격과 기대를 극대적으로 표출한 것으로 이해할 수 있다(이상진, 1997).

天理生生果未窮	천지자연의 이치는 무궁하게 생성이 계속되어,
癡兒得胤繼家風	어리석은 자식이 아들을 얻어 가풍을 잇게 했네.
先靈地下應多助	지하에 계신 선조의 영령들께서 많이 도와주시리니,
後事人間庶少豊	인간 세상의 뒤이어 올 일이 다소 잘되어 가리라.
今日喜看渠赤子	오늘 저 어린 손자 기쁜 마음으로 바라보며.
暮年思見爾成童	노년에 성인으로 성장해 가는 모습 지켜보리라.
謫居蕭索聊舒泰	귀양살이 쓸쓸하던 차에 마음이 흐뭇하여,
自作春꿍慶老翁	나 혼자 술 따라 마시며 자축하네.

출처: 이상주 역주(1997).

역할 찾기에 도움이 되는 미술치료의 한 부분으로 미술활동 배우기가 있다. 미술활동 배우기는 노인과 손자녀, 성인자녀 모두에게 의미가 있는 활동이 될 수 있다([그림 10-29a], [그림 10-29b]) 참조).

노년기 손자녀관계의 적응에서 나타나는 조부모와 손자의 관계를 중심으로 한 조부모 역할 유형은 〈표 10-6〉과 같다.

그림 10-28 **손자에게 해 줄 수 있는 것**

설명: 내가 손자에게 해 줄 수 있는 것은 장난감 사 주기, 손자가 좋아하는 음식 사 주기, 옷 사 주기뿐이다.

ㅇㅇ 할머니의 지각을 파악하기 위해 시도할 수 있다.

그림 10-29a 손자와 놀기: 손바닥 찍기

◐ ◑ 의미 있는 할머니 역할 훈련으로 미술활동을 사용하였다.

그림 10-29b 손자와 놀기: 손바닥 찍기

◐ ◑ a에 다리를 그려 봐. 재미있는 그림활동은 놀면서 손자에게 교육이 된다. 할머니와 손자의 관계에도 도움이 된다.

표 10-6   조부모 역할 유형(Robertson, 1977)

유형	특성
개인적 유형	사회규범적인 의미를 두지는 않으나, 손자녀와의 빈번하고 만족스러운 상호관계 유지로 개인적 의미를 찾는 유형
상징형	사회규범적인 의미는 높게 인식하나 손자녀에게 개인적인 애착을 느끼지도 않고 행동면에서도 관여를 하지 않는 유형
조화형	높은 수준의 사회규범적인 의미와 동시에 손자녀와 밀접하게 상호작용을 갖는 유형
원거리형	손자녀로부터 초연하고, 조부모됨의 사회규범적인 의미도 거의 인식하지 않고 개인적인 조부모 역할도 별로 수행하지 않는 유형

〈표 10-6〉과 같은 조부모 역할 유형 외에도 조부모의 역할에 대한 유형분류가 다양하게 행해지고 있다. 손자녀를 대상으로 하여, 손자녀들이 그린 조부모 모습의 크기, 위치와 내용, 설명을 근거로 조부모 역할을 5가지로 분류할 수 있다(Komhaber & Woodward, 1981). ① 조부모의 역할은 역사적이고 문화적인 의미와 가족역사를 제공하는 역사가의 역할, ② 생활의 기초를 가르치고 지혜를 전수하고 또한 손자녀의 성역할 정체감을 형성케 하는 훈육자의 역할, ③ 모델로서의 역할, ④ 손자녀에게 이야기 등을 해 주며 이들의 상상력을 자극하는 마술사의 역할 그리고 ⑤ 손자녀의 지지체계를 확장시키는 대리모의 역할이다. 손자녀가 지각한 조모의 역할 수행에서 훈

계자 역할이 가장 높은 수준, 그 다음으로 대리모 역할, 물질적 제공자 역할, 손자녀 지지자 역할, 가계역사와 성역할 조언자 역할 그리고 생활간섭자 역할의 순위로 수행되는 것(서동인, 1996)으로 지각되었다.

조부모들이 생각하는 조부모 역할은 충실형, 지혜롭고 존경받는 가치 있는 노인, 관대하고 인내하는 너그러운 존재, 자손을 통한 계속성과 불멸성의 유지, 과거를 회상하는 수단으로서의 조부모됨의 5차원이다(Kivnick, 1983). 그리고 노부모가 실제로 수행하는 활동을 중심으로 보면 신체적 조력자, 지적 정서적 조력자, 경제적 조력자, 도덕 교육자의 조부모 역할 유형(배경미, 1989)이다.

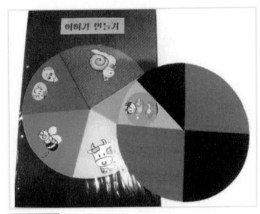

그림 10-30 **할머니와 활동**

설명: 할머니가 실제로 손자에게 할 수 있는 활동 그리기.
◑◑ 실천 가능한 활동을 찾기 위해 시도할 수 있다.

노년기 손자녀관계의 미술치료 접근에서 미술치료사는 노인의 생각뿐만 아니라, 손자녀가 지각하는 조부모의 손자녀에 대한 역할인식에 대해 이해하고 있어야 한다. 그리고 조부모가 지각하는 조부모의 역할과 손자녀가 조부모에게 기대하는 역할이 잘 조화를 이루도록 미술치료사는 조부모에게 도움을 주어야 한다.

그림 10-31 **생각하면 기분이 좋아지는 가족**(콜라주)

설명: 손자녀와 관련된 그림이 3개, 그리고 가계의 계승이 집으로 표현되었다.
◑◑ 손자녀의 비중을 알기 위해 시도되었다.

그림 10-32 **단풍잎 모아 칠하기**

◑◑ 조부모가 할 수 있는 활동에서 배운 내용 중 손자녀 숙제에 도움이 될 만한 내용이다. 노인의 역할 재발견에도 도움이 될 수 있다.

손자녀의 기대에 대한 조부모의 인식은 미술치료를 통해 인식될 수 있다. 이 인식을 바탕으로 손자녀의 기대와 조부모의 실제행동을 조율하는데 미술치료사가 도움을 줄 수 있다. 이는 조부모의 생활에 의미를 주게 된다.

그림 10-33   손자가 할머니에게 바라는 것

설명: 할머니에게 바라는 것을 표현하였다.

그림 10-34   아빠와 엄마

설명: 아빠, 엄마는 안 놀아 주어요.

2) 미술활동을 통한 손자녀와의 관계

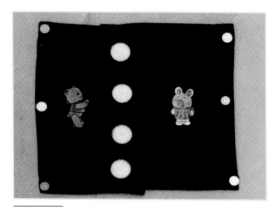

그림 10-35   유아 교구 만들기

◊ ◊ 단추구멍 끼우기 연습을 위해 만든 것이다.

조부모의 역할은 사회적 변화, 노인의 욕구와 능력, 성인자녀의 필요와 욕구, 손자녀의 발달과 욕구 등에 부합되어야 하는 측면이 있다. 실제로 조부모와 손자녀 간의 실제적 접촉 가능성도 고려해야 한다. 이러한 면에서 손자녀가 조부모의 노년기 만족에 기여하는 중요성을 고려하여 손자녀의 개념을 확대하여 볼 수 있다. 이는 조부모들이 손자녀에게 해줄 수 있는 기여와, 이 기여가 노인의 생활 만족도를 높여줄 수 있는 이점을 고려하여 노인 미술치료에서 접근을 시도해 볼 가치가 있다는 의미다.

그림 10-36 　동화책의 내용 꾸미기

◦◦ 동화책을 손자와 함께 읽고, 그 내용을 그림으로 표현한 것이다.

그림 10-37 　게시판 꾸미기

◦◦ 유아교육기관을 위해 색종이 오려 붙이기를 중심으로 이루어진 활동이다.

　미술치료에서 한 미술활동 중에서 노인이 손자녀에게 해 줄 수 있는 활동을 응용하여 활용할 수 있다. 노인들이 개인치료, 집단미술치료에서 했던 활동의 응용은 손자녀에게 도움이 될 수 있다([그림 10-35], [그림 10-36], [그림 10-37] 참조).

　이런 활동은 실제로 노인이 충분히 잘 할 수 있는 내용으로 노인의 역할 재발견, 시간활용, 손자녀에 대한 교육적 기능 등 그 효과가 크다고 볼 수 있다. 이 활동은 개인의 집 또는 보육시설에서 행해질 수 있다. 노인의 이러한 활동은 노인 개인뿐만 아니라, 다음 세대에게 어떻게 생을 보내야 하는가와 인생의 의미에 대해 느끼게 해 줄 수 있다. 예에서 본 활동은 노인이 손자녀를 위해 간단히 할 수 있는 활동으로, 노인의 자아존중감, 성취감을 높일 뿐만 아니라 사회에 대한 기여도 될 수 있다.

4. 노년기 형제자매 및 사회적 관계와 미술치료

　기대수명의 증가와 지속적인 노년 인구의 증가로 노년기 가족구성원 간의 다양한 관계가 관심을 받게 되었다. 형제자매나 친척, 친구 등의 기타 관계들은 노년기에 있어서 중요한 관계다. 청·장년기의 왕성한 활동력을 바탕으로 한 넓은 교제범위와는 다르게 노년기는 사회적 관계의 범위가 축소된다. 범위가 축소된 만큼 질적으로 밀

그림 10-38   노인의 사회적 관계

그림 10-39   우리 형제

도 있는 관계의 형성이 노년기 만족도에 영향을 미치게 된다. 더욱이 형제자매들은
어린 시절의 경험을 공유하고 혈연으로 연결된 관계이니 만큼 노년기 사회적 관계에
서 중요한 위치를 차지한다고 할 수 있다(김태현, 1999).

또한 지리적으로 가까이 위치해 자주 만날 수 있는 사회적 관계도 노년기 중요한 관
계다. 노년기 형제자매관계와 미술치료, 사회적 관계와 미술치료에 대해 살펴보겠다.

1) 노년기 형제자매관계와 미술치료

형제관계는 같은 부모로부터 혈연적 연결로 이루어진다. 일생을 통해 서로에게 많
은 영향을 주고받는 호혜적인 관계다. 다른 관계에 비해 상호작용 빈도가 높고 서로
접근하기 쉬우며 공동경험의 정도가 높은 특성을 갖고 있다.

형제관계의 감정적 특성은 강한 친밀감에서 질투, 미움, 경쟁에 이르기까지 다양
하다. 서로에게 친밀감도 느끼고 만족감도 얻는다. 형제관계 유형은 〈표 10-7〉과 같
이 제시할 수 있다.

대부분의 노인들이 계속하여 형제자매와 접촉을 가지며 그 관계가 의미 있는 것이
라 보고한다. 또한 형제자매와의 관계는 생활만족도와 의욕을 높이며 우울증상을 감
소시키는 데 기여하고 노년기에 보다 큰 정서적 안정감을 제공하는 것으로 나타났다
(Cicirelli, 1995).

표 10-7	형제자매관계 유형(Cicirelli, 1995; Gold, 1989)	
유형	**특성**	
친밀형(Intimate)	특별한 친밀성을 유지하고 빈번한 정서적 지지 잦은 접촉, 높은 심리적 관여도	적개심이나 시기하는 감정은 거의 없다.
합치형(Congenial)	적절한 친밀감과 심리적 관여도 적당한 도구적 지지 및 정서적 지지 한 달마다 접촉	적개심이나 시기하는 감정은 거의 없다.
충실형(Loyal)	친밀감과 심리적 관여도가 낮음 부분적인 승인, 약간의 도구적 지원 빈번하지 않은 접촉과 드문 정서적 지지	적당한 수준의 적개심과 시기심이 있다.
무관심(Apathetic)	정서적, 도구적 지지가 거의 없음 보살핌과 서로 간의 접촉 부족	거부반응이 매우 높다.
냉담(Hostile)	관계에 대한 부정적인 편견이 있음 정서적 지지 및 도구적 지지가 전혀 없음	적개심, 시기하는 감정이 강하다.

노년기 생활만족도, 정서적 안정에 형제자매관계는 큰 기여를 하고 있다. 이는 형제자매관계는 어린 시절부터 지속되어 온 성인관계라는 점 때문이다. 배우자나 친구들보다도 오랫동안 알고 지낸 사이기에 형제자매관계는 문화를 공유하고, 가족력(family history)도 공유한다. 또한 형제자매관계는 동일한 유전자를 가지고 태어났기 때문에 유사한 신체적 특징이나 건강상태를 갖는다. 그리고 아동기 때의 기억과 가족 이야기들을 함께할 수 있다(유영주, 1985).

형제자매관계는 부모자녀관계와는 다르게 위계적 관계를 갖지 않는다. 나이 차가 크다 하더라도 평등적이고 동등한 관계를 인식하며 상호작용한다. 이러한 형제자매관계는 성인기 때 상호접촉 시에 어떻게 행동해야 하는지 또는 형제자매 간에 가져야 하는 접촉의 정도가 어느 정도이어야 하는지에 대한 사회적 기대감이 거의 없다. 성인기와 아동기를 이어주

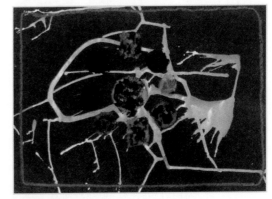

그림 10-40 **형제 관계**

🔹🔹 물감을 분 다음 크레파스로 흩어진 물감을 따라 표현하기.
설명: 모두 모여 있다. 남자 형제는 네모, 여자형제는 동그라미로 표현하였다. 큰 언니를 중심으로 모두 모여 있다.

그림 10-41 형제

설명: 오랜 경험을 같이했다.

그림 10-42 우리집

설명: 어린 시절을 같이 보냈다.

그림 10-43 우리 형제

설명: 각자이나 잘 통한다.

는 관계이며 노년기 안정감을 제공해 주는 중요한 관계라 할 수 있다.

형제자매관계에서는 여성이 남성보다 더 호의적인 것으로 나타났다(White & Riedmann, 1992). 그리고 자매나 남매들은 남자 형제들보다 정서적인 친밀감을 훨씬 많이 형성하며 특히 전화 통화를 많이 한다(Connidis & Campbell, 2001).

2) 사회적 관계와 미술치료

자녀가 독립하여 떠나고 직장에서 은퇴한 노년기에서 친구의 중요성은 크게 부각되며, 생활만족도의 중요 요인이기도 하다. 노년기 사회적 관계에서 부부관계, 성인 자녀와의 관계, 형제관계가 많은 관심을 받고 있지만, 친구 간의 관계도 노인의 삶에서 중요한 측면 중의 하나다. 타인들끼리의 우정은 자발적인 것으로 이러한 성격 때문에 나이에 상관없이 친구 간의 교제는 매우 귀중하다(김태현, 1999).

그림 10-44 **함께 장식하기**

◐◑ 공동 작업이 의미가 있다.

그림 10-45 **친구와 함께하는 작업**

◐◑ 비슷한 연령은 유사한 경험이 있기 때문에 사회교류집단이 될 수 있다.

대다수의 노인들은 친한 친구를 가지고 있으며 친구와의 교제가 활발한 노인일수록 인생에 더 만족한다. 노인들은 대개 젊은이들과 같은 기준으로 친구를 선택하는데, 동성이거나 비슷한 사회·경제적 지위, 연령 그리고 가까이 사는 사람들이 친구관계를 맺기 쉽다.

친구관계는 대개 생활주기가 비슷하거나 유사한 상황에 처해 있을 때 형성되므로 서로 의지의 대상이 될 수 있고, 노년에 나타나는 지위와 역할 변화의 충격을 완화시켜 줄 수 있다. 이러한 면에서 노년기 사회적 관계는 그 중요성이 상당히 크다고 할 수 있다. 노인들은 친구들과 좀 더 적극적인 여가생활을 할 수 있고, 친구에게 편하게 의존하고 솔직하게 대할 수 있다. 그렇기 때문에 함께 모여 텔레비전을 보기도 하고, 일상적인 집안일을 함께하기도 한다. 그리고 이렇게 보내는 시간이 가족과 지내는 시간보다 더 즐겁다고도 한다(Larson, Mannell, & Zuzanek, 1986).

공통의 관심, 사회적 참여, 상호협조의 기능을 지닌(Adams, 1986) 친구관계는 멀리 사는 성인자녀를 대신하며, 깊은 감정과 생각을 주고받을 수 있는 대상이다. 안정된 친구관계를 가진 사람은 노화의 여러 가지 변화와 위기를 잘 처리할 수 있다(Genecay, 1986). 이와 같이 사회관계는 중요하므로 사회관계 기술이 부족하거나 소외된 노인들이 집단미술치료에서 사회적 관계를 경험하게 할 수 있다. 집단미술치료에서 사회적 관계를 위한 활동을 제시하면 다음과 같다.

함께함으로써 즐거움을 느끼고, 사회적 접촉에 대한 욕구를 갖게 하기 위한 활동을 할 수 있다. 상대방을 고려하는 마음, 상대방의 마음 읽기 등에 효과가 있다([그림 10-46], [그림 10-47] 참조).

그림 10-46 **친구 없이**

설명: 힘들어.

그림 10-47 **서로 이야기하면서 교대로 꾸미기**

◐◐ 혼자 배우는 것보다 재미있고, 함께 작업하면서 상대방의 의도 고려하기, 상대방의 마음 읽기를 연습할 수 있다.

동등한 사회적 관계에서 서로 공통되고 의미있는 활동, 가족에게 도움이 되는 활동을 함께 찾아보기는 생활에 즐거움을 갖게 해 준다. 함께 해봄으로써 상대방에게서 새로운 기술과 행동도 배울 수 있다. 이러한 활동을 통해 자연스럽게 내면의 표현도 할 수 있게 된다([그림 10-48], [그림 10-49] 참조).

그림 10-48 **손자에게 해 줄 수 있는 활동을 친구와 함께 배우기**

◐◐ 준비물: 쿠킹호일(사람 만들기)

그림 10-49 **손자와 할 수 있는 활동**

◐◐ 준비물: 색종이(500원 짜리 동전 크기의 원, 네모, 세모로 오린 것), 눈

노인의 사회적 관계 참여를 위해 미술치료사는 사회적 관계의 중요성을 인식할 수 있는 활동을 구성해야 한다. 혼자 하기 힘든 협동활동을 제시함으로써 같이 어울림의 의미를 깨닫게 할 수 있다. 작은 일에도 서로 도와주고 도움의 중요성을 다시 인식하게 하기 위해 시도할 수 있다([그림 10-50], [그림 10-51] 참조).

새로운 활동의 구성은 참여에 대한 동기를 높이는 데 도움이 된다. 노인의 능력에 맞고, 즐거움을 줄 수 있으면서 활동의 효과가 큰 프로그램의 구성이 필요하다. 또한 서로의 참여 비중이 비슷한 활동의 구성도 중요하다.

그림 10-50 **판화: 혼자서는 힘드나 둘이서는 쉽게 할 수 있다**

그림 10-51 **뿌리기: 둘이서 협동으로 하기**

✎ 판화할 동물을 선택하여 마분지에 밑그림을 그려서 오린다.
→ 완성된 동물 위에 물감을 바른다. 물감이 마르기 전에 도화지에 찍는다.
◐◑ 준비물: 마분지, 도화지, 포스터컬러, 풀, 붓

Chapter **11**

창의적 노인미술치료

1. 노인미술치료의 창의성 효과
2. 창의적 미술치료의 실제

삶의 의미를 상실한 노인에게 삶의 의미를
부여하기 위한 미술치료 개입이 노년기의 창
의적 미술치료다. 미술활동은 창의성, 미적 정
서, 조형기능을 일깨우는 속성을 지니고 있다.

노인에게 그리기와 만들기의 기회가 계속됨
으로써 표현에 대한 흥미가 돋아날 수 있다.
자신에 맞는 자유스러운 표현은 기쁨과 즐거
운 감정을 갖게 한다. 미술매체를 활용하는 경
험을 통해 자아표현과 표현의 다양화가 이루
어진다. 그럼으로써 잠재성 계발, 자아인정,
생활의 의미를 느낄 수 있다. 노인미술치료의
창의성 효과와 창의적 미술치료의 실제로 나
누어 살펴보겠다.

그림 11-1 **예상하지 못한 표현**(멋있다. 기쁘다)

🖌 좋아하는 색깔의 색종이를 골라, 손으로 찢거나 가위를 사용
하여 잘게 자른 후 종이에 붙여 보세요. → 사각이나 원 등 다양한
모양의 색종이를 오려 종이에 붙여 보세요.
설명: 무엇이에요? 빨간색은 해라고 하셨다. 해 하면 무엇이 떠오
르세요? 사랑이라고 대답하셨다.
👀 평소에 표현하지 않았던 활동을 통해 만족감을 경험하도록
시도하였다.

1. 노인미술치료의 창의성 효과

미술치료에서 미술활동은 완성 작품이 아닌 자기표현의 자유로운 과정을 중시해
야 한다. 노인의 개별적인 표현에 중점을 두어야 한다. 이는 자신에 대한 새로운 발견
과 자신을 표현하는 다양하고 독특한 방법을 배울 수 있는 기회가 된다. 이 절에서는
매체와 창의적 표현, 미술치료에서의 창조에 대해 살펴보겠다.

1) 매체와 창의적 표현

노인은 자신을 표현하기 위하여 다양한 재료들을 탐구하고 조작하는 과정 속에서
사고력과 창의성을 높일 수 있다. 매체를 보다 적절히 선택하고 사용하는 데 있어 미
숙하더라도 스스로 발견해 내는 발상 및 표현이 창의적 미술치료의 시작이다.

노인의 독특한 표현에 대한 치료사의 인정과 격려로 노인의 내면의 정서와 사고가 잘

그림 11-2a 색지 바꿈을 통해 색에 따라 다른 느낌 경험

그림 11-2b 색지 바꿈을 통해 색에 따라 다른 느낌 경험

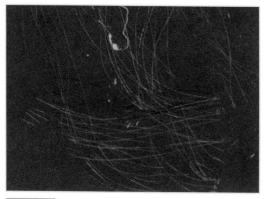

그림 11-2c 색지 바꿈을 통해 색에 따라 다른 느낌 경험

표출될 수 있다. 이는 또 다른 표현을 이끈다.

노인은 신체적 · 심리적 · 사회적 적응력이 낮아지며, 가까운 사람의 질병이나 죽음을 경험하면서 무력감, 상실감, 소외감, 외로움, 우울, 불안감을 갖게 된다. 그러면 노인은 활동에 대한 욕구의 감퇴, 수동적 태도, 무관심이 증대되며, 일상생활에서 무료함을 느끼게 된다. 나아가 삶의 의미를 잃게 된다.

그렇기 때문에 노인은 자기만의 새로운 생활적응이 필요하고, 자신을 긍정적으로 인식하는 자세가 필요하다. 노년기의 여러 부정적인 심리상태는 자신이 무언가 할 수 있는 능력이 없다는 노인의 자기평가에 많이 기인한다. 그러므로 미술표현으로 노인 자신이 미처 느끼지 못했던 표현 능력이 일깨워져야 한다. 그 능력을 느끼게 해 주는 것, 그럼으로써 자신의 삶에 의미를 부여하게 되는 것 이것이 바로 창의성이다. 다양한 미술표현을 통해 노인은 자신의 존재를 새로이 느낄 수 있다.

노인도 자신의 능력을 인정받고자 하며 새로운 것을 배우고자 하는 욕구가 있다. 또한 자신의 존재가치를 인정받고 싶어 한다. 그렇지만 노인은 신체적 노화, 은퇴, 사회관계의 위축, 심리적 변화 등으로 앞으로는 성공을 경험할 수 없을 것이라고 생

그림 11-3   **구름을 타는 나의 모습**
(되고 싶은 모습 표현하기)

설명: 마지막까지 아름다운 모습을 지녀야지.
◑◑ 적절한 매체의 제공은 큰 기술 없이 적절
한 표현이 가능하다.

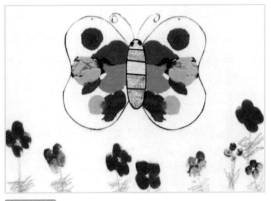

그림 11-4   **나의 탐색**

설명: 내가 미처 몰랐던 능력. 손자가 하던 활동을 나도 할 수 있네
(희열을 느낀다.).
◑◑ 자신의 창의적 힘을 발견할 기회의 제공이 된다.

각한다. 무엇보다도 자신이 무엇을 할 수 있을 것이라는 생각 자체를 부정하며, 새로운 시도에 강한 불안을 경험하게 된다.

미술치료는 노인 개인의 표현 특성에 의해 노인이 창조적인 노력을 계속할 수 있는 기회를 제공한다. 자신의 힘을 깨닫게 해 주고, 본인이 몰랐던 힘을 일깨워 줌으로써 삶의 의미를 느끼게 해 주는 방법의 하나가 창의적 미술치료다.

노인은 미술치료를 통해 긍정적이고 창의적인 자기표현을 하게 되며, 이 과정을 통해 자신의 환경적 · 심리적 변화를 수용할 수 있게 된다. 자신의 삶을 긍정적인 시각으로 새로운 관점에서 보게 되며, 나아가 자아존중감을 회복하게 된다. 미술활동을 통해 자신을 돌아보는 동시에 자신의 삶에 대한 도전을 하는 것이다.

2) 미술치료에서의 창조

미술치료에서의 창의성은 결과물을 중요시하지 않는다. 따라서 치료대상자의 창의적 구체물인 창조에 반드시 예술적 승화가 포함되는 것이 아니다(Wadeson, 1980).

노년기에 겪게 되는 다양한 신체적 · 심리적 · 사회적 어려움에도 불구하고 노인의 삶의 주체는 바로 노인 자신이다. 꾸준한 정신적 활동과 자아개발을 통해 노인은 스스로의 삶을 이끌며, 의미 있고 만족한 생활을 할 수 있다. 이러한 주체적 힘을 창의적 미술치료는 부여해 줄 수 있다.

미술을 통한 창의적 활동으로 치료한 예(Rubin, 1987)

• Layton 할머니 이야기

　　Layton 할머니는 자기자신과 관심사에 대해 윤곽 그림을 그리면서 평생 동안 앓아 온 우울증을 68세에 극복하였다. 그 기법은 미술수업에서 배운 것이다.

　　현재 82세의 할머니는 1992년에 상원 청문회에서 증언하였고 그녀의 작품들은 스미소니언 박물관에 전시되었다.

• Rubin의 어머니 이야기

　　아버지가 돌아가신 후 미술가가 아닌 어머니가 점토로 아버지의 두상을 조각하는 작업에 몰입하였다. 점토를 주무르고 모양을 만들고 어루만지면서 자신의 감정을 분출할 수 있었다.

　　동시에 기억 속에 영원히 있는 배우자에 대한 구체적인 형상을 만들고 있었다.

미술활동은 노인의 감각을 자극하고, 심상의 표현을 가능하게 한다. 예기치 못했던 자신의 창의적 힘을 깨닫게 해 주는 속성을 지니고 있다. 이러한 미술이 지닌 창의적 활동은 노인의 자기계발에 훌륭한 기회를 제공한다.

노인이 충분히 미술치료를 통해 삶의 의미를 재발견할 수 있음에도 불구하고, 노인을 대상으로 하는 미술치료에는 몇 가지 잘못된 인식과 편견들이 존재하고 있다. 이것이 노인의 미술치료 참여를 제한한다(Spaniol, 1997).

그림 11-5 이웃에게 선물하기

◐◑ 78세의 할머니가 자신이 만든 지갑, 휴대 전화 주머니를 이웃에 선물하신다. 생활의 의미를 느끼게 된다.

노인미술치료에 대한 잘못된 인식

- 심리치료적 요소가 부족하다.
- 노인들의 미술작품은 가치가 없다.
- 노인 및 노인의 미술작품은 동일하다.

　노인의 미술치료 활동에 대한 잘못된 편견으로, 먼저 노인을 대상으로 실시되는 미술치료는 심리치료적 측면이 부족하다는 것이다. 노인은 노화로 인해 신체적 어려움을 경험하게 되고 사회참여의 기회가 줄어들게 되면서 과거로의 집중이 현재나 미래보다 증가한다. 과거에 해결하지 못했던 갈등상황과 기억들을 자주 떠올리게 되고 이 과정에서 노인은 의식적 방어기제를 약화시킨다. 그러나 미술작품에서 드러나는 내면세계의 외면화는 노인의 갈등적 심리, 정서를 파악할 수 있게 해 준다. 창의적 활동은 갈등과 정서를 조화롭게 해결하는 데 도움을 줄 수 있다.

　두 번째 편견은 노인의 미술작품은 가치가 없다는 것이다. 그러나 노인은 그들 내면의 지식, 감정, 삶이 표현된 미술작품을 통해 젊은 세대에게 삶의 깨달음과 지혜를 전할 수 있다. 또한 젊은 세대는 노인의 작품활동에서 인생의 중요한 측면들과 위기에 대해 생각해 볼 수 있다.

그림 11-6　**나의 갈등**

설명: 내 마음을 장작불로 표현하셨다. 찬 바람이 들어올 구멍을 내면 알맞은 온도가 되지, 별것 아니네라고 말씀하셨다.

그림 11-7　**대림절 초**

설명: 삶이란 용서야.

세 번째, 노인 및 노인의 미술작품은 동일하다는 것이다. 그러나 노인은 다양하며 노인의 미술활동과 미술작품 역시 다양하다. 때때로 노인도 오랫동안 살아오면서 갖게 된 깊은 삶의 조망과 지혜를 작품에 표현한다. 그리고 뛰어난 미술작품을 구성하기도 하는데 이는 미술이 자기 표현과 자기 탐구의 방법이 될 수 있음을 의미한다.

노인은 미술활동을 통하여 새로운 의사소통 가능성과 표현 가능성을 발견하여 발전시키면서 삶을 새로운 각도에서 볼 수 있게 된다. 또한 억제하고 있거나 회피하고 있는 의식적 · 무의식적 갈등을 미술작품으로 나타낼 수 있게 된다.

그림 11-8   **나의 보람찾기. 어떻게 표현하지?**(못 감기)

설명: 보람은 그물 속의 물고기라고 하셨다(할머니는 젊은 시절 해녀셨고 현재도 가끔 바다에 가신다). 물고기로 자손을 성장시키셨다. 어떻게 표현하지? 할머니께서 스스로 구성하셨다. 이러한 표현의 결과에 상당히 만족해하셨다.
👐 재료: 나무판, 못, 색실, 은박지

그림 11-9   **나**

설명: 마음을 잘 다스려야 돼. 그러면 모두가 좋지. 내면과의 의사소통을 통한 삶의 지혜를 발견한다.

2. 창의적 미술치료의 실제

이 절의 필요성은 저자가 만난 노인과의 실제적 체험에서 이루어졌다. 치매, 중풍 같은 병리적 증상의 노인도 많지만, 비교적 건강하고 인생이 그리 즐겁지 않은 노인도 상당히 있다. 미술치료에서의 창의성은 이렇게 인생에 의미를 느끼지 못하는 노인에게 인생의 의미를 부여해 주는 것이다.

창의적 미술치료는 삶의 의미를 부여하기 위한 방법으로, 창의적 표현이 본질인 미술을 활용하는 것이다. 의미 발견이라는 측면에서의 창의적 미술치료 실제는 〈표 11-1〉과 같은 측면에서 미술활동을 본다.

표 11-1 창의적 미술치료에서의 미술활동
• 내면을 자유롭게 표현할 수 있어 긴장해소, 갈등정화가 가능하다. • 생각과 느낌에 대해 다양한 표현, 상징적 표현이 가능하다. • 개성의 표현과 상상력 표현이 가능하여 표현력을 향상시킨다. • 표현물에 대한 성취감, 만족감, 자신감이 행복감을 증진시킨다. • 집중, 몰입, 내적 평화가 가능하다.

퀼트, 소조, 종이접기는 미술학계에서 예술적 측면에서 연구되고 발전되는 분야로 아동교육, 청소년교육, 노인교육에서도 그 가치가 인정되고 있는 분야다. 또한 일상생활에서 생활용품 제작이나 취미, 특기, 여가생활의 한 분야로 각광받고 있는 분야다.

그런데 노인 자신이 일생 동안 접해 왔던 바느질, 송편 만들기, 바구니 접기 등이 퀼트, 소조, 종이접기 같은 미술 분야의 기본적인 기술임을 스스로 체험하면서, 노인은 자신의 능력을 인정하게 된다. 그러면서 생활의 즐거움을 찾고 더 나아가 이 작품과 작품기술을 이웃과 나눔으로써 생의 보람도 발견할 수 있다.

퀼트, 소조, 종이접기 전문가들이 노인을 위해 약간의 시간을 낸다면 이미 능력을 소유하고 있으나 계발하지 못했던 노인에게 상당히 의미 있는 일을 한 것이 된다. 또한 양자 모두에게 더불어 사는 사회의 아름다움을 느끼는 계기가 될 수 있다. 노인 대상의 기술지도는 젊은 세대가 노인의 솜씨를 재발견하는 기회가 되기도 한다. 그리고 이 발견은 노인에 대하여 젊은 세대가 새로운

그림 11-10 테이블 러너

설명: 할머니가 어린 시절에 만든 조각보 바느질이다.
👐 할머니가 젊은 시절 만들었던 조각보 바느질과 퀼트의 4각형 연결 기법이 일치함. 퀼트의 수강과정 없이 70세의 할머니는 즉석에서 작품에 임할 수 있었다.

그림 11-11   퀼트활동 사진

설명: 아파트 단지 내의 30대부터 70대가 모인 퀼트모임이다. 할머니의 솜씨가 결코 뒤지지 않는다.

그림 11-12   종이접기 대신 헝겊으로 접기

설명: 할머니가 어린 시절에 만들었던 색종이, 공 접기, 바구니 접기, 바지·저고리 접기 과정이 퀼트에서 활용될 수 있음을 전해 듣고 만든 작품이다.

인식을 할 수 있는 기회가 되기도 한다.

퀼트, 소조, 종이접기에 대한 접근은 미술 교육적 측면이나 여가활용 측면에서보다는 노인의 자아 재개발, 인생의 의미발견, 자아의 확장이라는 미술치료적 의미에서 접근한 것이다. 따라서 예술, 미술교육, 미술기법적 측면에서 볼 때, 이 절의 퀼트, 소조, 종이접기 기법 배우기는 비체계적이고, 비전문적임이 곳곳에서 발견될 것이다.

1) 퀼트를 통한 미술치료

우리나라뿐 아니라 서구 사회에서도 바느질은 일상적인 생활의 일부였으며 낡은 옷 꿰매기, 헝겊조각 이용하기, 누비기, 자수 등을 통해 이미 퀼트의 기본 기술은 전승되어 왔다. 여기에서는 퀼트의 정의와 유래, 퀼트와 노인미술치료로 나누어 살펴보겠다.

(1) 퀼트의 정의와 유래

퀼트는 천을 조각(퀼팅)으로 자른 후에 솜과 뒷감을 대고 도안대로 누벼 완성하는 것이다. 인류가 직물을 활용하기 시작하면서 퀼트는 추위로부터 몸을 보호하는 직물의 활용기법으로 사용되어 왔다. 퀼트의 누빔기법은 옷이나 침구에 광범위하게 활용되었다는 기록들이 발견되고 있다. 1400년대 만들어진 시실리언 퀼트로 불리는 침대보의 한 조각이 런던의 박물관에 소장되어 있다. 아플리케 작품은 기원전 980년 여왕의 장례식 텐트의 차양 위에 곤충, 꽃, 이집트 전통 문양의 장식이 있다. 가장 오래된 기법으로 여겨지는 피싱은 짐승 가죽을 이어붙인 것이다.

넉넉하지 못했던 생활 속에서 조각천을 꿰매어 만드는 퀼트는 미국의 서부 개척시대뿐만 아니라 우리나라의 과거 생활에서도 흔한 일이었다. 섬세한 손끝에 골무를 끼고 실과 바늘로 천조각을 좀 더 장식적이고 아름답게 꿰매고자 함은 실용을 넘는 요소를 이미 내포하고 있었다고 볼 수 있다.

퀼트는 손바느질이 기본이므로 상당한 시간과 함께 노력이 들어가나, 섬유의 사용과 바느질은 일상생활과 연관되어 있기 때문에 노인에게 있어 생소한 활동이 아니다. 퀼트는 어떤 천을 어떤 모양으로 이어서 표현했느냐에 따라 여러 가지 퀼트 종류로 나누게 되나, 노인에게는 이미 알고 있는 바느질 방법의 활용이라는 측면에서 퀼트 종류의 구별은 별 의미가 없을 수 있다.

그림 11-13a 퀼트의 이음기법: 뒷면

설명: 조각보 만들기와 같은 기법이다.

그림 11-13b 퀼트의 이음기법: 앞면

그림 11-14   아플리케

◑◑ 헝겊 뒤에 대는 풀종이가 있음을 전해 듣고, 쉽게 만든 작품 (과거에는 풀종이 없이 아플리케를 했고, 따라서 좀 더 기술을 요구하였다.). 어떤 새로운 재료가 있는지 몰라 단순한 작품 구성도 엄두를 못 낼 수 있다.

그림 11-15   내가 만든 핸드백

◑◑ 선물을 하면서 자신감이 더욱 증대될 수 있다.

그림 11-16   벽걸이

◑◑ 왜 이 작품을 선택했나? 이 작품에 어떤 보완이 왜 필요한가? 무엇이 보이나요? 같은 무엇인가 생각해 볼 기회를 미술치료에서 치료사는 제공한다.

퀼트는 화학염료의 개발과 대량 프린트 방법으로 다양한 직물과 다양한 디자인이 개발되면서 자유롭게 만들고 즐길 수 있게 되었고, 실용적인 목적 외에 예술작품으로도 각광을 받게 되었다. 노인은 자신이 직접 만든 퀼트 작품을 실제로 사용하거나 장식품으로 활용함으로써 자신의 존재를 인정할 수 있다.

퀼트에 대한 체계적 구성은 학계나 전문가들 사이에서 계속 개발되고 발전되고 있다. 그러나 앞서 밝혔듯이 노인미술치료에서는 전문적 퀼트 작가 양성이 목적이 아니라 자아의 새로운 발견과 삶의 의미 발견이 목표다. 퀼트에 대한 전문적인 체계적 교육 방법이 도움이 되나, 노인은 이미 몸으로 습득한 능력을 지니고 있음을 간과해서는 안 된다.

(2) 퀼트와 노인미술치료

다양한 직물과 다양한 디자인은 노인의 감정, 경험의 형상화를 가능하게 해 준다. 또한 헝겊이 지니고 있는 부드러운 질감은 인간 본연의 내면적 세계와 잘 부합한다

(유원선, 1991).

　　노인에게 있어 퀼트의 치료적 효과는 자신이 이미 퀼트의 중요한 기술을 소유하고 있음을 발견하는 데서부터 시작된다고 볼 수 있다. 어떤 작품을 만들 것인가? 어떤 헝겊을 선택할 것인가? 어떻게 헝겊을 배치할 것인가?에 도움이 되는 작품구성과정의 기술적 요인을 배우게 되면 노인은 쉽게 자신의 작품을 구성할 수 있다. 시력이 저하된 경우 헝겊 오리기는 도움을 받는 것이 좋다.

그림 11-17a　**바늘꽂이**(어린 시절)

그림 11-17b　**바늘꽂이**(퀼트)

설명: 할머니의 어린 시절에는 머리카락으로 속을 채웠고, 모양이 일정하고 단순하였다.
◔◔ 어린 시절의 회상이 이루어진다.

　　할머니는 바늘꽂이의 완성과정에서 떠오르는 생각을 치료사에게 이야기하셨다. 작품을 보면서 지난 세월에 대해 다양한 회상을 하셨다. 인정하고 이해하면서도 잊혀지지 않는 증오, 미움, 후회를 쉽게 언어화시키셨다. 그러면서 다시 작품에 몰입하셨다. '미움도 지나가면 별거 아니야.' '미움이 사라졌네.' 하시며 열심히 작품활동을 하셨다. 그러면서 흥분과 정서적 안정이 반복을 이루었다. 여러 개의 바늘꽂이를 만드셨고, 바자회에 선물도 하셨다. 작품과정과 감상을 통한 회상, 감정의 표현과 변화, 작

그림 11-18　**바늘꽂이의 본**

◔◔ 과거의 회상에서 현실을 돌아본다. 본을 제시해 드리면 즐겁게 작품에 임하실 수 있다. 다양한 형태의 본이 가능하며, 본의 사용으로 쉽게 만들 수 있다. 다양한 형태로 만들면서 생활의 변화와 성취감을 느낄 수 있다.

품활동과 과거 한 사건에의 집중과 몰두가 이루어졌다.

바늘꽂이와 같은 방법으로 만들 수 있는 것이 바구니다. 그리고 바구니의 손잡이는 아이의 머리 땋기 또는 시골의 가마니 꿰기의 방법과 동일하다.

바구니 만들기는 할머니에게 또 다른 자아탐색, 성취감, 다른 작품에 대한 기대 등이 가능하다(〔그림 11-19〕 참조). 실제적 활용도 가능하다.

이처럼 퀼트의 작품과정은 심리치료적 효과를 가져온다. 한 할머니가 퀼트를 접하면서 겪은 자아체험과정을 아래에 제시하겠다.

〈나에게 의미를 준 퀼트〉

67세 이렇게 살 것 인가 하는 생각이 들었다. 이 나이에 새로운 것을 배울 수도 없고, 시장을 그냥 배회하다 십자수 가게가 눈에 들어 왔다. 젊었을 때 솜씨가 좋았는데 가능할까? 생각하며 용기를 내었다. 마음에 드는 작품은 아주 정교한 바느질을 요하는 것이었다. 눈이 나빠 아주 힘들게 꽃을 완성했다.

그림 11-19 **바늘꽂이를 힌트로 해서 만든 바구니**

◦◦ 바구니에 담고 싶은 것, 바구니를 누구에게 선물할까 등의 질문이 가능하다.

그림 11-20 **꽃**

설명: 아이들이 어릴 때 마당에 피었던 꽃이 생각난다. 그래서 이 도안을 선택했어. 작품을 만들다 잠시 쉬면 지난 날, 지금, 앞날 등 여러 생각이 왔다 갔다 해. 그리고 다시 작품을 만들면 기분이 좋아져. 내가 무엇인가 열심히 살고 있다는 생각이 들어.

작품을 본 이웃의 젊은 부인이 십자수보다 퀼트가 눈에 덜 피곤할 것이라며, 퀼트 작품을 보여 주었다. 십자수를 하시는 할머니의 모습이 굉장히 힘들어 보였기 때문이다. 퀼트반에 처음 참가한 날 퀼트 선생님은 퀼트 첫 과정으로 바늘꽂이를 제안하셨다. 설명을 듣다가 이것은 이미 할 수 있는 것이고, 본을 사용하면 훨씬 쉽게 작품을 만들 수 있음을 알게 되었다. 또한 본은 응용이 가능하며 본에 따라 다양한 재미있는 작품이 됨을 알았다([그림 11-17], [그림 11-18] 재 참조).

어렵다고 여겼던 젊은 부인의 작품도 어려운 것이 아니라 할머니가 이미 알고 있던 조각보 만들 때의 바느질임을 아셨다. 단지 어떤 헝겊조각을 어떻게 배열하느냐에 따라 보이는 모양이 달라짐을 알게 되셨다([그림 11-13] 재 참조). 퀼트 책에서 마음에 드는 그림을 선택하고 퀼트를 하는 데 편리하거나, 필요한 재료를 구입하는 데 도움을 받으셨다. 헝겊 선택, 오리기, 헝겊 배열, 마지막 솜대는 요령, 작품의 테두리 대기에 도움을 받았다. 젊은 사람과 함께 어울리는 것도 재미있고 생활이 활기 있게 변했다고 하셨다.

도움을 받았지만 마음에 드는 그림을 선택하고, 헝겊의 무늬와 색깔을 선택하는 과정이 무엇인가 한다는 느낌과 기쁨을 주었다. 선택한 그림은 붉은 하트였는데 완성하고 보니, 단풍나무로 변해 있었다. 다르게 된 것이 신기하고, 오히려 더 마음에 들었다. 다른 사람들도 놀라며 감탄해 주었다.

헝겊의 무늬와 색에 따라 퀼트 책의 그림과 전혀 다른 작품이 됨을 알았고, 작품의 테두리, 바느질 모양, 다양한 부속품이 만드는 사람에 따라 달라짐이 신기하였다.

다음에 선택한 작품이 크리스마스 트리였다. 계절이 여름인데 왜 크리스마스 트리를 선택했는가를 생각했다. '손자에게 보여 주면 되겠지? 할머니를 어떻게 볼까?' 겨울을 기다리며 나뭇잎을 만들었다.

그림 11-21 단풍나무

설명: 너무 기쁘다. 나도 작품을 만들 수 있구나.
◐◐ 그림책의 하트가 왜 단풍나무로 바뀌었지? 왜 나무로 보였지? 등과 같이 자신과의 대화를 유도할 수 있다.
단풍과 관련된 생각, 소망도 검토할 수 있다. 할머니는 무언가 결실을 남기고 싶다고 하셨다.

그림 11-22 **크리스마스 트리**

설명: 왜 크리스마스 트리를…… 지금 계절도 아
닌데…… 손자가 생각났다. 전에 자녀에게 다 해
주지 못한 선물을 손자에게 해 주고 싶다. 내가
할 수 있는 일을 찾게 되었다.

작품을 완성한 후에 작품을 벽에 걸어놓고 보니, 나무만
있는 것이 허전해 보였다. 퀼트반에 가서 작품이 허전하다
고 하니 보충할 수 있는 금속 종을 판매한다는 이야기를
해 주었다. 나뭇잎마다 종을 달았으나 그래도 무언가 부족
해 보였다. 집에 있는 크리스마스 카드를 찾았다. 눈 덮힌
집, 교회, 별 등이 눈에 들어왔다. 무엇으로 이것을 만들
지? 공간이 좁으니 헝겊으로는 안 되겠지? 수예실이 떠올
랐다. 크리스마스 카드의 그림을 본 따 집과 별을 수놓았
다. 아주 재미있다. 나에게 이런 아이디어가 떠오르는 것
이 정말 신기하고 기쁘다.

크리스마스날 벽에 장식을 하였다. 자녀와 손자들에게
고칠 부분이 있으면 이야기하라고 하니까 멋있다며 기뻐하
였다. 내가 남겨놓을 것이 있구나 하고 생각하니 힘이 났다.

다음에 만들 것이 계속 머리에 떠올랐다. 벽
걸이가 아니라 산타지팡이, 별, 바구니, 꽃, 고
양이, 돼지, 인형 등이 떠올랐다. 내 선택으로
무엇인가 만든다는 것이 나에게 힘을 주었다
([그림 11-23] 참조).

마음이 한결 가벼워졌다. 퀼트 책에서 소녀
가 눈에 띄었다. 마음에 드는 소녀 4명을 골랐
다. 예쁘게 될까? 걱정하면서 작품을 만들었
다. 소녀와 완전히 친구가 된 듯한 기분이다.
뿌듯하다. 내가 작품 속으로 끌려 들어가는 것

그림 11-23 **동물인형**

설명: 내 마음이 아이같이 느껴진다. 즐겁게 할 일이 있는 것이 아
주 기쁘다.

같다. 소녀를 쳐다보면 한 편의 동화를 보는
것 같고, 포근하고 따스한 기분이다. 차분하게 한 땀 한 땀 해 나가는 자신이 뿌듯하
게 느껴진다. 봄, 여름, 가을, 겨울의 옷을 입혔다. 눈 감은 모습을 보면 내 마음이 고
요해진다([그림 11-24] 참조).

풍경에 마음이 끌린다. 특히, 연못의 연꽃이 마음에 들어왔다. 작품을 만드는 데 힘이 들었다. 전에 만든 작품을 꺼내니 다시 힘이 생겼다. 연꽃과 연못이 나타나자 신이 났다. '나에게 이런 솜씨가 있구나.' 뿌듯했다([그림 11-25] 참조).

작품을 하는 동안 남은 조각 헝겊이 많아졌다. 헝겊이 아까워 폐품을 활용한다는 기분으로 내 마음대로 오려 목적 없이 연결해 나갔다. 그런데 우연히 가운데에 십자가가 나타났다. 기분이 너무 좋았다.

그림 11-24　소녀

설명: 모두 혼자네. 그렇지만 외로운 것이 아니야. 어딘가 가고 있잖아.

그림 11-25　연못

설명: 식물만 있는 것이 어쩐지 허전한 느낌이 든다. 개구리는 어떨까요라는 치료사의 제안에 개구리를 오려 붙였다. 식물만 있으면 안 되는구나라고 할머니가 말씀하셨다.

그림 11-26　우연이 만든 작품

설명: 십자가를 보니 고맙습니다만 계속 떠오른다.

할머니는 퀼트가게에서 동물인형을 보셨다. 동물인형을 만들어 장애아동 어린이집에 선물해야지 하는 생각이 드셨다. 동물인형을 만들어 장애아동 어린이집, 이웃돕기 바자회에 희사하셨다.

인간 성숙의 본질에 대한 탐구는 인생을 보람 있고 의미 있게 살고자 하는 인간의

그림 11-27 할머니가 희사한 공룡

요구다. 성숙 요인에서 중요한 것은 사랑, 몰두, 여가, 자원봉사이며(한국인간발달학회, 2004), 이것이 노년기 인생의 의미부여에도 중요한 주제다. 이 성숙요인이 창의적 미술치료를 통해 성취될 수 있다. 할머니의 퀼트 과정에는 몰입, 사랑, 봉사, 여가의 활동이 있음을 볼 수 있다.

2) 소조를 통한 미술치료

밀가루나 쌀가루를 통한 모양 만들기는 일상생활에서 할머니들이 체득한 기술이다. 이 기술이 소조활동에 그대로 활용될 수 있다.

소조활동에 의한 미술치료 효과는 이미 여러 연구에서 보고되었다. 여기에서는 이와 같은 미술치료 효과에 대해 살펴보고자 하는 것이 아니라, 자신의 능력을 새로이 발견하고, 삶의 활기를 되찾을 수 있는 노인미술치료의 창의적 효과를 보는 것이다.

그림 11-28 나(지점토)

◐◑ 무슨 생각을 하고 있지? 느낌이 어떻지? 등의 질문이 가능하다.

(1) 소조활동의 정의와 특성

흙은 인간에게 있어 본향과도 같은 의미를 지니고 있다. 또한 인류의 발생과 더불어 인간의 생활과 정서에 부합하여 인류발달과 함께 발달해 온 예술재료의 하나다(한영희, 2003). 흙은 현대의 인공문화적 생활에서 자연과 본성을 느끼고 체험하게 하는 의미를 지니고 있다.

미술치료에서 일반적으로 사용하고 있는 점토 또는 찰흙은 도예의 마지막 단계인 불에 구워내는 과정을 실시할 수 없는 대용점토다. 도예용 점토는 약

20%의 수분을 함유한 점성과 가소성이 있는 재료로 점토 또는 찰흙보다 촉감에서 훨씬 부드럽다.

　점토가 지닌 가소성, 변형성, 변질성은 자유로운 표현을 가능하게 한다. 자유로운 활동을 통해 긍정적인 자기표현력이 신장된다. 다양한 형태의 조형이 가능하기 때문에 상상력을 자극하여 조형세계에 몰입하여 새로운 형상의 창조를 가능하게 한다. 점토의 유연성은 점, 선, 면의 어떤 형태도 가능하다. 운동감, 공감각의 조형감각 형성에 적합하다.

그림 11-29　**나의 그릇**(도예용 점토)

◑ ◑ 무엇을 담고 싶으세요?
어떤 느낌이 드세요? 누구와 이 그릇을 나누고 싶으세요? 등의 질문이 가능하다.

　이 외에 눈, 손, 팔 등 전신을 다 활용하기 때문에 소근육 활동에 도움이 되고, 주의집중을 가져온다. 또한 정서적 이완, 창의적 감각의 발달에 유용한 매체다.

점토의 특성(정찬극, 1990)

- 유연성: 부드러움으로 함수율에 따라 정도가 달라짐
- 변형성: 외부 압력(손바닥, 손가락, 도구)에 따라 형태가 변함
- 변질성: 건조 후 가열하면 물질적 성질이 변질됨
- 촉감성: 피부를 통한 감촉
- 정신성: 쾌적함과 안정감

　상황에 따라 일반용 점토, 도예용 점토, 찰흙이 노인미술치료에 활용될 수 있다. 물론 도예는 점토나 찰흙을 통한 미술활동과는 차이가 있다. 그러나 소조활동의 목표가 예술이나 미술교육적 측면에서 보는 것이 아니라, 흙을 활용하여 심리적 표현과 치료를 한다는 측면이므로, 도예와 소조활동의 차이를 구별하지 않고 함께 소조치료로 다루고자 한다.

소조활동의 특성과 장점(최병상, 1990)

- 조형의 자유로움
- 부착 및 제거의 용이함
- 다양한 재료의 교체가 가능함
- 작품형태의 제한이 없음
- 특별 시설, 기술이 필요없음
- 흙의 반복 사용이 가능함

(2) 소조활동과 노인미술치료

노인은 일상생활에서 접한 밀가루 반죽과 음식만들기 활동으로 소조활동에 쉽게 다가갈 수 있다. 점토나 찰흙은 어떠한 형태든지 조형할 수 있으며, 부착과 제거가 용이하다. 이런 특성으로 자신의 생각을 자유로이 표현할 수 있으며, 사물의 형체를 손쉽게 만들 수 있다(김수경, 2000). 수정이 가능하므로 실험적 자세로 거듭 수정을 하면서 진지하게 작품활동을 추구할 수 있다. 따라서 작품 구성의 방법을 잘 모르는 노인의 접근이 용이하다.

소조활동는 힘껏 쥐기, 굴리기, 다양한 형태 만들기가 요구된다. 이 과정에서 노인은 미처 깨닫지 못했던 자신의 힘, 능력, 창의성을 깨닫고, 이 과정에서 생의 의미를

그림 11-30　할머니가 도와준 초등학교 3학년 과제물(과일)

그림 11-31　나의 모습

설명: 그런 대로 열심히 살아왔네. 잘 꾸며 주자.

느낄 수 있다([그림 11-30] 참조).

　작품구성의 방법에 조언을 받으면서 노인은 자신의 생각을 표현할 수 있고, 내면을 새롭게 볼 수 있다([그림 11-31] 참조). 또한 개성적으로 표현된 작품을 보면서 자신의 가치를 발견할 수 있다. 마음속에 있는 감정을 작품에 이입시켜 건강한 자기표현으로 향상시킬 수 있다(한영희, 2003).

　노인은 흙을 탐색하고 하나의 형상을 만드는 과정을 통해서 자발적이고 창의적인 자기세계를 만들 수 있다. 무엇인가 구성하는 과정이 즐겁고 흥미를 유발시킨다([그림 11-32], [그림 11-33] 참조).

　노인은 이미 기본 기술을 소유하고 있으나 이 기술을 어떻게 응용하는지를 몰라 표현에 어려움을 겪게 된다. 노인에게 응용방법, 필요한 도구 등에 대한 제시는 독창적인 노인의 표현을 이끌 수 있다.

　또한 노인이 도예의 작품구성에 대해 퀼트에서처럼 도예전문가로부터 조언을 받는다면 노인의 창의적 소조치료는 그 의미가 더욱 심화될 수 있다. 이는 사회에서 세대 간의 단절([그림 11-30] 참조), 노인의 사회로부터의 소외 등을 보상하면서 함께하는 사회, 의미 있는 인생에 대한 일부의 해답도 제공해 줄 수 있을 것이다.

그림 11-32　나의 그릇

설명: 나도 필요한 무엇인가를 만들 수 있구나. 이 그릇에 담고 싶은 것은?

그림 11-33　다양한 형태 만들기

설명: 다양한 사물을 통해 나의 경험을 회상해 볼 수 있다. 나와의 대면도 가능하다.

　일반적으로 행해지고 있는 도예교육과정을 참고로 간단히 제시하면 〈표 11-2〉와 같다.

표 11-2   도예과정

	과정	형태	방법
1	재료탐색, 친숙	평면	점토 두드리기, 치기, 던지기, 주무르기 점토 핑거페인팅, 손 본 찍기
2	형태변화, 형상화연습, 도구활용	반입체	석고틀 응용하여 손 본 뜨기, 얼굴만들기, 다양한 형태만들기
3	다른 재료와 결합, 대화(내면, 치료사, 집단원)	입체	물레 성형 활용하기 상징물 만들기 다양한 재료를 첨가하여 꾸미기

도예과정을 사진으로 제시하면 다음과 같다([그림 11-34], [그림 11-35] 참조).

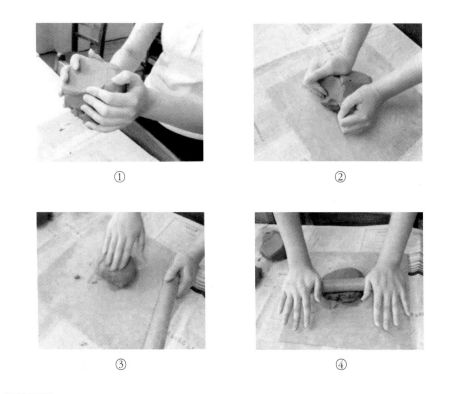

①   ②

③   ④

그림 11-34   도예의 과정: 주무르고 밀대로 밀기

① 둥그런 형상의 틀(플라스틱의 둥근 용기 또는 점토로 둥그런 바탕판을 미리 만듦) 위에 밀대로 민 점토판을 올려놓는다.

 ④ 접시에 그리고 싶은 형태를 그린다. 그 형태를 살핀다.

 ② 둥근 판 위의 점토판을 잘 오린다.

 ⑤ 치료사의 참여와 개입의 속도는 노인으로부터의 단서에 민감해야 한다.

 ③ 이 형태에 핀이나 손가락으로 그림을 그리거나 도형을 만들어 붙일 수 있다. 구체적 모형이 나오면서 표현에 대한 적극적인 자세가 나타나게 된다.

그림 11-35 **나의 접시**(도예과정)

3) 종이접기를 통한 미술치료

종이접기를 통한 미술치료는 노인의 자신감과 성취감을 통한 삶의 의미발견과 자아발전의 측면에서 접근하고자 한다.

(1) 종이접기의 유래와 특성

우리나라 종이접기는 제사 때 사용하는 지방에서 한지로 함을 접고, 그 가운데 신위를 쓰는 것에서 유래했다고 추정되고(염태진, 1989) 있다. 옛 조상들이 꽃상여에 사용한 활한지로 만든 꽃, 무속에서 사용되었던 지화도 종이접기의 기원이라고 볼 수 있다(정귀옥, 2005). 아동전통놀이에서 지혜지라고 불리는 딱지는 종이를 많이 접으면 슬기로워진다는 의미에서 지혜지라고 이름 지어 내려오고 있

그림 11-36 **딱지 접기**

(http://kr.n2o.yahoo.com/NBBS/1211617819)

다. 실상자, 지갑 등의 생활용품에도 종이접기가 활용되어 왔음(노영혜, 1994)을 볼 때 종이접기는 우리의 생활과 밀접하게 관련되어 있어, 노인이 접하는 데 용이하다고 볼 수 있다.

종이접기는 우리의 전통에서 영혼 달래기, 소망 빌기, 지혜 도와주기 등에 사용하여 왔고, 이 사용은 심리적 측면을 내포하고 있음을 엿볼 수 있다. 또한 다양한 종이 크기, 다양한 색상, 다양한 디자인은 작품구성에서 자아표현, 창의력 발견에 충분한 요소를 가지고 있음을 볼 수 있다.

종이접기의 특성

- 입체화, 형상화가 가능하다.
- 언제, 어디서나 가능하다.
- 짧은 시간에 완성이 가능하다.
- 즐거움, 성취감이 높다.
- 같은 종이로 수많은 모양을 만들 수 있다.
- 집중, 몰입이 가능하다.

(2) 종이접기와 미술치료

간단한 재료인 종이는 시간과 공간에 구애됨이 없이 사용될 수 있다. 종이를 접고 있는 동안 잡념이 없어지고, 커다란 만족감을 맛볼 수 있다(김선숙, 2004). 네모난 종이로 수백 가지의 다른 모양을 만들 수 있음은 우리 생활을 다채롭게 하는 데 도움을 주며, 새로운 모양 구성에의 동기유발을 가져온다.

노인은 기하학적으로 단순히 접는 것만으로도 입체화, 형상화되는 의외성에 매료된다(김상헌, 1998). 자신이 만든 작품에서 얻게 되는 기대 이외의 만족감과 정서적 안정은 긍정적인 생활태도를 가져올 수 있다. 색과 모양의 조화는 미적 감각을 높여 주어 자신의 능력 재발견, 생활의 의미부여에 기여할 수 있다([그림 11-37], [그림 11-38] 참조).

그림 11-37　종이꽃 장식

그림 11-38　아이 공

◊ ◊ 좋은 선물이 될 수 있다.

Chapter 12

자아성장 미술치료

1. 자아수용과 미술치료
2. 죽음의 수용과 미술치료

노년기의 자아성장은 노년기를 평화로이 맞이하고, 수용하는 일 그리고 죽음을 잘 맞이 하는 일이라고 볼 수 있다. 이 과정을 도와주는 것도 미술치료의 한 분야가 될 것이다. 따라서 노년기 자아성장 미술치료는 수양의 의미를 지니고 있다고 볼 수 있다. 자아성장 미술치료는 자아수용과 미술치료, 죽음의 수용과 미술치료로 나누어 살펴보겠다.

그림 12-1 **마음의 평화**

설명: 종교는 노인에게 마음의 평화를 준다.

내 소망은 단순하게 사는 일이다.
그리고 평범하게 사는 일이다.
느낌과 의지대로 자연스럽게 살고 싶다.
그 누구도 내 삶을 대신해서 살아줄 수 없기 때문에
나는 나답게 살고 싶다.

– 법정스님 –

1. 자아수용과 미술치료

노인 개인 간에 차이가 있기는 하지만 많은 사람들은 나이가 들어가면서 자신의 인생을 받아들이고, 완성된 자아를 이룩한다. 이는 노인은 오랜 세월 다양하고 많은 사람을 만났으며, 많은 상황에서 많은 경험을 했기 때문에 노인 나름대로 인생에 대한 통찰을 획득한 결과라고 할 수 있다. 그러나 이런 인생의 통찰

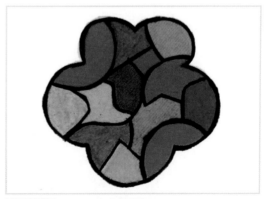

그림 12-2 **만다라를 통한 내면과의 대화**

칠하고 싶은 대로 칠하세요. 떠오르는 생각에 집중하세요.
👀 구체물을 통한 내면과의 대화는 자신을 객관적으로 보게 하는 데 도움이 된다.

과 지혜를 얻기까지는 노인 개인에 따라 큰 차이가 있다. 노인이 좀 더 빨리 밝고, 건강하게 노후를 보낼 수 있도록 미술치료가 노인의 마음에 기여할 수 있다.

미술표현은 떠오르는 생각을 구체화시키는 데 유용하다. 자신이 표현한 구체물을 보면서 내면과의 대화가 이루어질 수 있다. 그러면서 막연한 생각이 언어로 설명될 수 있고, 언어로 설명되면 의식적인 이해가 된다([그림 12-2] 참조).

내면과의 대화에서 과거, 현재, 그리고 자신의 미래에 대한 이해와 수용으로 나아갈 수 있는데, 이것을 자아수용이라고 할 수 있다. 여기에서는 과거의 이해와 수용, 현재의 수용, 미래의 수용으로 나누어 살펴보고자 한다.

1) 과거의 이해와 수용

우리의 일상생활은 끊임없는 사건으로 이루어진다. 우리가 의식하고 있는 사건이든 그렇지 않은 사건이든, 중요하게 여기는 사건이든 사소하게 여기는 사건이든 모두 우리 인생을 형성하고 있다.

노인이 과거의 경험을 떠올리는 것은 그 경험을 새롭게 하고, 과거를 수용하는 데 도움이 된다. 막연히 느끼고 있거나, 의도적으로 부정하고 있었던 경험을 언어화하면서 그 경험을 이해할 수 있게 된다. 그러면서 그 경험을 벗어나 마음의 안정을 갖게 될 수 있다([그림 12-3] 참조).

과거의 이해와 수용을 위한 활동을 예로 제시해 보고자 한다. 분위기 형성을 위해

전제활동의 예

- 지금부터 눈을 감고 지난날을 떠올려 보는 시간을 갖겠습니다. 천천히 1년 전, 2년 전, 10년 전의 지난날의 기억들을 하나씩 하나씩 더듬어 보십시오.
- 슬펐던 일, 기뻤던 일, 힘들었던 일, 보람 있던 일, 언짢았던 일, 괴로웠던 일, 너무 화가 났던 일, 즐겁던 일들이 있을 것입니다.
- 그중에서 가장 잊을 수 없는 일이 있을 것입니다.

그것을 자세히 표현해 봅시다.

음악이나 동작이 미술활동 도입 전에 활용될 수 있다. 음악이나 동작은 미술활동을 위한 전제 활동이므로 음악이나 동작이 미술활동에 도움이 되는지 충분한 검토를 하여야 한다.

내가 만난 사건이나 사람을 통해 나는 현재의 내가 되었다. 그리고 이 만남은 좋은 영향을 주었을 수도 있고, 나쁜 영향이었을 수도 있다. 나쁜 영향도 다시 경험하면 별 사건이 아닐 수 있다. 이 과정을 통해 과거와의 화해가 이루어질 수 있다. 이러한 과정은 현재에 잘 적응하기 위한 방법으로 활용되는 것이다.

그림 12-3 　멍든 나의 마음

설명: 그 당시는 너무 힘들었어. 그렇지만 그래도 지낼 만했어. 지금 생각하니 그리운 것도 있어.

현재의 나를 좀 더 이해하기 위하여 나에게 영향을 준 사건이나 사람을 회상할 때는 생활경험에서 잊을 수 없는 인물이나 사건이어야 한다. 과거 경험의 회상이 막연한 표현이 아니라, 구체적이고 그 이유가 분명하도록 이끌어야 한다.

노인의 경우에는 과거의 통찰이 성격의 재구조를 이루게 하기보다는 과거 경험에 대한 이해받기, 지지, 공감을 통해 자신의 과거에 대한 인정과 수용, 현재와 미래에 대한 적응에 도움이 되도록 하는 것이다. 부정적 경험을 표현함으로써 그 경험의 괴로움에서 벗어나게

그림 12-4 　성난 사람 고르기

　성난 사람을 골라 신문지에 붙여 본다. → 무엇을 생각하고 있을까 이야기해 본다. → 자신의 경험을 떠올린다.
　상황을 자신과 타인의 관점에서 살펴보는 기회를 갖도록 하기 위해 시도한다.

하고 후련함을 느끼게 해 주는 것이다. 그 경험이 그 당시로서는 그럴 수밖에 없었음을 받아들이게 됨으로써 새로운 이해로 이끄는 것이다([그림 12-4] 참조).

노인에 대한 지각 알아보기는 자신에 대한 지각을 변화시키기가 목적이다. 내가 나를 어떻게 보고 있는가는 현재 나의 감정과 행동에 영향을 주며, 앞으로의 생활에도 영향을 준다([그림 12-5] 참조).

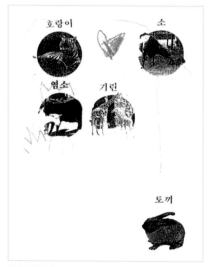

그림 12-5　**나에 대한 지각 표현하기**

◐ ◐ 스스로 느끼는 노인에 대해 알아보기. 뛸 수 없는 외로운 토끼라고 했다.

그림 12-6　**가을나무**

설명: 나무가 낙엽이 지고, 이 낙엽이 떨어져야 비료가 되어 땅이 비옥해져.
눈에 띄지는 않지만 그런 대로 의미 있는 삶을 산 것이야.
◐ ◐ 가을나무의 의미 찾기를 통해 인생에 대해 생각해 보게 하기 위해 시도되었다.

노년기에 자신이 원하는 기대가 잘 이루어지지 않으면, 서운함, 실망감, 분노가 발생한다. 그러나 그 기대가 현실적이지 못할 때 자신과 타인, 사회에 대해 부정적인 시각을 갖게 된다. 자신의 한계를 알고 인정하며, 그 한계 내에서 희망과 즐거움을 갖도록 해 주는 것이 필요하다. 자신의 인생을 받아들임이 자아수용이라고 볼 수 있다. 이런 의미에서 볼 때 노년기 미술치료는 종교적 의미를 지니고 있다([그림 12-6] 참조).

그림 12-7　**고마움을 준 사람 생각하며 내 이름 꾸미기**

◐ ◐ 나에게 도움을 준 인물과 경험을 알아본다.

성장과정을 살펴보면 내가 고마워해야 할 사람들과 사건이 있다. 나를 생각해 준 사람이 있음은 내가 의미가 없는 존재가 아니며, 또한 이 사회가 그런 대로 고마운 사회라는 감사의 마음을 갖는 데 도움이 된다.

가치관, 생활태도, 생활양식 등은 과거의

그림 12-8　나의 소중한 것

◐ ◐ 나의 생활태도, 욕구 등을 객관적으로 파악하기 위해 시도하였다.

그림 12-9　내가 서운했던 경험(나의 생일)

◐ ◐ 수용선 변화 또는 기대선 변화를 위해 활용된다.

경험에 의해 이루어지는 경우가 많다. 내가 중요하게 여기는 것, 애착을 갖고 있는 대상 등을 살펴보아 자신에 대한 이해를 높인다. 그리고 내가 소중하다고 여겼던 가치들이 정말로 의미가 있는 것인가, 인생에서 중요한 것은 무엇인가를 생각함으로써 미래를 긍정적으로 볼 수 있는 힘을 키운다.

　사람들은 다른 사람의 행동에 대해서는 높은 기준을 설정하면서 자신의 행동에 대해서는 낮은 기준을 설정하기 때문에 생활에서 서운함과 분노를 경험하게 된다. 타인을 수용하는 영역을 높이기 또는 다른 사람에 대한 기대 수준 낮추기는 노년기의 여러 서운함과 분노를 긍정적 감정으로 바꾸는 데 도움이 될 수 있다.

　인간의 행동은 자신이 형성한 신념에 의해 움직여진다. 나의 신념을 구체적으로 살펴봄은 나의 행동을 스스로 잘 이해하게 해 줄 수 있다.

　이 외에 내가 가장 만나보고 싶은 사람, 나의 보물, 나의 길과 같은 주제도 과거의 자아

그림 12-10　나의 좌우명

설명: 좌우명으로 삼고 싶은 것을 표현하셨다. 좀 더 많은 사랑을 주어야지. 내가 속이 좀 좁았어.

◐ ◐ 행동의 목표를 구체적으로 의식해 보는 데 목적이 있다. 좌우명은 많은 경우 추상적일 수 있다. 좌우명을 꾸며 봄으로써 자신의 좌우명을 객관화시켜 볼 수 있다.

그림 12-11 내가 가장 만나보고 싶은 사람

설명: 어린 시절 친구들과 함께 놀던 곳.
◔◔ 그 당시의 꿈, 소망을 살펴보며, 그 꿈의 변화과정을 본다.

그림 12-12 나의 성공담

✎ 나의 지난날들을 돌아보면서 가장 성공적으로 일을 마친 때를 생각해 봅시다. 눈을 감고 낙서를 하면서, 지난날을 되돌아봅시다. 그리고 성공적으로 일을 잘 마친 때를 표시하고, 계속 낙서를 하며, 또 성공적으로 일을 한 때를 표시합시다. 눈을 뜨고 표시했던 부분을 다시 눈에 띄게 표시합시다.
◔◔ 생활은 연속적인 사건이며, 성공과 힘듦이 반복됨을 느끼게 함이 목적이다.

표 12-1 나는 할 수 있다

① 나는 즐겁게 지낸다(   )
② 나는 할 일을 찾아서 한다(   )
③ 나는 참을성이 있는 사람이다(   )
④ 나는 다른 사람의 마음을 잘 알아준다(   )
⑤ 나는 정직하다(   )
⑥ 나는 잘난 체하지 않는다(   )
⑦ 나는 건강하다(   )
⑧ 나는 부지런하다(   )
⑨ 나는 예절 바르고 단정하다(   )
⑩ 나는 일을 할 때 최선을 다하는 편이다(   )
⑪ 나는 주변의 이야기를 잘 듣는다(   )
⑫ 나는 받기보다 주기를 좋아한다(   )
⑬ 나는 약속을 잘 지킨다(   )
⑭ 나는 잘못했을 때 솔직하게 먼저 사과한다(   )
⑮ 나는 물건을 아낀다(   )
* 위의 '내가 할 수 있는 것' 중에서 현재 실천하는 것 3가지를 골라 봅시다.
* 실천하지 않는 것을 실천하려면 어떻게 해야 할지를 이야기해 봅시다.

수용에 도움이 되는 활동이다.

　과거의 성공은 나의 자부심을 높여 주며, 현재 무엇인가 할 수 있다는 희망을 줄 수 있다([그림 12-12] 참조). 더 나아가 과거의 자신을 인정하고, 현재 할 수 있는 것과 하기 힘든 것을 인지하게 해 준다. 그러면서 현재를 받아들이는 데 도움이 되도록 이끈다.

　노년기는 감정이 무뎌지는 경향이 있다. 과거에 가졌던 좋은 생각, 좋은 감정, 좋은 경험 떠올리기도 과거의 수용에 좋은 영향을 줄 수 있다([그림 12-13] 참조).

　사람은 누구나 잘못한 일, 후회되는 일, 수치스러운 일이 있다. 그러나 누구나 있는 이러한 일을 마음속에 간직하고 있으면 마음이 무겁고, 후회, 죄의식, 불안을 느끼게 된다. 마음이 건강하지 못하면 신체의 기능도 병들게 된다. 마음을 청소하여 평온하고 밝은 마음을 갖게 하기 위한 활동이 필요하다([그림 12-14] 참조).

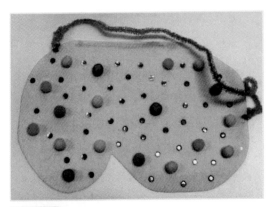

그림 12-13　아름다운 것

　✎　이 세상에는 생각해 보면 아름다운 것들이 너무나도 많습니다. 가장 아름답다고 느꼈던 것은 무엇인가요? 이야기해 봅시다. → 그중 한 가지를 골라 표현해 봅시다.

그림 12-14　마음의 대청소

　✎　잘못한 일, 후회되는 일, 창피한 일, 기억하고 싶지 않은 일을 떠올려 봅시다. 이제 이들을 날려 보낼 도구를 만들어 봅시다. 이 도구에 담아 세상에서 영원히 없애도록 하겠습니다.

2) 현재의 수용

　현재를 수용하기 위해서는 일상생활을 검토하는 활동을 할 수 있다. 요즈음의 생활에 대한 느낌, 생각, 바람 등이 검토된다. 또한 현재 생활에서 어떤 제약을 받고 있는지 살펴보고 제약을 받고 있는 원인도 검토해 본다. 제약을 이해함으로써 노년기 변화를 인식하고, 자신의 상황을 재정의할 수 있다. 이를 통해 마음의 갈등 요소가

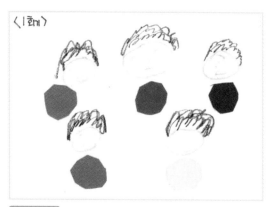

그림 12-15 우리 가족 표현해 보기

설명: 늙어가면서 일이나 결정권에서 영향력이 없는 것에 대한 원망, 위축감, 소외됨이 있다. 이로 인한 외로움, 희생에 대한 후회, 삶에 대한 후회, 허탈감과 공허감을 표현하였다.

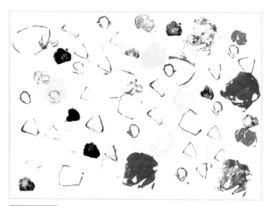

그림 12-16 요즈음 기분은 어떻습니까?

설명: 서운하고, 짜증이 난다.

감소될 수 있다. 제약과 갈등에 대한 이해는 마음을 다스리고, 마음을 안정적이고 평화롭게 갖고자 하는 데 도움이 된다. 그러면서 자신과 노화를 수용하게 된다([그림 12-15] 참조).

현재의 생활과 젊었을 때의 생활을 비교해 보고, 그 차이에 대한 느낌을 이야기해 볼 수 있다. 자신의 능력으로 해결할 수 없는 일에 대하여 부정적 감정을 지니기보다는 그 사실을 인정하고, 수용하는 것이 마음의 안정에 더 필요하다([그림 12-16] 참조).

현재 자신의 신체적 · 심리적 · 인지적 · 경제적 능력, 사회적 역할을 재검토해 보고, 이에 대한 감정도 살펴보는 과정에서 현재의 부정적인 감정이 충분히 표현될 수 있다. 그러면서 나의 인생이 이래야 하는가에 대한 새로운 인식이 나타날 수 있다. 충분한 부정적 사고와 감정의 표현 뒤에 긍정적 사고와 감정을 일깨우는 활동을 함으로써 현재에 대한 수용으로 나아가도록 해야 한다([그림 12-17] 참조).

현재의 생활에서 즐거움과 보람을 찾고자 하는 일은 인

그림 12-17 요즈음 주로 생각하고 있는 것

설명: 내가 왜 이러지. 가끔은 답답하고, 나에게 화가 나고…….
현재에 대한 인식을 변화시키는 방법을 찾기 위해 시도할 수 있다. 또한 스스로를 돌아보는 시간을 갖고 자신의 변모한 성격을 파악하고, 마음을 다스리기 위해 시도할 수도 있다.

그림 12-19   **되고 싶은 나 표현하기**(학)

✎ 생각하시기에 잘 늙어 가는 것은 무엇이라고 생각하십니까?
– 그런 노인을 보신 적은 없으신지요?
– 그런 노인을 보면 무슨 생각이 나는지요?
– 잘 늙어 가는 것에 가장 중요하게 영향을 미치는 것은 무엇입니까?

그림 12-18   **나무**

✎ 늙어 간다는 것은 무엇입니까? 나무로 표현해 봅시다.
– 긍정적으로 생각되는 점과 부정적으로 생각되는 점은 무엇입니까?
– 긍정적/부정적으로 생각되는 점에 대해 어떻게 대처하십니까?

생의 어느 단계에서도 필요한 일이다. 많은 노년기의 제약에서도 삶의 의미를 느낄 수 있도록 도와주는 일을 노인미술치료는 담당해야 한다([그림 12-18] 참조).

점차로 긍정적 사고와 감정을 높이도록 미술치료사는 노인에게 개입하여야 한다. 인생의 의미에 대해 느껴보는 기회도 제공함이 필요하다([그림 12-19] 참조).

현재 노인이 수행하고 있는 활동 중에 만족스러운 활동을 찾아봄으로써 그 활동의 긍정적인 측면을 부각시킬 수 있다. 이는 현재의 수용에 도움이 된다([그림 12-20] 참조).

마음을 잘 다스리는 것이 중요하다. 일상생활의 사소한 측면이 노인의 마음을 흔들 수 있다. 조금의 불편한 마음이라도 그것을 해소하는 방법을 습득하는 것이 필요하다. 노인은 성인자녀에게 가졌던 서운함, 미움들을 다 표현함으로써 후련함과 공허함을 느끼게 된다. 그러면서 자녀에게 전적으로 의지했던 마음에서 자기를 찾고 자신의 삶을 살아가는 것으로 방향 전환을 할 수도 있다([그림 12-21] 참조).

현재의 상황으로 인해 받고 있는 도움은 당연히 여기기보다 감사의 마음을 가짐으로써 생활에서 만족을 발견할 수 있다. 생활에 도움을 주는 사람의 생각은 현재의 수용에 도움이 되는 활동이다. 도와주는 사람들의 이름과 무엇을 도와주고 있는지를 떠올려 보고 고마움을 표시하는 것은 현재의 생활만족도를 높여 줄 수 있다(그림 12-

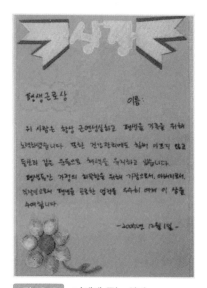

그림 12-20 **나에게 주는 상장**

설명: 자식을 위해 아직도 기여할 수 있는 일이 있어 즐거워.

그림 12-21 **관계**

설명: 손자도 나이가 들면 나를 떠나는 게 당연해. 지금 나도 내 인생이 있는 거야.
👀 자식들에게 고마운 점을 생각해 봄으로써 자신의 현재의 수용이 더 높아질 수 있다.

그림 12-22 **고마운 사람에게 선물하기**

설명: 그 사람은 꽃을 좋아할거야.

그림 12-23 **행복이란?**

설명: 여러 사람들과 화목하게 잘 지내는 것이 좋아.

22] 참조).

　치료사는 노인이 현재의 소망과 바람도 탐색할 수 있도록 도와주어야 한다. 이때 구체적으로 노인이 정말로 원하는 사항들을 다루도록 한다. 그리고 과거에 이루고자 하였던 소망과 현재의 소망과의 관계를 조명해 본다. 현재의 소망 성취를 위하여 가능한 한 대안들을 살펴보아야 한다([그림 12-23] 참조).

　노인의 소망 의지가 잘 실현될 수 있도록 치료사의 지지, 구체적 방법 찾기 등이 이루어져야 한다. 그리고 실행과 결과에 대한 대처가 필요하다.

실행과 결과에 대처

- 실행하고자 하는 동기를 부여한다.
- 지지하고 격려한다.
- 실행을 못할 경우 실망하거나 좌절하지 않도록 격려한다.
- 실패의 원인과 이유를 충분히 살펴본다.

　현재의 생활을 긍정적으로 받아들이는 데는 매일 매일 긍정적인 노력이 필요하다. 사소한 일에서도 즐거움과 기쁨을 발견하는 것과 같은 감정의 느낌은 생활에 생기를 줄 수 있다. 노년기에 무뎌지는 감정에 대한 예민성을 높이기 위한 시도가 필요하다.

그림 12-24　기분이 좋을 때 나타내는 말을 찾아보고 꾸며보기

설명: 사랑.

그림 12-25　기분이 나쁠 때 나타내는 말을 찾아보고 꾸며보기

그리고 그 감정을 언어화시킴은 막연한 감정을 더 실감하게 하는 효과가 있다([그림 12-24] 참조).

감정의 예민성은 부정적 감정도 느끼고, 표현하는 것이다 ([그림 12-25] 참조). 그리고 부정적인 감정에 대처하는 방법 을 통해 현재의 마음 다스리기가 이루어지고 이는 현재의 수 용으로 나아가게 된다([그림 12-26] 참조).

그림 12-26 **기분 나쁜 감정에 대처하기**

✎ 기분이 나빴을 때 기분이 좋아지게 하려 면 어떻게 하는 것이 좋을까요?
설명: 푸른 나무를 생각하면 마음이 편안해져.

3) 미래의 수용

많은 노인들은 지금의 상황이 자신의 소망이나 능력을 발 휘하기에는 부적합한 상황이라고 여기면서 현실을 절망적 으로 본다. 그리하여 미래에 대해 관심을 두지 않게 된다. 미래에 대해 편안함을 갖게 해 주는 것이 미래의 수용이다 ([그림 12-27] 참조).

희망이 없거나 미래에 대한 기대가 없는 삶은 우울, 불안, 무기력, 후회의 생활이 될 수밖에 없다. 자아성장은 과거를 인정하고, 현재를 열심히 보람있게 살며, 미래를 기꺼이 받아들이는 것이다.

노인의 미래 수용은 남은 삶을 만족스럽고 긍정적으로 보내기 위한 것이다. 미래 에 대한 불안을 줄이며, 현재에 대한 적응, 미래에 대한 긍정적인 의지를 갖도록 해 야 한다([그림 12-28] 참조).

이 세상에는 다양한 삶이 있다. 그 삶 속에 나의 삶도 있는 것이다. 현재를 살고 있 는 다양한 사람들의 삶과 나의 삶을 비교해 봄으로써 노인은 앞으로 나의 삶을 어떻 게 보낼까에 대한 조망을 받을 수 있다([그림 12-29] 참조).

내가 하고 싶은 일을 찾아봄으로써 나도 미래가 있음을 기대할 수 있다. 노인의 하 고 싶은 일이 단지 소망으로 끝나서는 안 되며 실제로 행하기 위해 능력, 노력, 앞으 로의 가능성이 고려되어야 한다([그림 12-30] 참조).

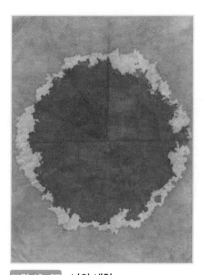

그림 12-27　**나의 내일**

설명: 인생은 끝이 있는 거야.

그림 12-28　**나를 기억할 사람**(동물로 표현하기)

설명: 그동안 살아오면서 만난 사람들을 생각해 보세요. 내가 만난 사람들 중 잊지 못할 사람들을 떠올려 보세요. 그들도 나를 기억할까요?
👀 앞으로 내가 어떻게 생활해야 하는지에도 영향을 준다.

그림 12-29　**세상 구경**

✏️ 구름 위에 올라가서 세상 구경을 할 수 있다면 얼마나 좋을까요? 구름 위에서 하늘 아래 세상을 본다면 어떤 모습일까요?
👀 객관적으로 보기 위해 시도하였다.

그림 12-30　**앞으로 내가 하고 싶은 것**

설명: 마지막까지 자녀에게 힘이 되어야지.

2. 죽음의 수용과 미술치료

그림 12-31 요한 바오로 2세 장례식(조선일보, 2005. 4. 4.)

설명: 내세의 인정은 현재의 삶이 어떠해야 하고 죽음을 어떻게 보느냐에 큰 영향을 준다.

죽음은 인간발달의 마지막 단계로 누구나 피할 수 없으며 인간이 통제할 수 없다. 고령화 현상이 증가되면서 전체 사망자 중 고령자가 차지하는 비중은 높아지고 있다. 죽음과 장수에 대한 관념은 노인이 살고 있는 사회의 관습, 가치, 문화와 관련이 있으며 죽음을 받아들이는 태도에 영향을 주게 된다.

이 절에서는 죽음의 개념, 노인의 죽음인식과 태도, 죽음에 대한 심리적 반응, 죽음불안과 미술치료에 대해 살펴보겠다.

1) 죽음의 개념

죽음은 살아있는 상태의 종결을 의미하는 것으로(Kastenbaum & Kastenbaum, 1989), 노년기에 있어서 죽음은 큰 비중을 차지하는 생활사건이다. 어느 누구도 피할 수 없는 자연현상으로 나이가 들어갈수록 죽음에 대한 의식이 항상 수반된다(Kalish, 1976). 죽음에 대한 의식은 노후생활의 만족에 영향을 미치는 중요한 심리적 요인이다.

죽음에 대한 개념 정의는 네 가지 범주로 분류할 수 있다(Gnewuch, 1976). 생물학적 죽음은 심장박동과 호흡이 모두 영구적으로 멈추어 신체가 움직이지 않게 되는 상태를 의미하고, 의학적인 죽음은 다시 생물학적인 생명 정지와 인간적인 생명 정지로 구분하는데, 의학에서의 생물학적인 죽음은 모든 체세포의 기능상실로, 이른바 세포사를 의미한다. 인간적인 생명의 죽음은 생명현상의 정지로 인한 과정에서 인간 의지에 의해 도저히 생명이 존속될 수 없는 상태를 말한다.

법적인 죽음은 의사의 죽음에 대한 판단과 이를 기초로 하여 법적결정의 과정이

표 12-2	죽음의 개념 범주

- 생물학적인 죽음: 심장박동, 호흡, 신체가 움직이지 않음
- 의학적인 죽음: 생물학적 죽음 – 세포사
　　　　　　　인간적인 죽음 – 생명현상의 정지
- 법적인 죽음: 의사의 판단과 이를 기초로 한 법적 결정
- 사회적 죽음: 현실세계로부터 완전히 철회

이루어진다. 사회적 죽음은 인간이 사회 환경에 더 이상 적응될 수 없는 상태로 현실세계로부터 완전히 철회된 경우다.

실제로 한 개인이 죽음에 대하여 갖고 있는 개념이 그 사람의 죽음에 대한 의식을 형성한다. 그리고 이 의식은 죽음을 대하는 자세에 영향을 준다. 죽음을 보다 긍정적으로 받아들이게 하여 삶을 아름답게 잘 마무리 지을 수 있도록 미술치료가 기여해야 할 부분이다. 참고로 죽음에 관련된 우리의 속담을 제시하면 다음과 같다.

죽음과 관련된 속담

- 죽음이 언제 찾아올지 모른다.
  - 날 받아 놓고 죽는 사람 없다.
  - 대문 밖이 저승이라.

- 죽음의 필연성과 관계
  - 변소길과 저승길은 대(代)로 못 간다.
  - 기름이 다 닳으면 등불은 꺼진다.
  - 모든 냇물은 바다로 들어간다.

- 저승보다 좋은 이승에서의 삶
  - 늙어도 죽기는 싫다.
  - 죽게 되면 원님의 상투라도 잡는다.
  - 팔십 노인도 죽으라는 말은 제일 싫다.
  - 죽겠다 죽겠다 하면서 정작 죽으라면 싫어한다.
  - 개똥밭에 굴러도 저승보다는 이승이 낫다.

- 저승보다 못한 이승에서의 삶
  - 죽기가 싫은 것이 아니라 아픈 것이 싫다.
  - 죽음은 급살이 제일.

2) 노인의 죽음인식과 태도

노년기의 중요한 과업 중 하나는 우아한 죽음을 준비하는 것이다. 죽음에 대한 태도는 노인들의 신체적 · 감정적 · 환경적 상황에 따라 다양하게 나타난다.

생이란 한 조각 뜬 구름이 일어남이요,
죽음이란 한 조각 뜬 구름이 스러짐이라.
뜬 구름 자체가 본래 실체가 없는 것이니
나고 죽고 오고 감이 역시 그와 같다네.

– 서산대사 –

죽음에 대한 태도는 크게 회피적 태도와 수용적 태도로 구분한다. 수용적 태도인 죽음 수용은 개인이 죽음을 비교적 쉽게 받아들이는 태도다. 죽음 수용은 죽음 직면과 죽음 통합이라는 두 가지 요소로 구성된다. 또한 자신의 죽음에 대한 전망을 의식적으로 인식하고, 그 결과들을 긍정적으로 소화하는 것을 의미한다(이호선, 2005).

죽음에 대한 태도는 복잡한 인식 영역이므로 개념화하거나 적절히 측정하기가 어렵다. 죽음에 대한 태도는 사회문화적 배경, 가치관, 종교, 성격, 경험 등에 영향을 받으면서 자신이 직접 경험할 수 있는 사건이 아니기 때문이다. 노인은 가까운 사람들의 죽음을 경험하면서 인간에게 보편적인 현상임을 인정하면서도 자신의 죽음에 대해서는 수용하지 못하는 경우가 있다.

노인의 죽음에 대한 반응으로 Peak은 3반응을 제시하였다(임찬란, 2005). 첫째, 죽음은 나이가 들어 맞게 되는 것으로, 삶의 일부분으로 받아들이고 죽음에 대한 계획을 세우고 준비하는 것이다. 둘째, 죽음에 대한 생각을 완전

그림 12-32 **죽음**

설명: 저 먼 곳으로 가는 것.
◐ ◐ 노인의 죽음에 대한 태도를 파악하기 위해 시도하였다.

| 표 12-3 | **죽음에 대한 태도**(유희옥, 2004) |

문 항	전혀 그렇지 않다	대체로 그렇지 않다	중간 이다	대체로 그렇다	전적 으로 그렇다
1	나는 어떠한 대가를 치르더라도 죽음은 피하고 싶다.					
2	가까운 사람이 죽는다면 큰 공허감을 맛보게 될 것이다.					
3	아는 사람이 죽어 가고 있어도 죽음에 대한 불안을 느끼지 않는다.					
4	나는 죽음에서 오는 가족이나 사회와의 격리가 두렵다.					
5	서서히 죽어 감에 따라 일어날 수 있는 육체적인 쇠퇴에 당황한다.					
6	노쇠한 이웃을 방문하는 것을 두려워하지 않는다.					
7	가까운 사람이 죽어도 슬픔을 쉽게 이겨낸다.					
8	만약 친구가 죽을 것이라는 사실을 안다면 나는 그 사실을 본인에게 말할 것이다.					
9	죽음은 현세에서의 고통으로부터 해방시켜 줄 것이다.					
10	죽음에 따르는 고통이 나를 두렵게 한다.					
11	가까운 사람의 죽음에서 오는 고통은 이겨낼 수 없다.					
12	내가 죽은 후에 너무나 많은 것을 잃어버릴지도 모른다는 사실이 괴롭다.					
13	나는 죽음에 대해 아는 것이 오히려 마음이 불편하다.					
14	내가 불치의 병을 가졌다면 그 사실을 알기 원한다.					
15	나는 친구의 죽음을 담담하게 받아들일 것이다.					
16	죽음이 곧 종말이라는 사실을 안다고 하더라도 두렵지 않다.					
17	죽어가는 사람이 나에게 죽음에 대해 이야기한다면 두려움을 느낄 것이다.					
18	지적 능력이 감퇴된다는 사실이 두렵다.					
19	죽은 자를 봐야 한다는 사실이 두렵다.					
20	죽어 가는 친구가 육체적으로 쇠약해지는 모습을 안 보았으면 좋겠다.					

그림 12-33   **죽음**

설명: 어떤 것도 할 수 없어. 무서워. 저번 달에는 괜찮았는데……
70이 넘으니까 저번 달과 이 달이 틀려.

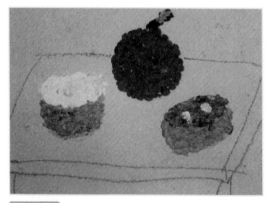

그림 12-34   **제사**(죽음에 떠오르는 것 표현하기)

설명: 우리 아이가 내 제사를 지내줄 거야.
◑ ◐ 죽음을 직면하게 하고자 시도하였다. 심리적 부담을 주는 과
제이므로, 미술활동을 통한 긴장완화를 위해 작품 완성의 효과를
높이고자 하였다.
◑ ◐ 준비물: 크레파스, 양초, 마분지

히 차단하여 지나친 부정을 한다. 이로
인해 질병에 걸리거나 무능력한 태도를
초래하여 죽음이 빨리 온다. 셋째, 죽음
에 대한 생각에 집착하여 매우 불안해하
거나 자신을 사회적으로 죽은 것으로 인
식하여 자포자기한다.

죽음은 노인에게 두려움의 대상이다.
그러나 인간은 동물 중에서 유일하게 죽
음을 생각하고 이에 대해 의미를 부여하
는 유일한 존재다. 죽음에 대한 적응과
준비는 남은 삶을 잘 이끌어 나갈 수 있
는 의지를 부여해 줄 수 있다. 즉, 인간이
죽음에 의미를 부여하는 것은 우리의 삶
에 의미를 부여하려는 노력이며, 개개인
의 생물학적 한계를 넘어선 사회의 영속
성을 보장받으려는 부단한 시도로 여겨
지기도 한다(천선영, 2000).

노인이 인식한 죽음은 자신에 대한 이
해, 삶에 대한 태도와 양식, 사회구조 및
문화적인 의미관계에 따라 다르게 이해
되고 있다. 아래에 제시된 사례는 자신의
상황에 따라 다양하게 표출된 노인의 죽
음에 대한 인식이다.

 죽음에 대한 반응

• 삶의 일부분: 죽음의 준비
• 죽음의 외면
• 죽음에의 집착과 불안

"죽음이 두렵기는 하지만, 어차피 그건 내가 어떻게 할 수 있는 그런 것은 아니기 때문에……."

"죽으면 아무것도 모르잖아요? 다 끝나는 건데……, 그 순간에 다 끝나는 건데, 재산이 있으면 뭐 하는 거고, 내가 없어지면 다 무슨 소용 있겠어요? 다 끝난 건데……."

"그저 현상일 뿐이지, 그냥 생과의 경계에서 그렇게 되는 것뿐이야."

"그냥 주어진 운명대로 따라가다가 보면 끝이 있겠지, 세월이 흐르는 과정이구나 하면 후회가 없어."

3) 죽음에 대한 심리적 반응

죽음은 그것을 경험하는 개인이나 가족, 친구 등에게는 견디기 힘든 일이다. 노년기의 다양한 질병으로 인해 노쇠해진 노인에게는 더욱 힘든 과정이다. 심층면접을 통해 죽음에 직면한 사람은 어떠한 정서적인 반응을 갖고 있는지 파악할 수 있다 (Kübler-Ross, 1969).

죽음 직면에서의 정서반응

- 부정과 고립: 죽음의 현실 거부. 고립상태
  "나에게 이러한 일이 일어날 수 없어. 난 믿을 수 없어."
- 분노: 불평, 요구, 까다로움, 모든 일에 비판
  "왜 하필 내가 죽어야 해?"
- 협상: 생명 연장, 고통 감소 위해 여러 약속을 하는 단계
  "며칠만 통증없이 보냈으면……. 생명을 연장할 수 있다면 -일을 하겠어."
- 우울: 체념과 절망
  "아아 슬퍼."
- 수용: 행복한 단계는 아니나, 죽음을 수용
  "이제 떠날 시간이다."

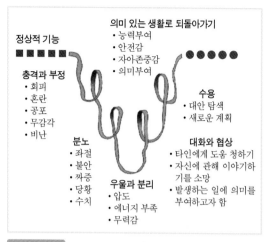

정상적 기능

의미 있는 생활로 되돌아가기
• 능력부여
• 안전감
• 자아존중감
• 의미부여

충격과 부정
• 회피
• 혼란
• 공포
• 무감각
• 비난

수용
• 대안 탐색
• 새로운 계획

분노
• 좌절
• 불안
• 짜증
• 당황
• 수치

대화와 협상
• 타인에게 도움 청하기
• 자신에 관해 이야기하기를 소망
• 발생하는 일에 의미를 부여하고자 함

우울과 분리
• 압도
• 에너지 부족
• 무력감

그림 12-35a   **Kübler Ross의 고통순환**

그림 12-35b   **그럴 리가 없어**

◊ ◊ 죽음과 병의 부정.

(1) 부정과 고립

부정과 고립은 죽음을 거부하고 부정하여 스스로 고립상태에 빠지는 단계다. 절망적인 병을 앓고 있는 노인은 처음에 거의 죽음을 부정한다. 임박한 죽음의 현실을 거부하고 무엇인가 잘못되었다고 느낀다. 의사가 진단을 잘못하였거나, 의사의 실수라고 여기고, 다른 병원이나 의사를 찾아다니게 된다.

일반적으로 현실에 대한 부정은 문제를 해결하는 데 적절한 도움을 주지 않는다. 그러나 노인에게 죽음과 불치병의 부정은 필요가 있다. 즉, 거부나 부정은 뜻밖의 충격적인 소식을 접한 뒤의 반응에 대한 완충작용으로 현실에서 죽음에 대한 고통을 덜 느끼도록 한다. 노인으로 하여금 자신을 가다듬게 하며, 시간이 흐르면서 덜 강경한 방어수단으로 대체할 수 있는 여유를 주게 된다.

(2) 분노

노인은 자신의 병세가 드러나게 되어 죽음이나 병을 더 이상 부정할 수 없게 되면, 분노와 공격, 원망 등의 감정으로 대체된다. 불평과 요구가 많아지고 까다로워지며 모든 일에 비판적이 된다. 목소리를 높이고 불평을 하며 주의를 끌기 위해 많은 요구를 하기도 한다. 분노는 아무 때나 닥치는 대로 폭발하기 때문에 가족이나 주변사람들이 감당하기 어렵다.

　이런 원망과 분노는 죽음에 임박한 상황에서 대부분 너무나 당연한 반응일 수 있다. 분노의 감정을 마음껏 폭발할 수 있도록 도와주고 이에 대한 충분한 이해가 필요하다.

그림 12-36　병과의 투쟁

◑ ◑ 분노를 충분히 표현하게 해 준다.

(3) 협상

　협상은 생명을 연장하거나 고통을 감소시키기 위해 여러 약속을 하는 단계다. 노인이 다가오는 죽음을 초인적인 능력이나 의학과 타협을 하려고 노력하는 단계다. 노인은 연장되는 생명에 대한 조건으로 신에게 헌신하는 생활을 약속하기도 하고, 의사에게 간청하기도 한다.

(4) 우울

　노인이 죽음에 대한 사실을 받아들이고, 체념과 절망이 섞인 우울 상태로 빠지게 된다. 자신이 소유했던 것, 사랑하는 사람들과 헤어지게 됨을 더욱 슬퍼하게 된다.

그림 12-37　기도

그림 12-38　죽음

설명: 헤어지고 싶지 않아.

그림 12-39 **이별**

설명: 보고 싶은 사람을 생각하며 색종이로 배를 접었다.

(5) 수용

노인은 우울도 분노도 더 이상 느끼지 않으며, 거의 아무런 감정을 갖지 않게 된다. 모든 문제가 없는 행복한 단계여서가 아니라 감정이 없는 단계로 대개는 자신도 지치고 허약하게 되어 죽음을 수용하게 되는 단계다. 이 단계에 있는 노인은 매우 뚜렷한 침착함과 평온함을 보이게 된다. 또한 작별을 고하기 위해 친척이나 친구를 만나기를 원한다.

이러한 심리적 반응은 반드시 모든 노인에게 순차적으로 나타나는 반응은 아니다. 최근 많은 연구들은 죽음에 대한 반응이 노인의 병, 성격, 문화, 생활환경 등에 따라 다르게 나타날 수 있음을 보여 주고 있다. 죽음에 대한 과정에 보편적인 단계나 양식이 존재하는 것이 아님을 제시하는 것이다. 죽음의 반응에 대한 연구를 비교하여 참고로 제시하면 〈표 12-4〉와 같다.

표 12-4 **죽음에 대한 반응연구**(노유자 외, 1995)

	Kübler-Ross(1969)	Lindman(1944)	Bowlby(1961)	Parkes(1970)
반응	① 부정과 고립	① 절대적인 부정	① 반항	① 마비
	② 분노	② 애통	② 혼란	② 재일치의 시도
	③ 타협	③ 슬픔과정의 해결	③ 재정립	③ 혼란
	④ 우울			
	⑤ 수용			

4) 죽음불안과 미술치료

죽음불안이라는 개념은 넓은 의미에서는 죽음에 대한 공포, 죽음의 혐오, 죽음의 기피, 죽음의 수용 등으로 다양하게 정의되고 있다. 죽음이라는 사건과 죽어 가는 과정에 대해 인간이 보이는 공포, 혐오감, 파멸감, 거부, 부정 등의 부정적 감정을 유발하는 전반적 과정으로 개념화할 수 있다.

노년기에 나타나는 신체기능 저하와 주위의 비슷한 연령배의 죽음에 대한 경험으로 노인은 실제적인 죽음불안을 가지게 되고, 다른 어느 연령층보다 심각한 부정적 영향을 받는다. 노인의 신체적 · 정신적 질환을 더 가속화시킬 수 있다(이혜원, 1998; Kaplan & Sadock, 1997).

죽음에 대해 갖게 되는 불안은 〈표 12-5〉와 같이 네 가지 유형(Michael, 1979)으로 분류할 수 있다.

그림 12-40 **죽음**(병든 아이)
설명: 뭉크는 14세 때 죽은 누이의 기억을 그렸다.

표 12-5 **죽음불안**

유형	내용
• 1유형. 생물학적 · 사회적 · 정신적 상실	• 신체적 고통, 역할상실, 소외, 고독
• 2유형. 존재소멸에 대한 공포	• 자아상실, 정체감 상실
• 3유형. 사후결과에 대한 공포	• 미해결 계획, 사업, 미지의 세계에 대한 불안
• 4유형. 타인의 죽음에 대한 불안	• 이별의 슬픔, 임종 지킴

미술치료사는 노인에게 죽음에 대한 불안을 표현하게 하여 죽음불안에 직면하게 할 수 있다. 그럼으로써 노인은 무조건적인 불안에서 벗어나고, 죽음에 대한 준비를 할 수 있다. 죽음을 두려워하는 이유는 몇 가지로 들 수 있다(장연집, 박경, 최순영, 1999).

죽음을 두려워하는 이유

• 죽음은 산 사람에게는 미지의 세계다.
• 영원한 고독을 의미한다.
• 가족, 친지와의 이별을 뜻한다.
• 몸이라는 신체기관이 상실된다.
• 나는 어디로 가는가와 관련된 생각이다.
• 고통스러움이 예상된다.

그림 12-41   죽음에 대한 생각과 느낌 표현하기

설명: 보고 싶은 사람을 볼 수 없다.
◐ ◑ 죽음에 직면하도록 한다.

그림 12-42   이별

✎ 당신이 다시 한 번 가보고 싶은 곳을 꾸며 보세요.

죽음은 두려운 것이지만 죽음에 대한 생각을 회피함은 오히려 삶에 대한 이해와 인식을 올바로 할 수 없게 한다. 삶의 유한성에 대한 소중함을 놓쳐버릴 수 있다. 죽음불안을 어떻게 극복하고 수용하느냐에 따라 노인은 인생을 의미있게 생각하고, 죽음을 자연스러운 인생의 한 부분으로 인정하게 될 수 있다(유희옥, 2004).

노인의 죽음에 대한 불안을 완화시키고 남은 삶을 건강하게 보낼 수 있게 도와주기 위하여 노년기 미술치료 개입이 필요하다. 죽음을 정확하게 지각하고, 인생을 정리하면서 남은 여생을 보다 유용하게 지낼 수 있도록 노인을 도와주는 데 미술치료가 기여할 수 있다.

죽음에 직면하는 방법은 노인에 따라 차이가 있으나, 공통된 두 반응이 있다. 과거의 활동을 체계적으로 정리하면서 죽음을 수용하는 노인과 판에 박힌 듯 일상생활을 계속하면서 맞이하는 노인이 있다. 어떤 식으로든 죽음을 수용하는 것은 더 현명하게 시간을 보내도록 도움을 준다(유희옥, 2004).

노인은 죽음에 대한 충분한 느낌과 생각의 표현 후에 삶의 소중함을 깨닫게 된다. 그리고 생활을 정리하기 위한 활동을 할 수 있다([그림 12-43] 참조).

노인은 삶에서 배웠던 중요한 지혜나 가치관을 재점검하고 평가함으로써 자신의 삶이 의미 있었음을 느낄 수 있다. 또한 자신의 남은 생을 의미 있게 보내는 데 도움이 될 수 있다. 그리고 평안한 죽음을 맞이할 수 있게 된다([그림 12-44] 참조).

그림 12-43　**나의 녹화필름**(누구와 보았나)

그림 12-44　**삶에서의 깨달음**

✐ 아름다운 저녁 노을을 어릴 때 누구와 보았습니까?

👀 10대에 누구와 보았습니까? 20대에 누구와 보았습니까?
　　30대에 누구와 보았습니까? 40대에 누구와 보았습니까?

👀 함께했던 사람과 계속 같이 있을 수 없음을 수용하는 데 시
도할 수 있다.

참고문헌

강유진(2002). 한국여성노인의 생애경험과 노년기 적응. 서울대학교 대학원 박사학위 청구논문.

강윤주(1997). 노년기 여가활동 유형에 따른 생활만족도 연구. 성신여자대학교 대학원 석사학위 청구논문.

고경희(2000). 특성분노, 분노표현 양식과 비합리적 신념. 이화여자대학교 대학원 석사학위 청구논문.

고송이(2004). 노인색채지각의 특성을 고려한 노인복지센터의 실내 색채에 관한 연구. 중앙대학교 대학원 석사학위 청구논문.

곽만석(2005). 성공적인 노화에 영향을 미치는 요인 연구. 침례신학대학교 석사학위 청구논문.

권중돈, 윤경아, 배숙경(2002). 노인복지론. 서울: 한국사회복지사협회 사이버연수원.

김경신, 이선미(2003). 노년기 부부의 갈등과 생활만족도. 대한가정학회지, 4(1), 139-153.

김경애(1998). 노인의 건강상태와 생활만족도의 관계에 관한 연구. 성신여자대학교 대학원 석사학위 청구논문.

김경희(1999). 발달심리학: 생애발달. 서울: 학문사.

김귀분(1997). 노인들의 죽음에 대한 태도 조사연구. 경희대학교 대학원 석사학위 청구논문.

김기태, 김수환, 김영호, 박지영(2002). 사회복지실천론. 서울: 양서원.

김동연, 신현옥(1999). 치매노인의 미술치료 사례 연구. 제6회 한국미술치료학회 국제학술대회 자료집, 141-160.

김상헌(1998). 종이접기 백선. 서울: 종이나라.

김선녀(2000). 고부갈등에 관한 연구: 며느리들의 경험을 중심으로. 한남대학교 지역개발 대학원 석사학위논문.

김선숙(2004). 아동중심 종이접기 조형활동이 창의성에 미치는 효과. 전북대학교 대학원 석사학위
청구논문.

김수경(2000). 도예교육을 통한 아동의 창의성 개발에 관한 연구. 원광대학교 대학원 석사학위 청구
논문.

김순환(2002). 죽음 불안 해소 및 자기존중감 향상을 위한 노인집단 미술치료 연구. 한성대학교 행
정대학원 석사학위 청구논문.

김안젤라(2003). 회상을 주제로 한 집단미술치료가 노인의 자아존중감과 자아통합감에 미치는 영
향. 원광대학교 대학원 석사학위 청구논문.

김인희(2000). 대학생의 비합리적 신념과 분노의 관계. 명지대학교 대학원 석사학위 청구논문.

김정휘 역(1990). 노인 심리학. 서울: 성원사.

김종서, 남정걸, 정지웅, 이용한(1982). 평생교육의 체제와 사회교육의 실태. 연구논총, 82-7. 서울: 정신
문화연구원.

김지영(2013). 잔존치아 수가 노인인구의 구강건강에 미치는 영향. 대한치과위생학회지, 15(3), 169-180.

김지희(2002). 회상요법을 통한 집단미술치료가 노인의 우울에 미치는 효과. 대구대학교 재활과학
대학원 석사학위 청구논문.

김진숙(2005). 노인치매와 예술치료. 한국미술치료학회 연수회 자료집.

김태현(1999). 노년학. 서울: 교문사.

김태현(1999). 노인의 가족 결속도와 효의식 및 우울에 관한 비교문화적 연구-한국노인과 재미 한
국 노인을 대상으로-. 한국 노년학, 19(2), 79-96.

김태현, 한희선(1995). 노년기의 부부관계. 생활문화연구, 9, 15-28.

김희경(1990). 자아개념에 영향을 미치는 환경변인에 관한 연구. 이화여자대학교 대학원 석사학위
청구논문.

노영혜(1994). 종이접기전집. 서울: 종이나라.

노유자 외(1995). 호스피스와 죽음. 서울: 현문사.

도경은(1999). 미국 현대 퀼트 기법을 응용한 조형적 표현 연구. 조선대학교 대학원 석사학위 청구
논문.

도복늠(2005). 회상을 적용한 집단미술치료 프로그램이 치매노인의 인지기능, 우울과 삶의 질에 미
치는 효과. 경북대학교 대학원 박사학위 청구논문.

류정자(2000). 집단미술치료가 노인의 학습된 무기력 및 우울정서에 미치는 효과. 경성대학교 대학
원 박사학위 청구논문.

모선희(1997). 노년기 부부관계와 결혼만족도에 관한 탐색적 연구. 한국가족복지학, 2(2), 1-15.

박진이(1998). 미술활동에서 재료와 표현방법의 다양화가 유아의 창의적 표현능력에 미치는 영향.
인천대학교 교육대학원 석사학위 청구논문.

방지원(2005). 집단미술치료가 치매노인의 행동과 인지수준에 미치는 영향. 동국대학교 대학원 석사학위 청구논문.

배경미(1989). 조부모 역할에 관한 기초연구. 성균관대학교 대학원 석사학위 청구논문.

민현숙(2005). 치매노인을 위한 그룹홈의 활성화 방안에 대한 연구. 단국대학교 행정법무대학원 석사학위 청구논문.

송경아(1987). 고부간의 갈등원인 및 조정방안에 관한 연구. 동아대학교 대학원 석사학위 청구논문.

서동인(1996). 10대 자녀를 둔 모가 기대하는 조부모 역할과 손자녀 역할: 친조부모, 외조부모에 따른 비교연구. 대한가정학회지, 34(4), 357-371.

서병숙, 김수현(2002). 노년기 부부의 결혼만족도 연구. 한국노년학, 20(1), 56-67.

서병숙, 이현(1995). 사회적 지원망과 노인의 생활만족도. 대한가정학회지, 33(3), 43-57.

서수균(2004). 분노와 관련된 인지적 요인과 그 치료적 함의. 서울대학교 대학원 박사학위 청구논문.

서울대학교 지역 의료체계 시범사업단(1994). 치매환자관리사업개발. 서울대학교.

서현미(1996). 노인의 스트레스원과 스트레스 인지정도에 관한 연구. 서울대학교 대학원 석사학위 청구논문.

손미숙(2004). Q 방법론을 이용한 중년기의 성공적 노화인식에 관한 탐색적 연구. 호남대학교 대학원 석사학위 청구논문.

신경림(2004). 질적 연구방법론. 한국미술치료학회 전문가 초청 워크샵. 한국미술치료학회.

신완수, 변창진(1980). 자기표출훈련 프로그램. 경대학생지도연구, 13, 17-42.

신현옥(2005). 치매예방 그리고 미술치료. 서울: 미술세계.

신효식(1993). 노부모-성인자녀 간의 결속도, 자아존중감, 심리적 손상 간의 인과 모형 탐색. 한양대학교 대학원 박사학위 청구논문.

양희복(2004). 여성노인의 자아통합을 위한 집단지도 프로그램 사례연구-회상요법 적용을 중심으로-. 서울여자대학교 대학원 석사학위 청구논문.

엄미란(2002). 여성 노인의 노화경험. 서울대학교 대학원 박사학위 청구논문.

여성한국사회연구회 편(1995). 한국가족문화의 오늘과 내일. 서울: 사회문화연구소.

염태진(1989). 종이접기 4호. 서울: 한국종이접기협회.

우순애(2002). 집단미술치료가 여성 노인의 우울 및 생활만족도에 미치는 효과. 대구대학교 재활과학대학원 석사학위 청구논문.

유수옥(2002). 집단미술치료가 뇌졸중 노인의 자기표현 및 의사소통에 미치는 영향. 대구대학교 재활과학대학원 석사학위 청구논문.

유영주(1985). 신가족관계학. 서울: 교문사.

유원선(1991). 현대자수에 있어서 콜라주와 퀼트의 재료 및 표현기법 연구. 이화여자대학교 대학원 석사학위 청구논문.

유희옥(2004). 중노년기의 죽음 불안 태도. 성신여자대학교 대학원 박사학위 청구논문.

윤영옥(2001). 집단미술치료가 치매노인의 문제행동에 미치는 효과. 대구대학교 재활과학대학원 석사학위 청구논문.

윤유경(1985). 한국의 고부관계 변화에 관한 연구. 이화여자대학교 대학원 석사학위 청구논문.

윤진(1985). 성인노인심리학. 서울: 중앙적성출판사.

이상주 역주(1997). 중간노걸대연해 어휘색인. 양아록/이문건 저. 서울: 태학사.

이윤경(2014). 노인의 가족형태 변화에 따른 정책과제: 1994~2011년의 변화. 보건사회연구원.

이장호(1996). 상담심리학. 서울: 박영사.

이혜원(1998). 노인복지론-이론과 실제. 서울: 유풍출판사.

이효재(1983). 가족과 사회. 서울: 경문사.

이호선(2005). 노인상담. 서울: 학지사.

임래길(1993). 자기표출 신장을 위한 집단상담 프로그램이 자아개념에 미치는 영향. 우석대학교 석사학위 청구논문.

임선영(2001). 노년기 부부스트레스와 결혼불안정성. 성신여자대학교 대학원 박사학위 청구논문.

임찬란(2005). 죽음 준비교육 프로그램의 개발과 평가. 신라대학교 사회복지대학원 석사학위 청구논문.

장연집, 박경, 최순영(1999). 현대인의 정신건강(개정판). 학지사.

장인협, 최성재(1987). 노인복지학. 서울: 서울대출판부.

장종호(1995). 골다공증. 서울: 삶과 꿈.

정귀옥(2005). 종이접기 활동이 주의력 결핍 과잉행동장애 아동의 주의집중 및 자아존중감에 미치는 효과. 영남대학교 교육대학원 석사학위 청구논문.

정옥분(2000). 성인발달의 이해. 서울: 학지사.

정찬극(1990). 체험적 입체조형교육을 위한 재료 연구: 점토를 중심으로. 청주교대논문집, 27.

정현희(2006). 실제 적용 중심의 미술치료. 서울: 학지사.

정현희(2017). 미술치료 연구방법. 서울: 학지사.

조상수(1999). 망각지시과제에서의 연령차-직접 기억과제를 중심으로-. 성균관대학교 대학원 석사학위 청구논문.

좌현숙(1997). 퇴원한 만성정신장애인의 사회적응을 위한 지지집단의 고정연구. 서울대학교 대학원 석사학위 청구논문.

주경희(2002). 100세 이상 장수노인의 특성에 대한 탐색적 연구. 서울대학교 대학원 석사학위 청구논문.

주봉관(2001). 손자녀 양육에 대한 조부모의 역할 조사. 중앙대학교 대학원 석사학위 청구논문.

주성수, 윤숙례(1993). 노부모와 홀로 사는 노인들간의 일반 건강에 관한 연구. 한국노년학, 13(1), 53-62.

천선영(2000). 근대적 죽음 이해에 대한 유형적 분석. 사회과학연구, 9. 서강대학교 사회과학연구소

최병상(1990). 조형. 서울: 미술공론사.

최진호(1986). 우리나라 장수자의 생활 및 의식조사에 관한 연구. 한국식문화학회지, 15-3.

통계청(2017). 주요통계지표 해설.

하양숙(1991). 집단회상이 노인의 심리적 안녕에 미치는 영향에 관한 연구. 서울대학교 대학원 박사 학위 청구논문.

한국미술치료학회(1994). 미술치료의 이론과 실제. 대구: 동화문화사.

한국인간발달학회(2004). 발달의 관점에서 본 한국인의 성숙성. 서울: 한국인간 발달학회.

한영희(2003). 미술치료를 통한 발달장애 아동의 자기표현 향상에 관한 연구. 원광대학교 보건환경 대학원 석사학위 청구논문.

현외성, 조추용, 박차상, 김혜정, 김용환(1998). 노인상담의 이론과 실제. 서울: 유풍출판사.

Adams, R. G. (1986). Friendship and aging. *Generations, 10*(4), 40–43.

Albert, M. S., Wolfe, J., & Laflehe, G. (1990). Differences in abstraction ability with age. *Psychology and Aging, 5*, 94–100.

Andersen-Ranberg, K. (2001). Centenarians in Denmark: an epidemiological study of a dynamic cohort. PhDthesis. University of Southern Denmark.

Andrews, K., Brocklehurst, J. C., Richards, B., & Laycock, P. J. (1980). The prognostic value of picture drawings by stroke patients. *Rheumatology and Rehabilitation, 19*, 180–188.

Ardelt, M. (1995). *Wisdom: a neglected concept in the study of successful human development.* American Sociological Association Annual Meetings, Washington, D.C.

Arnheim, R. (1969). *Visual thinking.* Berkeley: University of California Press.

Atchley, R. C. (1977). Disengagement among professors. *Journal of Gerontology, 26*, 476–480

_____ (1991). *Social forces and aging: an introduction to social gerontology.* California: Wadsworth Publishing Company.

Authony, J. C., & Muthen, B. O. (1994). Age difference in the symptoms of depression: a later trait analysis. *Journal of Gerontology, 49*, 251.

Averill, J. R. (1983). Studies on anger and aggression: implication for theories of emotion. *American Psychologist, 38*, 1145–1160.

Ax, A. F. (1953). The psychological differentiation between fear and anger in humans. *Psychosomatic Medicine, 15*, 433–442.

Baltes, R. B., & Baltes, M. M. (1990). Psychological perspectives on successful aging: the model of selectivism optimization with copensation, In P. B. Baltes, & M. M. Baltes (Eds.), *Successful aging: perspective from the behavioral sciences* (pp. 1–34). Cambridge. UK: Cambridge

Univ. Press.

Baltes, R. B., & Schaie, K. W. (1974). Aging and IQ: the myth of the twilight years. *Psychology Today, 7*, 35-40.

Barber, J. G., & Winefseld, A. H. (1986). Learned helplessness as conditioned inattention to the target stimulus. *Journal of Experimental Psychology: General, 115*, 236-246.

Beck, A. T. (1967). *Depression: clinical, experimental and theoretical aspects.* New York: Harper & Row.

_____ (1976). *Cognitive therapy and the emotional disorders.* New York: Inter-national Universities Press.

_____ (2000). *Prisoner of hate: the cognitive basis of anger, hostility, and violence.* New York: Perennial.

Beck, A. T., & Fernandez, F. (1998). Cognitive-behavioral therapy in the treatment of anger: a meta-analysis. *Cognitive Therapy and Research, 22*, 63-74.

Beck, J. (1995). *Cognitive therapy: basic and beyond.* New York:Guilford Press.

Bergland, C. (1982). The life review process in geriatric art therapy: a pilot study. *The arts in Psychotherapy, 9*, 121-130.

Berkowitz, L. (1990). On the information and regulation of anger and aggression: a cognitive-neoassociationistic analysis. *American Psychologist, 45*, 494-503.

Birkett, D. P. (1996). *The Psychiatry of Stroke.* Washington, DC: American Psychiatric Press, Inc.

Birren, J. E., & Schaie, K. W. (1990). *Handbook of the psychology of aging.* San Diego: Academic Press, Inc.

Bischoff, L. J. (1976). *Adult psychology.* New York: Harper & Row.

Botwinick, J. (1962). A research on the problem of perceptual modification in relation to age. *Journal of Gerontology, 17*, 190-192

_____ (1977). Intellectual abilities. In J. E. Birren, & K. W. Schaie (Ed.), *Handbook of the psychology of aging* (pp. 580-605). New York: Van Nostrand Reinhold.

_____ (1978). *Aging and behavior* (2nd ed.). New York : Springer.

Botwinick, J., & Storandt, M. (1973). Speed function, vocabulary ability and age. *Perceptual and Motor Skills, 36*, 1123-1128.

Bowlby, J. (1969). *Attachment and Loss.* New York, Basic Books.

Boylin, W., Gorden, S., & Nehrke, M. (1976). Reminiscing and ego integrity in institutionalized elderly males. *The Gerontologist, 16*, 118-124.

Brems, C. (1993). *Comprehensive guide to child psychotherapy.* Boston: Allyn & Bacon.

Bromley, D. B. (1957). Some effects of age on short-term learning and memory. *Journal of*

Gerontology, 12, 318–406.

Busse, E. L. (1959). Psychopathology. In J. E Birren (Ed.), *Handbook of aging and the individual* (pp. 419–439). Chicago, IL.: University of Chicago Press.

Busse, E. W. (1971). Biologic and sociologic changes affecting adaptation in mid and late life. *Annals of Internal Medicine, 15*(7), 115–120.

Butler, R. (1963). The life review: an interpretation of reminiscence in the aged. *Psychiatry, 26,* 55–76.

_____ (1975). *Why survive?: being old in America.* Yew York: Harper & Row.

Butler, R., & Lewis, M. (1977). Aging and mental health (2nd ed.). St. Louis: Mosby.

Butler, R. N., Lewis, M. I., & Sunderland, T. (1991). *Aging and mental health: positive psychosocial and biomedical approaches* (4th ed.). NY: Maxwell Macmillan International Publishing Group.

Carmi, S., & Mashiah, T. (1996). Painting as language for stroke patient. *Art Therapy: Journal of the American Art Therapy Association, 13*(4), 265–269.

Cheyen-King, S. E. (1990). Effects of brain injury on visual perception and art production. *The Arts in Psychotherapy, 17,* 69–74.

Cicrelli, V. G. (1995). *Sibling relationships across the life span.* New York: Plenum Press.

Cirmmens, P. (2001). Review: story-making and creative group work with older people. *Art Therapy: Journal of the American Art Therapy Association* (2), 171–172.

Clinifoto, J. (1973). When the stroke patient draws a picture: a due to disability. *Geriatrics, 28,* 101–105.

Coleman. P. G. (1974). Measuring reminiscence characteristics from conversation as adaptive features of old age. *International Journal of Aging and Human Development, 5*(3), 281–294.

Connidis, I. A., & CampbellL, L. D. (2001). Closeness, confiding, and contact among siblings in middle and late adulthood. In A. Walker, M. Manoongian-O'Dell, L. McGraw, & D. L. White (Eds.), *Families in later life* (pp. 149–155). Thousand Oaks, CA: Pine Forge Press.

Conwill, J. (1993). Understanding and combating helplessness. *Rehabilitation Nursing, 18*(6), 388–394.

Coren, S., & Girgus, J. S. (1972). Density of human lens pigmentation: in vivomeasures over an extended age range. *Vision Research, 12,* 343–346.

Corso, J. F. (1971). Sensory processes and age effects in normal adults. *Journal of Gerontology*, *26,* 90–105.

Couch, J. B. (1994). Diagnostic drawing series: research with older people diagnosed with organic mental syndromes and disorders. *Art Therapy: Journal of the American Art Therapy Association, 11*(2), 111-115.

Cozby, P. C. (1973). Self-disclosure: a literature review. *Psychological Bulletin, 79*, 73-91.

Craik, F. I. M. (1977). Age differences in human memory, In J. E. Birren, & K. W. Schaie (Ed.), *Handbook of the psychology of aging* (pp. 384-420). New York: Van Nostrand Reinhold.

Craik, F. I. M., & Jennings, J. M. (1992). Human memory. In F. I. M. Craik, & T. A. Salthouse (Ed.), *Handbook of aging and cognition* (pp. 51-110). Hillsdale, NJ: Erlbaum.

Craik, F I. M., & Lockhart, R. S. (1972). Levels of processing: a framework for memory research. *Journal of Verbal Learning and Verbal Behavior, 11*, 671-684.

Craik, F. I. M., & Masani, P. A. (1969). Age and intelligence differences in coding and retrieval of word lists. *British Journal of Psychology, 60*, 315-319.

Craik, F., & McDowd, J. (1987). Age differences in recall and recognition. *Journal of Experimental Psychology, 13*, 474-479.

Cross, K. P. (1982). *Adults as learners.* San Francisco: Jossey-Bass Pub.

Cumming, E., & Henry, W. E. (1961). *The Process of disengagement.* New York: Basic Books.

Dahlberg, C. C., & Jaffe, J. (1997). *Stroke.* New York: W. W. Norton and Co.

Dadd, F. (1975). Art therapy with a brain-injured man. *American Journal of Art Therapy, 14*, 83-89.

Deffenbacher, J. L., & Mckay, M. (2000). *Overcoming situational and general anger.* Oakland: New Harbinger.

Deaver, S. P. (2002). What constitutes art therapy research? *Journal of the American Art Therapy Association, 19*(1), 23-27.

Denny, N. W. (1974). Edivence for developmental change in categorization criteria for children and adults. *Human Development, 17*, 41-53.

_____ (1982). Aging and cognitive changes. In B. B. Wolman (Ed.), *Handbook of developmental psychology* (pp. 400-426). Englewood cliffs, NJ: Prentice Hall.

Dewald, P. A. (1971). *Psychotherapy: a dynamic approach.* New York: Basic Books.

DiMaria, A. E. (1981). *Art therapy: A bridge between worlds.* Falls Church, VA: American Art Therapy Association.

Dixon, R. A., & Hultsch, D. F. (1983). Meta memory and memory for text relationships in adulthood: a cross-validation study. *Journal of Gerontology, 38*, 689-694.

Domey, R. G., McFarland, R. A., & Chadwick, E. (1960). Dark adaptation as a function of age and time. *Journal of Gerontology, 15*, 267-279.

Doric-Henry, L. (1997). Pottery as therapy with elderly nursing home patients. *Art Therapy*:

Journal of the American Art Therapy Association, 14(3), 163-171.

Douglas, F. B. (1991). Anger irrational beliefs in violent inmates. *Personality & Individual Difference, 12*, 211-215.

Ebersole, P. (1979). Problems of reminiscing with institutionalized aged. *Journal of Gerontological Nursing, 5*, 43-46.

Eisdorfer, C., Axelrod, S., & Wilkie, F. L. (1963). Stimulus exposure time as a factor in serial learning in an aged sample. *Journal of Abnormal and Social Psychology, 37*, 594-600.

Ekamn, P., Frisen, W. V., & Ellsworth, P. C. (1982). *What are the similarities and differences in facial behavior across cultures?* Cambridge University Press.

Ellis, A. (1994). *Reason and Emotion in psychotherapy-revised and updated.* New York, NY: A Birch Lane Press.

Ellis, A. E., & Tafrate, R. C. (1997). *How to control your anger before it controls you.* New York: Citadel Press.

Engle, P., & Muller, E. F. (1997). A reflection on art therapy and aging. *Art Therapy: Journal of the American Art Therapy Association, 14*(3), 206-209.

Erikson, E. (1963). *Childhood and society* (2nd ed.). N.Y.: Notron.

Eriksen, C. W., Hamlin, R. M., & Brietmeyer, R. G. (1970). Temporal factors in visual perception as related to aging. *Perception and Psychophysics, 7*, 354-356.

Fenton, J. F. (2000). Unresolved issues of motherhood for elderly women with serious mental illness. *Art Therapy: Journal of the American Art Therapy Association, 17*(1), 24-30.

Fry, J. M. (1983). Structured and unstructured reminiscence training and depression among the elderly. *Clinical Gerontology, 1*, 15-37.

Furth, G. M. (1989). *The Secret world of drawing: healing through art.* Boston: Sigo Press.

Gallagher, S. M. (1993). *Celebration of women's lives: geriatric art therapy life review.* M.A. Ursuline College.

Gantt, L. M. (1998). A discussion of art therapy as a science. *Journal of the American Art Therapy Association, 15*(1), 3-12.

Gardner, H. (1976). *The shattered mind.* New York: Random House.

Gelman, R., & McGinley, H. (1978). Interpersonal liking and self-disclosure. *Journal of Counseling & Consulting Psychology, 46*(6), 1549-1551.

Genevay, B. (1986). Intimacy as we age. *Generations, 10*(4), 12-15.

Glass, T. A. (1997). Stressful life events and depressive symptoms among the elderly: evidence from a prospective community study. *Journal of Aging & Health, 9*, 70-90.

Gnewuch, D. E. (1976). *The sociology of death and dying.* Washington, DC: Headquarters

Department of the Army.

Gold, D. (1989). Sibling relationships in old ages: a typology. *International Journal of Aging and Human Development, 28*(1), 37-51.

Goldman, R. (1997). Mind over matter: anti-stress tips for anti-aging. *Total Health, 19*, 26-27.

Gomez, G. E. (1993). Depression in the elderly. *Psychosocial Nursing, 31*(5), 28-33.

Gonen, J., & Soroker, N. (2000). Art therapy in stroke rehabilitation: a model of short-term group treatment. *The Arts in Psychotherapy, 27*(1), 41-50.

Gottlieb, B. H. (1988). *Marshaling social support.* Beverly Hills: Sage Publication.

Green, R. F. (1969) Age-intelligence relationship between ages sixteen and sixty-four. *Developmental Psychology 1*, 618-627.

Gregoire, P. A. (1998). Imitation response and mimesis in dementia. *Art Therapy: Journal of the American Art Therapy Association, 15*(4), 261-264.

Grzegorczyk, P. B., Jones, S. W., & Mistretta, C. M. (1979). Age-related differences in salt taste acuity. *Journal of Gerontology, 34*, 834-840.

Guse, L. W., & Masesar, M. A. (1999). Quality of life and successful aging in long-term care: perceptions of residents. *Mental Health Nursing, 20*(6), 527-539.

Hala, M. P. (1975). Reminsicence group therapy project. *Journal of Geriatric Nursing, 2*, 34-37.

Halverson, C. G., & Shore, R. E. (1969). Self-disclosure and interpersonalfunctioning. *Journal of Consulting and Clinical Psychology, 33*, 213-217.

Hanes, M. J. (1995). Utilizing road drawings as a therapeutic metaphor in art therapy. *American Journal of Art Therapy, 34*(1), 19-23.

_____ (2001). Retrospective review in art therapy: creating a visual record of the therapeutic process. *American Journal of Art Therapy, 40*(20), 149-160.

Havighurst, R. J., & Glasser, R. (1972). An exploratory study of reminiscence. *Journal of Gerontology, 27*(2), 245-253.

Havighurst, R. J., Neugarten, B. L., & Tobin, S. S. (1968). *Middle age and aging: a reader in social psychology.* Chicago, The University of Chicago Press.

Hayslip, B. Jr., & Panek, P. E. (1989). *Adult development and aging.* NY: Harper & Row.

Hendricks, L. A. (1978). The relationships between life satisfaction and the life review process among older persons. Doctorial Dissertation, Florida State University.

Henley, D. (1986), Approaching artistic sublimation in low functioning individuals. *Art Therapy: Journal of the American Art Therapy Association, 4*(2), 67-73.

Hertzog, C. (1989). Influences of cognitive slowing on age differences in intelligence. *Developmental Psychology, 25*, 636-651.

Hill, D. R. (2001). http://pages.cpsc.ucalgary.ca/~hill/papers/conc/

Hood, T. C., & Back, K. W. (1971). Self-disclosure & volunteer: a source of bias in laboratory experiments. *Journal of Personality & Social Psychology, 17*, 130-136.

Horn, J. L., & Donaldson, G. (1980). On the mith of intellectual decline in adulthood. *American Psychologist, 31*, 701-719.

Horley, J. (1984). Life satisfaction, happiness, and morale: two problems with the use of subjective well being indication. *The Gerontologist, 24*(2), 124-127.

Hoyer, W. J., Mishara, B. L., & Riedel, R. C. (1975). Problem behaviors as operants: applications with elderly individuals. *Gerontologist, 15*, 452-456.

Hulicka, I. M., & Grossman, J. L. (1967). Age group comparisons for the use of mediators in paired-associate learning. *Journal of Gerontology, 22*, 46-51.

Hultsch, D. F. (1969). Adult age differences in the organization of free recall. *Developmental Psychology, 1*, 673-678.

_____ (1971). Adult age differences in free classification and free recall. *Developmental Psychology, 4*, 338-342.

Ingram, R. E., & Kendall, P. C. (1987). The cognitive side of anxiety, *Cognitive Therapy and Research, 11*, 523-536.

Jarvik, L. F. (1976). Aging and depression: some unanswered questions. *Journal of Gerontology, 31*, 324-326.

Johnson, C., Lhaey, P. P., & Shore, A. (1992). An exploration of creative arts therapeutic group work on an Alzheimer's unit. *The Arts in Psychotherapy, 19*, 269-277.

Jourard, S. (1971). *Self-disclosure: an experimental analysis of the transparent self.* New York: Wiley-Interscience.

Jung, C. G. (1933). *Modern man in search of a soul.* New York: Harcourt, Brace & World.

Kathleen, B. Kahn-Denis (1997). Art therapy with geriatric dementia clients. *Art Therapy: Journal of the American Art Therapy Association, 14*(3), 194-199.

Kalish, R. A. (1976). Death and dying in a social context. *Handbook of Aging and the Social Science.* In R. H. Binstock, & E. Shanans (Ed.). (pp. 483-507). NY.: Van Norstand Reinhild.

Kaminsky, M. (1978). Pictures from the past: the use of reminiscence in casework with the elderly. *Journal of Gerontological Social Work, 1*, 19-32.

Kaplan, H. I., & Sadock, B. J. (1997). *Synopsis of psychiatry.* Baltimore, Williams and Wilkins.

Karr, C. C. (1999). The psycho-social significance of creativity in the elderly. *Art Therapy: Journal of the American Art Therapy Association, 16*(1), 37-41.

Kastenbaum, R., & Aisenverg, R. (1972). *The psychology of death.* New York: Springer.

Kastenbaum, R., & Kastenbaum, B. (1989). *Encyclopedia of death*. Phoenix, Ariz: Oryx Press.

Kaufman, R. C. (1986). *The age reduction system*. New York: Rawson Association.

Kerlinger, F. N., & Lee, H. B. (2000). *Foundations of behavioral research* (4th ed.). Fort Worth: Harcourt College Publishers.

Kitwood, T., & Bredin, K. (1992). A new approach to the evaluation of dementia care. *Journal of Advances in Health and Nursing Care, 1*(5), 41-60.

Kivnick, H. Q. (1983). Dimensions of grandparenthood meaning, *Journal of Personality and Social Psychology, 44*, 1506-1560.

Kline, D. W., & Nester, S. (1977). The persistence of complementary afterimages as a function of adult age and exposure duration. *Experimental Aging Research, 3*, 191-201.

Kline, D. W., & Orme-Rogers, C. (1978). Examination of stimulus as the basis for superiorior visual identification performance among older adults. *Journal of Gerontology, 33*, 76-81.

Kline, N. S. (1974). *From sad to glad*. New York: Putnam.

Komaber, A., & Woodward, K. L. (1981). *Grandparents and grandchildren of vital connection*. Anchor Press, Doubleday.

Korchin, S. J., & Basowitz, H. (1956). The judgment of ambiguous stimuli as an index of cognitive functioning in aging. *Journal of Personality, 25*, 81-95.

Kramer, T. M. (1994). Experimentation in decreasing negative wandering behavior in patients with dementia through the use of art therapy. *Master Abstracts International, 32*(5), 1250-1259.

Kübler-Ross, E. (1969). *On death and dying*. New York: Macmillan. Publishing Co.

_____ (1975). *Death, the final stage of growth*. Englewood Cliffs, N.J.: Prentice-Hall Inc.

Labouvie-Vief, G. (1985). Intelligence and cognition. In J. E. Birren, & K. W. Schaie (Eds.), *Handbook on the psychology of aging* (2nd ed.). New York: Van Nostrand Reinhold.

Lavouvie-Vief, G., & Gonda, J. N. (1976). Cognitive strategy training and intellectual performance in the elderly. *Journal of Gerontology, 31*, 327-332.

Labouvie-Vief, G., & Schell, D. A. (1982). Learning and memory in later life. In B. B. Wolman (Ed.), *Handbook of developmental psychology* (pp. 828-846). Englewood Cliffs, NJ: Prentice Hall.

Landgarten, H. (1981). *Clinical Art Therapy*. Brunner-Mazel, New York City.

_____ (1987). *Family art psychotherapy*. N.Y.: Brunner/Mazel, Pub.

Larrabee, G. J., West, R. L., & Crook, T. H. (1991). The association of memory complaint with computer-simulated everyday memory performance. *Journal of Clinical and Experimental Neuropsychology, 13*(4), 466-478.

Larson, R., Mannell, R., & Zuzanek, J. (1986). Daily well-being of older adults with friends and family. *Psychology and Aging, 1*(2), 117-126.

Lazarus, R. S. (1991). *Emotion and adaptation.* Oxford University Press.

Lewinsohn, P. M., Biglan. A., & Zeiss, A. M. (1976). Behavioral treatment of depression. In D. O. Davidson (Ed.), *The behavioral management of anxiety, depression, and pain.* New York: Bruner/Mazel.

Lewinsohn, P. M., Rohde, P., Seeley, J. R., & Fisher, S. A. (1991). Age and depression: unique and shared effects, *Psychology and Aging, 6*(2), 247-260.

Lewis, M. L., & Butler, R. N. (1974). Life review therapy: putting memories to work in individual and group psychotherapy. *Geriatrics, 29*, 165-173.

Liebmann, M. (1996). *Art therapy for groups.* Brookline Books.

Lieberman, M., & Coplan, A. (1970). Distance from death as a variable in the study of aging. *Developmental Psychology, 2*(1), 71-84.

Lieberman, M. A., & Falk, J. M. (1971). The remembered past as a source of data for research on the life cycle. *Human Development, 14*, 132-141.

Light, L. L., & Albertson, S. A. (1989). Direct and indirect tests of memory for category exemplars in young and older adults. *Psychology and Aging, 4*, 487-492.

Liton, J., & Olstein, S. C. (1969). Aspects of reminiscence. *Social Casework, 50*, 163-168.

Lohmann, N. (1980). Correlations of life satisfaction, morale, and adjustment measure. *Journal of Gerontology, 32*(1), 73-75.

Lowenthal, M. F. (1964). Social isolation and mental illness in old age. *American Sociological Review, 29*, 54-70.

Malchidoi, C. A. (1992). Art and loss. *Art Therapy: Journal of the American Art Therapy Association, 9*(3), 114-118.

_____ (2002). *Handbook of Art Therapy.* New York: Guilford Publications.

Masters, J. C., Burish, T. G., Hollon, S. D., & Rimm, D. C. (1987). *Behavior Therapy.* SanDiego: Harcourt, Brace & Jovanovich.

McDonald, P. A., & Haney, M. (1997). *Counseling the older adult: a training manual in clinical gerontology.* CA: Jossey-Bass.

McKenzie, S. C. (1980). *Aging and old age.* Glenview III: Scott Foresman.

Medly, M. (1976). Satisfaction with life among persons sixty five years and older: a causal model. *Journal of Gerontology, 31*, 448-455.

Michael, A. S. (1979). *Dying: facing the facts-social and psychological aspects of dying.* New York: Hemisphere Publishing Corporation.

Miller, G. A. (1956). The magical number seven, plus or minus two: some limits on our capacity for processing information. *Psychological Review, 63*, 81–97.

Miller, W. R., & Seligman, M. E. P. (1973). Learned helplessness, depression and the perception of reinforcement. *Journal of Abnormal Psychology, 82*, 62–73.

Mikulincer, M., & Nizan, B. (1988). Causal attribution, cognitive interference and the generalization of learned helplessness. *Journal of Personality and Social Psychology, 55*, 470–478.

Mikulincer, M., & Solomon, Z. (1988). Attributional style and combat-related posttraumatic stress disorder. *Journal of Abnormal Psychology, 97*, 308–313.

Murrell, K. F. H. (1970). The effects of extensive practice on age differences. *Journal of Gerontology, 25*, 268–274.

Nemiroff, R. A., & Colarusso, C. A. (1990). *New dimensions in adult development.* New York: Basic Books.

New England Centenarian Study (2001). www.med.harvard.edu.

Newgarten, B. L. (1979). Time, age, and the life cycle. *American Journal of Psychiatry, 136*, 887–894.

Newgarten, B. L., & Weinstein, K. (1964). The changing american grandparent. *Journal of Marriage and the Family, 26*, 199–204.

Newman, J. P. (1989). Aging and depression. *Psychology and Aging, 4*(2), 150–165.

Newman, S, J., & Struyk, R. (1990). Overwhelming odds: caregiving and the risk of institutionalization. *Journal of Gerontology, 45*(5), 173–183.

Novaco, R. W. (1975). *Anger control: the development and evaluation of an experimental treatment.* Lexington, MA: D. C. Health.

Parkes, C. M. (1970). The first year of bereavement: a longitudinal study of the reaction of London widows to the death of their husbands. *Psychiatry, 33*, 444–67.

Parkes, C. M., & Weiss, R. S. (1983). *Recovery from bereavement.* New York, Basic Books.

Parsons, C. L. (1986). Group reminiscence therapy and level of depression in the elderly. *Nurse Practitioner, 11*(3), 68–76.

Peters, G. R. (1971). Self-conceptions of the aged, age identification, and aging, *Gerontologist, 11*, 69–73.

Peterson, C., Maier, S., & Seligman, M. E. P. (1993). *Learned helplessness: a theory for the age of personal control.* New York: Oxford University Press.

Pfeiffer, E. (1977). *Psychopathology and sociopathology of aging.* New York: Can Nostrand Reinhold.

Poon, L. W. (1985). Differences in human memory with ageing: nature, causes, and clinical implications. In J. E. Birren, & K. W. Schaie (Ed.). (pp. 400–426). *Handbook of the psychology of aging* (2nd ed.). New York: Van Nostrand Reinhold.

_____ (1992). *The Georgia centenarian study*. Amityville, N.Y.: Baywood Pub.

Poon, L. W., & Fozard, J. L. (1978). Speed of retrieval from long-term memory in relation to age, familiarity and datedness of information. *Journal of Gerontology, 33*, 711–717.

Rabbit, P. M. A. (1965). An age-decrement in the ability to ignore irrelevant information. *Journal of Gerontology, 20*, 223–238.

Raps, C. S., Peterson, C., Jones, M., & Seligman, M. E. P. (1982). Patient behavior in hospitals: helplessness, reactance, or both? *Journal of Personality and Social Psychology, 42*, 1036–1041.

Rees, F., & Botwinick, J. (1971). Detection and decision factors in auditory behavior of the elderly. *Journal of Gerontology, 26*, 133–136.

Reichard, S., Livson, F., & Peterson, P. (1962). *Aging and personality*. New York: Wiley.

Robert, B. L., Dunkel, R., & Hang, M. (1994). Physical, psychological, and social resources as moderators of the very old. *Journal of Gerontology, 49*(1), 35–43.

Robertson, J. F. (1977). Grandmotherhood: a study of role conception. *Journal of Marriage and the Family, 39*, 165–174.

Rowe, J. W., & Kahn, R. C. (1997). Successful aging. *The Gerontologist, 37*(4), 433–440.

Rubin, J. A. (1987). *Approach to art therapy*. N.Y.: Brunner/Mazel, Pub.

Rugh, M. M. (1991). Creativity and life review in the visual arts: the transformative experience of Florence Kleinsteiber. *Generations, 15*, 27–31.

Salthouse, T. A. (1982). *Adult cognition: an experimental psychology of human aging*. New York: John Wiley & Sons.

Samuelsson, S. M., Alfredson, B. B., Hagberg, B., Samuelsson, G., Nordbeck, B., Brun, A., Gustafson, L., & Risberg, J. (1997). The Swedish centenarian study: a multidisciplinary study of five consecutive cohorts at the age of 100. *International Journal of Aging & Human Development, 45*(3), 223–253.

Schaie, K. W., & Baltes, T. B. (1977). Some faith helps to see the forest: a final comment on the Horn–Donaldson myth of the Baltes–Schaie position on adult intelligence. *American Psychologist, 32*, 1118–1120.

Schaie, K. W., & Hertzog, C. (1983). Fourteen-year cohort-sequential analyses of adult intellectual development. *Developmental Psychology, 19*, 531–544.

Schaie, K. W., & Labouvie-Vief, G. (1974). Generational versus ontogenetic components of change on adult cognitive behavior: a fourteen-year cross-sequential study. *Developmental Psychology, 10*, 305–320.

Schaie, K. W., & Strother, C. R. (1968). A cross-sequential study of age changes in cognitive behavior. *Psychological Bulletin, 70,* 671-680.

Schimmel, B. F., & Kornreich, T. Z. (1993). The use of art and verbal process with recently widowed individuals. *American Journal of Art Therapy, 31,* 91-97.

Schneider, R. L., Kropf, N. P., & Kisor, A. J. (2000). *Gerontological social work.* CA: Brooks/Cole.

Schonfield, D., & Stones, M. J. (1979). Remembering and aging. In J. F. Kihlstorm, & F. J. Evans (Ed.), *Functional disorders of memory* (pp. 103-139). Hillsdale, N.J.: Erlbaum.

Schuknecht, H. F. (1974). *Pathology of the ear.* Cambridge Mass: Havard University Press.

Schultz, N. R. Jr., Dineen, J. T., Elias, M. F., Pentz, C. A., & Wood, W. G. (1979). WAIS performance for different age groups of hyper-tensive and control subjects during the administration of a diuretic. *Journal of Gerontology, 34,* 246-253.

Seligman, M. E. P. (1991). *Helplessness: on depression, development, and death.* New York: W.H. Freeman.

Sezaki, S., & Bloomgarden, J. (2000). Home-based art therapy for older adults. *Art Therapy: Journal of the American Art Therapy Association, 17*(4), 283-290.

Shore, A. (1997). Promoting wisdom: The role of art therapy in geriatric settings. *Art Therapy: Journal of the American Art Therapy Association, 14*(3), 172-177.

Silverman, I. (1963). Age and the tendency to withhold responses. *Journal of Gerontology, 18,* 372-375.

Smith, G. A., & Brewer, N. (1995). Slowness and age: speed-accuracy mechanism. *Psychology and Aging, 10,* 238-247.

Spaniol, S. (1997). Art therapy with old adults. *Journal of the American Art Therapy Association, 14*(3), 158-160.

Spielberger, C. D., Jacobs, G., Russell, S., & Crane, R. S. (1983). Assessment of anger:the state-trait anger. In J. N. Butcher, & C. D. Spielberger (Ed.)(pp. 159-187). *Advances in personality assessment.* Hillsdale, NJ: Erlbaum.

Spoor, A. (1967). Presbycusis values in relation to noise induced hearing loss. *International Audiology, 6,* 48-57.

Stangor, C. (1998). *Research methods for the behavioral sciences.* Boston: Houghton Mifflin Company.

Streufert, S., Pogash, R., Piasecki, M., & Post, G. M. (1990). Age and management team performance. *Psychology and Aging, 5,* 551-559.

Stroebe, M. S., Stroebe, W., & Hansson, R. O. (1993). *Handbook of bereavement: theory, research, and intervention.* NY: Cambridge University Press, 1993.

Strosser, A. (1984). To be remembered: art and the older adult in therapeutic settings. *Art Therapy: Journal of the American Art Therapy Association, 1*(3), 147-184.

Tuckman, J., & Lorge, I. (1953). When does old age begin and a worker become old? *Journal of Gerontology, 8,* 483-488.

Tulving, E., & Thompson, D. M. (1973). Encoding specificity and retrieval processes in episodic memory. *Psychological Review, 80,* 352-373.

U. S. Dept. of Commerce (1993). *Current Population Survey: annual demographic File.*

Verillo, R. T. (1980). Age-related changes in the sensitivity to vibration. *Journal of Gerontology, 35,* 185-193.

Wadeson, H. (1980). *Art Psychotherapy.* New York John Wiley & Sons.

Wald, J. (1983). Alzheimer's disease and the role of art therapy in its treatment. *American Journal of Art Therapy, 22,* 57-64.

_____ (1984). The graphic representation of regression in an Alzheimer's disease patient. *The Arts in Psychotherapy, 11*(3), 165-175.

_____ (1986). Art therapy for patients with dementing illnesses. *Clinical Ge-rontologist, 4*(3), 29-40.

_____ (1993). Art therapy and brain dysfunction in a patient with a dementing illness. *Art Therapy: Journal of the American Art Therapy Association, 10*(2), 88-95.

Waller, D. (1993). *Group interactive art therapy.* London and New York.

Wasow, M. (1986). Support group for family caregivers of patients with Alzheimer's disease. *Social Work, 31,* 93-97.

Wechsler, D. (1981). *Wechsler adult intelligence scale revised.* San Antonio: Psychological Corporation.

Weishaar, K. (1999). The visual life review as a therapeutic art framework with the terminally ill. *The Arts in Psychotherapy, 26*(3), 173-184.

Welford, A. T. (1969). Age and skill: motor, intellectual and social. In A T. Welford (Ed.), *Interdisciplinary topics in gerontology, 4*(pp. 1-2). Basel and New York: S Kargar.

White, L. K., & Riedmann, A. (1992). Ties among adult siblings. *Social Forces, 71,* 85-102.

Wikstrom, B. M., Ekvall, G., & Sanstrom, S. (1994). Simulating creativity through works of art: a controlled intervention study on creative ability in elderly women. *Journal of Creativity, 7,* 171-182.

Willis, S. L. (1996). Every day problem solving. In J. E. Birren, & K. W. Schaie (Ed.), *Handbook of the psychology of aging* (4th ed.)(pp. 189-250). San diego, CA: Academic Press.

Wrye, H., & Churilla, J. (1977). Looking inward. looking backward: reminiscence and the life review. *Frontiers, 2*(2), 98-105.

Yalom, I. D., & Lieberman, M. A. (1991). Bereavement and heightened existential awareness. *Psychiatry, 54*(4), 334-45.

Yaretzky, Y., Levinson, M., & Kimchi, O. L. (1996). Clay as a therapeutic tool in group processing with the elderly. *Art Therapy: Journal of the American Art Therapy Association, 3*(4), 75-81.

Yerke, R. M., & Dodson, J. D. (1980). The relation of strength on stimulus to rapidity of habit formation. *Journal of Comparative and Neurological Psychology, 18*, 459-482.

Zeiger, A. (1976). Life review in art therapy with the aged. *American Journal of Art Therapy, 15*(2), 47-50.

Zisook, S., Shuchter, S. R., Sledge, P. A., Paulus, M., & Judd, L. L. (1994). The spectrum of depressive phenomena after spousal bereavement. *Journal of Clinical Psychiatry, 55*(4), 29-36.

http://www. medicity.com

찾아보기

〈 내 용 〉

저자 소개

• **정현희**(Jeong, Hyeonhee)
  경기여자고등학교 졸업
  서울대학교 가정관리학과 졸업
  서울대학교 대학원 가정관리학과 석사(아동가족전공)
  고려대학교 대학원 이학박사(아동학전공)
  전 한국미술치료학회장
      동의대학교 생활과학대학장
  현 동의대학교 보육 · 가정상담학과 명예교수
      동의대학교 미술치료실 운영교수

  저서
  미술치료 연구방법
  KFD의 진단과 치료
  동그라미중심 가족화에 의한 심리진단과 치료
  미술치료개론
  실제 적용 중심의 미술치료 외

  논문
  감정이입과 충동통제에 의한 공격아동 미술치료 사례연구
  동그라미 중심 부모자녀묘화를 통한 부모에 대한 분노표출 완화
  또래관계증진을 위한 집단미술치료 사례
  아동의 문제행동과 관련변인에 대한 연구
  장애아동 어머니의 양육스트레스 감소를 위한 미술치료 외

• **이은지**(Lee, Eunji)
  부산동여자고등학교 졸업
  동의대학교 가정관리학과 졸업
  부산대학교 대학원 가정관리학과 석사(아동학전공)
  부산대학교 대학원 박사과정 수료(아동학전공)

  논문
  아동의 스트레스와 적응과의 관계

2판

실제 적용 중심의
노인미술치료
Elder Art Therapy(2nd ed.)

2007년 8월 30일 1판 1쇄 발행
2015년 4월 20일 1판 3쇄 발행
2017년 8월 30일 2판 1쇄 발행
2024년 9월 25일 2판 3쇄 발행

지은이 • 정현희 · 이은지

펴낸이 • 김 진 환

펴낸곳 • (주) **학지사**

　　　　04031 서울특별시 마포구 양화로 15길 20 마인드월드빌딩 5층

대표전화 • 02) 330-5114　　팩스 • 02) 324-2345

등록번호 • 제313-2006-000265호

홈페이지 • http://www.hakjisa.co.kr
인스타그램 • https://www.instagram.com/hakjisabook

ISBN 978-89-997-1349-1 93180

정가 **23,000원**

출판미디어기업 **학지사**

간호보건의학출판 **학지사메디컬** www.hakjisamd.co.kr
심리검사연구소 **인싸이트** www.inpsyt.co.kr
학술논문서비스 **뉴논문** www.newnonmun.com
원격교육연수원 **카운피아** www.counpia.com
대학교재전자책플랫폼 **캠퍼스북** www.campusbook.co.kr